Adelheid Totz

In dieses Leben gekommen

Als Nachkriegskind für neue SOS-Kinderdörfer

novum pro

Bibliografische Information
der Deutschen Nationalbibliothek:

Die Deutsche Nationalbibliothek
verzeichnet diese Publikation in
der Deutschen Nationalbibliografie.
Detaillierte bibliografische Daten
sind im Internet über
http://www.d-nb.de abrufbar.

Alle Rechte der Verbreitung,
auch durch Film, Funk und Fernsehen,
fotomechanische Wiedergabe,
Tonträger, elektronische Datenträger
und auszugsweisen Nachdruck,
sind vorbehalten.

© 2018 novum Verlag

ISBN 978-3-95840-620-9
Lektorat: Lucy Hase
Umschlagfoto: Rainer Sennewald
Umschlaggestaltung, Layout & Satz:
novum Verlag

Gedruckt in der Europäischen Union
auf umweltfreundlichem, chlor- und
säurefrei gebleichtem Papier.

www.novumverlag.com

*Vor mir liegt mein Leben wie
ein großer Teppich ausgebreitet,
in den Farben Grau-Braun.
Über ihm halte ich mich wie
im Schwebezustand
und schaue ihn mir an.
An einer Ecke ist ein
Flicken eingesetzt;
mit groben Stichen,
die ich einzeln
nicht erkennen kann.*

Adelheid Totz

INHALTSVERZEICHNIS

TREPTOW UND HOHENDROSEDOW 9
Treptow an der Rega – unsere Heimat in Pommern 9
Ein später Besuch 11

KOSELAU IN OSTHOLSTEIN 19
Unsere Ankunft 19
Das Gut Koselau 21
Unser neues Zuhause 24
Unsere eigene Wohnung 40

MEINE SCHULZEIT 63
In der Volksschule 63
In der Mittelschule 70

DIE AUFSIEDLUNG VON GUT KOSELAU 88

BERUFLICHE AUS- UND WEITERBILDUNG 94
Auf der Frauenfachschule 94
Mein Praktikum in Freiburg 101
Mein Praktikum im Allgäu 103
Auf der Höheren Handelsschule 106
In Grömitz 109
Als Au-pair in England 111

MEINE JAHRE IM HOTELFACH 116
Das Atlantic in Hamburg 117
Das Majestic in Cannes 122
Das Strandhotel in Travemünde 127
In Hopfen am See/Allgäu 136
Noch einmal in Travemünde 138

**MEINE JAHRE BEI DEN
SOS-KINDERDÖRFERN** 143
SOS-Kinderdorf Harksheide 144

MEIN TRAUM ERFÜLLT SICH 153
Im Libanon – der Krieg ist beendet 153
In Kairo – zum Einarbeiten 169
In Burundi – alleine mit 120 Schwarzen 174
In Kenia – im Touristenzentrum 239
   Ich bekomme Besuch 266
   Unsere Westafrika-Rundreise 275
   Abschied von Mombasa 288
In der Elfenbeinküste – viele Gegensätze 291
   Meine Nichte besucht mich 315
   Der Alltag geht weiter 321
In Innsbruck – die Hermann-Gmeiner-Akademie 337
   Heimweh nach Afrika 345
   Wieder in Innsbruck 353
In Bethlehem – via Israel 356

RÜCKKEHR NACH DEUTSCHLAND 390

UMZUG AN DIE OSTSEE 406

ANHANG 423
Erlebnisse unserer Flucht
in den Jahren 1945 und 1946 423
Quellen 440

NACHTRAG 441

TREPTOW UND HOHENDROSEDOW

Treptow an der Rega – unsere Heimat in Pommern

Treptow ist wendischen Ursprungs und existiert seit dem 8. oder 9. Jahrhundert. 1170 wird dieser Flecken zum ersten Mal als eine Siedlung an einem westslawischen Wall erwähnt. Auf diesem Gelände wurde später in mehreren Bauabschnitten das Treptower Schloss gebaut. 1180 wurde das Kloster Belbuck gegründet.

1209 wurde mit dem Bau der Stadtmauer und ihrer fünf Tore begonnen.
 Teile davon, wie der bekannte Grützturm und ein weiteres Tor, gab es bei unserer Flucht noch.
 1277 war das Gründungsjahr von Neu-Trebetow. Wenig später wurde der Ort, der nun Treptow hieß, durch zwei Herzöge zur deutschen Stadt erhoben und mit dem lübischen Recht beliehen. Gleichzeitig erhielt er das Stadtwappen. In der Zeit von 1303 bis 1370 entstand als Wahrzeichen der Stadt die noch heute stehende Marienkirche.
 1534 wurde für Pommern die Lehre Martin Luthers beschlossen. Während des Dreißigjährigen Krieges wurden fünfzig bis sechzig Prozent aller Gebäude zerstört, als Folge entstand eine rege und umfangreiche Bautätigkeit.
 Eine von Claude Monet gearbeitete Marmorbüste für König Friedrich I. Wilhelm Karl von Württemberg, der im Treptower Schloss geboren wurde, befand sich bis zur Vertreibung im Heimatmuseum.
 Besonders zu erwähnen sind neben den bereits genannten Bauten das Rathaus, das als Stätte der Machtausübung immer noch mitten auf dem Marktplatz steht; ebenso das Bugenhagen-Gymnasium, das als Lateinschule gegründet worden war. Die Leitung dieser Lehranstalt wurde 1504 durch einen Abt des Klosters dem jungen Johannes Bugenhagen übertragen. Weitere Lehranstalten

waren die Landwirtschafts- sowie die Staatliche Polizeischule. Dann gab es noch den Königshain, eine weitläufige Parkanlage, die nach König Friedrich Wilhelm IV. von Preußen benannt worden war, der Treptow zur Zeit des Baus dieses Parks besuchte. Eine riesige Krankenhausanlage war die etwas außerhalb der Stadt gelegene Provinzial-Heilanstalt mit bis zu eintausendvierhundert Kranken.

Wir, also unsere Familie, Vater, Mutter und drei Kinder, lebten auf unserem Bauernhof am Bugenhagen-Platz am Stadtrand von Treptow. Unsere Oma mit ihren siebenundsiebzig Jahren bewohnte, wie damals üblich, das Altenteil. Opa Totz war schon vor vielen Jahren verstorben.

Die Familie lebte nachweislich seit 1751 dort, wahrscheinlich aber schon länger. Doch die Urkunden, die dies bezeugen könnten, gingen verloren. Meine Mutter stammte aus dem Dorf Hohendrosedow, zwölf Kilometer entfernt. Auch ihre Familie lebte seit dem Dreißigjährigen Krieg im Dorf, war hier zu Hause, fest verwurzelt mit der Landschaft und einer großen Verwandtschaft ringsrum. Unser Vater hatte fünf Geschwister, unsere Mutter sogar acht.

Treptow war der Mittelpunkt, wo man sich oft traf. Es war bis 1945 eine lebendige, bürgerliche Kleinstadt mit knapp zehntausend Einwohnern. Hierhin hatte meine Mutter 1935 geheiratet, und zwar den Landwirt Erich Totz. Als deren drittes Kind wurde ich am 18. März 1943 geboren und getauft am 25. April des gleichen Jahres in der Marienkirche. Meine Schwester Edelgard wurde am 21. Mai 1936, mein Bruder Manfred am 3. Juli 1937 geboren. Ich bin also das Nesthäkchen. Geburts- und Taufurkunden sowie alle sonstigen Papiere gingen durch die Flucht leider verloren.

Am 12. Mai 1953 erhielten wir vom Amtsgericht Oldenburg in Holstein ein als Urkunde geltendes „Papier" – ohne Titel –, das bestätigte, dass wir die drei in Treptow geborenen Kinder unserer Eltern Erich und Erika Totz sind. Jahre später erzählte mir meine Mutter, dass sie eine eidesstattliche Erklärung abgeben musste. Nachdem der Beamte sie wiederholt darauf hingewiesen hätte, „nichts als die Wahrheit zu sagen", habe sie erwidert: „Glauben Sie wirklich, ich habe mir auf der Flucht noch mehr Kinder aufgesammelt?"

Im Sommer 1974 reiste meine Mutter mit ihrem jüngsten Bruder Siegfried nach Treptow und brachte mir als Geschenk meine Geburtsurkunde mit – in polnischer Sprache.

Geboren bin ich damit in Trzebiatów.

Viele Jahre später – meine Mutter war bereits verstorben – unterhielt ich mich mit einer uns bekannten, nicht verwandten Person. In diesem Gespräch hörte ich, dass meine Mutter es nach dieser Reise nach Pommern bedauert hätte, ihren elterlichen Hof und auch ihr Zuhause in Treptow besucht zu haben.

Ein später Besuch

Ich arbeitete in Innsbruck, als wir – Edelgard mit ihrem Mann Heinz und ich – beschlossen, in unserem Urlaub unser einstiges Zuhause zu besuchen. Übernachtungen hatte Edelgard in Kolberg reserviert.

Es war an einem heißen Sommertag im August 1986. Langsam fuhren wir die schnurgerade, wunderhübsch gewachsene Baumallee entlang, die sich weit vor uns hinzog und dann als kleiner Punkt in den Himmel zu führen schien. Unter den sich leicht berührenden Kronen der hohen Bäume glitten wir durch einen Tunnel. Im leichten Wind ließ das grüne Laub der Bäume einige Sonnenstrahlen durchblitzen, die nun als Schatten und Sonnenflecken wie springende Kinder über die Straße hüpften. Wir waren auf dem Weg nach Treptow, meinem Geburtsort, Stadt der tausendundeinen mir erzählten Geschichten.

An der Rega, die die Stadt durchfließt, standen wir neben dem gut erhaltenen Grützturm, als Edelgard sagte: „Hierher sind wir oft spazieren gegangen, mit Mutti oder mit Longina, unserem polnischen Kindermädchen, und haben Enten gefüttert. Du konntest das auch schon ganz alleine."

„Schön", meinte ich, schaute mich um und sagte in einer von Begeisterung getragenen Lautstärke: „Und nun müssen wir jemanden haben, der deutsch und polnisch spricht und uns alles zeigen und erklären kann."

Ein jüngerer Mann trennte sich aus einer Gruppe von fünf Personen, die nur wenige Meter entfernt stand, kam auf uns zu und sagte: „Ich habe gehört, was Sie gesagt haben, und ich kann das. Ich heiße Kristof Maléc."

„Sie sprechen aber gut deutsch."

„Habe ich Deutsch gelernt von meiner Mutter, bin noch ein bisschen deutsch."

Wir freuten uns und er sich auch.

Beim weiteren Bummel durch engere Gassen schlenderten wir auch über den Marktplatz, wo auf einfachen Ständen Gemüse und etwas Obst aus der Region verkauft wurde. Selbst gepflückt oder geerntet lag es unsortiert in Körben und Kisten.

Dann standen wir vor unserem ehemaligen Elternhaus. Es sah schrecklich ungepflegt und heruntergekommen aus. Rechts war noch die Scheune beziehungsweise ein Rest davon, denn sie war kurz vor dem Zerfall. Wie bereits vor zwölf Jahren unsere Mutter, die hier gewesen war und gern ihre alten Zimmer betreten hätte, erhielten auch wir keinen Einlass.

Edelgard zeigte auf ein Fenster. „Das zweite Fenster da rechts, dahinter bist du geboren. Ich weiß noch, als man Manfred und mir sagte: „Ihr habt eine kleine Schwester bekommen." Meine Mutter erzählte mir viele Jahre später: „Die Hebamme musste damals noch ein wenig auf mich warten, da ich zuvor meine begonnene Arbeit im Stall beenden wollte.,Ich komme sofort; gleich bin ich fertig!', rief ich ihr damals zu."

Hausgeburten waren seinerzeit üblich. Auf Fotos hatte man mir das Haus öfter gezeigt, doch da war es stets weit entfernt gewesen – oder hatte ich keine Nähe zulassen wollen? Wie auch … Nun lag es vor mir – als Realität. Doch nicht nur das Elternhaus, sondern auch die Wege und der Platz vor diesem Gebäude sahen sehr vernachlässigt aus.

Wir bummelten weiter. Die Marienkirche war geschlossen; einen Küster oder Pastor suchten wir nicht auf, nicht nach diesem Besuch. Unser Weg führte uns die Rega entlang, über die Bahnschiene zu Kristofs Zuhause. Er hatte uns eingeladen. „Unser rotes Auto lockt alle Kinder an", ging es mir durch den Kopf, als wir langsam die Treppe zu seiner Wohnung hochgingen. Nun wurde aufgetischt, was die Küche auf die Schnelle hergab, denn Gastfreundschaft wird hier großgeschrieben. Für den nächsten Tag verabredeten wir, mit Kristof nach Hohendrosedow zu fahren, zum Hof unserer Großeltern. Als Kleinkinder hatten wir diesen Ort schon mal ganz heimlich „Hosendrosendoof" genannt.

Als wir durch Hohendrosedow gingen, erzählte mir Edelgard vor einigen Häusern, an denen wir vorbeikamen, wer von unseren Verwandten oder Nachbarn darin gewohnt hatte; denn sie konnte sich noch gut von ihren Besuchen her daran erinnern, ich hingegen nur an einige Namen aus Erzählungen.

Dann standen wir an unserem großelterlichen Hof, dem einstigen Zuhause unserer Mutter. Links stand eine große Scheune, die nach einem Brand im Jahre 1928 neu aufgebaut worden war. „Das ist also die einst stattliche Zufahrt", dachte ich. Als Kleinkind hatte mir Tante Hilde, die unverheiratete jüngere Schwester meiner Mutter, mal ein gerettetes Foto der Scheune gleich nach dem Brand gezeigt. Bei den davor liegenden zerbröselten Mauersteinen hatte ich gefragt: „Habt ihr da Rosenkohl angepflanzt?" An ihrer Reaktion hatte ich gemerkt, dass die Frage gar nicht gut gewesen war. Doch nach kurzem Zögern erklärte Tante Hilde mir es dann, sicher etwas enttäuscht.

Dann stand da noch ein Stall, rechts hinten das kleine Backhaus, von dem ich so viel gehört hatte, und geradeaus das Wohnhaus. Irgendwie wirkte auch hier alles verkommen und es sah sehr traurig aus. Im oberen Fenster fehlte eine Glasscheibe, Regen drang dann ganz von alleine ein.

Wie schon in Treptow stand ich nun vor der Wirklichkeit mit den verschiedensten grauen und bunten Bildern, die sich aus den vielen mir erzählten Geschichten in meiner kindlichen Vorstellung gebildet hatten.

Eine alte bäuerliche Frau mit einer umgebundenen Schürze begrüßte uns freundlich lächelnd und hieß uns in ihrem gebrochenen Deutsch willkommen. Wir verstanden es. Die bunten Muster ihrer Schürze schienen der einzige Farbfleck zu sein. Kaffee hatten wir mitgebracht, doch zum Trinken musste erst der Ofen mit Holz geheizt werden, damit wir heißes Wasser bekamen. Dann saßen wir in der Küche unserer Großeltern und tranken Kaffee. Wie auch der Besuch meines Elternhauses, auch wenn wir es nur von außen sehen durften, erscheint mir jetzt alles unwirklich und irgendwie nicht begreifbar.

Vielleicht später, wenn ich wieder fort bin?

Wir durften uns alles ansehen. Die alte Frau zeigte uns voller Stolz den noch existierenden weißen Kachelofen im Wohnzimmer. Ein Prachtstück. Versetzte bunte Kacheln bildeten ein Ranken- und Blumendekor. Sie selbst kam einst aus der Ukraine, war hierher vertrieben worden. „Vertrieben wie ihr." Auf unseren Hof.

„Sie dürfen ruhig in den Garten gehen." Wir taten es. Ich pflückte einige von den Johannisbeeren, die uns von knorrigen Büschen als reife und rote Kugeln entgegen leuchteten. Zu denken, dass unsere Mutter als Kind von diesen Früchten genauso genascht hatte wie ich nun … seltsam war das. Beim Essen dieser kleinen Beeren hatte ich zum ersten und einzigen Mal das Empfinden: Wenigstens die müssten immer so bleiben; reif und rot, als strahlend kleine Farbtupfer in diesem tristen Dasein. Oder war dieses Bild nur ein Symbol und Überbleibsel für etwas Gewesenes, das es nie mehr so geben würde? Waren diese kleinen roten Beeren mein einziges Symbol einer „Verheimatung"?

Die Beeren konnte ich nicht bewahren, wohl aber die Erinnerungen.

Ich pflückte mir einige kleine Zweige vom Buchsbaum, ich werde sie zu Hause, im neuen – wo? – irgendwohin hängen.

Wieder zurück im Haus, kam Kristof uns strahlend entgegen, in der Hand schwenkte er ein dickeres, längliches Buch. „Schaut mal, was ich habe gefunden, lag oben auf dem Boden, in einer Ecke hinter zwei Balken, bisschen eingestaubt." Wir schlugen es auf. Es war das Ausgaben- und Einnahmenbuch meines Großvaters, der 1945 auf der Flucht verhungert ist. Mehr als vierzig Jahre hatte es unbeachtet und fast unbeschadet dort oben gelegen. Wir würden später darin lesen können, was er von Ende 1928 bis 1932 alles fein säuberlich darin notiert hat.

Wir schauten die jetzige Besitzerin an. Sie nickte: „Dürft ihr behalten, nehmt es nur mit, ist ja euers." Sorgsam verstaut haben wir diesen Schatz trotz strengster Kontrollen gut über die deutsch-polnische Grenze bringen können.

Zwischen Kristof und seiner Familie und meiner Schwester und meinem Bruder gab es noch viele gegenseitige Besuche, in Polen wie bei uns im Westen. Auch sonst riss der Kontakt nicht ab.

Für ein kaputtes Kirchenfenster in der Marienkirche hat meine Schwägerin Jutta inzwischen ein neues gestaltet; das alte wurde durch Tiffany-Glasarbeit ersetzt. Manfred wurde auch zu einem deutsch-polnisch-ukrainischen Folklore-Festival eingeladen. Da der deutsche Repräsentant kurzfristig ausgefallen war, bat man ihn, anlässlich dieser Feier an seiner statt doch ein paar Sätze zu sprechen.

Inzwischen ist Kristof mit seiner Familie in die Nähe von Bonn gezogen.

Wieder zu Hause, las ich im mitgebrachten Ausgaben- und Einnahmenbuch meines Großvaters. In der Schule hatte ich Sütterlin, die altdeutsche Schrift, in der er dieses Buch geschrieben hatte, noch gelernt. So konnte ich einige Eintragungen aus dem zwei Zentimeter dicken und schmalen, aber dreißig Zentimeter hohen Buch entziffern, das Edelgard hatte neu binden lassen.

Gedankenverloren sinnierte ich über diese Eintragungen. Viele Namen von Personen und Orten waren mir ein Begriff, andere hingegen, die alle mit Federhalter und Tinte geschrieben waren, vermochte ich nicht zu enträtseln. Hier einige Beispiele aus diesen Eintragungen, die Preisangaben sind in Reichsmark:

Einnahmen:

31. Juni 1929	2 Ferkel	78,-
31. Juli 1929	70 Ztr. Gerste	686,-
7. Aug. 1929	3 Schweine ganz 744 Pfund	579,-
7. Feb. 1930	Darsow Groß Zapplin für Kuh	300,-
12. Feb.1930	3 Stiegen Eier (1 St. = 20 Stück)	3,80,-
8. Juli 1931	37 Ztr. Roggen	300,-
28. Juli 1931	1 Bullen ganz 1520 Pfund	775,-
20. Aug. 1932	36 Ztr. Weizen	100,-
29. Apr. 1932	5 Ztr. Kartoffeln	12,50

Ausgaben:

8. Okt. 1928	Schornsteinfeger	1,-
4. Febr. 1929	Ludendorff Vortrag Greifenberg	3,-
1. Apr. 1932	Kirchliche Zeitungen	4,10
30. Okt. 1929	Filzschuhe Erika	8,-
12. Dez. 1929	Einkommenssteuer	82,-
5. Febr. 1930	Siegfried Pension	55,-
3. Apr. 1930	für März melken Erika und Adelheid	16,-
11. Apr. 1930	Pastor zu Hildes Einsegnung	8,-
11. Apr. 1930	Kirche ausschmücken	1,-
11. Apr. 1930	Einsegnung in Zedlin	15,-
12. Juni 1930	Invalidenmarken -,60 und -,90	50,10
12. Juni 1930	Missionsfest in Kolberg, Fahrkarten	7,10
18. Juni 1930	Krankenkasse	34,90
30. Juni 1930	Hochzeitsgeschenk Käthe, 6 Weingl.	42,-
8. Aug. 1930	für Juli melken Georg und Hildegard	16,-

7. Sep. 1930	Mütze Erika	5,-
17. Sep. 1930	Kirchliche Beiträge	49,50
20. Sep. 1930	Erika Koffer	7,50
22. Sep. 1930	Siegfried Klavierstunden	8,-
5. Okt. 1930	Siegfried Schulgeld	8,50
20. Mai 1931	Landwirtschaftskammer	29,25
12. Juni 1931	Erika Geburtstag	3,-
12. Juni 1931	Schokolade	-,60
9. Aug.1931	12 Pfund Zucker	4,-
9. Aug. 1931	3 Pfund Kaffee	10,50
9. Aug. 1931	1 Kiste Zichorie (Kaffeeersatz)	6,-
25. Aug. 1931	Fahrkarten Stettin, Paul, Erika, Adelheid	16,-
15. Sep. 1931	Völkischer Beobachter, Treptower Anzeiger	4,56
22. Juli 1932	5 Liter Blaubeeren	1,75
22. Juli 1932	5 Pfund Flundern	1,35

Es sind wohl alle Ausgaben notiert, von Milchuntersuchungen, Reparaturen, wie auch Schuhebesohlen bis zu neuen Mauersteinen, Schweinewiegen und -schlachten, Zehrgeld für die Arbeiter, Nählohn für die beiden Schneiderinnen, kurzum: alles, was in einer kinderreichen Familie anfiel. Welche Geschichten sich hinter einzelnen Ausgaben verbergen, vermag man nur zu erraten oder sich bei noch vorhandenen Kenntnissen der Situation und Familiengeschichte zusammenzureimen. Das Folgende fällt mir dazu ein: Als Abendessen gab es fast immer Bratkartoffeln. Nötige Zutaten zu diesem Essen als auch zu vielen anderen Mahlzeiten lieferte vorwiegend der eigene Anbau. Das Korn wurde meist zu einem bekannten Müller geliefert, der zunächst wohl auch Abschlagpreise zahlte. Der Sohn dieses Müllers heiratete später Tante Adelheid.

Siegfried, als Jüngster der Geschwister, ging nach Treptow auf das Gymnasium. Einige Brüder wohnten in Pension bei einem befreundeten Schneider. Der Knecht eben dieser Familie wurde der Einfachheit halber „Friedrich" genannt – welchen Namen er auch tatsächlich besaß. Wenn unser Großvater mit dem Fuhrwerk zum Einkauf nach Treptow fuhr, bekam Friedrich jedes Mal 50 Pfennige für das Ein- und Ausspannen der Pferde. Futter für die Tiere nahm unser Großvater mit.

Von Treptow aus fuhr ein Verwandter meines Vaters den Pastor mit der Pferdekutsche über die Dörfer.

Zum Blaubeerenpflücken wurden die Mädchen und Frauen morgens mit dem Pferdewagen nach Treptow gebracht, von wo aus der Zug sie bereits um 4:30 Uhr in ihr Gebiet brachte. Ein Pflückschein wurde beim Staatsforst beantragt und bezahlt. Mit eimerweise gepflückten Blaubeeren wurden sie dann abends um 19:30 Uhr wieder mit dem Pferdewagen vom Zug abgeholt.

Stammte aus dieser Zeit gar das Kinderbuch „Hänschen im Blaubeerwald"? Wozu benötigte meine Mutter 1930 einen Koffer? Geheiratet hat sie doch erst viel später.

KOSELAU IN OSTHOLSTEIN
Unsere Ankunft

Nach der Flucht kamen wir in Husum an und bewarben uns von dort aus um den Zuzug nach Bremen, wo Gerhard, der älteste Bruder meiner Mutter, wohnte. Der Antrag wurde jedoch abgelehnt, denn die Stadt war bereits überfüllt mit Flüchtlingen.

Da machte sich Tante Hilde auf und fuhr nach Koselau in Ostholstein. Die Postkarte mit dem Namen des Ortes hatte sie bei sich. Sie hatten sie mal auf der Flucht zugestellt bekommen, woher und wie wussten sie nicht mehr, sie hatten sie jedoch als besonderen Schatz aufbewahrt. Sie war von Onkel Arthur Uecker, der dorthin als Soldat entlassen worden war. Er hatte seine Tochter, unsere Tante Gertrud, und deren Mann Alfred dahin nachgeholt. Alfred wiederum war ein älterer Bruder meiner Mutter.

    Es war eine besonders beschwerliche Reise von Husum bis Koselau; die Fahrt dauerte zwei Tage. Nur dadurch, dass Tante Hilde sich und unsere Mutter schon im vornherein auf diesem Gut zu einer Arbeit verpflichtete, bekamen wir die Erlaubnis für den Zuzug nach Koselau. Sie holte uns danach von Husum ab, um gemeinsam nach Koselau zu gelangen.

    Die Bahnstation, an der wir ankamen, war Lensahn. Von da aus waren es noch sieben Kilometer bis Koselau. Es war spätabends und bereits im nächsten Dorf, Schwienkuhl, war unsere Mutter mit den Kräften am Ende. Sie klopfte bei einem Haus an, in dem noch Licht brannte, und fragte, ob die Leute mich bis zum nächsten Morgen behalten könnten. Tante Hilde und Mutti hatten einfach keine Kraft mehr, mich zu tragen. Die Leute nahmen mich aber nicht auf, sie sagten: „Wir wissen ja nicht, ob Sie sie wieder abholen." Mit allerletzter Kraft schleppten wir uns in dieser Januarnacht weiter. Und so kamen wir in den Nachtstunden des 20. Januar 1946 in Koselau an, im kalten Winter, ohne auch nur annähernd angemessen, geschweige denn mit wärmenden Sachen bekleidet zu sein. Meine Mutter wog mit ihren knapp siebenunddreißig Jahren sechsunddreißig Kilogramm.

Wir, das waren meine Mutter, Tante Hilde, die seit Fluchtbeginn bei uns war, meine Schwester Edelgard mit neun Jahren, mein Bruder Manfred mit acht und ich mit knapp drei Jahren. Tante Hilde wurde am kommenden Tag, dem 21. Januar, dreißig Jahre alt.

Unser Vater wurde 1898 geboren. Er erhielt am 21. Januar 1945 während Tante Hildes Geburtstagsfeier den Einberufungsbefehl zum Volkssturm. Am 7. März, nach genau einem Monat im aktiven Dienst als Soldat, fiel er bei Rückzugsgefechten bei Altdamm in der Nähe von Stettin. Meine Mutter erfuhr am 21. Mai 1945, am Geburtstag von Edelgard, davon. Ein Bruder meiner Mutter, Georg, starb Ende April 1945 mit dreiunddreißig Jahren.

In Koselau erhielten wir ein kleines Zimmer, das kurz entschlossen von der ohnehin nicht großen Wohnung meines Onkels Alfred abgezwackt wurde. Es hatte etwa acht bis neun Quadratmeter.

Onkel Alfred lebte mit seiner Frau Gertrud und ihren zunächst zwei, später drei Kindern in dieser Wohnung. Wenn Tante Gertrud mit Kochen fertig war, durfte meine Mutter den Herd mit benutzen. Für mich riesengroß, stand er im Eingangsbereich. Geschlafen haben wir fünf Personen irgendwie auf Matratzen auf dem Boden, die tagsüber an den Wänden hochgestellt wurden. Es war zu fünft in diesem Zimmer mehr als eng, sodass meine Schwester Edelgard zum Beginn des Schuljahres 1947, im April, von der befreundeten Pastorenfamilie Günther, die schon fünf eigene Kinder hatte, in Hermannsburg in der Lüneburger Heide aufgenommen wurde. Sie wurde zwei Monate später elf Jahre alt. Es sollten dann mehr als drei Jahre vergehen, bis nach ihrer Konfirmation, bis sie wieder ganz und nicht nur zur Ferienzeit bei uns wohnen würde.

Entsprechend der gegebenen Zusage, auf dem Gut zu arbeiten, wurde Tante Hilde als Hausmädchen bei dem Pächter, Familie

Matzen, eingestellt und meine Mutter, sobald sie sich körperlich halbwegs erholt und gestärkt hatte, als Melkfrau.

Auf dem Gut lebten von unserer Verwandtschaft insgesamt bis zu achtzehn Personen, davon neun Kinder. Onkel Alfred, der noch in Pommern die Nachfolge als Erbe des großelterlichen Hofes angetreten hatte, arbeitete meist als Treckerfahrer oder Stellmacher, genau wie sein Schwiegervater, Opa Uecker, der mit seiner Frau neben uns wohnte. Tante Gertrud, seine Frau mit erst fünfundzwanzig Jahren, ging wie meine Mutter zum Kühemelken. Seine unverheiratete jüngere Schwägerin verdingte sich wie Tante Hilde ebenfalls als Hausmädchen bei Familie Matzen. Ein weiterer Bruder unserer Mutter, Onkel Paul, war Ingenieur bei Siemens in Berlin gewesen. Auf dem Gut wurde ihm hauptsächlich die Verantwortung für die technischen und elektrischen Geräte und Anlagen übertragen. Seine Frau arbeitete nicht. Sie hatten ebenfalls drei Kinder.

Das Gut Koselau

Koselau wurde erstmals im Jahre 1262 in einem Kaufbrief von Luder von Corzsla erwähnt. Durch Veräußerungen kam der Besitz 1617 an den Herzog von Holstein-Gottorf. Später wurde er zum immerwährenden Fideikommissgut von dessen Linie bestimmt.

Seit 1890 war es bereits die aus Schweden gekommene Familie Matzen, die Koselau als Pächterfamilie ihren Stempel aufdrückte. Koselau war Matzen – oder umgekehrt: Matzen war Koselau. Beide waren eins, ein Begriff. Ähnlich verhielt es sich einige Jahre später mit dem Schwiegersohn, Hermann von Zitzewitz.

Um 1900 wurden die Ländereien mit insgesamt 862 Hektar ausgewiesen, davon 394 Hektar Wiesen und 24 Hektar Wasser. Im Jahre 1948 musste ein Nachkomme der Familie Holstein-Gottorf, der Erbgroßherzog von Oldenburg/Holstein, das Gut Koselau im Zuge der Agrarreform dem Land Schleswig-Holstein zur Verfügung stellen. In dieser Umstrukturierung entstanden als Folge der Aufsiedlung ab 1952 zweiundzwanzig neue Siedlungsstellen. Familie Matzen als bisheriger Pächter des Gutes wurde nun Besitzer des Resthofes mit etwa 300 Hektar.

Mit uns fanden in Koselau weitere einhundert Flüchtlinge eine Bleibe. Etwa die gleiche Anzahl von Leuten fand auf dem Gut eine Beschäftigung, wovon gut die Hälfte der Deputatarbeiter in gutseigenen Wohnungen dort auch wohnte. Die übrigen kamen als Freiarbeiter aus den umliegenden Dörfern. Jedem wurde seine Arbeit zugeteilt und damit erhielt er gleichzeitig für diese die Verantwortung. Melker oder Schweitzer, Pferdepfleger, Schmiede und Hufschmiede, Stellmacher, Kutscher und Treckerfahrer, es waren all diese Berufe oder Tätigkeiten, die zu unserem Alltag dazugehörten.

Zum Viehbestand gehörten etwa dreihundert Milchkühe, die in sechs Herden mit je einem Melkermeister und drei Melkern aufgeteilt waren. Außerdem wurden jährlich zweihundert Kälber großgezogen. Die sechs schweren Bullen waren ausbruchssicher in ihren sechs Boxen untergebracht. Besonders grimmig von ihnen, so dachte ich immer, guckte mich „Alwin" an, wenn ich mal wieder vor seinen dicken Eisenstäben vorbeiging.

Zusätzlich gab es auf dem Hof fünfunddreißig Arbeitspferde mit jährlich etwa zwanzig neuen Fohlen. Während des Sommers liefen sie bei der Arbeit immer mit ihren Müttern mit und es war schön, die Kleinen beim Spielen zu beobachten. Wie Kinder liefen sie hin und her. Im Schweinestall waren meist dreihundert Tiere untergebracht, von gerade geborenen Ferkeln bis zur schlachtreifen Sau. Zusätzlich gab es noch einen Schafstall.

Zum Gutshaushalt gehörte natürlich auch Federvieh, das jeden Abend beim Hereinholen gezählt werden musste, ob auch keines fehlte. Besonders kann ich mich daran erinnern, dass Tante Hilde oder ein anderes Hausmädchen abends verzweifelt versuchte, auch schon mal mit Stöckchen oder Steinen, die laut kollernden Puten aus den Baumkronen endlich herunterzutreiben und in ihrem Stall verschwinden zu sehen. Dann war auch für sie endlich Feierabend. Doch vorher schlug noch ein stolzer Pfau in seinem Maschendrahtgehege sein farbenprächtiges Rad – wie zum Tagesausklang.

Neben dem Viehbestand mit den dazu erforderlichen riesigen Ställen gehörten ein großer Speicher für das Korn, ein Schuppen sowie weitere Unterstände und Gebäude für den Fuhrpark zum Hof. Sie enthielten neben Reparaturwerkstätten und Lagermöglichkeiten diverse Ackergeräte und sechs Trecker. Ein oder zwei dieser Trecker tauchten nach dem Krieg ziemlich unversehrt wieder auf; denn sie waren unter Strohmieten unsichtbar und unentdeckt versteckt worden.

Die ersten Mähdrescher, die zunächst noch über eine Zapfwelle mit einem Trecker angetrieben wurden, gab es 1950, insgesamt wurden es dann vier. Eine Delegation aus Schweden kam mal zur Besichtigung, um die Funktion dieser Wundermaschine zu bestaunen und sich erklären zu lassen. Zwischen diesen vielen Gebäuden befanden sich zwei riesige und tiefe Misthaufen.

Und natürlich gab es das stattliche, aber relativ kleine Gutshaus, das neben den beiden kompakten Gebäuden für das Vieh fast ein wenig verspielt wirkte. Bei der Zufahrt auf den Hof konnte man es vor einem abgerundeten, leicht abfallenden Vorplatz, der mit weißen Kieselsteinen ausgestreut war, liegen sehen. Davor eine Fahnenstange und ein vielstufiger, fast ein wenig majestätischer Treppenaufgang, dem eine verglaste Veranda vorgebaut war. Diverse größere Feldsteine auf dem Hof dienten als Markierung, um die die vielen Trecker und Pferdegespanne korrekt herumfahren mussten, um auf den freien Flächen des Hofes zu bleiben. Sie wurden regelmäßig aus einem Eimer mit Farbe und einem dicken Pinsel weiß getüncht und trugen damit zum blitzsauberen Eindruck des Gutes bei.

Von einem Großbrand im Jahre 1914 blieben nur das Gutshaus, zwei von Verantwortlichen bewohnte strohbedeckte Häuser sowie ein alter Stall, der sogenannte Schafstall, verschont. Diese Katen gab es noch zu meiner Zeit. Alle eingeäscherten Gebäude waren gleich nach dem Ersten Weltkrieg zweckmäßig und nach neuesten Erkenntnissen jener Zeit wieder aufgebaut worden.

Unser neues Zuhause

Hier war nun unser neues Zuhause. Das eine Zimmer, das wir bewohnten, war zwar alles andere als schön oder gar gemütlich, aber irgendwie haben wir geschlafen und gehungert haben wir wohl auch nicht mehr. Meine ersten Bilder der Erinnerung habe ich von der Flucht: Ich jage Mäuse mit einem Stock und suche Läuse, um sie zu knacken. Ob diese bildhaften Fragmente allerdings wirkliche Erinnerungen sind oder sie sich aufgrund der häufigen Erzählungen in mir gebildet haben, vermag ich nicht zu beurteilen. Es wurde so viel von Mäusen und Läusen erzählt, dass ich glaubte, es seien meine eigenen Erinnerungen.

Meine erste bewusste Erinnerung habe ich vom Sommer 1946, als man mich, prustend und spuckend und voll von grünem Entenflott bedeckt in eine große Blechschüssel auf einen Hocker stellte, um mich kleinen Nackedei mit kaltem Wasser zu waschen beziehungsweise aus einem Eimer Wasser mit einer Blechtasse voll Wasser zu übergießen, damit ich wieder sauber wurde. Was war geschehen?

Vor unserem Haus führte ein Weg vorbei. Auf der anderen Seite war der ziemlich große Dorfteich mit einer von Bäumen und Büschen zugewachsenen Insel in der Mitte. Ein kleiner Ball, mein einziges Spielzeug, war in diesen Teich gerollt. Ich lief hinterher und wollte ihn wiederhaben. Andere Kinder hatten dies irgendwie mitbekommen und gerufen: „Edelgard, komm schnell, Heidi ist im Teich!" An einer Stelle bewegte sich das dichte Entenflott in einer leichten Welle über dem Wasser, aus dieser grünen Masse guckten noch ein paar Haare vom Kopf hervor. So wurde ich noch rechtzeitig aus dem trüben, morastigen Untergrund gezogen. Gewaschen wurde ich von Tante Lotte, Onkel Pauls Frau, da meine Mutter mit Typhus im Bett lag.

Zu essen gab es ganz bestimmt täglich Kartoffeln. Mit Sicherheit haben wir diese nach der Ernte auf den schier endlosen großen Feldern gestoppelt. Denn kleine Kartoffeln, die hinter dem Kartoffelroder auf den Äckern liegen geblieben waren, durften wir auflesen. Wenn der Treckerfahrer den Rechen durch einen Hebel zu unserer Freude mal etwas anhob, kamen andere Sammler schnell angelaufen; denn nun blieben auch mal größere und mehr Kartoffeln auf den Furchen liegen. Mir wurde erzählt, dass ich diese kleinen Pellkartoffeln sehr gerne gepellt habe und dies mit meinen kleinen Fingern auch sehr schnell konnte. Als Geschmack oder Zugabe konnten wir Salz darüber streuen. Manchmal habe ich das Salz auch mithilfe der angefeuchteten Fingerspitzen so aufgeschleckt.

Neben dem Haus wuchs ein ganz großer Birnbaum, der jedes Jahr im Herbst voller Früchte hing. Diese sehnlichst von uns erwarteten reifen – oder halb reifen? – Birnen waren köstlich und wir genossen sie immer sehr.

Für unsere tägliche Ration Milch stellten wir uns mit den anderen Leuten an. Frisch gemolken kam sie im Sommer am späten Nachmittag von der Weide. Alle warteten sehnsüchtig, bis die großen Vierzig-Liter-Kannen von den Wagen abgeladen waren. Jeder erhielt seine Menge mithilfe des schmalen und hohen Ein-Liter-Maßes, das man durch seinen langen Griff in die Kanne einhängen konnte. Sobald ich halbwegs zuverlässig war und somit einen Liter Milch tragen konnte, durfte ich diesen in unserer kleinen, weißen Blechkanne mit Deckel alleine holen. Wenn wir Kinder ganz mutig waren und wir uns des fest sitzenden Deckels vergewissert hatten, schleuderten wir die gefüllte Milchkanne ein- oder zweimal im Kreis herum. Ein Malheur ist nie passiert.

Bei einer Person bekamen wir manchmal noch ein klein wenig Milch nachgegossen. Diese vielleicht halbe Tasse mehr erhaltene Gabe war für unsere Mutter immer ein Geschenk, das sie freute. Wenn sie nämlich sehr knapp ausgeschenkt wurde, wurde es auch für uns knapp; doch um mehr zu kaufen, reichte unser Geld wohl nicht. Aus diesem Grunde hatte unsere Mutter im ersten Sommer manchmal unter ihrer Melkkleidung einen dünnen „Flachmann" versteckt, um beim Melken ein wenig Milch zu stibitzen, denn es lohnte sich, diese fettige Milch abzurahmen, um mit dem Rahm im eigenen kleinen Butterfass ein wenig Butter herzustellen. Diese kleine Mauschelei hatte mir meine Mutter sogar erklärt, doch ich hatte es mit meinen drei Jahren nicht so recht realisiert.

Edelgard und Manfred gingen gleich ab Februar 1946 in die Volksschule, denn durch die monatelange Flucht hatten sie Schulzeit versäumt. Als Schuhe trug Manfred selbst gemachte Holzpantoffeln. Im ersten Winter wurden noch Streifen von alten Gummireifen darunter genagelt, damit der Schnee nicht so fest daran klebte. Die Schneefälle waren in jenen Jahren sehr heftig, überall stob – wehte – es, zudem baute sich der Schnee durch die vielen Knicks fast immer zu tückischen Verwehungen auf. Als Manfred eines Tages im Winter nicht zur erwarteten Zeit von der Schule nach Hause kam, machte sich unsere Mutter auf, ihn zu suchen. Irgendwo dort draußen fand sie ihn, ganz alleine in der Schneelandschaft. In diesen hohen Verwehungen war er einfach stecken geblieben. Auf dem Rücken per huckepack trug sie ihn nach Hause, wo wir sie beide schon sehnsüchtig erwarteten.

Als ich bereits erwachsen war, erzählte mir meine Mutter: „Es war im Winter nach unserer Ankunft, dass ich mir auf unseren Bezugsschein hin einen Kochtopf aus Grube abholen konnte. Als ich nach meinem morgendlichen Melken die zehn Kilometer zu Fuß gelaufen war und dort ankam, standen in der Schlange endlich nur noch zwei Leute vor mir, da hörte ich den Beamten sagen: ,So, nun ist Schluss, das war eben der letzte Topf.' Auf dem Rückweg im Schnee hätte ich mich am liebsten in den Straßengraben gelegt und wäre nicht mehr aufgestanden, wie auf der Flucht einmal, als Tante Hilde mich zum Weiterlaufen antrieb."

Immer wieder mal musste unsere Mutter uns daran erinnern, dass Betty Hardt, eine einfache Frau mit vielen Kindern – ihr Mann war Melker –, ihr erlaubt hatte, zu ihr zu kommen, damit sie sich auf ihrer Nähmaschine die ersten Kissen- und Bettbezüge nähen konnte. Nicht alle Leute waren so verständnisvoll und hilfsbereit; zudem hatten die Hardts in ihrer bescheidenen Kate selbst kaum ihr Auskommen. Viele sahen uns sicher auch lediglich als zugelaufene und heruntergekommene Leute, die irgendwoher aus dem fernen Osten kamen – war das überhaupt noch Deutschland? – und hier gestrandet waren. Nahmen wir womöglich den Leuten in Koselau von dem Wenigen, das sie besaßen, etwas weg? Als Betty Hardt Jahrzehnte später starb, war meine Mutter mit als Erste auf ihrer Beerdigung.

Meine Mutter war als Bauerntochter und spätere Bäuerin zwar harte Arbeit gewohnt, hatte sie doch mit vierzehn Jahren gleich nach der Schule mit den Tagelöhnern des Hofes zum Kühemelken gemusst, morgens, noch halb in der Nacht, und am späten Nachmittag. Und auch sonst hatte zu Hause, auf ihrem elterlichen Hof in Hohendrosedow, eine sehr strenge Erziehung geherrscht. Als Kind hatte sie Klavierstunden erhalten, durfte aber nur Lieder aus dem Gesangbuch oder Volkslieder spielen. Einen Schlager trällern – undenkbar.

Sich hier in Koselau nun als Melkfrau mit drei Kindern durchzubringen, war eine völlig andere Situation. Doch durch ihre Arbeitszeiten war sie des Morgens wieder bei uns, wenn wir aufwachten oder zur Schule gehen mussten. Während der Melkzeit am Nachmittag mussten meine beiden älteren Geschwister auf mich aufpassen; meistens vielleicht gern, manchmal sich weniger gerne.

Im Winter waren die Kühe in den Ställen, wo wir sie gerne aufsuchten, weil es dort herrlich warm war. Der breite Seiteneingang und auch die vielen betonierten Gänge zwischen den Kuhreihen waren breit genug zum Entlanglaufen, dennoch achteten wir auf wedelnde Kuhschwänze oder hin und wieder herabklatschende Kuhfladen.

Im Sommer habe ich meine Mutter gern mal auf der Kuhweide beim Melken besucht. Der weiche Boden und die Wiesenränder waren mit dichtem Gras und wild wachsenden Blumen und Gräsern bedeckt. Alle Arten von Mücken und Fliegen, besonders die großen, dunkelblauen Schmeißfliegen, summten und schwirrten einem ständig ums Gesicht. Und irgendwo muhte es immer. Jede Herde bestand aus fünfzig bis sechzig Kühen und ich habe mich immer gewundert, dass alle Melker und Melkerinnen ihre Tiere genau kannten und wussten, welche noch gemolken werden mussten. Gab es heftige Gewitter, so galt die Regel, sich flach auf den Boden zu legen.

Ein einmalig satter und würziger Geruch lag über diesem ländlichen Alltag, der auf Besucher zweifellos idyllisch wirken musste, für den Beteiligten jedoch harte Arbeit bedeutete. Irgendwo zwischen diesen schwarz-weiß gefleckten Kühen saß meine Mutter mit ihrem klassisch-hübschen Gesicht auf dem dreibeinigen Melkschemel, mit einem Tuch ihre schwarzen Haare gebunden, da ihr, wie allen anderen auch, ab und zu so ein Kuhschwanz um den Kopf gewedelt wurde. Ganz nach dem Vers:

„Stripp, strapp, strull,
ist der Eimer noch nicht voll?",

füllte sich dieser Zug um Zug und wurde in die nächste große Milchkanne geleert. Diese brachte man – bis auf den geringen Eigenbedarf – zur Meierei nach Lensahn, denn die eigene in Koselau reichte für den gewachsenen Bedarf nicht mehr aus.

„Du, Heidi, ich bin bald fertig. Wenn du möchtest, kannst du solange bleiben und mit uns auf dem Milchwagen zurück fahren. Ich muss nur noch eine Kuh melken. Ja, wo ist denn Mathilde, sie war doch gerade noch hier? Ach, da hinten steht sie nun. Ich glaube, die anderen Melker sind dann auch fertig."

Jeder und jede hatte zweimal täglich zwölf bis sechzehn Kühe zu melken, vielleicht auch mal eine mehr. Ich sehe noch die Schweitzer oder Melker vor mir, wenn sie voller Genuss die noch warme, frisch gemolkene und noch vor Fett schäumende Milch aus den mit zwei Löchern versehenen Kannendeckeln tranken – eine durchaus sättigende Mahlzeit. Der Schaum der Milch zog sich als sichtbarer Rand über ihr ganzes Gesicht. Mit den Jackenärmeln wurde er abgewischt, zuvor aber genüsslich abgeleckt.

Ich pflückte Blumen, einen dicken Strauß Kuckuckslichtnelken, Sumpfdotterblumen oder Vergissmeinnicht, und steckte Gräser dazwischen. Zwischendurch naschte ich ein paar Blätter von Sauerampferstauden. „Heidi, komm, wir fahren!", rief meine Mutter. Ich saß mit auf dem Kutschbock. Zu Hause, vor dem Eingang, warf ich die Blumen unbemerkt schnell in den Straßengraben. „Wir haben doch gar keine Vase und auch keinen Becher übrig und Platz dafür sowieso nicht."

Abends oder bei sonstigen Gelegenheiten hörte ich wieder und immer wieder in vielen Einzelheiten die Geschichten von zu Hause, von der schrecklichen Flucht, die so lange dauerte, von den durchgestandenen Vergewaltigungen, von den verstorbenen Großeltern währen der schrecklichen Monate, von den ach so vielen gehabten Erlebnissen und auch von den Feiern in Hohendrosedow und Treptow, die in der großen Dorf- und Familiengemeinschaft als wahre Freudenfeste begangen wurden. Aber auch, dass sie selbst als Jugendliche durch Todesfälle in der Familie mal einige Jahre als Zeichen der Trauer nur schwarze Kleidung tragen durften. Mir wurde von einer oftmals unerbittlichen Strenge erzählt, Geschichten von Onkeln und Tanten, Cousins und Cousinen, den Nachbarn und wer den Krieg oder die Flucht überlebt hat und wer nicht. Und wo es sie hin verschlagen hat.

Und ich hörte von ihr ein- oder zweimal die sie sehr belastende Begebenheit, als sie auf der Flucht während der Suche nach Essbarem zufällig ihre Cousine Hedwig traf. Hedwig schob langsam einen Kinderwagen vor sich her, als sie nach kurzer Strecke mit tonloser Stimme meine Mutter fragte: „Du, Erika, kannst du mal bitte in meinen Kinderwagen schauen, ob meine kleine Tochter schon gestorben ist, oder muss ich noch weiterschieben? Ich kann das nicht." Sie schoben weiter.

Und ich hörte von Vati, den ich ja gar nicht kenne.

Ebenso hörte ich den Ausspruch: „Die Pommern werden so langsam und allmählich warm wie ihre großen Kachelöfen. Aber dafür halten sie dann auch lange Zeit warm."

Neben vielen Verwandtenbesuchen waren die mehr oder weniger regelmäßig stattfindenden Pommerntreffen eine äußerst willkommene Abwechslung, die ein jeder gern besuchte. Meistens fanden sie in Ratzeburg statt.

Das geordnete streng und straff geführte Leben von früher sollte alles der Vergangenheit angehören? Was könnten sie uns Kindern mitgeben, um ihre Kindheit, Jugend, ihr ganzes bisheriges Leben mit ihrem gelebten Umfeld nicht in Vergessenheit geraten zu lassen? Besonders vielleicht mir, die ich ja keinerlei Erinnerung daran hatte. Zweifellos war ihnen ihr bekanntes, gewohntes Zuhause, ihre Heimat genommen worden. Vielleicht sogar ihre Identität? Sie waren herausgeschleudert worden aus der Sicherheit der früheren Familiengemeinschaft und Traditionen. Es hatte zweifellos auch dort unschöne Sachen, ungute Abmachungen, Nicht-Gesagtes und Verschwiegenes gegeben. Doch es gab Regeln, eine auferlegte Disziplin für das Bestehen des Alltags sowie einen festen und unerschütterlichen Glauben. „Gott hat es uns gegeben" – das Akzeptieren des Alltags war das Annehmen des Schicksals.

Beginnend mit der Flucht ergab sich ein absolutes „Muss" des Durchhaltens, des Überlebens in der nun veränderten Situation. Zweifellos wurde die Disziplin dadurch weiter verstärkt.

Schon als Kleinkind habe ich diese Jahre als für mich fremd empfunden. „Sie sind nicht mein, das bin ich nicht." Außerdem musste immer etwas getan werden. „Das muss noch erledigt werden", hieß es. Es war nicht die Arbeit als solche, die ich als lästig empfand, sondern dass allem das Wörtchen „muss" angehängt zu sein schien. Und wenn es nur das Gehorchen war.

Edelgard war sieben Jahre älter. Nach Tante Hildes Auszug in die Kreisstadt Oldenburg wurde sie gern durch die offensichtlich vernünftigere Art als mitverantwortlich angesehen, was sie sicher war, und auch so behandelt. Sie war die Große, die Verständigere. Manfred war sechs Jahre älter. Er fühlte sich als einziger Mann in der Familie oft abseits und fehl am Platze. Für Empfindlichkeiten gab es wenig Raum, denn es ging ums Überleben. So manchen Tag und manche Stunde verbrachte er am liebsten, vor allem im Sommer, mit dem Treckerfahren draußen auf dem Hof oder auf den Äckern. Diese Zeiten genoss er. Ebenso wie Edelgard hatte auch er noch Erinnerungen daran, wie es zu Hause gewesen war. Vor allem hatten sie noch unseren Vater, die Oma Totz, Longina, unser Kindermädchen, und Schesslaff, unseren Arbeiter auf dem Hof, kennengelernt; die ganze kleine Welt in Treptow, wohin meine Mutter geheiratet hatte. Ich war die Jüngste, die kleine „Niedliche", die mitkommt, mitmacht.

„Nehmt Heidi mit", hieß es.

Was meine Mutter an sichtbaren Erinnerungen gerettet hatte, waren eine kleine braune Ledertasche ihrer Mutter, die letzte Hälfte eines Bleistiftes von ihrem Mann – unserem Vater – und einige in letzter Minute aus den Alben herausgerissene Fotos der Familie.

Jahrzehnte später tauchte im Nachlass meiner Mutter – sie wurde fast zweiundneunzig Jahre alt – ein Brief meines Vaters aus dem Volkssturm an sie auf. In ihm richtete er sich sehr liebevoll an sie, aber sprach kaum mit Hoffnung über die politische Situation. Meine Äußerung in einem Gespräch mit meiner Schwester dazu: „Komisch, ich habe immer das Gefühl gehabt, dass ich mich mit Vati gut oder viel besser verstanden hätte", wurde von ihr beschieden: „Ja, das ist immer so. Das, was man nicht hat, wird gerne als Ideal angesehen." Diese Antwort empfand ich, als wollte sie mir sagen: „Sei bitte still, du bist sowieso noch zu klein, um das beurteilen zu können." Doch ich wusste, dass mein Empfinden richtig war.

Ich hätte die vielen Jahre gerne etwas Persönliches von meinem Vater gehabt. Aber dafür habe ich jedes Jahr seiner gedacht, meist mit dem Vers:

„Siehst du den Sichelmond stehen, mein Kind,
so sehen ferne Augen ihn auch, wie unsere Augen ihn sehen …"

oder:

*„Wildgänse ziehen mit schrillem Geschrei,
sie zogen auf ihrem Fluge vielleicht am fernen Vater vorbei …"*

Dass ich irrtümlich immer einen Tag später als an seinem wirklichen Geburtstag seiner gedachte, wird er mir bestimmt verzeihen.

Das niedrig gelegene Gebiet des Oldenburger Grabens war als ausgewiesener Matzenkoog in den 1930er-Jahren durch den Reichsarbeitsdienst trocken gelegt worden. In dieser Bruchlandschaft wurde Torf gewonnen. Lange und dicke Holzbretter dienten in dem Morastgelände als Gehwege. Erdklumpen, sogenannte Bollen, wurden dem Boden entnommen, in backsteingroße Holzkästchen in Form gebracht, angetrocknet, später versetzt zu kleinen runden Türmchen aufgeschichtet. Es wurde „geringelt", wie wir es nannten. Getrocknet diente dieser Torf uns dann neben Holz als Brennmaterial zum Kochen und im Winter auch zum Heizen. Allerdings musste man sehr darauf achten, dass er ganz trocken war, sonst qualmte es sehr, es räucherte.

So ging der Vater meiner Freundin Uta eine Zeit lang mit weiteren Personen regelmäßig zum Torfstechen. Ein bis zu zwei Kilometer langer, halb zugewachsener Fußweg führte neben Wiesen und Äckern zu ihrem Arbeitsplatz.

Für uns Kinder gab es in der Freizeit genug zu spielen und Kinder fanden sich immer ein. Alle spielten zusammen, egal aus welchem Haus sie kamen. Beliebt waren Hüpfspiele mit Steinchen und Scherben als „Hinkelstein-Spiele" oder auch mit in die Erde geritzten Zahlen. Geschickt musste man sein beim Springseilhüpfen. Dann gab es Reigenspiele zum lauten Mitsingen, wie nach dem Lied „Das Wandern ist des Müllers Lust". Und dann gab es natürlich Ballspiele. Die Kleinen spielten auf der Erde mit Murmeln, dann wieder alle im Kreis: „Taler, Taler, du musst wandern, von dem einen Ort zum andern." Es wurde Verstecken gespielt, Schnitzeljagd durchs halbe Dorf oder Räuber und Gendarm. „Heute dürft ihr euch aber nur bis zum ersten Haus hinten rechts und bis zum Ende des Teichs verstecken." Der Suchende drehte sich um, zählte ganz laut bis einundzwanzig und schrie: „Ich komme!" und los ging die Suche nach den sich verstenckenden Kindern. Der erste Gefundene wurde zur Strafe bei der nächsten Runde zum Suchenden.

Neben unserem Haus standen vor dem Graben neben den Feldern riesige Bäume. Zwischen zwei eng stehenden Stämmen hatten die Männer eine Schaukel angebracht. War das ein Vergnügen, wenn wir Kinder ganz bis nach oben durch die Luft flogen, zunächst kräftig angeschubst von einem der Größeren. „Gleich bin ich aber an der Reihe", drängelte schon der oder die Nächste.

Im Teich quakte oft ein Frosch. Eine ganz besondere Stimmung wurde jedoch hervorgezaubert, wenn an lauen Sommerabenden alle Leute müde von ihrer anstrengenden Arbeit während der Erntezeit zur Ruhe kamen und bei einbrechender Dämmerung alle Frösche vom Teich her ihr Konzert begannen, unüberhörbar und ohne Pause. Begannen sie zu früh, dann hatten sie den Rhythmus der Dämmerung nicht eingehalten und konnten etwas nervig sein. Doch irgendwie war es wunderschön und gehörte einfach zum Tagesabschluss dazu. Es war ein wirkliches Froschkonzert, nur ab und zu quakte zum Schluss noch einer aus der Reihe, bis auch er dann langsam verstummte. Die letzten Lichter hinter den Fensterscheiben wurden ausgeknipst. Mit der Dunkelheit ging ein Dorf zur Ruhe.

Wir saßen draußen auf großen Steinen, als uns mal ein Nachbar einen kleinen Baby-Igel zeigte, den er aus einem engen Gefangenenlager, einem mit alten Tüchern ausgelegten Karton, hervorholte. „Ganz vorsichtig dürft ihr ihn streicheln", warnte er uns, was wir auch langsam mit unseren kleinen Händen taten. Irgendwoher stand sogar etwas Milch in einem kleinen Topf bereit.

Von hinterm Haus kamen indes einige sehr laute, markige Zurufe: „Holt die Kinder von der Straße und die Wäsche von der Leine, die Zigeuner kommen!" Dann hörte ich ein lautes „Hü!" und Peitschenknallen, Räder knarrten. Voll bepackte Plan- und Leiterwagen, gezogen von galoppierenden Pferden, mit schwarzhaarigen Männern auf den Kutschböcken, preschten vorüber. „Sie sind wieder weg." Es blieb aber nicht bei diesem einen Mal, dass sie kamen.

Im Winter war der Dorfteich zugefroren und die Insel in der Mitte war unser zusätzliches Spielrevier. Es gab sogar schon zwei Schlitten im Dorf, gebaut von Opa Uecker, der uns Kindern oder anderen Leuten immer dann half, wenn sie gerade Hilfe brauchten. So stammten das kleine Butterfass, geschnitzte Holzklammern für die Wäsche und einiges mehr auch von ihm. Herr Matzen hatte diese kleinen Hilfen oder Schenkungen stets wohlwollend übersehen. Mit der letzten Beleuchtung vom Kuhstall her ging es rot gefroren nach Hause.

Manchmal planten wir auch einen „Schwungschlitten". Dazu schlugen größere Jungen eine Eisenstange in die Mitte des zugefrorenen Teiches. Am nächsten Tag war sie absolut festgefroren, sodass wir eine dicke Schnur an ihr befestigen konnten, an deren Ende der Schlitten angebunden war. Zwei oder drei von uns führten hinter dem Tau den Schlitten mit Kindern darauf im Kreis. Durch die große Rundung erhielt der Schlitten, besonders wenn die Personen am Tau schneller gingen, enorme Schubkraft, sodass alle sehr aufpassen mussten, dass sich die Kinder auf dem Schlitten nach innen beugten und es nicht zu rasant wurde. Man testete, wie lange sich jemand auf dem Schlitten halten konnte, bis er rief: „Hört auf, ich kann nicht mehr!" Bei kleinen Kindern auf dem Schlitten waren alle ganz vorsichtig.

Für die langen Winterabende hatte Tante Hilde uns auf Packpapier ein „Mensch-ärger-dich-nicht"-Spiel und das weitaus größere und mindestens drei Stunden dauernde, von uns „Langsam aber sicher" getaufte Spiel aufgemalt. Die Spielregeln waren genau genommen ähnlich wie bei „Mensch ärgere dich nicht", aber erweitert, mit viel mehr Kästchen. Es konnten bis zu sechs Personen mitspielen. Es ging langsamer, bis alle am Ziel waren. Als Spielfiguren sammelten wir die erste Zeit noch verschiedenfarbige Steinchen draußen auf den Wegen. Alle passten auf, dass niemand mogelte, und natürlich durfte keiner beleidigt oder ungnädig werden – „muksch", wie wir sagten –, auch nicht nach mehrmaligem Rausgeschmissenwerden. Vier Stunden spielten wir Kinder und Erwachsene gemeinsam, eine feine Sache!

Zwischendurch gab es aber auch viel zu arbeiten. Holz hacken durfte ich die erste Zeit noch nicht, doch die Scheite tragen oder beim Aufschichten helfen konnte ich schon, auch mit drei Jahren. Und immer gab es Mäuse oder Ratten in den Schuppen. Meistens flitzten sie so vorbei, dass man sich richtig erschreckte. Die Ratten waren groß und eklig. Oder ich hatte das Gefühl: „Die Maus guckt mir heute richtig zu, die rennt gar nicht weg." Aber ganz bestimmt hatten sie überall ihren Mäusekot als penetrante Spur hinterlassen.

Nur wenig später durfte ich schon beim Rübenhacken helfen. Ich bekam zwar noch keine eigene Reihe, doch immerhin schon eine Hacke. Die vielen parallel laufenden Reihen schienen endlos bergan zu gehen, bis zu der Anhöhe, wo die kleinen, grünen Pflänzchen den Himmel trafen. „Bis dahin müssen wir noch hacken, Heidi, vielleicht noch ein klein bisschen weiter, aber nicht viel." Mindestens acht Leute arbeiteten sich immer weiter vor, langsam, aber sicher, wie bei unserem gleichnamigen Spiel zu Hause. Abends wussten wir, was wir getan hatten. Der Rücken war krumm, gerade stehen wurde zur abendlichen Pflichtübung, die Vorbereitung für den kommenden Tag.

So kann ich mich erinnern, dass zu den Erntearbeiten zusätzlich zu eigenen Arbeitskräften oft ein ganzer Anhänger voll Leute, meist Frauen, die in einem Flüchtlingslager in Lübeck wohnten, mit dem Trecker von der Bahnstation abgeholt wurde. Laut schnatternd und singend fuhren diese Erntehelferinnen als sogenannte Hack- und Pflückfrauen auf den Hof, um dann am späteren Nachmittag wieder zum Zug zurückgebracht zu werden.

Doch im Herbst, zur Erntezeit dieser Zuckerrüben, zog durch den gesamten Ort der ganz besondere intensiv-süßliche Geruch von kochenden Zuckerrüben. Wir kochten Sirup. Am unteren Ende der beiden großen Ställe stand über loderndem Feuer dieser riesige, bauchige Kessel, in dem die von uns in Stücke geschnittenen Rüben vor sich hinköchelten. Etliche Stunden brauchte es schon, bis endlich der lang ersehnte dunkle Sirup abgefüllt werden konnte und die nächste Familie an die Reihe kam. Ein köstlicher Brotaufstrich für die nächsten Monate war wieder gewonnen.

Auch die Wäsche wurde in einem großen Bottich gekocht, mit einem dicken Holzstab zum Umrühren in der heißen Lauge. An der Leine blies der Wind sie im Sommer schnell trocken, bei Eis und Schnee im Winter jedoch gefroren die aufgehängten Kleidungsstücke so, wie sie eben beim Aufhängen aussahen oder wie der Wind sie noch nass in eine bizarre Form geblasen hatte, mit abstehenden Armen, als ob Leute an der Leine hingen. Möglichst noch vor der Dunkelheit befreiten wir sie dann stocksteif von den Holzklammern. Und immer waren die Bettlaken schief und mussten vor dem Falten erst tüchtig gereckt werden, was zuweilen zu einem lustigen Kräftemessen der beiden Personen führte.

Unsere langen Haare hatten nach dem Waschen immer viele Kletten, wie wir die verhedderten Stellen nach den in Büschen zu findenden, an der Kleidung haftenden Kugeln nannten, sodass es beim Glattkämmen oft ziepte; denn zum Waschen gab es die ersten ein oder zwei Jahre mit Sicherheit nur Seife. Oft hieß es aber auch: „Heidi, ich bin auch ganz vorsichtig heute."

Ab und zu kam Herr Melchert die zehn Kilometer aus Grube mit einem ganz alten, klapprigen und halb verrosteten Fahrrad. Meine Mutter und Tante Hilde kannten ihn noch, wie es stets hieß, von „zu Hause" – nicht Pommern.

Mit seinen wohl bald sechzig Jahren wohnte er im dortigen Altersheim. Von seiner Essensration oder auch von Mitbewohnern gesammelt brachte er uns Stullen mit, die mit Blutwurst oder Sülze belegt waren. Eingewickelt in Zeitungspapier zog er diese „Schätze" jedes Mal aus seiner alten Joppen- oder Hosentasche. Ich weiß nicht genau, wie alt ich war, doch ich fand diesen Mann selbst und auch seine Brote sehr unsauber und unappetitlich, zumal wir sie immer mit großer Dankbarkeit essen mussten. Die Idee, dass die Hühner, die wir sehr bald hatten, sich auch über diese milde Gabe gefreut hätten, wäre in der ersten Zeit sicher einer Blasphemie gleichgekommen. Für sie sammelten wir im ersten Sommer Kornähren, denn Essensreste hatten wir keine übrig. Mein verzogenes Gesicht drückte wohl meinen Unmut aus. Bei dieser Gelegenheit sollte ich mal wieder die Worte hören: „Wenn du den Krieg und die Flucht bewusst erlebt hättest, würdest auch du anders denken." Bis ich einmal antwortete: „Ich kann doch nichts dafür, dass ich erst so spät geboren bin."

An den meisten Sonntagen ging es am Vormittag, meist mit Tante Hilde, nach Riepsdorf zum Gottesdienst in eine Kapelle. Mutti hatte ja bereits gemolken und nutzte die Stunden zu einem kurzen Schlaf. Das Stillsitzen gehörte in der Kirche selbstverständlich dazu und fiel mir nicht schwer. Allerdings: Ein Vater schien etwas ganz Besonderes zu sein, denn es hieß in der Kirche oft: „Man soll mit Gott wie mit seinem Vater reden." Und wie redet man mit einem Vater? An die vielen Waisenkinder ohne Vater hatte dabei wohl nie jemand gedacht.

Nach einer gewissen Zeit wurde als Gemeinschaftsraum im Erdgeschoss des Speichers die sogenannte „Borgstube" (Leutestube) eingerichtet. Hier konnten nun Treffen, kleinere Feiern oder Gottesdienste für Kinder und Erwachsene am Sonntagnachmittag stattfinden.

Am Nachmittag stand oft bei uns Mädchen ein großer Spaziergang in den Damloser Wald auf dem Programm. Besonders hübsch habe ich den frühlingshaft bedeckten Waldboden mit Schlüsselblumen, Waldmeister und Buschwindröschen in Erinnerung, überdacht von den hellgrünen Baumkronen der Buchen. Dazwischen als bunte Farbflecke wir singenden, lachenden, herumtollenden und auf alten Baumstämmen balancierenden Kinder. Abends waren wir todmüde. Meine gepflückten Blumen hatte ich bereits auf dem Rückweg weggeworfen, denn sie sahen ganz welk und traurig aus, weil sie nichts zu trinken bekommen hatten.

Als Zeitvertreib suchten wir auch schon mal Maikäfer in den Büschen und steckten diese in Streichholzschachteln mit eingepiekstem Löchern für frische Luft und einem Blatt für den Hunger. Die einzelnen Käfer hatten entsprechend ihrer durch schwarze Punkte markierten Zeichnungen auf ihren kleinen Panzern Berufsbezeichnungen wie Müller, Schornsteinfeger und andere. Tauschen war natürlich erlaubt, bis wir irgendwann die Schachteln wieder öffneten, um sie in ihre Freiheit davonsummen zu lassen, passend zu unserem gesungenen Lied:

*„Maikäfer, flieg, dein Vater ist im Krieg,
deine Mutter ist im Pommerland,
Pommerland ist abgebrannt,
Maikäfer, flieg."*

Im Herbst sammelten wir Kastanien und Eicheln. Diese gut in Kartoffelsäckchen verschnürte Ware brachten wir mit einem Fahrrad die drei Kilometer nach Damlos zu einem Förster. Als wertvolle Winternahrung für die Rehe und andere Wildtiere brachten uns diese gesammelten Früchte etwas Geld ein. Wobei der Hinweg mit der schweren Last eine recht wackelige Angelegenheit war. Auf dem Rückweg sammelten wir gefundene Bucheckern als Nüsseersatz für einen Kuchen oder einfach zum Knabbern und Naschen.

Inzwischen waren auf dem Gut nach ihrer Vertreibung von ihrem Landsitz bei Stolp in Pommern und einiger Zeit in russischer Gefangenschaft auch die drei Brüder von Zitzewitz angekommen. Allein schon durch ihre körperliche Gestalt, der Älteste, Günther, war mit 2,07 Meter der Größte, Hermann und Eckhard waren kaum kleiner, waren sie für uns sehr ehrfurchtgebietend, gleichzeitig aber auch durch ihre menschliche Ausstrahlung respektierte neue Mitglieder der Gutsfamilie. „Man wusste, wo es langgeht." Wenn es etwas bei der vielen zur Erntezeit anfallenden Arbeit zu regeln galt, ein Arbeiter nicht korrekt gehandelt hatte oder die Pferde mit einem Erntewagen durchbrannten, weil es im Gewitter einen krachenden Donnerknall gegeben hatte, und die Deichsel des Gespanns quer vor dem Eingang des Stalles die Pferde bremste, schrie Eckhard mit seiner unüberhörbaren Stimme über den ganzen Hof und regelte mit seinen damals dreiundzwanzig Jahren die Sache. „Rau, aber vor allem gerecht, immer menschlich und meistens auch herzlich."

Bei Tisch wurde bei uns gebetet, vor dem Essen, nach dem Essen, mittags und abends. Beim Frühstück hatten wir keine Muße. „Kaffee gibt der liebe Gott dazu", hieß es. Na ja, und den Kuchen, den es bei Festen und Feiern später gab, wohl auch noch. Alle blieben bei Tisch sitzen, bis der Letzte fertig war. Und das war immer ich, vielleicht, weil ich die Jüngste war, aber vielleicht auch, weil: „Ich kann nicht so schnell kauen wie ihr, mein Mund tut mir dann weh." Solch eine drollige Erklärung hat mir zwar nie jemand geglaubt, doch es war wirklich so, bis irgendwann diese Behinderung im Kiefer verschwunden war. Mein Bruder hat dieses Warten still erduldet, meist ohne nörgeln, was blieb ihm auch anderes übrig? Doch wenn er Jahre später fragte: „Und wer war am 15. Juni 1947 die Letzte beim Essen?", konnte ich wahrheitsgetreu antworten: „Ich!"

„Die Hände gehören bei den Mahlzeiten auf den Tisch, bis zu den Handgelenken. Heidi, bis dahin, wo sie abbrechen wollen", war die zusätzliche Erklärung an mich. Aber das konnten wir erst praktizieren, als wir auch einen richtigen Tisch hatten, nämlich in unserer Wohnung im Gutshaus.

Abends vor dem Zubettgehen wurde auch gebetet, vorher oft noch ein Märchen vorgelesen, wodurch Aschenputtel, Schneewittchen oder Hänsel und Gretel ganz lebendig wurden. Oder wir sangen eines der gelernten Kinderlieder, wie „Weißt du, wie viel Sternlein stehen?", „Der Mond ist aufgegangen" oder „Breite aus die Flügel beide".

Einmal bekam ich ganz unerwartet eine Banane vorm Einschlafen. Mein abendliches Gebet sprach ich daraufhin völlig in Gedanken: „Danket dem Herrn, denn er ist sehr freundlich …" Meine Mutter begann nach diesem Ausspruch herzlich zu lachen. „Weil du heute eine Banane bekommst?" Erst da merkte ich, was ich gebetet hatte.

Unsere eigene Wohnung

Eine eigene Wohnung bekamen wir Ende 1947, als Herr Matzen selbst unsere mehr als ungute Wohnung, sprich Zimmersituation in dieser engen Familiengemeinschaft als untragbar ansah und eine erste Wohnung frei oder geschaffen wurde.

Der Eingang war an der Seite, wir benutzten ihn mit noch zwei weiteren Familien. Wir wohnten eine Treppe hoch. Unter uns Familien gab es eine prima Gemeinschaft. Trantows hatten eine kleine blonde Tochter und Herrn und Frau Gosch sollten bald nach unserem Einzug Zwillinge geboren werden. Die meisten Familienfeste wurden gemeinsam gefeiert.

Wir besaßen nun zwei Zimmer mit teilweise schrägen Wänden und abgeteilten „Abseiten" dahinter. Weiter hinten gab es so etwas Ähnliches wie eine Küche. Jedenfalls konnte meine Mutter zu ihrer größten Freude nun kochen, wann sie wollte. Und fließendes Wasser mit einem Ausguss hatten wir auch.

Hier standen richtige Betten und einige wenige Möbel, darunter zwei schmale, dunkelbraun lackierte Kleiderschränke, die mit ihren kleinen Verzierungen für mich eigentlich recht hübsch aussahen, nur ein bisschen zu dunkel, fand ich. Aber die Schranktüren waren immer verzogen und klemmten, weil oben auf den Schränken das ganze Jahr fein sortiert irgendwelche Gläser mit Marmelade, Gemüse oder Eingewecktes vom Schweineschlachten standen.

Um heißes Wasser, wie zum Beispiel zum Kaffeebrühen, in kleinen Mengen zu erhalten, lag in dem Litermaß ein Tauchsieder. Aber Vorsicht– bloß nicht den Tauschsieder einstecken, ohne zuvor Wasser eingefüllt zu haben! Ein bereitgestellter Eimer erfüllte nächtliche Bedürfnisse und in einer Zinkwanne fand am Sonnabend die wöchentliche „Abseifung" statt.

Außer Leitungswasser zum Trinken stand für uns stets eine blautürkisfarbene, mit der Zeit abgestoßene Blechkanne mit „Blümchen-Kaffee" auf einem Schränkchen oder einer Kommode bereit. Diesen Kaffee gab es in den weißen Lindes-Kaffee-Packungen mit den blauen Punkten. Für uns Kinder war das Aufreißen einer neuen Packung jedes Mal eine Freude, denn oben drauf lagen immer kleine, helle Figuren wie Tiere, Zäune oder der Wirklichkeit nachempfundene Gebäude, mit denen wir gerne spielten und bauen konnten.

Nebenan war wohl das Badezimmer der „Hohen Herrschaften", denn hin und wieder hörte ich einen der Herren von Zitzewitz beim Zähneputzen laut gurgeln. Unsere Wohnung gehörte vorher mit zu den Räumen von Matzens und war aus Gründen der Wohnungsnot für uns abgetrennt worden. Es war nämlich noch eine Tür in der Wand, die von der anderen Seite besonders isoliert worden war. Die Fußböden waren Holzdielen, die beim Gehen meist knarrten. „Also geh bitte leise und erzähl auch nicht so laut. Vor allem nicht im Zimmer hüpfen!" So lautete die ständig an uns wiederholte Ermahnung.

Die Befürchtung meiner Mutter, Frau Matzen könnte sich über uns beschweren und damit unsere neue Bleibe unsicher werden, sollte sich tatsächlich bewahrheiten. Einige Tage später kam diese zu meiner Mutter: „Frau Totz, gestern Nachmittag dachte ich, die Decke über mir wird durchgetreten." Natürlich wurde ich zur Rede gestellt: „Mutti, es hat doch geregnet, als du zum Melken warst. Und dann habe ich mit Hansi und Werner drinnen gespielt. Erst ganz leise und dann haben wir fangen gespielt." „Hier drinnen?" „Es hat doch geregnet. Wir sind um den Tisch und die Stühle gelaufen und vielleicht auch mal von oben heruntergehüpft …" „Das macht ihr aber nie mehr wieder!" „Nein, Mutti, ganz bestimmt nicht."

Durch Koselau floss neben dem Gutshaus entlang ein breiter Bach, die Kosel. Zur einen Seite wurde er von der Hofzufahrt und zur anderen von einer Wiese mit Obstbäumen begrenzt. An heißen Sommertagen haben wir gern in diesem fließenden und mit Sicherheit erfrischenden Wasser herumgeplanscht. Wenn es etwas tiefer war, je nach Regenmenge, sind einige Jungs sogar vom Steg aus in die Kosel hinein gesprungen. So hatten wir in dieser abwechslungsreichen und sprudelnden Badewanne unser Vergnügen und konnten vor allem auch unsere abendliche Wäsche vorwegnehmen. „Mutti, ich habe gebadet, ich bin schon ganz sauber und brauche mir auch meine Ohren nicht mehr zu waschen."

Vor unserem Eingang stand auf dem großen Platz ein riesiger, wunderhübsch rund gewachsener Kastanienbaum mit einem dichten Blätterdach. Einmal konnte ich beobachten, wie Artus, der braun-weiß gefleckte Jagdhund von Herrn Matzen, die Katze jagte, sie es aber gerade noch rechtzeitig schaffte, den Stamm des Kastanienbaums hochzuklettern. Die Katze oben in Siegerlaune, Artus unten beleidigt – so schauten sie sich an, bis er enttäuscht, mit eingezogenem Schwanz, davonzog.

Angrenzend zu dem Baum stand der Kornspeicher. Vor diesem Gebäude waren für uns drei Familien Ställe angebaut. In unserem hatten wir das Brennholz geschichtet, das Fahrrad stand dort und für den Garten waren dort die nötigsten Geräte an Nägeln aufgehängt. Rechts in der Ecke befand sich unser eigenes „Plumpsklo". Und der Platz reichte noch für eine Box, in der wir unser genehmigtes Schwein zum jährlichen Schlachten hielten. Die aus Brettern bestehende Schweinebox war so hoch, dass, wenn das Ferkel gewachsen war, es über die Holzwände gucken konnte. Jedes Mal sprang es beim Eintreten in die Höhe und auf der Toilette gewannen wir den Eindruck, Franz, so hatten wir es auf meinen Vorschlag hin genannt, gucke einem immer mit lautem Grunzen zu.

Dass die Toilette so weit weg von der Wohnung lag, zeigte sich bei den früher oft stundenlangen und heftigen Gewittern als ein wahres Hindernis, denn ich hatte große Angst und verkroch mich die ganze Zeit unter meinem Federbett und versuchte mit Zählen die Entfernung des Unwetters festzustellen. Ich kann mich erinnern, dass wir mindestens zweimal nachts angezogen gewartet haben, bis die Gewitter vorübergezogen waren. Meine Mutter vermochte mich nicht zu trösten, hatte sie doch selbst mal in Hohendrosedow erlebt, dass die beiden angespannten Pferde vor ihr vom Blitz erschlagen worden waren, als sie auf dem Heuwagen saß.

Und auch in Koselau hatte zu unserer Zeit mal eine Scheune auf dem nahe gelegenen Feld gebrannt. Die Funken flogen in Richtung unseres Hauses am Teich. In Decken gehüllt beobachteten wir alles angstvoll, bis der Morgen heraufzog. Der Feuerschein war während der Nacht natürlich hell und damit besonders beeindruckend für uns Dorfbewohner.

Einmal verhalf mir ein Arbeiter zu einem Reitversuch auf ein Pferd, doch ich rutschte gleich unter den Bauch des Tieres, das war's dann. Tante Hilde machte mir eines Tages ein Geschenk, meine erste größere, richtige Puppe, von ihr selbst genäht, mit hübschen Kleidern. Mit der Zeit war sie etwas „abgeliebt", etwas franslig, verblichen und aus der Form geraten, aber es war meine Puppe. Bis sie eines Tages verschwand. Ich war unendlich traurig. Erklärungsversuche meiner Mutter und Tante Hildes halfen nicht. Und dann plötzlich stand Heiligabend meine Tante mit einer Tasche in der Tür – heraus guckte der Kopf meiner Puppe. Dass sie wieder hübscher geworden war, war gut, aber nicht so wichtig. Meine Puppe war wieder da. Tränen kullerten mir die Wange runter.

Hier konnten wir nun auch Weihnachten feiern, was in unserer Familie jedes Jahr ein wirkliches Fest war, mit dem Besuch von Gottesdiensten. Traditionell gab es an diesem Tag abends Kartoffelsalat mit Würstchen und für einen kleinen Weihnachtsbaum mit selbst gebastelten Sternen und wenig anderen Dekorationen, so wie Kerzen und später Lametta, wurde auch ein Plätzchen gefunden. Die Weihnachtsgeschichte wurde vorgelesen und jeder durfte sich Lieder zum gemeinsamen Singen wünschen. Meine Mutter mit ihrer wunderbaren Stimme stimmte die Melodie stets sehr kunstvoll an, wie in einer anderen Dimension, was meinem Treffen der Töne leider auch nicht viel weiterhalf. Diese wundervolle Gabe habe ich zu meinem Bedauern nicht von ihr geerbt. Doch dafür konnte ich die meisten Strophen im Laufe der Zeit auswendig.

Mit den Jahren waren die Gaumenfreuden langsam etwas reichlicher. Selbst gebackenes knuspriges Weißbrot, besondere Kuchen oder für jeden etwas Spickbrust bereicherten neben den mit Freude gebackenen Keksen unsere Festtage, die mit der vorangehenden Adventszeit den Höhepunkt eines jeden Jahres bildeten.

Die eingekauften Süßigkeiten für die „bunten Teller", wie Schokoladen- und Fondantkringel, einen Weihnachtsmann, Apfel und Apfelsine und vielleicht sogar noch Datteln, durfte ich als Kleinste und voller Stolz am Nachmittag verteilen. Amüsiert wurde ich schon mal beobachtet, wenn ich selbst die Nüsse korrekt nach Größe in die Teller zählte.

Nach dem Singen holte dann jeder für jeden aus irgendeinem heimlichen Versteck unserer kleinen Wohnung ein eingewickeltes kleines Geschenk hervor. Eines nach dem anderen wurde genüsslich ausgepackt. Die Zeit vor Weihnachten wagte man kaum, nach irgendetwas zu suchen, aus Furcht, ein heimliches Geschenk zu entdecken. Sorgsam achtete Tante Hilde immer darauf, dass das Geschenkpapier nicht zerrissen, sondern gleich wieder gefaltet und für nächstes Jahr aufgehoben wurde. Sicherheitshalber machte sie es lieber selbst. Die Falten konnte man notfalls wegbügeln. „Wieder einmal sind wir reich beschenkt worden", war unser einhelliges Fazit.

Jeder von uns verkrümelte sich in seine kleine Ecke oder in sein Bett, wo wir das neue Spiel ausprobierten, manchmal spielten wir auch alle gemeinsam oder lasen ganz vertieft im erhaltenen neuen Buch, jeder vor sich seinen bunten Teller. Diese vielen und seltenen Süßigkeiten waren einfach zu verführerisch. „Heidi, sag mal, kannst du denn überhaupt noch essen?" „Ich habe meinen Bauch gefragt, ob er noch Platz hat. Er hat Ja gesagt." Da war keine Antwort mehr nötig.

Unter den geschenkten Büchern waren Jungmädchenbücher, aber auch Abenteuerromane und Sachbücher, natürlich „Heidi" und „Onkel Toms Hütte". Letzteres konnte ich nie zu Ende lesen, da ich entweder zu traurig oder zu empört über das Leben von Onkel Tom war.

Edelgard wohnte ja in Hermannsburg und wir alle freuten uns jedes Mal sehr, wenn sie in den langen Sommer- und Weihnachtsferien bei uns wohnte. Dass wir ins Gutshaus umgezogen waren, schrieb ihr unsere Mutter. Aber da wir nie genau wussten, wann sie ankommen würde, konnten wir sie leider nicht abholen. Mit ihren fast zwölf Jahren kam sie alleine von Hermannsburg, ging die fünf Kilometer von „Grüner Hirsch", wo der Zug neuerdings hielt, zu Fuß und fand unseren Eingang, standen doch meine kleinen Hausschuhe als Erkennungszeichen vor der Tür. Wenn wir Edelgard dann nach den Ferien wieder zum Zug brachten, fuhr die erste Person mit dem Gepäck auf einem geborgten Fahrrad los, stellte es nach etwa einhundert Metern in Sichtweite an einen Baum und ging zu Fuß weiter. Die zweite Person hatte das Fahrrad erreicht, überholte damit die erste Person, stellte das Rad weiter vorne an einen Baum und so weiter. Eine kleine Erleichterung.

Durch die lange Zeit der Flucht und die mageren Jahre danach waren wir wirklich nicht überernährt, zudem war ich immer sehr blass, besonders im Winter. So musste ich täglich eine Tasse Milch trinken und einen Löffel von diesem scheußlichen, dicken Lebertran einnehmen. Schmeckte mir schon die Milch nicht, so war die Einnahme des Lebertrans fast ein tägliches Martyrium. Allein der Anblick der Flasche und der Geruch waren schon eklig. Selbst das Vermischen mit dem Essen war keine gute Lösung für mich. Schon damals habe ich gedacht: „Wie kann meine Mutter das bloß aushalten? Jeden Abend diese Tortur?" Einmal meinte es eine Nachbarin besonders gut und brachte mir als Anreiz und Nachtisch ein Schälchen Schlagsahne. Doch so etwas hatte ich noch nie gesehen, es war für mich genauso eine „Matsche", ich hätte es fast ausgewürgt. Und dafür sollte ich auch noch Danke sagen.

Was ich mir überhaupt nicht vorstellen konnte: Wie konnte es sein, dass etwas, was man so gar nicht mochte oder wollte, einem guttun und helfen sollte? Oder umgekehrt: Am besten ist für mich das, was ich gerne tue.

„Mutti, gibt es heute wieder Nudelsuppe mit Makkaroni?" Unser größtes Vergnügen war es nämlich, wenn unsere Mutter uns erlaubte, aber höchstens einmal in der Woche, die Suppe aus dem Esslöffel oder Teller durch die Makkaroni zu schlürfen. Damit es keine Kleckerei wurde, gab es kürzere, „von uns selbst gebrochene

Nudeln", wie wir sie spaßhaft nannten. Es wurde dann ein etwas längeres Mittagessen, denn wir genossen es ganz vorsichtig.

Eine unschätzbare Hilfe für unseren Speisezettel als auch für den Inhalt des Familienportemonnaies waren die Gartenparzellen, auf denen auch wir Kartoffeln und vielfältige Gemüsesorten wie Erbsen und Mohrrüben, Bohnen, Zwiebeln, Erdbeeren und einige Beerensträucher säen, pflanzen und reichlich ernten konnten. In den ersten beiden Jahren war es noch kurzerhand umgepflügtes Ackerland, dann gab es auch für uns die zugedachten Gartengrundstücke.

„Heidi, guck mal, so viel Abstand musst du lassen, immer nur ein paar Samenkörner nehmen. Und hinten aus dem Eimer Wasser holen und gießen, damit auch alles gut anwächst." Der kleine Bach neben dem Garten führte meist genügend Wasser, um den Eimer für das nächste abendliche Gießen wieder füllen zu können. Besonders aromatisch und nie wieder zu erreichen war der einzigartige Geschmack unserer damaligen Tomaten. Sie schmeckten einfach wie Tomaten! Manchmal schauten Uta und ich, ob einige Radieschen schon dick genug waren. Wenn ja, zogen wir sie heraus. Diese schmeckten bei ihr zu Hause auf einem gebutterten Schwarzbrot und auch zwischendurch ganz toll. Und essen konnten wir immer.

Nicht ahnen konnte ich allerdings, dass Essen in meinen vielen kommenden Lebenssituationen nicht das Beachtenswerteste sein würde, aber immerhin eine interessante Begleiterscheinung.

Einmal lachten uns Erdbeeren aus Nachbars Garten an. Reif und rot waren sie einfach zu verführerisch für uns Schleckermäuler, sodass jede von uns ein paar davon naschte. Wieder zu Hause wurde ich furchtbar ausgeschimpft, denn eine Frau hatte uns beobachtet und prompt meiner Mutter verraten. „Diese olle Petze", dachten wir. Zur zusätzlichen Strafe musste ich mich auch noch bei der Besitzerin des Gartens entschuldigen. Die schimpfte dann aber nicht mehr.

Ader dafür gab es etwas anderes sehr Schönes. Hinter dem Gutshaus befand sich ein großer, angelegter Blumen- und Gemüsegarten. Ich stand am Eingang, als mir Herr Matzen einen vom Baum gepflückten Apfel schenkte. Der Baum stand ganz hinten rechts im Garten. „Heute ist der 1. August, hier ist der erste Apfel vom Baum mit Augustäpfeln für dich. Lass es dir schmecken." „Danke", mit tiefem Knicks.

Im August hatte Herr Matzen auch Geburtstag. Zu diesem Ehrentag erhielt er in jedem Jahr ein ganz besonderes Ständchen. Franz, ein einfacher Arbeiter, spielte pünktlich morgens vor Arbeitsbeginn um 6 Uhr auf seiner Trompete vor dem Aufgang zum Gutshaus die Melodie: „Oh, mein Papa war ein wunderbarer Clown, oh, mein Papa …" Er spielte laut und ein bisschen falsch, aber sehr inbrünstig und von ganzem Herzen kommend. Klar und deutlich hallte diese morgendliche Melodie in der morgendlichen Stille durch das ganze Dorf bis zum letzten Haus. „Hört mal, Franz spielt wieder!" Herr und Frau Matzen traten vor die Veranda, lauschten und Herr Matzen, groß und stattlich, bedankte sich lächelnd mit leichtem Kopfnicken bei Franz: „Du hast aber wieder schön geblasen." Und gemeinsam stießen sie mit einem Gläschen Schnaps an. „Herzlichen Glückwunsch!" Auch wir standen bei dem ersten Trompetenton hinter dem Fenster unserer Dachgaube, denn von hier aus konnten wir diese Szene einige Jahre beobachten.

Aus Gisela Matzen, der Tochter, war inzwischen Frau von Zitzewitz geworden. Zu Ostern wurde jedes Kind des Dorfes bis zum Alter der Einschulung von ihr eingeladen, im Garten des Gutshauses die versteckten Ostereier, Küken und sonstigen Süßigkeiten zu suchen. Ihr oblag nun die gern übernommene Aufgabe, die vielen von den eifrigen Kindern herbeigetragenen Süßigkeiten in kleine Körbchen gerecht zu verteilen. Einige Mütter passten auf, dass auch kein Ei hinter einem Busch vergessen wurde. Stolz und glücklich trabten oder hüpften alle Kinder mit ihren gefüllten bunten Körbchen heim.

Bis zur Konfirmation bekam jedes Kind des Dorfes zu Weihnachten ein Geschenk, oft ein Kleidungsstück, aber auch Spielzeug oder etwas Praktisches. So erinnere ich mich an einen Tag, an dem wir, schön der Reihe nach, unsere uns zugedachten Kleidungsstücke anprobieren sollten, wozu uns die Augen verbunden wurden. Es war spannend, alle waren ganz aufgeregt. Bei mir war es dann ein Pullover. Er bestand aus hellgelbem, dickerem Stoff im Raglanschnitt, mit kurzen Ärmeln und braunen Strickbündchen, sehr hübsch.

Die Weihnachtsfeier selbst fand im Erdgeschoss des frei geräumten Speichers statt. In einer Ecke stand ein wunderhübsch gewachsener, großer, mit roten, schlichten Kugeln, silbernem Lametta und weißen Kerzen geschmückter Tannenbaum. So laut wie Eckhard von Zitzewitz im Sommer schreien konnte, so kraftvoll und wunderschön klang seine Stimme beim Singen von „Am Weihnachtsbaume die Lichter brennen". Beim Vers „Zwei Engel sind hereingetreten, kein Auge hat sie kommen seh'n …", sah ich in Gedanken immer diese beiden Engel wirklich im Hintergrund schemenhaft dastehen und auf uns aufpassen. Wenn Hermann von Zitzewitz mit seinen tieferen Basstönen noch mit einstimmte, war der ganze Raum von Klang und Festlichkeit erfüllt. Ein Kind nach dem anderen trat wie aufgerufen hervor, sagte voller Ehrfurcht ihr oder sein extra gelerntes Gedicht auf. Für mich hatte Tante Hilde eines gedichtet. Jedes Kind erhielt daraufhin ein eingewickeltes Päckchen, viele zusammen mit einem persönlichen Lob oder einer Bemerkung, es bedankte sich artig mit einem Dankeschön und einem tiefen Knicks oder Diener und setzte sich wieder.

Ab 1948 gab es die lebensnotwendigen und sehnlichst erwarteten „Carepakete". Dass irgendwelche Hilfslieferungen aus dem reichen und fernen Amerika zu uns unterwegs sein sollten, hatte sich überall herumgesprochen, sogar bis nach Koselau. Ein mit Planen bedeckter Lastkraftwagen, der mehr oder weniger voll beladen mit Paketen bei uns ankam, fuhr über den Hof bis zum Fuhrpark. Viele Leute standen erwartungsvoll in der Hoffnung auf eine Spende und blickten angespannt, bis ihre Gesichter dann plötzlich vor Erleichterung strahlten, als ihr Name von einer Liste aufgerufen und ihnen von zwei Männern ein Paket zugeworfen oder in die Hände übergeben wurde. Zwei oder drei Familien erhielten sogar zwei Pakete, andere Familien ihres erst bei der nächsten Auslieferung.

Das Auspacken geschah mit großer Spannung, was da denn nun wohl alles Schönes im Paket drinnen sein würde, auch wenn manches sich nachher als ganz fremd herausstellte. Aber immer gab es die kleinen Freudentränen, die dabei flossen. Neben Süßigkeiten war auch der weitere Inhalt jedes Mal eine echte und dankbar angenommene Hilfe zum Überleben in dieser kargen Zeit. Auch die breiten, bunt karierten Taftschleifen für Edelgards und meine geflochtenen Zöpfe, unsere Propeller, wie wir sie nannten, stammten aus diesen Überraschungspaketen. Edelgard bedankte sich, schon mit etwas Englisch, bei der großzügigen Familie aus Iowa.

Einige Jahre später habe ich laut gelacht, als mir ein damaliges Kind erzählte: „In dem Paket war auch eine Tube, wir wussten nicht, wofür der Inhalt sein sollte, lesen konnten wir es ja nicht. Wir Kinder schleckten mit unseren Fingern den Inhalt auf. Es schmeckte etwas nach Pfefferminz. Nicht schlecht. Später hörten wir: Wir hatten Zahnpasta gegessen!"

Manfred besaß einen wunderschönen Metallbaukasten, den er zu Weihnachten von Mutti geschenkt bekommen hatte. An einem Sonntag wollte er wohl sein technisches Verständnis vom Spiel auf die Wirklichkeit übertragen und kletterte auf den vielen im Fuhrpark herumstehenden Treckern und Ackergeräten herum. Ich als kleine Schwester versuchte, es ihm gleichzutun, und krabbelte hinterher. Abends stellte meine Mutter entsetzt fest, dass die kurze Hose von Manfred und mein einziges genähtes Kleid, ein weinrotes Hängerkleid mit kurzen Ärmeln und einer schmalen bunten Blumenbordüre verziert, überall dicke Flecken voller Wagenschmiere zeigten. Manfred als Älterer bekam tüchtig den Hosenboden voll. Ich fand das sehr ungerecht, aber diese Prügel von meiner Mutter waren wohl pure Verzweiflung, denn sie musste zum Einreiben und damit zur Reinigung der Flecken von unserem kostbaren Stück Butter etwas opfern und wir hatten somit noch weniger zu essen. Ich als kleine Mitläuferin wurde nur normal ausgeschimpft. Dieses rote Kleid hatte vor kurzer Zeit eine liebe Freundin meiner Mutter genäht. Sie kam mit dem Zug, bereits wenig später auch mit ihrem Mann im Auto. Von ihrem entfernten Zuhause brachte sie immer Stoffreste mit und nähte dann als gelernte Schneiderin für uns allernötigste und sogar gut aussehende Bekleidung. Manchmal entstanden auch aus getrennten, dann gewendeten und wieder zusammengenähten alten Kleidungsstücken neue Teile. Neben diesen hübschen Kleidungsstücken, die wir erhielten, empfand ich während dieser Besuchstage eine gelöstere, ja fast heitere Atmosphäre. Und immer brachte sie uns ein paar „Pfennig- oder Himbeerbonbons" und etwas Schokolade mit, als bereite es ihr eine Freude, uns eine Freude zu machen. Sie forderte oder erwartete nichts, sondern schenkte einfach nur.

Tante Hilde wohnte noch eine Weile mit uns im Gutshaus, bis man ihr auf der Post in Oldenburg eine Arbeit anbot. Es war eine Tätigkeit, die sie bereits während des Krieges ausgeübt hatte, da ihre Mutter seinerzeit nicht wollte, dass ihre unverheiratete Tochter, wie es damals üblich war, als Hilfe auf dem Hof verbleiben und für die junge Schwiegertochter arbeiten sollte. (Schwiegertochter war Tante Gertrud.) Die ersten paar Monate musste sie noch täglich den schmalen Weg von mindestens acht Kilometern durch den Oldenburger Bruch zu Fuß gehen. Von dem ersten erübrigenden Geld wurde für sie ein Fahrrad gekauft, sei es von ihrem Lohn oder von kleinen zusätzlichen Einnahmen wie dem Rübenhacken. Es wurde aber erst gekauft, als sie es bar bezahlen konnte, „auf Pump" kaufen gab es nicht. Ähnlich hat es sich mit dem Kauf der beiden Schränke für die Wohnung im Gutshaus verhalten. Meine Mutter und Tante Hilde fuhren mit ihrem mühsam zusammengesparten Vermögen an Geld zu dem Geschäft, in dem Tante Hilde die Schränke gesehen hatte. Als sie ihre Schätze vorzählten, meinte der Besitzer: „Aber noch bezahlen Sie nicht, sondern erst, wenn ich sie Ihnen bringe." Doch die beiden wollten unter keinen Umständen mit so viel Geld auf dem Fahrrad wieder zurückfahren, sodass der Besitzer schließlich einwilligte.

Meine Mutter sparte weiter für ein Fahrrad für Manfred, zu dem dann sicherlich sowohl Tante Hilde als auch seine Patentante beitrugen. Die ersten wackeligen Spazierfahrten mit ihm auf den unebenen und löchrigen Schotterwegen, bei denen ich vorne auf der Lenkstange saß, waren ein kleines, aber lustiges und interessantes Abenteuer. Es gab in der näheren Umgebung viel zu gucken und zu erklären. Doch vor uns lag ein abschüssiger Kiesweg und prompt kippten wir in den Graben. Das Lenkrad bekam ich dabei ins Auge. Grün und blau, dick angeschwollen, so sah ich mich drei Tage später erschrocken im Spiegel. Doch einen Arzt aufsuchen – wo gab es überhaupt einen? –, so etwas war wohl zu aufwendig. Zum Glück hatte ich keine inneren Verletzungen davongetragen. Ich selbst durfte erst Rad fahren, „wenn du mal zehn Jahre alt bist", so meine Mutter. Natürlich fuhren wir im Dorf heimlich vor dieser Zeit.

Von unseren vielen Dorfspielen trug ich oft Schürfwunden an Beinen oder Armen davon, die mit Niveacreme oder mal mit Butter eingerieben und einer Mullbinde umwickelt wurden. Um die nach Tagen völlig verklebte Binde wieder aufweichen und abbinden zu können, saßen wir im Sommer stundenlang draußen in der Sonne auf gestapelten Holzscheiten, den Arm in lauwarmem Seifenwasser. So auch einmal eine lange Zeit mit meiner Mutter. Die Sonne schenkte uns wohlige Wärme, wir plauderten ein wenig und genossen diese entspannten Stunden. Waren es einige der wenigen glücklichen Stunden meiner Mutter?

Was uns in Koselau vielleicht noch nicht so direkt betraf, aber dennoch stets im Gespräch oder zumindest unterschwellig gegenwärtig war, waren die Situation und das Leben in einem besetzten Deutschland, eingeteilt in die drei westlichen Zonen und zusätzlich in die russisch besetzte Zone im Osten. Es war diese eine belastende Schmach, und die Gedanken an die Nachbarländer waren wie deren Ansichten über uns noch von viel Misstrauen oder zumindest Zwiespalt geprägt.

So spielten wir Kinder in der allerersten Zeit noch ein sogenanntes Strategiespiel. Von einem mit einem Stock oder Stein gezogenen riesigen Kreis auf dem Erdboden erhielt jeder Mitspieler einen Ausschnitt. Dieser bedeutete sein Land, das sich jeder ausdenken durfte. Der ausgeloste erste Spieler stand in seinem Land mit den Worten: „Ich erkläre den Krieg gegen …", und trennte mit einem Stein ein Stück gegnerisches Gebiet vom Nachbarn heraus, soweit sein oder ihr Arm reichte. Dann durfte sich der Besitzer dieses Landes ein Stück klauen und so weiter. Bis letztendlich alles entschieden war.

Meine Cousine Lisa erzählte, dass sie während der Fußball-Weltmeisterschaft 1954 zwischen den neuesten Nachrichten aus dem Radio und den Äckern, auf denen die die Arbeiter tätig waren, immer hin- und herlaufen und den Torstand des Fußballspiels berichten musste. Als sie mit dem Ruf „Deutschland hat gewonnen!" angelaufen kam, ließen alle Arbeiter, wie auf Kommando, ihre Geräte fallen, standen andächtig still da und weinten …

Es war im Herbst 1948, als Tante Hilde einen weiteren ihrer Brüder, unseren Onkel Fritz, in Holthusen bei Schwerin besuchen wollte, ebenso die dritte, älteste Schwester Adelheid, die mit ihrer Familie dort in der Nähe wohnte. Nach ihr war ich auf den Vorschlag meines Vaters hin benannt worden.

Um in dieser politisch unsicheren Zeit und angesichts des Gewirrs in überfüllten Zügen, vor allem jedoch wohl aus Angst vor der Anwesenheit von Russen, nicht als Einzelperson reisen zu müssen, wurde zwischen meiner Mutter und Tante Hilde letztendlich beschlossen, dass ich zu ihrer Sicherheit als ihr Kind mitreisen sollte. Damit es auch echt wirkte und ich mich ja nicht verplapperte, musste ich sie bereits wochenlang vorher mit „Mutti" anreden. Papiere hatten wir ja sowieso nicht.

An die Gespräche über dieses Thema kann ich mich noch gut erinnern. Diese und viele andere fanden meist bei Dämmerlicht nach dem Abendessen statt. Vielleicht hatten die Glühbirnen bei uns noch keine so helle Leuchtkraft und ich sollte es wohl auch nicht verstehen, aber auf mich wirkte es immer sehr geheimnisvoll.

Auf Holzbänken dritter Klasse ging es mit dem Zug bis kurz hinter Lübeck. Mit lautem Schnaufen, Quietschen und Kreischen der Bremsen sowie einer heftig ausgestoßenen Dampfwolke hielt der Zug plötzlich mit heftigem Ruck. „Halt! Zonengrenze. Alle aussteigen, der Zug endet hier", so die deutliche Ansage im Lautsprecher. Wir gingen ein paar Schritte und befanden uns auf russisch besetztem Gebiet. Da standen wir fünfundzwanzig bis dreißig Personen nun draußen bei diesem scheußlichen Wetter und warteten auf ein Weiterkommen. „Was wohl jetzt passiert?", fragte sich ein jeder heimlich. Irgendwie schien allen etwas mulmig zumute zu sein. Doch allzu lange brauchten wir nicht zu warten, denn sehr bald hieß es: „Der weitere Transport der Reisenden erfolgt auf offenen Lastkraftwagen der russischen Armee. Wer möchte, kann hinten aufsteigen." Eine Holzleiter mit drei oder vier Sprossen wurde hinten an eine heruntergelassene Klappe angestellt.

Es muss ein sehr windiger, kalter Tag im Spätherbst gewesen sein. Da ich das einzige kleinere Kind war, durfte ich, nach nur einem winzigen Augenblick des Zögerns von Tante Hilde, bei den beiden Russen vorne im warmen Führerhaus sitzen, bekleidet mit Schiffermützchen und Mänteln der russischen Armee. Ich weiß noch, dass ich überhaupt keine Angst hatte, zudem schenkten sie mir ein Bonbon, angeboten in gebrochenem Deutsch und sogar eingewickelt in buntem Papier.

Auf dem Schweriner Bahnhof liefen, standen und saßen überall Leute mit Gepäck, zusammengeschnürten Kartons oder Koffern aus Pappmaschee herum. Wir mussten auf einen Weitertransport warten. Platz zum Sitzen fanden wir neben anderen Leuten auf einer großen, breiten Treppe. Während wir warteten, füllten wir die Zeit damit, dass ich meine ersten Buchstaben und meinen Namen schreiben lernte.

Was den Aufenthalt bei Onkel Fritz betrifft, der mit Tante Käthe eine HO-Gaststätte führte (HO steht für Handelsorganisation), kann ich mich daran erinnern, dass wir oft mit ihrem Sohn in der Gastwirtschaft gesessen haben, wo alle Leute Bier tranken und dazu viel Schnaps eingeschenkt wurde. Der Preis dafür wurde oft in ein Buch eingetragen. Die Würstchen, die wir dort bekamen, schmeckten ganz toll. Um wieder neue zu einzukaufen, sind wir viele Kilometer auf sehr matschigen, völlig „vermoddertem" Straßen zu Fuß gegangen. Nicht mal in Zeitungspapier eingewickelt, wurden die Würstchen einfach in die mitgebrachte Aktentasche geschüttet. „Und Manfred hat noch nicht mal eine Aktentasche für seine Schulsachen", dachte ich.

Die Wohnung von Tante Adelheid erschien mir noch viel primitiver als unsere in Koselau. Sie wirkte wie ein Stall. Das sogenannte Schlafzimmer hatte einen sehr unebenen Lehmboden und auf dem Bettpfosten gackerte gerade ein hellbraunes Huhn. Das jüngste der vier Geschwister war nur wenig älter als ich. Ihre drei Brüder, meine Cousins also, waren entsprechend ihrem jugendlichen Alter wirklich echte Rabauken, von denen ihre Mutter zumindest glaubte, sie nur mit täglicher Strenge bändigen zu können. Der älteste Sohn erzählt noch heute: „Jeden Abend, wenn wir vom Spielen reinkamen, hieß es als Erstes: ‚Füße waschen!'. Das ging jahrelang so, nicht ein einziges Mal konnte sie es vergessen!" Abwechslung? Neben dem Helfen für den Haushalt gab es ja auch hier nur Spiele im Freien. Auch ich sehe uns noch draußen auf den Wiesen an einem Teich spielen, der von gestutzten Kopfweiden umgeben war. Ein wenig gefallener Schnee hatte die kahle Landschaft vorsichtig gezuckert.

Mein Onkel hatte sich bereits zur Arbeits- und Wohnungssuche in den Westen aufgemacht. Zum Abendessen wollte uns Tante Emma, die Schwester des Vaters, die mit in der Familie lebte, leckere Kartoffelpfannkuchen backen, „Pratsch", wie sie auf pommerschem Platt heißen. Wir alle brachten großen Hunger mit. Als ich meinen elften Pfannkuchen aß, ging die Pfanne kaputt. Sie war in der Mitte bereits so dünn gewesen, dass es einfach ein Loch gegeben hatte. So tröpfelte das letzte bisschen Fett aus der Pfanne zwischen die glühenden Kohlen.

Ein Jahr später fuhr Tante Hilde mit mir nach Lübeck ins Weihnachtsmärchen „Schneewittchen". Das war sehr aufregend. Ich lebte plötzlich ganz in einer anderen Welt und die Tränen kullerten. Das bis dahin vorgelesene Märchen war wahr geworden; Schneewittchen und die sieben Zwerge lebten.

Meine Mutter war mehr zu Hause, für unseren geregelten Tagesablauf zuständig. Sie hatte die Verantwortung für uns. Allein durch die täglichen Melkzeiten war sie angebunden, die Stunden des Tages teilten sich nach diesem Rhythmus. Allgemein empfanden wir unsere Mutter als die Ängstlichere, Tante Hilde war mutiger und zupackender. Öfter hatte sie sich als couragierter und unerschrockener gezeigt. So hatte ich irgendwie manchmal zwei, wenn nicht Mütter so doch Erziehungspersonen. Tante Hilde hatte als Jüngste der drei Schwestern den strengen Führungsstil ihrer Mutter nicht als so rigide empfunden. Das ganze dortige Leben hatte ihr mehr entsprochen. Ihr eigenes Leben verlief anders. Vielleicht brauchte sie auch nicht so viel auf dem Hof mitzuarbeiten. Nie hätte sie auch nur irgendetwas über ihre Eltern geäußert, was auch nur annähernd negativ hätte bewertet werden können. „Du sollst deinen Vater und deine Mutter ehren." So lautete das Gebot, ohne Wenn und Aber. Streng waren beide und Gehorsam war ihnen oberstes Gebot. Oft bekam ich eine „Kopfnuss" oder eine Ohrfeige. Ein verkehrtes oder auch nur gebrabbeltes Wort – schon war's geschehen, vor allem, wenn uns ein „Oh Gott, oh Gott!" herausrutschte. Und aus lauter Vorsicht, es nicht zu sagen, passierte es erst recht. So wollte es mir zumindest scheinen.

Wir waren normale, gesunde Kinder, voller Lebendigkeit, die sich einfach in ihrem Spieltrieb, in ihrem freiheitlichen Entwicklungsdrang eingeengt fühlten oder es tatsächlich waren. „Habe ich schon wieder etwas Verkehrtes gesagt oder getan?"

Geld hatten wir nie und schon gar nicht übrig für Dinge, die über das täglich absolut Notwendigste hinausgingen. Andere Leute in unserem Umkreis, und im Dorf sowieso nicht, hatten wohl auch nicht viel mehr, außer einer heilen Familie, wie wir dachten. Und die Mitschülerinnen? Wussten die, was wohlhabend sein bedeutete? Es war ein Leben, das einengte und begrenzte, aber zweifellos dadurch einen Halt gab. Andererseits lebten wir in Koselau in einer geschlossenen Gesellschaft, mit einem Gutsbesitzer als Chef, der bestimmte und gewährte. Und wenn alles in gerechtem und sehr menschlichem Rahmen geschah, gab es Sicherheit, (es als „Geborgenheit" zu bezeichnen, wäre zu gemütlich), die wohl gleichzeitig ein unbewusstes großes Vertrauen schaffte. Es gab nichts eigentlich Böses, aber auch keinen Tand und keinen Glitzer, außer Lametta am Weihnachtsbaum.

Geliebt wurden wir mit Sicherheit auch, allerdings war das für uns Kinder wenig ersichtlich, denn die Liebe der Erwachsenen wurde zu oft durch ihre eigene Unsicherheit und Verlorenheit, gepaart mit der Sorge um das tägliche Brot, in eine „notwendige" Härte verpackt, um diese Zeit durchstehen zu können.

Später erhielten wir von unserem Nachbarn im Gutshaus regelmäßig die „HÖR ZU" zum Lesen. Sobald ich selbst die Zusammenhänge herausbuchstabieren und verstehen konnte, suchte ich für mich Interessantes darin. Als Erstes las ich jedoch immer unten links die Fortsetzungsserie über Michiko Shoda und das japanische Kaiserhaus.

Als wir unser erstes Radio hatten, hörte ich die Stimme des Sprechers: „Ab eintausend Metern fällt morgen Schnee." „Komisch", dachte ich, „das sollen die doch den Piloten erzählen, die ganz oben kurz vor dem Himmel fliegen, und nicht uns hier unten auf der Erde, die das gar nichts angeht."

Nachdem Gisela Matzen Hermann von Zitzewitz geehelicht hatte, heiratete später die zweite Tochter Elin ins Rheinland. Ihre beiden Kinder, Karen und Walter, verbrachten ihre heiß ersehnte Ferienzeit in Koselau. Als wenige Jahre Ältere durfte ich mit ihnen spielen oder mal auf den kleinen Walter aufpassen, wofür sie eigentlich ihr langjähriges Kindermädchen hatten, Lore war sehr nett. In dieser Zeit wurden einige der großen und für mich vielen Räume des Gutshauses oft zu einem zweiten Zuhause.

Herr Matzen besaß ein Auto, einen schwarzen Ford Taunus, der „Buckeltaunus" genannt wurde, weil er so rund war. Das größte Vergnügen im Sommer war, wenn er mit uns Kindern die zwölf Kilometer nach Dahme an den Strand fuhr. Manchmal fuhr auch seine Frau oder Gisela von Zitzewitz kam mit. Mit etwas zu trinken und einem Apfel oder Butterbrot ging die Fahrt los. Angekommen sprangen wir Kinder übermütig in unseren Unterhosen – oder Badesachen? – in die kühlen oder warmen Ostseewellen.

Natürlich war ich auch öfter bei Nachbarn zum Essen, genau wie auch die kleine dreijährige Tochter des Gutssekretärs, die auf der anderen Seite des Hauses ihren Eingang hatten, oder die kleine Tochter von Trantows bei uns aßen, ganz nach dem Motto: „Bei euch schmecken die Kartoffeln mit Soße und drei Fleischstückchen oder etwas Ei viel besser als bei uns." Beide Nachbarstöchter waren zierlich, blond und erhielten ihre kleinen Mahlzeiten immer auf einer Untertasse serviert. Die Teller waren immer leer gegessen.

Eines Tages gab es bei Matzens als Nachtisch Birnenkompott, das wir auf der Veranda einnahmen. Die anderen hatten ihre Schälchen bereits geleert, waren fort und ich saß noch alleine davor. Ich konnte nicht schnell essen, außerdem war es recht süß. Da saß ich Häufchen Elend nun. Frau Matzen kam zu mir und meinte: „Heidi, schmeckt es dir nicht? Ich tue dir noch einen Löffel Zucker rein, das mögen Kinder doch, dann schmeckt es dir bestimmt." Sie ging raus und ich wollte weiteressen, doch ich konnte nicht. Für mich war es eklig süß. Teller nicht leer essen – so etwas gab es gar nicht. Und sagen, dass es nicht schmeckt, wagte ich ebenfalls nicht. Was tun? In dieser verzweifelten Lage nahm ich in einem unbeobachteten Augenblick mein Schälchen, goss die Birnensoße in die außen angebrachten blühenden Balkontröge, steckte die drei restlichen Birnenstücke in meine wunderhübsch in Lochmuster von Tante Hilde gestrickten Kniestrümpfe und weg war ich. Die Kniestrümpfe wusch ich gleich danach in einem Graben aus.

Jahre später hatte mir beim Teeausschenken meine Nachbarin einen Löffel Zucker in die Tasse gegeben. Nichts ahnend nahm ich meinen gewohnten Löffel Zucker dazu. Ich probiere – ab sofort trank ich Tee nie wieder mit Zucker.

Zu Frau Matzens Geburtstag im Sommer wurden für mich folgende Verse zum Aufsagen gedichtet:

*„Zu Ihrem heutigen Ehrentage wünsche ich
Ihnen viele schöne, zufriedene Jahre.
Möge Gott der Herr Ihnen Gesundheit schenken,
viel Freude an Ihren Kindern und Enkeln.
Und ich möchte Ihnen sagen besonderen Dank
für die schönen Tage am Dahmer Strand.
Darauf lassen Sie uns zum Angedenken
Ihnen dieses Heideschifflein schenken."*

Tante Hilde hatte oft aus Heidekraut und Binsen längliche Körbchen in Schiffsform geflochten. Sie sahen sehr hübsch aus. In der Lüneburger Heide wohnten Bekannte und Verwandte von uns, deren Verbindungen durch gegenseitige Besuche, hauptsächlich von Tante Hilde, gepflegt wurden. Und Edelgard wohnte ja ebenfalls lange Zeit dort.

Ganz früh, wahrscheinlich im Vorschulalter, hatte ich stricken gelernt. Tante Hilde bewohnte in Oldenburg ihr eigenes kleines Zimmer unterm Dach, später eine kleine eigene Wohnung. Ab und zu durfte ich sie besuchen und über Nacht dort bleiben. Während eines solchen Besuches nahm sie mich mit ins Postamt. „Du, Heidi, ich habe zwar Dienst, aber hier ist ein großes Knäuel Schafswolle. Maschen habe ich schon aufgenommen, du kannst weiterstricken, glatt rechts." Die Wolle war hellgelb meliert und sah sehr hübsch aus. „Du kannst dir einen Stuhl zum Hinsetzen aussuchen." Es sollte eine Unterhose für mich werden.

Sie saß dann wie die anderen Frauen mit einem Kopfhörer hinter der meterlangen Telefonwand, sprach und stöpselte herum. Fast alle Telefonnummern der umliegenden Firmen und Behörden sowie bekannter Personen wusste sie auswendig. Dies war eine Zahlengabe, die auch einige Geschwister von ihr besaßen. Gern erzählte sie uns Kindern jetzt, wann ihre Kühe auf dem Hof in Hohendrosedow gekalbt hatten. Diese Daten speicherte sie auf ewig in ihrem Gedächtnis. Onkel Gerhard, der älteste Bruder in Bremen, spielte als Mathematiker gern „blind" Schach mit einer Person, die sich entfernt aufhielt, ohne jedoch ein Spiel vor sich zu haben. Nebenbei entwarf er Kreuzworträtsel. Seine Frau sah „dafür" sehr hübsch aus, obwohl auch er stattlich wirkte und einen interessanten Eindruck erweckte.

In der Ecke entdeckte ich einen verführerischen, dunkelbraunen Drehhocker, den ich mir auserwählte, setzte mich drauf und begann zu stricken. Eine Runde, zwei Runden und so weiter … Wie nebenbei drehte ich mich ganz von alleine schnell und schneller im Kreis, bis sich die Wolle – oh Schreck! – im Gewinde des Stuhls fest verdreht hatte und er sich nicht mehr bewegte. Aus der hell melierten Wolle war eine dunklere geworden. Endlich rief jemand aus dem Gestöpsel der Telefonkabel: „Hilde, erlöse Heidi doch endlich mal von ihrem dummen Strickzeug!" Ich wurde erlöst, auch von der Unterhose aus Schafswolle.

Heimlich dachte ich: „Sehen andere Leute die Dinge ganz anders? Haben sie andere Richtlinien für ihren Alltag?", denn die Frau hatte gesagt: „Dummes Strickzeug." Das fand ich auch. Und hatte Tante Hilde mich nun durch die Bemerkung nicht mehr ausschimpfen können?

Von Oldenburg aus lockte der Wesseker Strand in nur knapp vier Kilometern Entfernung. Tante Hilde strampelte mit mir auf dem Gepäckträger den mehr als staubigen Sandweg entlang. Wenn dann noch ein Auto vorbeifuhr, waren wir wie zugenebelt. Sie hatte sich einen Bikini gestrickt, in Türkis mit weißer Blüte drauf, den sie stolz am Strand trug. Im Wasser machte ich erste Schwimmversuche.

Mit Edelgard war ich auch einmal dort. Wir wussten, dass man sehr aufpassen musste, da es bereits unweit des Strandes gefährliche Strudel im Wasser geben sollte. Edelgard saß am Strand, ich ging ins Wasser. Nach höchstens fünf Schritten merkte ich, dass ich plötzlich keinen Grund mehr unter meinen Füßen spürte. Geschrien habe ich nicht, sondern mich fallen lassen, um mich wieder vom Grund abzustoßen und so wieder an die Oberfläche zu kommen und Luft zu holen. Nach wenigen Übungen dachte ich, noch bevor ich mein Bewusstsein verlor: „Sterben ist doch gar nicht so schlimm, vor allem nicht so dramatisch, wie ich es mir von den Erzählungen der Erwachsenen vorstellte." Das kam erst wieder zurück, als mich Edelgard und eine weitere Frau bereits über den Sand geleitet hatten und ich mich an unserem Platz hinsetzen konnte. Mein Auf- und Untertauchen hatten sie zunächst als Spiele im Wasser angesehen. Unserer Mutter haben wir nichts davon erzählt, aber im kommenden Jahr besuchte ich einen Schwimmkurs, nach meinen Schulstunden im ersten Jahr der Mittelschule.

Oft feierten die Erwachsenen Geburtstag. Verwandte und Freunde von „früher" waren eingeladen, ebenfalls neue Kolleginnen. Höchst komisch verkleidet, fröhlich, ja ausgelassen wurden selbst verfasste Gedichte theatralisch rezitiert, die von der ach so fernen Heimat mit dem „Mütterlein" handelten. Zu Verlobungen und ähnlichen Anlässen wurden lange, lustig schmachtende Verse gereimt. Diese Großen fanden wir Kinder schon mal richtig albern bei ihrer Feierei. „Was macht die denn da?"

Holten die Erwachsenen mit ihren dreißig oder vierzig Jahren die verlorene Zeit nach? Die Jahre der Starre wurden ganz allmählich weicher, begannen vorüberzuziehen., bis sie sich irgendwann, jedenfalls zum Großteil, aufzulösen schienen.

Als sie wieder mal so lachten und sich die alten, ausgegrabenen Geschichten erzählten, schickte man mich, wie üblich, früher ins Bett. Es stand im Wohnzimmer. Tagsüber lagen die Federbetten aufgerollt an der Wand. Zugedeckt mit einer Wolldecke, fungierten sie als Couchen. Tante Hilde würde später in meinem Bett schlafen.

Lakonisch hieß es: „Heidi, dreh dich um und schlaf nun. Du bist müde." „Ich kann noch nicht schlafen, weil ich noch nicht müde bin." „Doch, du bist müde." Ganz mutig: „Nein, ich bin nicht müde." „Gut, wenn die Uhr um Mitternacht zwölfmal schlägt und du mich dann weckst, bekommst du 50 Pfennige." Ich lag wach, bis ich um Mitternacht während der zwölf Uhrschläge Tante Hilde weckte: „Aufwachen, es ist zwölf Uhr." So verdiente ich mein erstes Taschengeld.

Zwischen diesen Albernheiten fand ich es lustig, wenn meine Mutter uns erzählte – da waren wir zweifellos einige Jahre älter –, wie es in den Semesterferien auf dem Hof in Hohendrosedow zugegangen war, wenn ihre Brüder von den Studienaufenthalten zurückkehrten und sich auf dem Hof durchfutterten. Vier Brüder hatten studiert. Einer von ihnen nicht, wie auch Onkel Alfred, denn „der erbt ja den Hof. Und die Töchter heiraten." Das war die gängige Ansicht und Handlungsweise, obwohl unsere Großmutter die Höhere Töchterschule in Stettin besucht hatte. Doch das Geld hatte wohl nur für die Ausbildung der Jungen gereicht, die Mädchen hatten Pech. „Dafür" achtete sie auf deren gute Manieren im Umgang und Verhalten sowie auf korrekte Ausdrucksformen in der Sprache. Ihr Mann, unser Großvater, war mehr der gütige und liebevolle Partner. Auf Bildern sah ich ihn immer mit seiner geliebten Zigarre.

Wenn nun zum Beispiel die hungrige Meute am Frühstückstisch saß und in der Mitte zwei große Schüsseln mit gekochten Eiern standen, die allmählich zur Neige gingen, wurde schon mal gepetzt: „Die letzten beiden stehen Gerhard und mir zu, Paul und Georg haben schon jeder fünf gegessen."

Komisch, ich aß zum Frühstück auch gerne mal ein Ei, durfte aber erst zwei essen, „wenn du mal zehn Jahre alt bist." Dieses Alter schien eine magische Grenze zu symbolisieren.

Dass vor einer anstehenden Familienfeier gewettet wurde: „Habt ihr auch genug Kaffee im Haus?" „Ja, bestimmt." „Hoffentlich reicht der, wir bringen nämlich Durst mit", mag ja noch angehen. Aber dass dann wirklich eine Tasse nach der anderen getrunken wurde, der hauseigene Bestand zur Neige ging und bei den Nachbarhöfen um jeweils ein weiteres Pfund nachgefragt werden musste, blieb zweifellos in ewiger Erinnerung. Onkel Richard, ein Bruder meines Vaters, soll tatsächlich mindestens zweiunddreißig Tassen Kaffee getrunken haben, manch anderer Besucher bestimmt nicht viel weniger.

Dass in diesen Semesterferien schon mal ganz klammheimlich ein halber Sack Korn oder andere kleine Kostbarkeiten aus der Scheune verschwanden und unentdeckt verkauft wurden, um Taschengeld aufzubessern, erfuhr ich allerdings nicht von meiner Mutter und schon gar nicht von Tante Hilde. Diese kleinen Geschichten wurden mir von anderen Mitwissern Jahre danach zugetragen, frei nach dem Motto: „Heidi, wusstest du eigentlich, dass …?"

MEINE SCHULZEIT
In der Volksschule

Ich wurde am 18. März 1949 sechs Jahre alt, gerade alt genug, und war für gesund befunden worden, um ab April nach Riepsdorf in die Volksschule zu gehen. Stichtag für die Einschulung war seinerzeit der 1. April. Natürlich hatten wir kein Geld für eine eigene Schultüte. Für ein Foto drückte man mir schnell die Tüte meines Cousins in den Arm. Zur Schule ging es drei Kilometer hin und drei Kilometer zurück. Die ersten dreihundert Meter auf unserem täglichen Weg gingen wir zwischen den Äckern auf einem schmalen Weg als Abkürzung. Wir tauften ihn „Schulsteig". Mit mir sollten meine Cousine Lisa und meine Freundin Uta die Schule beginnen. In unserer Dreiergruppe hielt ich die beiden für stärker und so unterbreitete ich meiner Mutter einen originellen Vorschlag: „Mutti, ich gehe lieber immer einen Tag früher als die beiden in die Schule." Erschrocken hörte ich die Antwort und damit Bestätigung meiner Befürchtung: „Aber du weißt doch, dass du jeden Tag in die Schule gehen musst, nur der Sonntag ist frei."

Der Weg war weit. Im Winter durften wir die nassen Strümpfe, Stiefel gab es nicht, hinter der Heizung trocknen. In eine Tasche oder Tüte gehörten die Fibel, Griffel und Stifte sowie die Schiefertafel mit einem Loch in dem Holzrahmen, durch das der Wischlappen mit einem Band eingeknotet war. Beim Gehen oder Laufen wedelte er außerhalb des später hinzugekommenen Schulranzens immer lustig hin und her.

Für die Schulspeisung wurde der Blechnapf mit Deckel und einem Löffel eingepackt, wobei ich mich nur an gelegentliche oder anfängliche Essensausgaben erinnern kann. Die Zeit der absoluten Armut schien langsam vorüberzuziehen. Kam es mal vor, dass mein Unterricht später begann, briet meine Mutter für mich, bevor ich mich auf den Weg machte, eine extra Portion

Bratkartoffeln, dünne, rohe Kartoffelscheiben, die gerade den Pfannenboden bedeckten. Lecker!

Für unentgeltliche Schulhefte wurde ein Antrag eingereicht. Die Lehrer waren streng. Ein Stockhieb auf die Innenseite der Finger, die sogenannte „Tatze", war bei Ungehorsam, Nichtfolgen oder schlechten Leistungen absolut keine Ausnahme. Für die Jungen gab es schon mal eins auf den Hosenboden. Betragen, Religion und Schönschreiben zählten zu den wichtigen Fächern. Im vierten Schuljahr gingen wir allerdings auch mal im Turnunterricht auf den nahe gelegenen Teich zum Schlittschuhlaufen. Die wenigen vorhandenen Schlittschuhpaare wurden ausgeliehen.

Als Paradoxon – oder logisches Nachahmen? – ist es sicher anzusehen, dass wir in dieser Zeit auch schon mal „Schinkenklopfen" spielten. Der Auserwählte musste sich an einem Baum oder anderen Gegenstand abstützen und durfte nicht gucken. Er musste dann erraten, welches von den anderen Kindern ihn gerade mit der flachen Hand auf den Hintern geschlagen hatte.

In der Schule waren in die schrägen Tischplatten der Schultische aus Holz Tintenfässer eingelassen, die bei Bedarf aus einer großen Flasche aufgefüllt wurden. Entweder muss ich wohl Hausaufgaben vergessen haben oder furchtbar „gekleckst" haben – wir schrieben mit Federhalter und Tinte –, jedenfalls bekam ich übers Wochenende sechzehn Seiten Strafarbeit auf: „Schönschreiben". Ich glaube, meine Mutter empfand bei dieser stundenlangen Malerei sogar etwas Bedauern für mich, doch die Reaktion einer Lehrkraft infrage zu stellen, so etwas war undenkbar. Kugelschreiber hatten wir oder gab es noch nicht. Vor Kindern wäre keine Lehrkraft bloßgestellt worden. Von der gleichen Lehrerin erhielt ich im Zeugnis die Musiknote: „Flöten: gut".

Zu den jährlich stattfindenden Schulfesten wie dem Kinder-Vogelschießen ließ Herr Matzen Pferde und Wagen anspannen und Schüler und Eltern auf die Festwiese nach Gosdorf hin- und wieder zurückbringen. Zu der Weihnachtsfeier im Winter wurden wir ebenfalls die fünf Kilometer in den dortigen Gasthof gefahren. Leider war die Straße vereist und an den Seiten lag tiefer Schnee. So sehr wir uns alle auf die Feier freuten, so ängstlich saß ich auf dem Wagen. In Kurven oder leichten Steigungen hielt ich mir die Hände vors Gesicht, denn die Pferde rutschten mehrere Male, die Hufe kratzten im Eis und nur mit viel Geschick der Kutscher schafften sie es, den kleinen, kurvigen Riepsdorfer Berg hochzukommen, ohne umzukippen.

Die Zeit auf diesem langen Schulweg haben wir uns gerne mit dem Spiel vertrieben, welche Figuren wir in den Wolken erkennen konnten. „Die sieht aus wie ein Baum." „Oh, guck mal, der Baum wird ganz flach, wie eine Riesenschlange." Und so weiter. Im Sommer segelten die Wolken wie leichte Federbetten oder aufgerissene Kopfkissen den Himmel entlang.

Als dann im Herbst die wogenden, sich reif und schwer wiegenden Kornfelder abgeerntet waren und nur noch kurze Stoppeln alles leer und weit machten, zeigte auch der Himmel allmählich andere Farben. Die zarten Töne des Sommers waren verschwunden. In dieser nun veränderten Jahreszeit sahen die Wolken dann manchmal wie dunkle Monster aus, die versuchten, uns Angst einzujagen, dann aber vom heftig blasenden Sturm davongejagt wurden. Es hat uns auch immer kräftig durchgeblasen – und unsere kleinen Seelen gleich mit gereinigt?

Diese herbstlichen Wolkenhimmel in ihren verschiedensten Blau- und Grau- oder sogar Schwefelgelbtönen, die hoch über uns in gemächlichem oder rasantem Tempo ständig die schönsten Bilder zauberten, sind mir in unvergessener Erinnerung.

Groß war unsere Freude, wenn wir während der Erntezeit eine Rübenlore erwischten und hinten auf der schmalen Plattform ein Stück des Weges mitfahren konnten. Die Äcker im Herbst waren meist zu nass und matschig für die Ernteeinfuhr der Rüben mit Pferd und Wagen, sodass auf diesen bis zu insgesamt sieben Kilometern langen Strecken schmale Schienen verlegt waren, in Vierzig-Meter-Abschnitten. Die darauf fahrenden Loren, kleine Waggons, wurden von zwei Pferden gezogen.

Und wir hatten meist Glück dabei, denn wir fanden ab und zu ein Stück heruntergefallene Steckrübe und knabberten daran. Besonders lecker schmeckten die in den Büschen rechts und links zu findenden Brombeeren. „Aber Vorsicht! Die verfärbten Hände bloß nicht an der Kleidung abwischen, sondern in einer Straßenpfütze oder im Graben abwaschen."

Am Freitag sollten wir noch einen kleinen Umweg machen und zum Wochenende ein großes Schwarzbrot vom Kaufmann Tornau mitbringen. „Heidi, guck mal, hier in der Tasche ist das Geld. Nicht verlieren." Schon seit ein paar Monaten war die Zeit der Lebensmittelmarken zum Glück vorüber und wir konnten für unser bisschen Geld frei einkaufen. Ein ganzes Brot also! Auf dem Rückweg duftete das frisch gebackene Brot doch zu sehr und wir kleinen hungrigen Mäuler pulten aus dem Brot leckere Happen heraus. „Du bekommst heute die Kruste, ich die Krumen, nächstes Mal dann umgekehrt. Einverstanden?" Als wir damit zu Hause ankamen, sah das kostbare Brot wie von Mäusen zerknabbert aus. Zu meiner Überraschung wurde ich von Mutti nie dafür ausgeschimpft. Weil ich von trockenem Brot satt wurde? Doch sicherlich noch viel mehr, weil es sie an den Hunger auf der Flucht erinnerte.

Bald darauf kam Herr Tornau mit Pferd und Wagen, später mit seinem blauen „Bulli" über die Dörfer, so auch einmal die Woche nach Koselau. Danach hatte sich für etliche Jahre sogar ein mit allen benötigten Waren eingerichtetes Lebensmittelgeschäft in Koselau etabliert.

In diesen sogenannten Kolonialwarenläden gab es Zucker und viele andere Lebensmittel noch lange Zeit nicht abgepackt, sondern sie wurden aus gefüllten Schubladen eines Schrankes oder aus Säcken entsprechend dem gewünschten Bedarf abgewogen, in einen mitgebrachten Topf oder anderes Gefäß geschüttet, später gab es dann Papiertüten. Milch wurde aus einem Fass per Hebel mit der Hand in die ebenfalls mitgebrachte Kanne oder Flasche eingefüllt. Auch noch zu meiner Zeit in Lensahn.

Irgendwann fuhr ein anderes Auto auf den Hof und ein ganz lauter Ausruf verkündete mit einer großen Blechtröte: „Frische Fischeeee!" Welch eine willkommene Abwechslung. Der Fischmann kam nun fast jede Woche. Wir in Koselau als wohl letzte Station seiner Rundfahrt hatten zwar nicht mehr die große Auswahl, doch frische Heringe schmeckten uns sehr gut. Und sie waren auch etwas günstiger dann. Fünf oder auch mal sechs Stück für 75 Pfennige.

Manfred besaß ein Fahrrad und fuhr damit natürlich gerne in seiner Freizeit durchs Dorf und in die Umgebung, entsprechend seines Alters manchmal auch ein wenig rasant. Bis er eines Tages mit den Resten eines Huhnes zwischen den Speichen, das dummerweise irgendwie in sein Rad geflattert war, zu Hause ankam. Leider unterhielt sich meine Mutter gerade vor dem Eingang mit Frau Matzen. Wie schrecklich! Da zurzeit nur die Hühner von Matzens frei herumliefen, gab es keine Alternative, wohl aber eine Entschuldigung von ihm, „dass ich leider überhaupt nichts gemerkt habe!"

Edelgard wohnte immer noch in Hermannsburg, und zwar bis nach ihrer Konfirmation blieb sie dort. Zu diesem Anlass haben wir sie besucht, dann kehrte sie zurück. Im ersten Jahr mussten sie, Manfred und Elisabeth, die älteste Tochter von Onkel Paul, noch mit dem Fahrrad nach Oldenburg in die Mittelschule fahren, was im Winter besonders mühsam war. Das Fahrrad für Edelgard wurde von ihrer Patentante finanziert.

Doch dann fuhr ein Bus, morgens hin und nach der Schule zurück. Als Mitglied im Bahnvorstand, Inhaber von kommunalpolitischen Ämtern und allseits respektierte Persönlichkeit hatte Herr Matzen sein Versprechen wahr gemacht. Wie zufällig hatte er meine Mutter angesprochen: „Frau Totz, wie ist es eigentlich mit Ihren Kindern? Werden die auf die höhere Schule gehen?" „Und wie sollen die nach Oldenburg kommen?" „Ich werde dafür sorgen, dass ein Schulbus fahren wird."

Meine Mutter mistete unsere Schweinebox aus, rief meiner Schwester zu: „Edelgard, pass gut auf, dass das Schwein nicht auf den Hof raus läuft, ich öffne nun die Tür vom Stall." Meine Schwester stand breitbeinig in der Durchfahrt, somit gut gewappnet gegen eventuelle „Angriffe" von Franz. Der Platz unter dem Kastanienbaum war mit Maschendraht eingezäunt, nur etwa vier Meter am

Haus waren als Durchfahrt frei gelassen worden. Unerwartet genoss das noch junge Schwein seine Freiheit, rannte wie wild drei Runden um den Baum herum und zack! war es zwischen den Beinen meiner Schwester hindurch auf den Hof gerannt, hatte sie selbst dabei noch einige Meter auf dem Rücken mitgerissen. Zum Glück waren einige der Arbeiter vor den Ställen, erkannten die Situation und irgendwie gelang es ihnen, unseren Ausreißer wieder einzufangen. Ich als Kleinere dachte: „Edelgard ist doch sieben Jahre älter, aber anscheinend klappt es bei ihr auch noch nicht immer mit dem Helfen." Doch dafür hatte sie aufgrund einer Wette Jahre später gelernt, Kühe zu melken.

Einen Tag vor unserem jährlichen Schweineschlachten wurde mir von meiner Mutter angekündigt: „Morgen wirst du das noch warme, frisch auslaufende Blut vom gerade geschlachteten Schwein rühren, und zwar muss das mit der Hand gemacht werden, damit es nicht gerinnt." Erst unseren quiekenden Franz hören, dann sein warmes Blut umrühren – nein! Sogleich fragte ich bei allen Nachbarsfrauen an, bis mir eine hilfsbereite Nachbarin diese Arbeit abnahm. Ich bedankte mich wirklich aus vollem Herzen bei ihr. Zum Glück hatte es meine Mutter akzeptiert. Ich war elf Jahre alt.

Die nächsten Tage nach dem Zerteilen des Schweins lagen in unseren Zimmern überall Fleischstücke herum, überall klebte Fett, blubberte und dampfte es aus den Töpfen, Fleisch wurde durch den Fleischwolf gedreht, Därme wurden ausgekocht und neu gestopft, Wurst gebrüht, Gläser mit diversen Teilen als Wintervorrat in dem großen Topf eingeweckt. „Das war aber ein großes Schwein, Fett und noch mehr Fett", meinte ich, als ich mal wieder über eine Schüssel mit diversen Fleischstücken steigen musste, die auf dem Fußboden stand.

Die ersten paar Tage nach dem Schlachtfest gab es entweder Innereien oder andere Kleinigkeiten, bis dann endlich die gebratenen Koteletts oder Schnitzel auf dem Teller lagen und wir schlemmen konnten. Als einziges Gericht mag ich bis heute kein Schwarzsauer, was für mich als Kind eine heiße Blutsuppe mit gekochten Ohren drinnen war. Zum Glück gab es zu der Suppe gekochte Kartoffel-Stücke. Dass ich sonst nicht mäkelig war und immer einen gesegneten Appetit besaß, sollte mir Jahre später noch sehr zugutekommen.

Im Winter war ein eigener Schlitten natürlich nicht nur zum Vergnügen da, sondern auch, um Lebensmittel zu transportieren. So erinnere ich mich an eine herrliche Schlittenfahrt mit meiner Mutter im Schnee, als wir unseren ersten großen Schweineschinken die fünf Kilometer aus Gosdorf aus der Räucherei holten. Weitere Lebensmittel brachten wir aus Riepsdorf mit. Einer von uns konnte immer noch neben dem Schinken auf dem Schlitten sitzen und juche! – ab ging die Fahrt. Sollte der Schinken oder einer von uns beim Bergabfahren runterfallen – man fiel ja in den weichen Schnee.

1949 begannen die ersten Fahrradtouren mit mir auf dem Gepäckträger. Bei kühlem Wetter trug ich meine gewohnte Zipfelmütze aus schwarzem Samt mit bunter Borte. Unten guckten die geflochtenen Zöpfe hervor. Wir in Mänteln, Manfred in kurzen Hosen, aber dicken Strümpfen. Wenn es das Wetter erlaubte, das heißt, es nicht zu windig war, trug Tante Hilde einen Hut. Es war ja Sonntag.

Als ich alleine auf dem Fahrrad sitzen konnte, führte unsere erste große Tour zu Langneffs, die zwei Kinder hatten. Über die altlutherische Kirche, der wir angehörten, lernten wir diese Familie kennen, die in Wahrendorf, fünf Kilometer hinter Lensahn, nach der Flucht bei einem Bauern Unterkunft gefunden hatte. Unsere Familien waren eng und freundschaftlich verbunden. Frau Langneff – Tante Gerda, wie wir sagten – meisterte den Alltag mit kalkulierter und umsichtiger Tatkraft sowie herzlicher Menschlichkeit. Onkel Max, ihr Mann, arbeitete als Schneider.

Da für mich das Fahrrad eigentlich zu groß war und ich gerade die Pedalen erreichte – Kinderfahrräder gab es nicht –, drückte ich beim Fahrradfahren immer einmal mit dem Fuß die rechte Pedale runter, wenn sie hochkam, und dann gleich wieder die linke. „Heidi, kannst du noch fahren oder sollen wir mal eine kleine Pause machen?" Halb außer Atem rief ich keuchend: „Nein, ich kann noch weiterfahren." Es war dies eine etwas mühsame Übung auf den Schotterstraßen, besonders wenn es bergan ging. Aber am ewig langen Damloser Berg mussten wir sowieso immer alle absteigen und schieben. Radfahrwege gab es natürlich nicht, aber dafür auch nur sehr wenige Autos. Abgehärtet waren wir wohl alle. So schaffte ich die etwa zwölf Kilometer hin und dann wieder zurück.

Wenig später zogen Langneffs nach Lensahn. Unsere Gärten sollten Jahre später sogar aneinander grenzen. Mit ihrer Tochter Rita habe ich hin und wieder gemeinsam bei Tante Hilde übernachten dürfen. Im Glauben fest verankert, mussten wir bei ihr unter anderem auch Glaubensartikel mit Erklärungen und Lieder lernen.

Als jedoch Jahre später versucht wurde, mir den Sohn „schmackhaft" zu machen, und er mir tatsächlich eines Sonntags einen Nelkenstrauß mit Schleierkraut mitbrachte, verschwanden diese Blumen nach seinem Fortgehen blitzschnell in der nächsten Mülltonne.

Nelkenstrauß mit Schleierkraut, eine gesicherte Bürotätigkeit als Arbeit und in unserer Kirchengemeinde unabdingbar etabliert – so wäre ich gut versorgt. Entsetzlich! Vor allem aber war dieser „liebe Junge" gar nicht mein Typ.

In der Mittelschule

Nach vier Jahren hatte ich die Aufnahmeprüfung zur Mittelschule bestanden. Der Bus fuhr jeden Morgen um 6:45 Uhr. Es war ein Opel „Blitz" mit einer großen Kühlerhaube innen, die wir im kalten Winter schon mal als warme Bank benutzen durften.

Gleich nach dem Melken musste unsere Mutter uns wecken: „Heidi, aufstehen." Regelmäßig gab es morgens Frühstück, vorher durften wir nicht gehen. Für mich lag eine Scheibe Brot geschmiert bereit, dazu etwas zu trinken. Im Winter war es eine heiße Tasse Blümchenkaffee – oder gar eine heiße Tasse Milch? Die Schulbrote lagen gerichtet zum Einpacken. Vorher war ich noch ordentlich gekämmt worden, mit „Tolle" auf dem Kopf und geflochtenen Zöpfen. Oft als Letzte, noch mit einem Bissen Brot im Mund, kam ich den schmalen Fußweg über die Kosel zum Bus gerannt. Die anderen zum Busfahrer: „Heidi kommt schon." Er fuhr pünktlich weiter.

Meine Mutter erhielt ein monatliches Waisengeld für uns und andere finanzielle Unterstützung, die regelmäßig überprüft und neu beantragt werden musste. Die Monatskarten waren preislich für uns drei gestaffelt. „Wir fahren Würmeling", wie wir es nach dem damaligen Familienminister nannten. Die Schulbücher waren für uns kostenlos. Bis zu sechs Kinder fuhren von unserer Verwandtschaft – „Sippe", wie meine Cousine zu sagen pflegte, neben weiteren Kindern aus Koselau mit diesem Bus zur Schule.

Das erste Jahr waren wir Mittelschüler im Gymnasium untergebracht, da sich unsere Schule noch im Bau befand. Irgendwie musste ein Pärchen der Abiturklasse, beide groß und schlank, sie mit gelockten, dunklen Haaren, an mir Gefallen gefunden haben, oder sah ich so hilfsbedürftig aus? Jedenfalls wollten sie mich nach Schulschluss stets zu meinem Bus begleiten, der wie alle anderen in geordneter Reihe auf dem Marktplatz stand, um die vielen hundert Schüler wieder in alle Richtungen in ihre Dörfer zu fahren. So wartete einer von uns auf den anderen. Meine Mitschülerinnen: „Wir gehen schon, Heidi. Du wartest ja noch auf deine ‚Eltern'."

Ich würde sie gerne wiedersehen.

Im Sommer 1953, im ersten Jahr der Mittelschule, wurde befunden, dass für mich, genau wie für Ursula Rönnfeldt aus Koselau, eine Landverschickung nötig sei. Als Grund stand auf meinem ärztlichen Untersuchungspapier „körperlich zurückgeblieben". Alles klar.

Manfred erhielt ebenso eine Landverschickung, die er in einem Jugendheim auf der Nordsee-Insel Langeoog sehr genoss und in dankbarer Erinnerung behielt. Im Zug ging es in den Sommerferien zu einer Familie Förster nach Bruckmühl im Fichtelgebirge. Sie hatten zwei Töchter in meinem Alter. Es muss für uns eine halbe Weltreise gewesen sein, denn Ursula hatte eine Postkarte an ihre Eltern geschickt: „Bei uns ist heute Donnerstag, und was ist bei euch?" Es war eine reizende Familie, ich hatte dort weder Angst noch Heimweh.

Als es bereits am dritten Abend zu den im Freien stattfindenden Luisenfestspielen nach Wunsiedel ging und als Abschluss ein Feuerwerk den ganzen Himmel erleuchtete, muss mich das dermaßen beeindruckt haben, dass man mich am kommenden Tag erst nach mehreren Versuchen um 12 Uhr zum Mittagessen zu überreden vermochte.

Als Besitzer eines Sägewerkes hatten sie Mitarbeiter und gemeinsam saßen wir zum Mittagessen alle um den großen, schweren Tisch herum. Das Tischgebet wurde auch hier gesprochen. Die große Schüssel stand in der dafür vorgesehenen Vertiefung in der Mitte des Tisches, aus der sich Familie und Mitarbeiter mit ihren Löffeln vom Essen nahmen. Nur ich als Fremde bekam meinen eigenen Teller.

Jeden Mittwoch und Sonntag gab es große Knödel, etwas völlig Neues für mich, kannte ich doch Kartoffeln nur gekocht oder als Bratkartoffeln. Am Sonntag gab es Täubchen dazu, die sehr lecker schmeckten. Das war auch die Lieblingsspeise unseres Vaters gewesen. Nach drei Wochen hatte ich mich an die Knödel gewöhnt, sodass ich zum Ende meines Aufenthalts bereits zwei Stück essen konnte. Eine wunderschöne Sommerzeit ging vorbei.

Wenige Tage nach meiner Rückkehr hatte sich zum Wochenende Frau Tramitz mit Sohn und Tochter aus Berlin als Besuch angekündigt. Der Sohn war groß und stattlich, mit dunkler „Mecki"-Frisur. In Berlin studierte er Theologie. Von ihrem Urlaubsort Hohwacht wollten sie die wohl dreißig Kilometer mit dem Fahrrad kommen. Als wir in gemütlicher Runde zusammensaßen, fragte

Uli nach der Toilette. Wir erklärten ihm den Weg zu unserem Schuppen. Eine Stunde verging, weitere Zeit, bis er dann endlich etwas außer Atem zurück war mit der Erklärung: „In dem Schuppen da war so eine Box neben der Toilette und gerade als ich mich hinsetzen wollte, kam ein grunzendes Schwein angesprungen. Da habe ich die Panik bekommen und ganz schnell umdisponiert, denn ich dachte, es springt gleich oben rüber. So bin ich mit dem Fahrrad in die Felder gefahren." Dass sich unser Franz in diesem Jahr wirklich als ein halbes Wildschwein entpuppt hatte, hatten wir ihm wohlweislich verschwiegen. Bei seiner Erklärung haben wir alle herzlich und schallend gelacht und diese Story noch viele Male bei passenden Anlässen zum Besten gegeben.

Als größtes Ereignis auf dem Gut wurde das jährlich stattfindende Erntefest gefeiert. Die Tage zuvor waren fleißige Hände am Werk, um rechtzeitig eine Etage des Kornspeichers aufzuräumen sowie Tische und Bänke aufzustellen, Platz für die Musikkapelle vorzubereiten und eine Theke aufzubauen, damit die zugeteilten Freimarken für Schnaps und andere Getränke eingelöst werden konnten.

Das letzte Fuder der Ernte, das mit grünen Sträuchern geschmückte „Juch"-Fuder, wurde von vier Pferden vor das Gutshaus gefahren, gefolgt von zwei Frauen, die eine Erntekrone trugen, an der Bänder in den schleswig-holsteinischen Farben lustig im Wind flatterten. Es reihte sich die Formation der Blaskapelle an, ausschließlich zusammengestellt aus eigenen Arbeitern. Dann folgten alle Familien, die an der Ernte beteiligt gewesen waren. Nach den Ansprachen des Betriebsobmannes und von Herrn Matzen sangen alle: „Nun danket alle Gott …" Dann wurde Herrn und Frau Matzen die Erntekrone als Symbol einer ertragreich beendeten Ernte übergeben. Als besonderen Dank erhielten die Arbeiter, die an der Einbringung des letzten Erntefuders beteiligt gewesen waren, einen extra Schnaps und eine Ration Tabak oder Zigaretten. Gern wurde angestoßen: „Zum Wohl!" oder „Prost!"

Mit einem lauten Tusch übernahm dann die Musikkapelle die Führung in dem langen Zug der festlich gekleideten Leute zum Kornspeicher, wo als Erstes die zweite Erntekrone feierlich aufgehängt wurde. Im Festsaal genoss ein jeder aus dem großen Suppenkessel den schmackhaften Eintopf. Es reichte für alle, auch mit Nachschlag.

Die Kinder durften bis 22 Uhr bleiben oder auch länger. Für ihren großen Hunger standen süße Schnecken und Brause bereit. Die ersten Paare schwangen bereits das Tanzbein, auch der Opa drehte sich mit der kleinen Enkelin ununterbrochen im Kreise. Auf der Tanzbühne gab es bald keinen Platz mehr. Ohne Pause spielte die Kapelle, neben den Musikern stand die Buddel Bier. Ab Mitternacht wusste ein jeder Knackwurst und Brötchen als willkommene Stärkung zu schätzen. 6 Uhr war für viele noch viel zu früh, um bei Tanz und Feier an ein Aufhören zu denken. Um diese Zeit sah auch niemand mehr den Staub, der mit den Stunden aufgewirbelt worden war und sich überall niederzulassen schien.

Diese festliche und fröhliche Belohnung für die vielen Monate harter Arbeit blieb in jedem Jahr lange im Gespräch und in ewiger und bester Erinnerung.

An den alljährlich stattfindenden Treibjagden im Herbst nahmen geladene Jäger und viele Treiber teil. Voller Erwartung rissen die hechelnden und bellenden Hunde an ihren Leinen. Das reichlich erlegte Wild wurde im Halbkreis auf dem großen Vorplatz des Gutshauses präsentiert, gefolgt von stimmungsvoll geblasenen Halali der Jagdhörner.

Bei einer Fahrradtour mit meiner Mutter hatte ich bei der Bestimmung unserer Kornsorten Gerste und Roggen verwechselt, worüber sie recht ungehalten war. „Als Bauerntochter kennst du nicht mal unser Korn für das tägliche Brot." Am nächsten Tag sollte ich, wohl als Strafe, ein Huhn schlachten. Ich war da wohl kaum zwölf Jahre alt. Das Beil in der einen Hand, vor mir der Holzklotz zum Holzhacken, wollte meine Mutter mir das zappelnde und gackernde Huhn geben, als ich sagte: „Ich kann das nicht, ich lasse es laufen." Sie zeigte Erbarmen – mit dem Huhn oder mit mir? –, aber: „Du kannst wenigstens die Füße halten, wenn ich es schlachte", was ich mit ausgestrecktem Arm und abgewandtem Gesicht tat. „Du weißt nicht, was du in deinem Leben noch mal tun musst." Anschließend trug ich das geköpfte Tier zum Haus, doch es zappelte und zuckte, als sei es lebendig, und hüpfte vom Teller, sodass ich es wieder aufheben musste.

Die Zeit der Mittelschule gehörte ebenso dazu, wie es nun mal der Lauf der Dinge ist.

Feste Vorstellungen davon, was ich später arbeiten würde, gab es nicht beziehungsweise waren sie unrealistisch, jedenfalls nicht vorstellbar in unserem kleinen Koselau. Unbewusst zog es mich stets fort. Backfisch-Träumerei oder durchführbar? Hätte ich sagen können: „Mutti, ich möchte mal nach Asien?"

Unser Biologie-Lehrer verteilte hin und wieder an uns einen Löffel Sanddornsaft. Ich erhielt zwei. Alle schluckten diese Gesund-Medizin vom gleichen Löffel.

Unsere Geschichtslehrerin zeigte sich sehr kompetent. Wir hätten viel lernen können. Darius, einer der großen Herrscher, schrieb sich „Diarajawusch". Gut. „333, bei Issos große Keilerei" – unter diesen Zeitangaben konnte ich mir leider herzlich wenig vorstellen. Im Übrigen: Warum gab es nur so viele davon? War das Wissen um längst vergangene Schlachten wichtig? Irgendwie hatte es immer den Anschein, als ob alle großen Schlachtenführer ruhmreich als zu bewundernde Helden gekämpft hatten, egal ob am Ende ein Sieg oder eine Niederlage stand. Ein Bogen zu unserem jetzigen Dasein wurde von dieser als auch von anderen Lehrkräften nie geschlagen, obwohl die meisten von uns Schülern und auch Lehrkräfte Flüchtlinge eines Krieges waren. Wir selbst sahen allerdings wohl auch keine Relation, geschweige denn, dass wir danach gefragt hätten.

Im Unterrichtsfach Erdkunde interessierten mich fremde Länder. Zur Herbstzeit brachte ich eines Tages viele Kilogramm Pflaumen aus unserem Garten mit, die wir während der Stunde unter den Tischen heimlich verteilten. Der Lehrer vermochte sich nicht durchzusetzen. Später hörten wir, dass er den Kriegskessel von Stalingrad überlebt hatte, was uns durch die Erzählungen unserer Eltern zwar ein Begriff war und als sehr bedauernswert erschien. Das wirkliche Ausmaß seiner schrecklichen Erfahrungen konnten wir jedoch nicht auch nur annähernd ermessen.

Mit Manfred habe ich nicht nur öfter Gemüse und Blumen im Garten gegossen, sondern auch ebenso gerne „Entdeckungen" gespielt. In unserem Diercke-Weltatlas schlugen wir irgendeine Seite auf, einigten uns beispielsweise auf Omsk in Sibirien und dann reisten wir los. „Von dieser Stadt geht es flussaufwärts bis an den nächsten großen Nebenarm. Hast du die Verbindung?" Manfred: „Ja." „Von da aus geht es flussabwärts bis zur nächsten großen Stadt." Und so weiter. So fuhren wir zusammen auf unserer Weltreise durch Steppen, über Berge und mit Schiffen über Seen. Wir bereisten Australien und Südamerika. In Afrika besuchten wir „Kiboko", einen kleinen schwarzen Jungen, der barfuß und nur mit einer kurzen Hose bekleidet in gerader Haltung eine große flache Schale auf dem Kopf nach Hause trug. In einem zu Weihnachten erhaltenen Buch hatten wir beide von ihm gelesen. Im Allgemeinen kamen wir am Ende unserer Reise, bei der wir nie die einzelnen Stationen benennen durften, sondern nur fragten: „Hast du die Stelle? Dann geht es weiter", am gleichen Ort an. Irgendwo entfernt von unserem Ausgangsort. So lernten wir die Welt kennen.

Besondere Freude bereitete mir der Kunst- und Werkunterricht, wobei wir für Letzteren in eine Jungen- und Mädchengruppe aufgeteilt wurden. Eine besondere Aufgabe lautete: „Die ganze Klasse wird gemeinsam an einem großen Wandteppich mit Rübezahl-Motiven arbeiten, der Sagengestalt des Riesengebirges. Und zwar in Applikationstechnik." Im Deutschunterricht wurden die entsprechenden Geschichten gelesen und besprochen. Eine begnadete Zeichnerin bin ich zwar nicht geworden, aber gelernt habe ich sehr viel. Im Handarbeitsunterricht mussten wir unsere Arbeiten zur Benotung nicht alle am gleichen Tag abgeben. Meine kleinen Näh- und Strickmuster lieh ich ab und zu an weniger talentierte Mitschülerinnen aus. Dass dabei die Noten unter Umständen etwas differenzierten, nahmen wir in Kauf.

Gerade im Handarbeits- und Kunstunterricht wurden wir in die elementaren Kenntnisse eingeführt, die uns später sicher einmal zugutekommen würden.

Wie heißt es doch so schön? „Nicht für die Schule sollen wir lernen, sondern hauptsächlich für das Leben." Am Ende der Mittelschule waren meine Kenntnisse so weit gediehen, dass ich mir bereits einfache Kleidungsstücke selbst nähen konnte, so das erste „Baby Doll" und ein sehr gelungenes Kleid mit angekraustem Rock und kurzen Ärmeln, das ich später gerne einmal zum Tanzen trug.

Und einige Grundkenntnisse im Kochunterricht zu erwerben konnte uns sicher auch nicht schaden. Zu Beginn hatte eine Mitschülerin die Petersilie einmal besonders gründlich gewaschen, nämlich mit Seife, nachdem die Lehrerin gefordert hatte: „Das Suppengrün ist voller Erde, bitte alles gut rauswaschen."

Doch ganz bescheiden begann auch bei mir das Wissen um die hohe Kunst des Kochens. Zum Nachmittagskaffee für Gäste sagte meine Mutter: „Die Kanne steht mit dem Filter auf dem Tisch, der Kaffee steht daneben, den du nur noch reinzugeben brauchst, acht Löffel, das Wasser kocht schon." Ich ging in die Küche und kam – ruck zuck! – mit der gefüllten Kanne zurück. „Wieso geht das bei dir so schnell?" „Ich habe den Kaffee in die Kanne getan und das Wasser durch den Filter gegossen."

Einen anderen Sonntag hatte meine Mutter die beiden Herren von Zitzewitz, wie hin und wieder mal, zum Kaffee eingeladen. Als ich mit den extra zu diesem Anlass gekauften Keksen, die ich in der Küche auf ein Schälchen tat, eintrat und sie Eckhard von Zitzewitz reichte, meinte er: „Heidi, du darfst dir als Erstes auch den schönsten aussuchen." „Danke, aber den schönsten habe ich schon in der Küche reserviert." Doch inzwischen holte ich meinen gelungenen Bienenstich aus dem Ofen.

Im Musikunterricht sollten wir für die Benotung vorsingen, jeder einzeln. Was sollte ich bloß machen? Von einem bekannten Lied wählte ich die zweite Stimme, in dem Glauben, diese besser hinzukriegen. Und sang. Als ich fertig war, kam der Kommentar des Lehrers, kurz und knapp: „Gott sei Dank bist du fertig. Ich dachte schon, du erstickst dabei." Sicher keine pädagogische Beurteilung, doch sachlich wohl durchaus korrekt. Meine Mitschüler und Mitschülerinnen hatten sich während meines Singens nur schwer das Lachen verkneifen können, sodass sie erst nach Beendigung meiner Arie lauthals losprusteten.

Im Sport stand ich in der Halle vor dem ach so großen Pferd, als mir die Lehrerin zurief: „Heidi, nur Mut, spring ohne Angst mit deiner ganzen Kraft, die du besitzt, rüber. Ich halte dich." Ich sprang, in hohem Bogen, über das Pferd, die Lehrerin konnte mich nicht halten und wir beide rollten auf dem Boden, sie in ihrem braunen Kostüm. Beim Schlagball traf ich entweder gar nicht oder ich schlug die weitesten Würfe.

Im Winter waren die Schneeverwehungen in fast jedem Jahr sehr heftig, sodass unser Schulbus schon mal stecken blieb und freigeschaufelt werden musste. „Wir werden mal wieder zu spät zur Schule kommen." Einige ältere Schüler gebaren die wahnwitzige Idee: „Wenn wir schon zu spät kommen, dann gleich richtig. Wir gehen nach dieser verspäteten Ankunft in Oldenburg in eine Gaststätte und erst dann in die Schule. Etwas Heißes zu trinken tut uns allen gut." Ob das klappte? Es haben auch alle Schüler des Busses, gleich welche Klasse, ob Mittel- oder Oberschüler, mitgemacht und mitmachen müssen. Es gab sogar zwei Wiederholungen. Nichts ist je durchgesickert.

Alle unsere Lehrer waren engagiert und kompetent, doch für die deutsche Literatur, außer für Gedichte, schien ich vielleicht wirklich noch ein wenig zu jung zu sein, und ein großartiges mathematisches Verständnis und Interesse für die verschiedenen Mathematikzweige vermochte man leider nicht so recht in mir zu wecken. „Der Lehrer ist toll, doch Mathe ist dennoch doof."

Als erste Unterrichtsstunde stand Religion auf dem Plan. Zu Beginn wurde gebetet oder gesungen. Wir lernten viele Lieder, meist mit allen oder zumindest vielen Strophen.

Als sich bei einer Schülerin eines Tages rote Flecken in ihrem Rock zeigten, schickte die Lehrerin die Jungen aus der Klasse und „klärte uns auf". Natürlich waren die Jungen neugierig und bombardierten uns anschließend mit Fragen: „Was gibt es denn so Wichtiges für euch, dass wir rausgehen mussten?" Ich denke, dass wir alle mehr oder weniger aufgeklärt waren, außerdem gab es bereits die „Bravo". Mehr als ungern erinnere ich mich allerdings an die Benutzung von Stoffbinden, die eingeweicht und gewaschen werden mussten. Ganz abgesehen von der Empfindlichkeit in diesem Alter mit solchen persönlichen Sachen wurden später Wegwerfbinden eine unschätzbare Erleichterung. Denn auch eine Waschmaschine gehörte noch lange nicht in unseren Alltag.

Keine besonders eifrige Schülerin, gewann ich als Jüngste zudem den Eindruck, vieles von dem zu lernenden Unterrichtsstoff erst ein bis zwei Jahre später zu verstehen. Sitzen geblieben bin ich allerdings nicht. Englische Vokabeln fragte meine Mutter regelmäßig ab, wobei ich oft buchstabieren musste, denn eine Fremdsprache hatte sie nicht gelernt.

Als Geschenk hatte sie mir einen richtig schönen Schulranzen gekauft, den sie jedoch – mit meinem Wissen – zwei Jahre versteckt hielt, bis sich meine Schulnoten zu ihrer Zufriedenheit verbessert hatten. Ich bin sicher, dass sich dieses Problem nicht durch Anreiz, sondern mit einem In-den-Arm-Nehmen, Trösten und begleitenden Aussprachen sehr viel leichter und unbelasteter hätte lösen können. Doch jeder steckt in seiner Haut.

Einmal wollte mich meine Mutter zu unserem Schwein Franz einsperren über Nacht. Ich muss in ihren Augen etwas ganz Schlimmes gesagt oder getan haben, ich weiß aber nicht mehr, was es gewesen ist. Ich bin sicher, dass sie es tatsächlich getan hätte, wenn nicht in letzter Minute Tante Hilde zu meiner Mutter gesagt hätte: „Erika, das kannst du nicht machen." Ich muss nicht älter als elf Jahre gewesen sein.

Meine Mutter trug ihre Erfahrungen, ich lebte in meinem Leben, das in die Zukunft gerichtet war. Wir beide konnten uns manchmal nur schwer in der Mitte treffen. Wie oft hörte ich die Antwort: „Dazu bist du noch zu klein, das erzähle ich dir später." Oder: „Das verstehst du noch nicht." Hätte ich es wirklich noch nicht verstanden?

Bei meiner einmal gestellten Frage: „Mutti, warum weiß man gleich nach der Geburt, ob es ein Junge oder ein Mädchen ist, die haben doch noch kein Kleid und keine Hose an?", muss ich wirklich noch sehr klein gewesen sein. Ich erhielt jedenfalls gar keine Antwort.

Einmal besuchten meine Mutter und ich gemeinsam einen Herbstmarkt in Oldenburg. Den ganzen Nachmittag bummelten wir an den Buden und Marktschreiern entlang, lutschten Süßes, fuhren Kettenkarussell und Berg- und Talbahn. Die Rückfahrt mit dem Fahrrad wurde etwas anstrengend, da ich mir einen Fuß zwischen Laufsteg und Fahrzeug eingeklemmt hatte, der nun stark anschwoll. Doch was war das schon gegen einen vergnüglichen Nachmittag? Hatte meine Mutter vorher die Nachricht einer höheren Unterstützung oder gar eine Nachzahlung erhalten?

Als Taschengeld erhielt ich keine feste Summe. Bald nach meinem Eintritt in die Mittelschule durfte ich mir jedoch die Pfennige aus dem Portemonnaie meiner Mutter nehmen. Wie oft ich das tun durfte, hatte sie nicht gesagt, doch ich wartete fairerweise stets ein paar Tage, bis ich wieder nachschaute. „Es liegt in der Schublade des weißen Schränkchens im Flur." Nur einmal nahm ich mir wieder am nächsten Tag gleich nach ihrem Einkauf einige Ein- und Zweipfennig-Stücke heraus, was ich ihr prompt beichtete.

Von diesem Pfennig-Geld konnte ich mir hin und wieder während des Wartens auf den Bus ebenso wie andere Mitschülerinnen in einem Eisgeschäft für 10 Pfennig eine Kugel Eis zwischen zwei eckigen Waffeln kaufen. Reichte es für fünfzehn Pfennig, ging es mir besonders gut. Dann gab es nämlich eineinhalb Kugeln Eis, wobei die halbe Kugel Eis etwas größer war als die Hälfte. Also lohnenswert. Oder wir leisteten uns bei einem kleinen Bäcker in einer Seitenstraße eine „Schuhsohle", ein köstliches großes Stück Blätterteig in Schuhsohlenform, gefüllt mit Buttercreme. Oft fragten wir aber nach einem Stück „trockenem Kuchen", der war vom Vortag und fünf Pfennig billiger.

So schlemmten wir Schülerinnen hin und wieder und verglichen während des Wartens auf unseren Bus unsere erstandenen Schätze. Dabei hörte ich eine Schülerin sagen: „Ich musste heute Morgen schon um vier Uhr aufstehen, damit ich rechtzeitig in die Schule komme. Erst die Fahrt zur Fähre, dann die Fahrt mit dem kleinen Schiff über den Sund, auch im Winter, dann wieder mit dem Bus." Die Schülerin kam von der Insel Fehmarn, was damals wirklich der „sechste Kontinent" für uns war, wie man so treffend zu sagen pflegte. Der Bau der Fehmarnsundbrücke lag noch weit vor uns.

In den letzten beiden Schuljahren durfte ich zu meinem Geburtstag im März drei meiner Schulfreundinnen einladen. In der Schule gab es die Stadtklassen mit Schülern nur aus Oldenburg, die uns alle etwas vornehmer erschienen, und die Landklassen, bestehend aus Fahrschülern, die alle mit Schulbussen aus den umliegenden Dörfern kamen. Niemand von uns hatte ein Auto. So fuhren die eingeladenen gleich nach der Schule in unserem Bus mit zu mir nach Hause. Nach der Ankunft gab es ein ganz kleines Mittagessen, nötigste Hausaufgaben waren schnell erledigt. Zum Geburtstagskaffee, zu dem auch Uta und Ursula aus Koselau kamen, gab es eine Torte mit Buttercreme gefüllt und mit kleinen Ostereiern verziert, einen Kuchen ohne Creme und leckere Kekse. Gespielt haben wir danach mit Edelgard und Manfred, drinnen und draußen, „Blinde Kuh", „Reise nach Jerusalem" oder „Flaschendrehen". Und wir stöberten auf dem Hof herum. Mit älteren Geschwistern zu feiern, genossen zwei von ihnen besonders, da sie keine hatten.

Meine Mutter kam inzwischen vom Melken zurück, schnell vergingen die Stunden. Nach einem späten Abendessen aus belegten Broten und Würstchen fand jeder einen Schlafplatz, zu zweit in einem Bett. Beim Singen von recht melancholischen

Liedern – Brigitte sang noch das Ostpreußenlied – wurden unser Lachen und Albernsein immer leiser, bis endlich Ruhe einkehrte, denn am nächsten Morgen ging es ja von hier aus gleich wieder in die Schule.

Noch Jahre hörte ich bei einem zufälligen Treffen: „Weißt du noch, auf deinem Geburtstag? Deine Schwester trug ein kariertes Kleid." „Karierte Kleidung hatten wir meist alle an, du auch." „Ja, stimmt, Schottenkaro." „Und die Schuhsohlen von dem kleinen Bäcker waren gut!"

Die Klassenausflüge gewährten uns eine bereichernde Abwechslung. Einer führte uns auf die Insel Nordstrand mit Wattwanderung und Seehundbesichtigung. Der andere ging in den Harz mit vielen Besichtigungen und Wanderungen. Übernachtet wurde in den so beliebten Jugendherbergen. Das Geld für diese Fahrten war mit Sicherheit seit Langem angespart worden.

Fotografiert wurde bei den Festen und wir mussten uns für ein Foto extra umziehen und draußen hübsch hinsetzen, das Kleid passend in Falten drapiert. Auf dem ersten Familienfoto nach der Flucht trug meine Mutter ein Kopftuch, denn bei der Kontrolle der Entlausungsstation in Husum krabbelten noch zu viele Kopfläuse auf ihrem Kopf herum. So wurden ihre dicken Haare der Einfachheit halber einfach abgeschnitten. Sie waren nun noch nicht richtig nachgewachsen, holten es jedoch im Laufe der Zeit in alter Fülle nach. Für ein anderes Foto kleideten wir uns Jahre später einmal alle schwarz-weiß, auf dem nächsten zeigten wir uns fröhlich in geblümten oder gemusterten Kleidern.

Fotos mit Blitzlicht wurden ebenso gemacht, dabei wurde der „Blitz" mit der Kamera über einen Besenstiel verbunden. Beim Auslösen der Kamera erschien ein greller Blitz, was zur Folge hatte, dass auf den Fotos, die genau in diesem Moment aufgenommen wurden, meist zutiefst erschrockene Gesichter, wie entgeistert mit offenem Mund, zu sehen waren.

Es begann auch die Zeit von Hula-Hoop, deutschen Schlagern, des aufkommenden amerikanischen Jazz, Swing und Rock'n'Roll, von Elvis Presley und Petticoats. In meinen Petticoat nähte meine

Mutter einen Kunststoffreifen, wozu sie in diesen mit einem Süffel Löcher stach, damit der Reif eingenäht werden konnte. Wir fanden uns in diesen schwingenden Röcken schick und modern, auch wenn sie sich als recht unpraktisch erwiesen.

Die ersten Nylonstrümpfe konnte man zum Aufmaschen bringen, für 10 Pfennig die Masche, unabhängig von der Länge. Und gegen die beim Tragen im kalten Winter erhaltenen Frostbeulen an der Hacke gab es bereits eine Frostschutzsalbe.

Es ging voran, selbst bei uns in Koselau. Langsam, aber beständig. „Camelia" gab es nur in der Apotheke. Wenn ein Mann als Verkäufer erschien, sagte ich schnell: „Ich möchte eine kleine Schachtel Nivea-Creme", die konnte man für und gegen alles gebrauchen. Diese minimale zusätzliche Ausgabe ließ sich verschmerzen.

Vom ersten Plattenspieler ertönte sehnsuchtsvoll „Die Blumen von Hawaii" und „Die ganze Welt ist himmelblau". Gerne lauschte ich aber auch einer „Madame Butterfly", der klassischen Musik von Mozart und weiteren Komponisten, aber auch der Schlagermusik von Peter Kraus und Willy Hagara.

Als willkommene Abwechslung am Sonntag begannen allmählich die ersten Kinobesuche. Für uns kamen nur die Nachmittagsvorstellungen infrage, denn wir mussten die sieben Kilometer nach Lensahn ja mit dem Fahrrad wieder zurückfahren. Sonja Zieman, Rudolf Prack, O. W. Fischer, Rita Hayworth und viele andere verzauberten und entführten uns in eine Welt der Fantasie. Der Heimatfilm war geboren. Es wurde aber in diesen Filmen auch die Verarbeitung des Krieges dargestellt, wie in „08/15" oder „Der Etappenhase".

Einmal waren die drei Söhne von Tante Adelheid zu Besuch und wollten sich gern einen Film ansehen, der erst ab sechzehn zugelassen war. Gemeinsam mit meinen Geschwistern lief ich als Vierzehnjährige mal wieder mit, diesmal gespannt, was ich denn eigentlich erst mit sechzehn Jahren sehen durfte. Es war ein Spionagefilm, bei dem ich damals – genauso wenig wie heute – verstand, wer gegen wen spionierte und intrigierte. Dieses „Zickzack-Denken" wird mir ewig ein Rätsel bleiben. In diesem Fall hätte es sich gar nicht gelohnt, älter zu sein. Doch den Kleidern und der Einrichtung in dem Film zollte ich angemessene Bewunderung.

Meine Mutter musste alles aus- und durchhalten, wie viele andere Mütter mit ihren Kindern auch. Wir waren Backfische, mit allem, was dazugehört. Der Slogan „Mit vierzehn Jahren und sieben Wochen ist der Backfisch ausgekrochen" war allen geläufig. Als sichtbares Zeichen dieser besonderen Reife erhielt ich trotz unserer etwas angespannten „Mal-hü,-mal-hott"-Stimmungslage meine silberne Kette mit dem symbolischen Anhänger daran, einem feingliedrigen, beweglichen Fisch. Beschämt und gleichzeitig erfreut nahm ich dankbar mein kleines Geschenk an.

Schwierigkeiten bereitete mir die Frage nach Gott in unserem Alltag. Es war ja schön, dass er uns in unserem elendigen Dasein beschützt hatte und weiterhin beschützte. Als wenn er den Armen besondere Güte und Erbarmen schenken würde. Schenkte mir Gott also mehr Liebe, wenn es mir nicht so gut ging? Also war Wohlbefinden, ein Dasein ohne ständige Nöte und Sorgen, eben doch nicht so erstrebenswert? Das erschien mir auch nicht rechtens und logisch oder gar verständlich zu sein. Warum nur sollte ich ein besserer Mensch sein, wenn ich arm war? Hilfsbedürftig, demütig sein, wenigstens bescheiden, dann war ich gut. Aber arm? Denn dann kann ich ja auch nichts für andere tun, ihnen nicht einfach mal ein Geschenk machen.

Wann ist der Mensch überhaupt „gut"? Und was ist „gut"?

Diese Fragen sollten in den vor mir liegenden Jahren noch öfter auftauchen. Nicht als Philosophie, sondern im schlichten Lebensalltag. Jedenfalls waren wir arm und immer Sünder. War ich nun sündig, wenn ich ein falsches oder unbedachtes Wort gesagt hatte? Erhielt ich dafür immer die „Kopfnuss", die Ohrfeige?

Die Ansage: „Erst die Arbeit, dann das Vergnügen", fand ich zwiespältig, ähnlich wie ich oft nach getaner Arbeit gehört hatte: „Und nun können wir fröhlich sein", denn warum sollte ich nicht bei der Arbeit fröhlich, zumindest heiter sein? Stattdessen hinterher, wie auf Kommando: „Nun darf ich mich freuen." Bei mir klappte so etwas nicht oder nur selten. Diese Grenzziehung gefiel mir nicht.

Gerne ging ich, gemeinsam mit Manfred oder anderen Kindern, zu einem Schuster nach Damlos. Im Sommer saß er auf einem niedrigen Hocker vor seiner kleinen Werkstatt, war immer heiter, pfiff, summte ein Lied und hatte stets ein freundliches Wort für uns. Und immer reparierte er dabei Schuhe. Das fand ich schön. Unbewusst war oder wurde dies meine Vorstellung: arbeiten und dabei fröhlich sein.

Irgendwie kam mir in den Sinn: Gott schätzt mich, wenn ich arbeite, aber er liebt mich, wenn ich singe.

Ich war nie ehrgeizig um eines Erfolges willen, doch fröhlich, offen, natürlich und eigentlich ohne böse Gedanken, Falsch oder gar Hinterlist. Moral und Gehorsam wurden großgeschrieben. Woher kamen die Regeln für fest gefügte Ansichten? Waren sie von Herrschern bestimmt und aufoktroyiert, mit der Zeit dann als feststehend und ewig gültig angesehen? Welche oder wie viel Angst der Erwachsenen steckte hinter diesen Regeln? Wurden sie erteilt, um eigene Macht auszuüben und zu rechtfertigen?

Ich stellte niemals Gott infrage, sondern die Ansichten und Auslegungen sowie manches Handeln der Menschen bei ihrer vermeintlichen Erfüllung seiner Gebote.

Als Folge des Gehorsams versuchte ich stets, es allen recht zu machen, bis – im Alter von neunzehn Jahren etwa – mich zwei Personen mit unterschiedlicher Meinung in der gleichen Angelegenheit befragten. Beide akzeptierten meine Erklärung. Ich hatte die Erkenntnis gewonnen: „Du kannst es nicht allen recht machen, wohl aber akzeptiert und vielleicht sogar geachtet werden."

Wenige Tage nach meinem fünfzehnten Geburtstag wurde ich Ende März 1958 in der evangelisch-altlutherischen Kirche in Bad Schwartau konfirmiert. Zuvor erhielt ich mit sieben Mitkonfirmanden vierzehn Tage lang eine intensive Unterweisung, wozu wir bei dortigen Gemeindemitgliedern untergebracht wurden.

Von der Schule erhielt ich für diese Zeit eine Freistellung. Wir mussten viel auswendig lernen. Unter verschiedenen Liedern ist mir noch das Folgende in Erinnerung:

*„Wir wohnen alle in der gleichen Straße.
Wir seh'n zur gleichen Zeit die Sonne auf- und untergeh'n,
wir haben alle in dem gleichen Maße
ein Stück zu tragen von dem Leben, das wir nicht versteh'n.
Wir haben Wand an Wand die gleichen Sorgen,
wir könnten Hand in Hand an jedem Morgen
ein Stückchen weitergeh'n, ein wenig weiterseh'n,
könnten wir es nur versteh'n."*

Nach der Konfirmation ging es im Schneesturm im Schneckentempo eng gedrängt im kleinen Auto von Bekannten und Verwandten nach Koselau, zur angemessenen Feier bei uns zu Hause.

Tante Hilde war meine Patentante. Als Geschenk zur Konfirmation erhielt ich von ihr eine Armbanduhr mit schwarzem Lederband. Nach nur wenigen Monaten geschah etwas Entsetzliches: Meine Uhr war verschwunden. Ich vermutete, dass es irgendwie in der Schule passiert sein musste. Doch es hätte nie geschehen dürfen! Nach wenigen Wochen, als es immer wärmer wurde und ich wirklich keine langärmelige Bekleidung mehr anziehen konnte – „Heidi, sag mal, schwitzt du nicht in deinen warmen Sachen?" –, musste ich den Verlust gestehen. Dieses einzigartige Geschenk hatte ich verloren. Ich war leichtfertig gewesen, es war schrecklich. Als ob ich mit dem Verlust der Uhr als Geschenk zur Konfirmation nicht nur Tante Hilde, sondern auch Gott selbst entehrt hätte.

Dass ich selbst seit Wochen gelitten hatte, interessierte anscheinend niemanden.

Die Gottesdienste fanden nach Anmeldung in der Wohnung von Gemeindemitgliedern statt, für unsere Region bei Langneffs, die inzwischen nach Lensahn in ihr zunächst bescheidenes Haus gezogen waren. Als einmal während unseres Gottesdienstes der

Pastor sagte: „Wir sind die einzige richtige Kirche", trat ich im Alter von sechzehn Jahren aus und gehörte fortan, naheliegend, der evangelischen Landeskirche an. Wie konnte es sein, dass nur unsere beziehungsweise eine einzige Kirche überhaupt die richtige ist? Sind alle anderen Menschen unrecht, weniger gut? Was ist mit Menschen, die woanders leben, beispielsweise auf irgendwelchen Inseln in der Südsee oder sogar vor der Zeit Christi dort gelebt haben? Die konnten doch nicht alle schlecht sein, weniger wert? Das konnte ich nicht glauben.

Wenn die Frage, nicht nur des Glaubens, sondern auch der Kirche so wichtig war, hatte ich meine Entscheidung zu treffen. Ich war in diese Religion hineingeboren, hatte sie mir gar nicht ausgesucht. War es also von Beginn an unser Privileg, als Christ geboren worden zu sein? Letztendlich: Wenn es nur einen Gott gibt, dann muss er doch für alle Menschen da sein. Und was ist mit den vielen verschiedenen Religionen? Sind sie da, um sich den Menschen in ihren Kulturen und damit ihrem Denken anzupassen, damit sie auf ihre eigene Weise Gott ehren und feiern konnten?

Nie vergessen werde ich, dass Tante Hilde mal zu mir sagte: „Du bist gar nicht gläubig." Ob dies nach meinem Austritt aus unserer Kirche war, kann ich nicht sagen, doch ich bringe einen bestimmten Platz meiner Kindheit draußen damit in Zusammenhang. War ich nun kleiner, weniger wert? In jedem Fall hing dieser Ausspruch lange Zeit als dunkle Wolke begrenzend und bedrohend über mir. Später wurde sie dann richtungsweisend und beschützend.

DIE AUFSIEDLUNG VON GUT KOSELAU

Anfang der 1950er-Jahre wurde mit der Aufsiedlung von Gut Koselau begonnen. Vertriebene Landwirte aus dem Osten Deutschlands sollten eine neue Heimat auf eigenen Höfen erhalten, wobei der Beginn allerdings sehr bescheiden gemeistert werden musste. Die meisten Siedler hatten Haus und Hof durch den Krieg verloren, wenige waren in der Umgebung beheimatet. Mit den neuen Siedlern kam sozusagen neues Leben nach Koselau.

1955 zogen wir in die ehemalige Meierei um, ein größeres Haus, in dem der verantwortliche Verwalter für die Zer- und Besiedelung der zweiundzwanzig zu schaffenden Siedlungsstellen, Herr Nolde, wohnte. Auch hatten eine Sekretärin sowie ein Assistenzverwalter hier ihre Unterkunft. Herr Nolde, eine stattliche und respektvolle Erscheinung, war ein ehemaliger Gutsbesitzer aus Trakehnen, dem Ort mit der berühmten Pferdezucht in Ostpreußen. Sein Assistent war ebenfalls ein gebürtiger Ostpreuße, ein jüngerer, kräftiger Mann mit starkem ostpreußischem Dialekt. Als Verheirateter fuhr er an seinen freien Tagen meist zu seiner Familie. Die Sekretärin kam aus Thüringen.

Meine Mutter erhielt hier eine neue, aufwertende Arbeit. Sie führte den Haushalt mit Kochen für diese meist anwesenden Personen, ebenso für Gäste, die häufig ein und aus gingen und natürlich bei Anwesenheit mitbewirtet wurden.

Damit ich mir etwas verdienen konnte, erhielt ich eine Sonderaufgabe, die wohl sonst niemand erledigt hätte: Ab sofort war ich zuständig für die Reinigung von Herrn Noldes Lederstiefeln, die er fast täglich trug, die mir jedoch, wenn ich sie gründlich polieren musste, bis an den Hals reichten. Er war sehr pingelig. Im Herbst und Frühjahr hingegen, wenn er auf seinen Inspektionstouren die matschigen Äcker vermessen musste, zog er zu meiner

Erleichterung Gummistiefel an. Mein monatliches Entgelt war großzügig bemessen.

Meine Mutter erhielt eine Haushaltshilfe, die ich bei weniger intensivem Arbeitsanfall schon mal voller Inbrunst die alten, schmachtenden Küchenlieder singen hörte:

*„Sie war ein Mädchen voller Güte,
berührt von einer Jünglingshand.
Sie musste schon so früh erfahren,
was falsche Liebe anjebrannt …"*

Unser Essen betreffend kann ich mich gut an den großen Kohleherd mit den vielen Eisenringen erinnern, die je nach Topfgröße mit dem Schürhaken entfernt und wieder eingelegt werden konnten. Aus dem links im Herd eingebauten rechteckigen Kessel gab es zu den Kochzeiten stets heißes Wasser. Und fast immer standen auf einem Schränkchen zwei oder drei Glasschälchen mit dicker Milch bereit, die mit einem Teelöffel voll von der letzten Dickmilch angesetzt worden war. Mit Zucker überstreut schmeckte sie sehr gut. Nur die manchmal vom darin enthaltenen Fett gebildete dicke Hautschicht überließ ich anderen. Es konnte sogar passieren, dass man sie mit einem Messer zerschneiden musste.

Sobald für unseren Hühnerbestand die Küken ausgeschlüpft waren, kamen diese die ersten Tage in die hintere Ecke unserer großen Küche unter eine Infrarotlampe in ein mit Stroh ausgelegtes Maschengitter. Sehr unangenehm war es für mich, wenn morgens ein oder zwei dieser Küken als gelbe Wollknäuel tot dalagen und wir sie wegwerfen mussten. Noch heute kann ich keine kleinen Vögel anfassen, gleich ob sie tot oder lebendig sind.

Die gehaltenen Kaninchen schlachtete ein Nachbar.

Unsere neue Wohnung ließ zu unserer Freude für jeden von uns mehr Entfaltungsmöglichkeiten zu. Heizen und kochen mussten wir im Winter allerdings wie bisher mit Holz und Kohle, meist mit Eierbriketts. Die Eisblumen am Fenster zeigten den Grad der Kälte an: Je hübscher und klarer sie aussahen, desto niedriger lagen die Temperaturen. Beim abendlichen Heizen wurde der Ofen ganz heiß und das Rohr rot glühend, was ich ängstlich beobachtete oder lieber fortging. Oft dachte ich: „Hoffentlich platzt das nicht." Aber man beruhigte mich. Trotzdem waren die Wände ganz kalt.

Kalt war auch das Bett. Aber dafür waren die Zudecken ganz dick und schwer. Vorm Einschlafen deckten sie uns wie Kornsäcke zu. Die Matratzen waren zwar nicht mehr dreigeteilt wie in den ersten Jahren, doch dafür hatten sie in der Mitte eine Kuhle, sodass man folglich stets in die Mitte rollte. Sie umzudrehen, nützte nichts mehr, denn durchgelegen war durchgelegen. Aber geschlafen habe ich immer sehr gut.

Im Büro stand sogar ein Telefon. Mein erstes Gespräch, nachdem es geklingelt und ich den Hörer abgehoben hatte: „Guten Tag, hier ist niemand." „Aber da spricht doch jemand." „Ja, aber ich bin jetzt gerade ganz alleine hier." „Gut, ich melde mich später wieder."

Herr Nolde besaß einen VW-Käfer, bei dem noch seitlich angebrachte orangefarbene Blinker in Pfeilerform bei Betätigung wie kleine Arme hochschnellten. Hinten schaute man durch die traditionelle Brezel-Fensterscheibe. Unter der Woche bestand nun die Möglichkeit, dass die Sekretärin mit meiner Mutter zum Einkaufen fuhr und am Sonntag stand hin und wieder ein kleine Ausflugs- oder Kaffeefahrt auf dem Programm.

Unter diesen Siedlern fand ich mit vierzehn Jahren meine erste große Liebe. Mit seinen und meinen Geschwistern und weiteren Jugendlichen aus angesiedelten Familien trafen wir uns oft. Im Sommer fuhren wir bei schönem Wetter mit dem Fahrrad die zwölf Kilometer an den Dahmer Strand, von wo wir hungrig, braun gebrannt, müde, aber glücklich zurückkehrten. Arme, Gesichter, Beine und Rücken wurden, wenn überhaupt, mit Nivea eingecremt. Einmal hatte ich dermaßen viel Sonne getankt, dass meine Haut abpellte und meine Mutter hinter mir diese Hautfetzen mit dem Staubsauger aufsaugte.

Wir feierten Geburtstage bei uns, in seiner oder anderen Familien und gingen am Wochenende im Winter tanzen, zum „Feuerwehrball", „Schweinefest" oder sonstigen Anlässen, frei nach dem Motto: „Tanzen heilt sieben Wunden und ein lahmes Bein." Und mit ihm sowieso. Während unseres letzten Schuljahres war „Bommi mit Pflaume" der ganz besondere alkoholische Hit, von dem wir allerdings nur hin und wieder einen genossen. Ansonsten tranken wir Sprudel, Cola oder Apfelsaft. An Silvester gossen wir Blei und versuchten unter Lachen aus den gebildeten Figuren die Zukunft zu entschlüsseln. Selten gingen wir alleine aus. Die Erwachsenen hatten ihre Besuche, bereichert durch die vielen Siedler, wir die unseren.

Diese vergnüglichen Stunden mit Geschichten wie: „Ich musste immer mit meinem Bruder in einem Bett schlafen, er am Kopf- ich am Fußende, und immer bekam ich seine Füße ins Gesicht", klangen zumal in ostpreußischem Dialekt mit entsprechenden Ausdrücken köstlich und amüsant. Ich liebte sie sehr. Der Alltag war lockerer und heiterer, weil beschwerde- und sorgenfreier geworden, für uns alle.

In unserer Freundesgruppe war ich die Jüngste, doch was mir völlig unverständlich blieb, war, dass meine Mutter mich während dieser Zeit rauswerfen wollte. Weil sie sicher zu sein schien, dass wir miteinander geschlafen hätten. Es war nicht so gewesen. Nur durch Dazwischentreten einer dritten Person ist es nicht dazu gekommen. Verschreckte es mich oder nicht? Betroffen und gleichzeitig wie entrückt dachte ich fast emotionslos: Komme ich nun in ein Heim?

Hier möchte ich nun erzählen: Es kam in einem sehr viel späteren Gespräch mit Tante Adelheid durch Zufall heraus, dass bei der Weitergabe von Babykleidung innerhalb der Familie die Reihenfolge nicht stimmen konnte. Dadurch erfuhren wir erwachsenen Kinder, dass unsere Mutter vor ihrer Ehe schwanger gewesen war, von einem, so hieß es, gut aussehenden Tagelöhner. Bis zur Entbindung wurde sie zu einem Onkel nach Berlin geschickt, wo das Neugeborene, wie man ihr sagte, gleich nach der

Geburt gestorben war. Dieses für unsere Mutter damals zweifellos traumatische Geschehen hatte sie in den untersten Tiefen ihres Seins vergraben. Meine Schwester vermochte es anlässlich der Geburt ihres ersten Kindes nicht zu heben, ebenso wenig ich, als ich nach meinem späteren Aufenthalt in einem arabischen Land bewusst etwas sehr salopp bemerkte: „Ich finde es nicht richtig. Die Töchter werden dort derart streng erzogen, manchmal fast eingekerkert in ihre Weltanschauung, wenn sie dann mal ihre Freiheit testen möchten oder sich sogar verliebt haben, dabei erwischt oder sogar schwanger werden, werden sie einen Kopf kürzer gemacht. Was sind das bloß für Menschen? Gerecht, geschweige denn menschlich ist das bestimmt nicht." Keine Reaktion. Ich schaute sie aber auch nicht an.

Die Freundschaft ging weiter und währte einige Jahre. Er besuchte mich sogar noch auf meiner Praktikumsstelle. Doch irgendwie konnte ich mich nicht für einen Schritt zu einem gemeinsamen Zuhause entscheiden, stand ich doch erst am Anfang meines Lebens. Ich war noch nicht angekommen. Ganz viele Jahre später sahen wir uns wieder. Das Leben – oder ich? – hatten entschieden.

Im zehnten Schuljahr durfte ich die Tanzschule besuchen, was mir viel Freude bereitete. Edelgard beneidete mich um den Kurs, denn als sie einige Jahre früher an der Tanzschule teilgenommen hatte, besaß sie noch keine passenden Schuhe. Ihre eigenen Schuhe hatten Specksohlen, die völlig ungeeignet für diesen Zweck waren. Die Schuhe meiner Mutter, eine Spende aus den Carepaketen, waren die einzigen, die zwar alt und unschön waren, aber eine Ledersohle besaßen. So wurden die Melkschuhe von meiner Mutter für die Tanzstunde meiner Schwester extra gewaschen, eingecremt und poliert. Sie war siebzehn oder achtzehn Jahre alt gewesen.

Dafür erhielt sie von Gisela von Zitzewitz zwei bildhübsche und elegante Kleider für den Sommer geschenkt, wovon eines ihr eigenes Verlobungskleid gewesen war. Alleine die Stoffe empfand ich als sehr edel. Edelgard sicher auch und es war ein ganz besonderes Geschenk gewesen, doch sie fühlte sich in diesen Kleidern nicht besonders wohl, einfach „overdressed", würde man es heute ausdrücken. Allerdings hätte sie das nie gesagt. Leider hielten diese Kleider dann auch nicht ewig. Bei einigen Anlässen war sie jedoch mit ihren blonden, hochgesteckten Haaren, die sie erst mit einundzwanzig abschneiden durfte, ein viel bewunderter Mittelpunkt. Damals wurde man erst mit einundzwanzig volljährig.

1958 ging die Arbeit in der Meierei dem Ende entgegen. Die Siedlungen waren bewohnt und wurden bewirtschaftet, alle damit zusammenhängenden arbeitsintensiven Aufgaben waren abgeschlossen.

Onkel Paul hatte Koselau mit seiner Familie bereits vor etlichen Jahren verlassen und in Erlangen wieder seine alte Arbeit aufgenommen. Onkel Alfred war mit Familie vor drei Jahren nach Bremen gezogen, ebenso Opa Uecker. Seine Schwägerin hatte einen Hofverwalter in einem Nachbarort geheiratet.

Wir zogen in unsere erste eigene Mietwohnung nach Lensahn, wo auch Herr Nolde seit längerer Zeit ein Haus besaß, das ganz in der Nähe lag. Seine Frau zeigte sich schon seit Jahren kaum dort. So kam er regelmäßig zum Essen zu uns. Mit der Zeit hatte sich eine sehr gute freundschaftliche Beziehung zwischen ihm und unserer Mutter entwickelt. Er gehörte irgendwie dazu.

Als Abschluss für die Mittlere Reife mussten wir eine sogenannte Jahresarbeit abgeben. Ich stickte eine Tischdecke in Hardanger Stickerei. Wochenlang saß ich mit meinen fünfzehn Jahren an dieser Arbeit, damit auch nicht ein einziger Faden verkehrt herausgeschnitten wurde.

Achtunddreißig Jahre später hatte ich diese kostbare Decke mal wieder auf dem Tisch liegen, als ein Feriengast zu mir sagte: „Die ist aber hübsch, und so eine Arbeit." Auf meine Erklärung, dass sie seinerzeit von meiner Lehrerin nur mit einer „befriedigend" benotet worden war, obwohl ich sonst gute Zensuren erhalten hatte, entgegnete mir meine Besucherin: „Ich kenne Ihre Lehrerin, auf diese ungerechte Bewertung werde ich sie aber ansprechen." Wir lachten.

BERUFLICHE AUS- UND WEITERBILDUNG
Auf der Frauenfachschule

Was sollte, konnte, wollte ich beruflich beginnen? Ich wollte fortgehen, aber mit gerade mal sechzehn Jahren, ohne Ausbildung und jegliche Unterstützung? Die Realität sah anders aus. Die Berufsberatung in der Schule schlug mir vor, Blumenbinderin zu werden. Andere Empfehlungen gab es nicht. Blumen liebte ich, Gestalten lag mir, als Hobby hätte es mir gefallen, aber als Beruf? Enttäuscht dachte ich: „So eine blödsinnige Beratung."

Manfred hatte seine Ausbildung in Oldenburg bei einer Krankenkasse absolviert und konnte sich von seinem Verdienst bereits alleine unterhalten, wenn auch nur durch eiserne Sparsamkeit. Da unser Vater im Krieg gefallen war, brauchte er als einziger Sohn keinen Wehrdienst zu leisten.

Edelgard hatte die Frauenfachschule besucht und war nun auf der pädagogischen Hochschule in Kiel, um für das Lehramt zu studieren. In dieser Unentschlossenheit ließ ich mich dazu überreden, erst einmal die Frauenfachschule – im Umgangsjargon „Pudding-Akademie" – zu besuchen. Weitere Entscheidungen würden danach fallen. Nähen, Kochen und Hauswirtschaft als Basisfächer kann man immer gebrauchen, so der Tenor. Meine Mutter stimmte dem zu, sicher schweren Herzens, stand doch die Finanzfrage stets an erster Stelle. Aber was eine Tochter durfte, konnte man der zweiten schlecht verweigern.

Ich war gerade sechzehn Jahre alt geworden und wohnte in einem Mädchenheim, ebenso zwei liebe Mitschülerinnen aus vergangenen Schulzeiten sowie weitere Bekannte. Ich wagte kaum, Bedürfnisse zu äußern, auch nicht zu sagen, dass ich für die Unterbringung in diesem Heim einen eigenen Personalausweis benötigte. Mein Verschweigen dieser wie weiterer Bedürfnisse bis zur letzten Minute erleichterte die Situation nicht. Edelgard hatte sich als sieben Jahre Ältere bei ihrer Ausbildung in Lübeck und Kiel ein Zimmer mit einer Mitschülerin geteilt. Das nötige Federbett musste sie von Koselau immer im Zug mitbringen.

Einerseits war ich nun freier, hingegen belastete der ungute Abschied. Die ersten Wochen fuhr ich nicht nach Hause und auch später bin ich mit Wiebke, die ich von der Mittelschule kannte, öfter von Kiel getrampt, um die Busfahrt zu sparen.

Ganz natürlich oder unbedarft schrieb ich meiner Mutter in einem Brief, dass ich von dem mitgegebenen Geld bereits 11,76 DM ausgegeben hatte und eigentlich gar nicht so recht wusste, wofür, es sei alles so teuer. Zum ersten Mal lebte ich in einer Stadt. Ich erhielt ihren drei Seiten langen, anklagenden Brief, dass ich Geld verschwende, die und die Leute nur mit so viel zum Leben auskommen müssten und so fort. „Fast alles Geld musste ich für Schulmaterial, hauptsächlich den Handarbeits- und Werkunterricht ausgeben. Ich selbst habe mir nur zwei Bananen gegönnt." Margot, eine weitere Mitschülerin der Mittelschule, mit der ich mein Zimmer teilte, erinnert sich noch heute an diesen Brief, den ich ihr vorlas.

Drei Jahre später erzählte mir meine Mutter: „In der Schule brach beim Schreiben einmal meine Schreibfeder ab. Ich wagte nicht, dieses kleine Geschehen meiner Mutter zu sagen, sondern klaute eine, wie ich meinte, heimlich, im Dorfladen. Dennoch erwischt, bekam ich für den Diebstahl eine furchtbare Moralpredigt gehalten …"

Im Gertrud-Bäumer-Haus herrschte wegen seiner vielen „Insassen" eine strenge Hausordnung. Das Abmelden zu den Mahlzeiten gehörte dazu, genauso wie Bescheid zu geben, wenn wir bis 22 Uhr Ausgang wünschten. Das wurde an der Pforte in ein Buch ein- und bei der Rückkehr wieder ausgetragen. Für längere Ausgänge benötigten wir die schriftliche Genehmigung der Eltern oder der Schule. Sinnigerweise befand sich gegenüber unseres Heims eine Polizeiwache.

Ein Fleck im gestärkten Tischtuch musste mit 10 Pfennig entlohnt werden, doch aus zwei Flecken einen größeren entstehen zu lassen, wurde akzeptiert. Spaß und fröhliche Stunden bei so vielen Jugendlichen gab es dennoch viele, von Kaffeekränzchen, für die Schule arbeiten bis zur Nachtzeit, mit umgehängten Bettlaken Gespenst spielen …

Auch in Kiel bat mich Edelgard: „Heidi, kannst du uns bitte für die Feier morgen Nachmittag Kuchen mitbringen? Er kann gerne trocken sein." Entsprechend meiner Erfahrungen kam ich mit lauter Kuchen vom Vortag an. Ihr Kommentar: „Ich dachte nur, wenn du lauter Sahnestücke kaufst, kommst du mit zermatschtem Kuchen an." Verschieden gedacht? Hatte Edelgard ihre Erwartungen an mich heruntergeschraubt, da sie mich noch als das Kind ansah, dessen Fähigkeiten sie besser zu kennen glaubte als es selbst?

Bei einem Ausflug standen Edelgard und ich während einer Unterhaltung auf der Rendsburger Hochbrücke als passendem Rahmen zu unserer absolut müßig gestellten Frage: „Was wäre, wenn …" Ja, wenn was? Wir andere Möglichkeiten einer Weiterbildung hätten? Edelgard wurde Lehrerin, ein guter Beruf. Ob Manfred sich mit anderen Möglichkeiten einen anderen Beruf wählen würde? Durch weitere Prüfungen arbeitete er sich empor. Dass ich selbst mit anderen Möglichkeiten ein Abitur schaffen würde, erschien mir fraglich. Wohl aber hätte ich gerne während der vergangenen Jahre Kurse im Gestaltungs- und Werkbereich besucht. Wären mit anderen Möglichkeiten unsere Gedanken in weltoffenere Bahnen gelenkt worden? Warum wird eine Person in eine arme oder reiche Familie, als Schwarzer oder Weißer geboren? Diese sowie weiterführende Gedanken verbot ich mir auszusprechen.

Leicht war unser bisheriger Weg nicht gewesen, doch ein gewisses Durchhaltevermögen, gepaart mit der Fähigkeit, auch aus wenig noch etwas zu machen, würde uns vielleicht später weiterhelfen; ähnlich wie die Stärke, selbst etwas zu tun und sich nicht auf andere zu verlassen. Wobei ich als Kehrseite wohl auch nicht gelernt hatte, von anderen etwas zu erbitten oder gar zu fordern, wie: „Das lasse ich mir nicht bieten, bis hierher und nicht weiter." Ich bin dann eher fortgegangen.

So kann ich mich an eine Situation erinnern, als ich von Oldenburg zu Fuß nach Koselau gehen musste. Als auf halber Strecke in einem Waldgebiet ein Hase oder ähnlich aussehendes Wildtier vor mir über den Weg rannte, bekam ich schreckliche Angst, denn es herrschte akute Tollwutgefahr. So ging ich zurück und kam nach vielen zusätzlichen Kilometern auf der Hauptstraße zu Hause an, wo man mir sagte: „Heidi, du wusstest doch, dass Eckhard von Zitzewitz mit dem Auto in Oldenburg war, er hätte dich doch mitgenommen." „Hätte ich fragen können?", dachte ich. Gesagt habe ich aber nichts.

Die Schule war ein altes, ehrwürdiges Gemäuer. Im Handarbeitsunterricht wurde sich mit Fingerzeig gemeldet. „Fräulein Niggemann, darf ich trennen? Ich habe eine halbe Fadenbreite daneben genäht."

Viel Planung und Zeit erforderten die Ämterpläne für den Kochunterricht. Zum Beispiel musste zu einem Zwei- oder Drei-Gänge-Menü für vier Personen als Hausarbeit ein genauer Zeitplan mit jeder einzelnen Tätigkeit erstellt werden, wann was gemacht werden muss, unter Berücksichtigung von exakten Garzeiten und natürlich Aufräumen zwischendurch. Was überhaupt an Lebensmitteln mit entsprechenden Preisen benötigt wurde, galt als vorzubereitendes Separatthema. Während der praktischen Abschlussprüfungen der oberen Klassen fungierten wir „Erstklässler" als Hilfen, wobei ich neben anderen Arbeiten achtundzwanzig Knöpfe anzunähen hatte.

Aus dem Deutschunterricht ist mir der „Klassenaufsatz" aus einem Reclam-Heft in Erinnerung. In einer Abiturklasse lautete das Thema: „Wie stelle ich mir mein Leben vor?" Ein Schüler hatte geplant: Beruf, Heiraten, Haus bauen, Kinder bekommen – alles bis zum Alter von ungefähr fünfundvierzig Jahren. Und danach? Als er dieses Alter erreicht hatte, hatte sein Leben inhaltlich aufgehört, denn seine einst erstellte Planung war abgeschlossen. Er hatte sie gelebt, neu vermochte er sie nicht zu füllen. Später nahm er sich das Leben.

Eine Schülerin sah als hohes Ziel ihres Daseins die Archäologie an, das Graben und Entdecken von Objekten zur Bestimmung unserer Vorgeschichte. Wie haben unsere Vorfahren gelebt? Bis sie während dieser Arbeit ihren Mann kennenlernte, heiratete und sie glücklich ihre fünf Kinder groß zogen.

Tante Hilde war inzwischen nach Kiel gezogen, wo sie Arbeit gefunden hatte. Am Wochenende waren wir und weitere Leute zu Kaffee und Kuchen oder zum Abendessen, bestehend meist aus Würstchen und Brot mit Tee oder Brühe, eingeladen. Aus ihrem Kirchenkreis gesellten sich Kolleginnen und Freunde hinzu. Außerdem unterhielt Tante Hilde einen intensiven Kontakt zur verstreut lebenden Verwandtschaft mit vielen Besuchen untereinander. Etliche Mitglieder von ihnen lebten im Osten, denen sie auch viele Jahre lang regelmäßig Päckchen schickte. Als Dank erhielt sie für diese stets sehr begehrten Inhalte hin und wieder Päckchen mit handgeschnitzten Figuren, einer Weihnachtspyramide aus dem Erzgebirge oder einem genussvollen Baumkuchen.

Ob Erwachsene oder Jugendliche, wir alle verbrachten bei ihr stets vergnügliche Stunden. Nur bei Canasta und Rommé galten wieder strenge Regeln, als würden sie aus irgendwelchen Ecken plötzlich hervorgezaubert werden. „Mensch, pass doch auf, die Karte hättest du nie weglegen dürfen. Die nimmt die Christa doch auf!" Konzentration und Disziplin waren oberste Gebote. Zum Glück spielte ich selbst gerne Karten.

Diese wenigen harschen Worte riefen eher ein amüsiertes: „Achtung, jetzt müssen wir wieder aufpassen!", hervor. Es war nicht mehr das auf uns herabkommende Donnerwetter aus unseren Kindertagen. Zudem stellten wir Besucher die eindeutige Mehrheit dar. Die Jahre der strikten Erziehung schienen vorüber zu sein.

Einladungen erfolgten kurz und knapp per Postkarte. „Sonntag um 14 Uhr bei mir, bringt bitte einen Viertelliter Sahne mit." Die Schlagsahne erhielten wir frisch geschlagen in einem Pappschälchen bei dem Bäcker kurz vor Tante Hildes Wohnung.

Genau wie ein privater Telefonanschluss lagen damals Produkte, die dauerhaft haltbar gemacht sind, noch in ferner Zukunft.

Zum Kaffee gab es meistens Blechkuchen mit Streusel oder Obst, oft aber auch den sehr lecker gebackenen Nusskuchen. Der

Rest von dessen Teig wurde in einer braunen Blechtasse mitgebacken, gerade die richtige Menge für uns junge Mädchen im Heim, um auch am nächsten Tag noch ein Stück genießen zu können. Noch heute geistert dieser leckere Nusskuchen durch unsere Köpfe, wenn wir uns mal wieder treffen.

In der Hand unser Marschpaket ging es, mit dem Ruf unserer Tante Hilde im Hintergrund: „Ihr habt doch noch ganze sechs Minuten Zeit bis zur Abfahrt eurer Straßenbahn", eilig mit der für uns letzten Bahn rechtzeitig bis 22 Uhr in unser Heim. Doch vorher hatten wir natürlich gemeinsam alles Geschirr abgewaschen und aufgeräumt.

Zu diesem Schuljahr gehörte während der Sommerferien ein dreiwöchiges Praktikum, das ich in einem Kinderheim in Neumünster absolvierte. Mir wurde die Krabbelgruppe zugeteilt, einundhalb bis dreijährige Kleinkinder. „Fräulein Totz, heute lassen wir die Kinder möglichst noch den ganzen Tag draußen auf der Wiese spielen, morgen wird es wohl nicht mehr möglich sein." „Warum, gibt es morgen Regen?" „Nein, morgen kommt die Leiterin zurück." Eine Kindergärtnerin erteilte mir folgenden Rat: „Wenn die Kleinen nicht essen wollen, halten Sie ihnen einfach die Nase zu, dann sperren sie ganz von alleine den Mund auf und Sie können ihnen den nächsten Löffel voll reinschieben."

Dass die Kinder nicht altersgemäß entwickelt waren, keines richtig laufen oder halbwegs richtig sprechen konnte, ist wohl verständlich.

Meine Versetzung hatte ich erreicht. Nun schlossen sich für die Weiterführung verschiedene Berufszweige-Praktika in ausgewählten Einrichtungen an. Für mich bedeutete das, ein Jahr im Haushalt zu arbeiten und zweimal ein halbes Jahr in Großküchenbetrieben. Diesen eingeschlagenen Weg ging ich weiter, indem ich Unterkunft und Verpflegung sowie ein Taschengeld erhielt, von dem ich nötige Ausgaben bestreiten konnte. Ich beabsichtigte, so meiner Mutter nicht weiter zur Last zu fallen. Und eine bessere Lösung, hoffte ich, würde sich ergeben.

Das kommende Jahr absolvierte ich mein Praktikum in einem Arzthaushalt mit drei kleinen Kindern in der Nähe von Marburg bei der Familie Streicher. In ihren neu erbauten Bungalow waren sie vor wenigen Wochen eingezogen. Beeindruckend fand ich das wirklich großzügige Wohn- und Esszimmer mit einer dezenten, geschmackvollen Tapete. Über Arbeitsberichten stand ich mit der Schule in Kontakt.

Ich lebte zum ersten Mal in einer heilen „Familie", außer als Kind während meiner Verschickung. Die Eltern waren Mitte dreißig und sehr nett, ich kam gut zurecht mit ihnen. Oder sie mit mir? Fungierte ich als Tochter des Hauses, als Auszubildende? Irgendwie fühlte ich mich oft unsicher: Selbstbewusstsein oder zumindest halbwegs sicheres Auftreten musste ich in jedem Fall noch lernen.

Wöchentlich kam eine ältere Frau, die Fleisch- und Wurstwarenbestellungen an der Haustür aufnahm. Drei Tage später brachte sie die Ware in einer großen Kiepe auf dem Rücken gegen Barzahlung. So ging sie von Haus zu Haus. „Wie auf dem Land", ging es mir durch den Kopf.

Durch dieses Praktikum habe ich Käse lieben gelernt, denn er war oft Bestandteil unserer Mahlzeiten.

Während eines fast vierwöchigen Klinikaufenthalts von Frau Streicher fuhr ich mit dem Zug mit den drei Kindern zu ihrer Mutter in die Nähe von Frankfurt. Mit siebzehn Jahren hatte ich die Verantwortung für den Haushalt nicht allein übernehmen können. Die Oma war eine liebe Frau, ein Besuch im Frankfurter Zoo war für uns alle ein Erlebnis. Zu dem eineinhalb Jahre alten Marco hatte sich während dieser Zeit eine sehr enge Bindung aufgebaut, sodass ich mich nach der Rückkehr von Frau Streicher ihm gegenüber sehr distanziert verhalten sollte. Verständlicherweise, denn er hatte seine Mutter zu ihrer größten Enttäuschung nicht mehr erkannt.

Aus der evangelisch-altlutherischen Kirche war ich ausgetreten. Seltsamerweise kann ich mich an keine diesbezügliche Unterredung oder intensive Auseinandersetzung mit meiner Mutter erinnern. Allerdings muss sie mich als völlig entglitten gesehen haben, denn eines Tages suchte mich der dortige Pastor auf. Als einzige Aktivität der Gemeinde hatten sie einen Kirchenchor, an deren Teilnahme mir wirklich nichts gelegen war, doch Frau Streicher bestärkte mich, daran teilzunehmen. Sie lud sogar mal acht Mitglieder zu einem bunten Nachmittag ein und fand die Harmonie der sehr unterschiedlichen Teilnehmer äußerst bewundernswert. Im Chor selbst hielt ich mich diskret zurück.

Mein Praktikum in Freiburg

Margot hatte den beruflichen Weg zu einer Lehrerin eingeschlagen, ohne hauswirtschaftliche Praktika. Wiebke und ich hatten vereinbart, die beiden Großküchenpraktika auf dem Weg zur Hauswirtschaftsleiterin gemeinsam in einem Betrieb zu absolvieren.

Für das bevorstehende Sommerhalbjahr gingen wir nach Freiburg-Günterstal im Schwarzwald, tatsächlich fast im Wald gelegen. Es war eine anthroposophische Einrichtung für Rekonvaleszenten, meist ältere Damen, mit vorwiegend vegetarischer Küche, geführt entsprechend der Weltanschauung von Dr. Rudolf Steiner. Acht junge Mädchen zwischen fünfzehn und neunzehn Jahren absolvierten hier ihre Ausbildung. Eine jüngere Wirtschaftsleiterin war unsere Ausbilderin. Diese und die Eigentümerin, eine ältere Dame, einfach, aber würdevoll, mit einem grauen, zusammengesteckten „Knürzel" im Nacken, hatten uns fest im Griff. Hier ging es sehr diszipliniert zu, auf Ausbildung ausgerichtet. „Sybille, du bist hier zehn Minuten zu spät gekommen, nun wirst du zwanzig Minuten nacharbeiten. Hier liegt ein gestärktes weißes Tischtuch, das schaffst du in der Zeit zu bügeln. Ohne Falten, bitte." Ich hatte die meiste Zeit Angst und oft Durchfall. Wiebke sah es lockerer. Einmal sagte die Leiterin zu uns: „Ihr müsst beide zusammenarbeiten. Wiebke ist für die pauschale Zeiteinteilung und für die Durchführung zuständig. Heidi für das Feine und dass es auch gut aussieht."

Eventuell erhaltenes Trinkgeld steckten wir in eine Sammelkasse, von dem wir dann ein Konzert oder eine Theateraufführung besuchen durften. Ich hörte so mein erstes Konzert, einen Klavierabend, dem ich leider nicht allzu viel Genuss abgewinnen konnte. Nach getaner Arbeit sangen wir hin und wieder vor den einzelnen Häusern Gute-Nacht-Lieder wie „Der Mond ist aufgegangen".

An unseren freien Tagen besuchten wir die Umgebung; das liebliche Freiburg mit seinen kleinen, gemauerten Wasserkanälen entlang einiger Straßen, an denen wir an heißen Sommertagen gern unsere Füße kühlten, auch das Goetheanum in Basel, Zentrum der Anthroposophie, oder eine Eurythmie-Vorstellung. Als besondere Exkursion unternahmen Wiebke und ich eine Busreise nach Grindelwald mit einer Gondelfahrt.

Die Mahlzeiten, wie Haferflockenplätzchen statt Schnitzel, nahmen wir mit den Bewohnern gemeinsam an stilvoll mit weißen Decken, Silberbesteck und weißen Stoffservietten gedeckten Tischen ein. Neben mir saß Hilde-Tilde Hugendubel. Vorher wurde ein Gebet gesprochen. Natürlich gehörten auch die Reinigung der Zimmer und andere Arbeiten zu unserer Ausbildung.

Wiebke und ich hatten zwei Tage gemeinsam frei erhalten, um uns wie gewünscht die Landesgartenschau in Stuttgart anzusehen. Übernachten konnten wir bei meiner Tante Adelheid, die vor etlichen Jahren hierher gezogen war. Bei herrlichstem Sommerwetter trampten wir die Hinfahrt. Mit dem ersten Auto, das anhielt, fuhren wir den größten Teil der Strecke. Am Steuer saß ein amerikanisches Ehepaar, das auf Europatournee in seinem hellblauen Straßenkreuzer nun durch den Schwarzwald bummelte. Hier kauften sie eine Schale Erdbeeren, dort kauften sie ein Getränk oder eine Kleinigkeit zu essen. Sie luden uns als ihre Gäste selbstverständlich dazu ein. Danach hielt ein Auto, das die Autobahn bevorzugte.

Unsere vereinbarte Ankunftszeit hatten wir durch unsere Spazierfahrt um ein Vielfaches überschritten, nun mussten wir auf den Treppenstufen auf meine Tante warten. Neben dieser fast exklusiven Sightseeingtour verblasste für uns die Gartenschau. Zurück nahmen wir den Zug.

Natürlich heckten wir auch schon mal Unsinn aus. So, als wir an einem linden Sommertag beschlossen, vor unserem abgelegenen Personalhaus draußen zu schlafen. Die Matratzen legten wir hinter das Haus auf Wolldecken. Ich als Kleinste durfte in der Mitte schlafen. Strahlend und voller Energie schauten wir in den heraufziehenden Morgen.

Eines Nachmittags sprang uns nach der Arbeit beim Öffnen der Tür eine Katze ganz wild um die Ohren und gegen die Fensterscheiben. Die Ursache? Sie hatte auf Wiebkes Bett gejungt, wo nun drei kleine Kätzchen auf ihrer blutigen Bettwäsche lagen.

Irgendwie hatten wir die Bekanntschaft von Studenten der verschiedenen Fakultäten gemacht. Unsere harmlosen Treffen fanden natürlich ganz heimlich statt, denn: „Sonst bekommen wir keinen Ausgang mehr."

Mein Praktikum im Allgäu

Für das Winterhalbjahr wählten wir uns einen Internatsbetrieb im Allgäu. Als unser Zug einfuhr, erwartete uns am Bahnhof der Besitzer des Internats, ein etwas untersetzter, gepflegter Herr im mittleren Alter mit schwarzen, pomadisierten Haaren und weißen Socken. Sein weißer Porsche stand fahrbereit neben ihm. „Hoppla", dachte ich.

Sein Betrieb entsprach in der Führung und Durchführung mehr ihm als den Grundsätzen der Frauenfachschule nach „formschön und gediegen", die unsere neuen Schlagwörter geworden waren. Wir benutzten sie ständig als Kriterien sowohl zur Beurteilung von Eindrücken und Objekten verschiedener Art als auch von Personen.

Auch konnte es durchaus passieren, dass wir bei späteren Absichten zu Besuchen von Gaststätten zunächst die Toilette auf Sauberkeit überprüften …

Unsere Unterkunft, ein Zimmer für uns beide, fanden wir bei einer sehr netten Vermieterin in der Nähe des Arbeitsplatzes. Im Herbst entdeckte ich in der Natur stets noch farbige Sträucher und Gräser für eine hübsche Dekoration, ein Ikebana-Gesteck, fast wie in der Frauenfachschule gelernt.

Unsere Zimmer heizten wir mit einem „Bollerofen", was für uns beim Aufstehen zur kleinen Mutprobe wurde, denn kristallene, große Eisblumen schmückten auch hier in der Frühe oft unsere Fensterscheiben. Je nach Lust und Laune krabbelte die Erste von uns aus dem warmen Federbett, wobei die Laune bei Wiebke wohl oft größer war. Mit genügend Holz und Kohle konnten wir uns jederzeit vom reichlich vorhandenen Vorrat aus dem angebauten Schuppen versorgen, korrekt neben dem Ofen gestapelt. Das taten wir rechtzeitig jeden Abend.

Bei meinem ersten abendlichen Rundgang zum Gute-Nacht-Sagen und Lichtausknipsen sagte ich zu den zwölf- bis dreizehnjährigen Jungen, die bereits alle im Bett lagen: „So, nun ist wohl Schlafenszeit. Alles in Ordnung? Kann ich Licht ausknipsen?" Eine erstaunte, alterstypische Bemerkung kam von dem Jungen aus dem oberen Etagenbett vor mir: „Mann, wer ist die denn? Und hässlich ist sie auch noch …" „Dann dreh dich doch um, du brauchst mich ja nicht anzusehen." Auf meine halb im Scherz gegebene Antwort drehte er sich um, und alle waren ruhig. Ich überrascht: „Schlaft gut." Ich sage etwas, bestimme etwas und es wird gemacht. War es die Gewohnheit der Jugendlichen zu gehorchen oder hatte ich etwas bewirkt?

Als Wiebkes Eltern uns besuchten, waren sie sehr verwundert, dass ihre Tochter so „wohl genährt" aussah, was sie auch sehr verständlich zum Ausdruck brachten. Wiebkes entrüstete Erklärung: „Das ist gemein. Heidi isst doppelt so viel wie ich, aber ich werde immer dicker."

In der Freizeit reizten viele Spaziergänge und kleine Ausflüge mit gelegentlichem Einkehren in gemütlichen, warmen Gasthäusern. Wir wagten uns sogar auf Langlaufskier, bei minus neunundzwanzig Grad, wobei es uns fast schien, als wollte uns die Nase einfrieren.

Die Stunden in der Küche waren nicht besonders aufregend, die verantwortliche Person war keine Persönlichkeit. Schlichter ausgedrückt: Sie war ungeeignet.

Eines Morgens stellten wir Karamell für die vielen Nachspeisen her. Doch die Zeit drängte; auf dem Fußboden war wohl trotz Wischens ein Spritzer kleben geblieben. Zu dem danach in einem riesigen Topf herzustellenden Kartoffelbrei musste ich mich zum Umrühren auf einen Hocker stellen, sonst wäre ich gar nicht drangekommen. Prompt rutschte der Hocker zur Seite und ich mit meinem Arm bis über den Ellbogen in den Topf mit heißem Kartoffelbrei. Und so etwas sollte mein zukünftiger Beruf werden?

Mir war die Qualität des Betriebes, speziell der Küche, nicht mehr so wichtig, denn eine Entscheidung hatte sich für mich längst abgezeichnet. Doch für Wiebke galt der Betrieb als nicht akzeptabel zur Empfehlung für eine Ausbildung. Entsprechend fiel ihre für die Schule abgegebene Bewertung aus.

Von unserem monatlichen Taschengeld konnten wir unsere privaten kleinen Ausgaben bestreiten, doch eine Fahrkarte zu kaufen und Weihnachten nach Hause zu fahren, das gab unser Budget nicht her. Wiebkes Eltern hatten ihr dieses Geld bereits während ihres Urlaubs gegeben. Nach meiner Entscheidung, zu bleiben, stand auch für Wiebke fest: „Wenn du nicht fahren kannst, fahre ich auch nicht. Wir machen es uns hier gemütlich."

Wenige Tage vor dem Fest erhielt ich tatsächlich noch eine Geldanweisung. Ich konnte es kaum glauben! Am Nachmittag des Heiligen Abends flüsterte Manfred unserer Mutter zu: „Ich muss noch mal eben weg und etwas abholen."

Mein Zug kam an. Mein Bruder hatte von seinem bescheidenen Verdienst Geld für meine Fahrkarte abgezwackt und es mir geschickt. Mit mir kamen eine Riesenumarmung und ein dicker Kuss! Riesengroß war die Überraschung und Freude, als er mit mir in der Tür stand und wir alle gemeinsam Weihnachten feiern konnten.

Doch irgendwie wirkte meine Mutter auf mich sehr ruhig und nachdenklich … oder müde?

„Unsere Praktikumszeit war doch auch schön gewesen", lautete unser beidseitiges Fazit, auch wenn Lehrerin oder Hauswirtschafterin nicht zu meinem Wunschberuf zählen würde. Um Kindergärtnerin zu werden, hätte ich zwei weitere Jahre in Kiel die Schule besuchen müssen. Die Tätigkeit hätte mir entsprochen, doch die Ausbildung war zu lang. Weder meiner Mutter noch mir hätte ich dies angetan.

Auf der Höheren Handelsschule

Ich wählte die Alternative und besuchte in Neustadt/Holstein die einjährige Höhere Handelsschule. Wohnen konnte ich zu Hause.

Durch die Zeiten der Abwesenheit und den gewonnenen Abstand zwischen meiner Mutter und mir hatten wir uns – wir verhielten uns beide etwas vorsichtig – recht gut verstanden. Wenngleich ich mich immer „auf dem Weg" befand.

Doch Gedanken, mein Leben konkret zu planen, hatte ich nicht, sondern ich lebte in den Möglichkeiten, die sich ergaben, wenngleich ich an Weggabelungen entsprechend meiner „Intuition" aussortierte.

Waren die einzelnen Abschnitte in meinem Leben wie fest vertäute Knoten an einem gespannten, dicken Seil, an dem ich viele Jahre stetig weiterging? Wurde ich geführt?

Nun war ich durch meine bisherige Ausbildung eine der ältesten Schülerinnen. Mathematik bedeutete mir kein Fach mit sieben Siegeln mehr und Deutsch bereitete mir Freude. Zu einem Abschnitt aus „Faust I" schrieb ich als Einzige als Hausarbeit die gegebene Betrachtung.

Auf Empfehlung unseres Deutschlehrers wünschte ich mir das Buch von Hans-Hasso von Veltheim-Ostrau „Der Atem Indiens, Tagebücher aus Asien". Manfred schenkte es mir zum nächsten Weihnachtsfest. Ein faszinierendes Werk über tiefe Zusammenhänge im indischen Leben, basierend auf dem Hinduismus, doch ebenso stellt es Vergleiche an mit vielen Aspekten des Lebens und der Religionen allgemein. Das natürliche Sein in Harmonie mit Körper, Geist und Seele; das zu tun, was einem persönlich entspricht und damit auch guttut. Es gab viele sich auftuende Fragen und Antworten. Ich fühlte mich im tiefsten Inneren angesprochen.

Ebenso begeistert nahm ich „Siddhartha" von Hermann Hesse in mich auf.

Wir saßen mit einer Nachbarin am Kaffeetisch, als meine Mutter aus unserer Unterhaltung heraus fast schluchzend zusammenbrach. „Heidi, was habe ich dir nur angetan … dass unser Verhältnis so ist?" Zu jener Zeit war ich leider noch nicht so weit, eine angemessene Reaktion zu zeigen, sondern äußerte irgendwie eine halbherzige Beschwichtigung. Doch auch Gefühle meiner Mutter waren durch die Flucht, mit der Nachricht vom Tod ihres Mannes und mit dem Tod ihrer Eltern durch Verhungertsein, zu Eis erstarrt und kamen erst mit den Jahren wieder langsam zum Leben an die Oberfläche. Wir konnten einfach nicht darüber reden.

Jahre später hörte ich von Bekannten: „Ich kannte Ihre Mutter. Das war eine fröhliche und ganz wunderbare Person!"

Unglaublich schockierend fand ich die Geschichte einer Bekannten, die von ihrer Mutter, einer Frau sehr fein im Aussehen und immer lächelnd, nach dem Krieg mehr als strikt im Glauben erzogen wurde. Auf diesen wurde alles bezogen, was jedwede sich bietende Gelegenheit einer Kontrolle einschloss. Als intelligente und auch hübsche Tochter war sie eines Tages in jugendlichem Alter ausgerissen. Wieder zu Hause, wurde sie mit mehrmaligen Elektroschocks zu „immerwährender Räson" gebracht.

Hätten sie vor lauter Religiosität und im Glauben, Gott Ergebenheit zu zeigen, nicht auch einfach menschlich sein können? Sie arbeitete später im Beruf, musste sich natürlich als zu einer guten Christin erzogen um ihre älter werdende Mutter kümmern. Sie bewohnten gemeinsam ihr kleines Haus mit Garten. Sie und ihre Mutter waren früher zur Abwechslung bewusst öfter eingeladen worden, jedoch ich bezweifle, dass jemand mit der Mutter diese Handlungsweise erörtert hatte. Sie selbst kleidete sich stets korrekt, wenn auch weniger betont dem Zeitgeist entsprechend, war an allen Gesprächsthemen äußerst interessiert und auch dazu informiert. Doch auffallend war eine stets präsente Korrektheit sowie „kontrollierte" Höflichkeit – wie aus der Glasglocke heraus.

Als Jahre später ihre Mutter im hohen Alter verstorben war und sie allein dort lebte, wollte ich sie für ein paar Tage einladen. Ich wohnte nicht weit entfernt, hatte Platz und Zeit. Man riet mir ab: „Noch nie hat sie und wird sie woanders als zu Hause übernachten – außer zu medizinischen Behandlungen."

Diese Frau war mir in dem Brief von meiner Mutter nach Kiel als Beispiel einer tugendhaften Sparsamkeit vor Augen gehalten worden.

Während dieses Jahres knüpfte mir meine Mutter einen kleinen Teppich, eine Brücke, entsprechend meinen Wünschen mit einem dezenten blauen Chinamuster. Sie ist noch heute wunderschön. Und wir besuchten einen anspruchsvollen Vortrag einer jüngeren

Dame, schwarz gekleidet, über den Unterschied zwischen dem russischen und dem chinesischen Kommunismus.

Als Mutti sich in einem guten Textilgeschäft ein sehr schickes rauchblaues wollenes Jackenkleid ausgesucht hatte und es probierte, standen mehrere Verkäuferinnen bewundernd um sie herum. Bei der Überlegung des zu zahlenden Preises meinte sie dann: „Ich musste es mir schließlich mit Putzen und Kochen und als Melkfrau verdienen." Die Hochachtung und der Respekt waren fast grenzenlos. Sie trug es viele Jahre.

In Grömitz

Arbeiten wollte ich nicht im Büro, sondern mit Menschen im Hotelfach. Offiziell begann ich als Kindermädchen für die Inhaber eines Hotels, wurde aber, wie von mir gewünscht, des Öfteren am Empfang eingesetzt. Mit den beiden Jungen von acht und zehn Jahren kam ich gut zurecht, eine Haushaltshilfe kam täglich, der Umgang mit den Gästen bereitete mir Freude.

Ich bekam erstmalig ein Gehalt. Wie seinerzeit üblich, wohnte ich hier, wie auch die vielen noch kommenden Jahre, in einem Personalzimmer der jeweiligen Häuser. Vierundfünfzig Stunden pro Woche galten als offizielle und normale Arbeitszeit, jedenfalls im Hotelfach. Wir hatten ein prima Betriebsklima. Es passierte nicht selten, dass wir abends alle gemeinsam ausgingen; gleich in welcher Position jemand tätig war. Wer zum Spätdienst eingeteilt war, kam danach in unser vereinbartes Restaurant oder Tanzlokal.

In den ersten Tagen übergab mir ein gut aussehender jüngerer Gast gleich nach der Anreise 1.500 DM, um sie als Zahlung seines Urlaubs in den Tresor zu legen. Ich reichte ihm die Quittung.

Schmunzelnd gab er sie mir zurück: „Schauen Sie mal, ich hatte Ihnen doch keine 15.000 DM gegeben, sondern nur 1.500." Für die richtige Quittung erhielt ich mein erstes Trinkgeld, 5 DM. War das üblich oder hatte er gespürt, dass für mich beide Summen unerreichbar hoch waren?

Mir fiel die Geschichte von Edelgard ein, die sie mir mal erzählt hatte. Während ihrer Praktikumszeit in einem sehr guten Hotel in der Lüneburger Heide war sie für den Service eingeteilt. Als ein recht bekannter Gast bei ihr bestellte: „Ich hätte gerne einen Cognac", kam die Rückfrage von ihr: „Darf ich Ihnen ein Glas oder eine Flasche bringen?" Aller Anfang ist schwer.

Doch allmählich begann die Welt für mich größer zu werden, Gäste zeigten einen anderen Lebensstil, eine gewisse Großzügigkeit, die es zu beachten und zu erfüllen galt. Zum Wochenende sollte ich mit dem zehnjährigen Peter zum Frisör gehen. Als wir am Eingang standen, begrüßte uns dieser mit den Worten: „Mit wem kommst du denn heute?" Peter antwortete ohne zu zögern: „Das ist unser neues Kindermädchen. Sie ist in Hongkong geboren und geht anschließend nach Amerika, um Sprachen zu studieren." Ich war perplex, wurde überdies sehr zuvorkommend behandelt. Eine Tür hatte mir bis dahin noch nie jemand aufgehalten.

Nach der Saison fuhren die Eltern für vier Wochen nach Italien in Urlaub. Mit den beiden Jungen blieb ich alleine im großen Haus. Ein Hausmeister schaute regelmäßig nach dem rechten, die Haushaltshilfe wohnte in der Nähe.

Am liebsten wäre ich nach dem halben Jahr wirklich nach Amerika gegangen, doch diesen Schock konnte und wollte ich wohl meiner Mutter nicht antun. So ging ich als Au-pair im Januar 1963 nach London. Vorher verdiente ich mir noch für drei Wochen in der Vorweihnachtszeit beim Paketeverladen auf dem Hauptpostamt in Kiel etwas Geld. Kost und Logis stellte Tante Hilde. In unserer Nachtschicht arbeiteten wir zu viert. Tante Hilde und ich hatten gewettet. Ich sagte: „Wenn ich mehr als 350 DM verdiene, bekommst du das Mehrgeld, bei geringerer Auszahlung, bedingt durch eine variable Stundenzahl, erhalte ich die Differenz von dir." Meine Mutter zeigte sich nicht angetan davon: „Heidi, du musst nie wieder um Geld wetten." In diesem Fall musste ich tatsächlich 25 DM an Tante Hilde zahlen. Die sie auch annahm.

Wir haben noch mal gewettet, nämlich dass ich fünfzehn Baiser essen könne. Nach dem zwölften Baiser meinte sie: „Heidi, hör bitte auf, ich kann das nicht mehr mitansehen. Hier ist dein versprochener Obolus." Und auch mit meiner Mutter hatten wir schon mal geschlemmt, als sie uns zum „Konditern" einlud. „Ihr dürft euch das schönste Stück Torte und Kuchen bestellen." Unser großer Bedarf war nach zwei Stücken dankbar und komplett getilgt. Die Jahre der absoluten Armut waren vorüber.

Der Winter 1963 muss ein sehr strenger gewesen sein, denn mit einer befreundeten Lehrerin der Volksschule fuhren wir im Auto an die Ostsee, um Seevögel zu füttern und ihnen Heu zu bringen. Ein- bis zweihundert Meter konnten wir auf die Ostsee hinaus spazieren, wobei die Eisfläche durch die Wellenbewegung und leichten Schneeverwehungen sehr uneben war. Meine Mutter erzählte uns, dass sie im eisigkalten Winter 1928/29 sogar mit einer Pferdekutsche einige Kilometer auf der völlig zugefrorenen Ostsee Richtung Dänemark gefahren waren.

Als Au-pair in England

Anfang Januar saß ich in einem Zug, der in London einfuhr, und versuchte, meinen Luftballon aufzublasen, der als Erkennungszeichen dienen sollte. Versehentlich hatte ich an meine Gastfamilie statt Luftballon „Gasballon" geschrieben, doch wir erkannten uns gleich.

Hier lebte ich nun am Stadtrand von London in einer Familie jüdischer Einwanderer mit ihrem elfjährigen Sohn Simon. Mr. Price, ein großer, schlanker Mann, arabisch im Aussehen mit schwarzen, lockigen Haaren, war aus Syrien eingewandert; die Familie der Frau, die rotblond war, aus Weißrussland. Ich war ihr erstes deutsches Au-pair. An mir wollten sie testen, wie Deutsche heute sind.

Für den Sohn gab es während meiner College-Zeiten eine Extra-Betreuung. Zweimal wöchentlich nahm ich diese Studien wahr, denn das Erlernen der englischen Sprache stand an vorderster Stelle. Die stundenweise Hilfe war eine alte, sehr nette Frau, recht geschminkt, ohne ihre diversen Falten sichtbar verdecken zu können, ihr Gesicht war von grauen Pudellöckchen eingerahmt. Sie rauchte gern lange Zigarillos und sah sich im TV am liebsten das Sportprogramm mit Ringen an. Nachdem Mr. und Mrs. Price morgens in ihren eigenen kleinen Lebensmittelladen gefahren waren, gab es für uns erst einmal *tea and toast*, der mit Fischtatar bestrichen wurde. Aus dem Radio ertönten die aktuellsten Songs der Beatles mit „Can't buy me love", denen die alte Dame noch begeisterter lauschte als ich.
Am Montag war Waschtag, ich arbeitete dann bis 22 Uhr oder länger. Am Sonntagnachmittag entspannte sich jeder vor dem Fernseher. Bei zugezogenen Gardinen machten wir es uns auf dem Fußboden gemütlich, mit unseren *cups of tea* vor uns, die ich regelmäßig nachfüllen durfte. Zum ersten Mal sah ich, wie diese schönen, alten, von Herz-Schmerz-Wehmut durchtränkten Filme ständig durch dumme Werbung unterbrochen wurden.
Gedichte des Schriftstellers Keats, das Lesen von Daphne du Mauriers „Rebecca" und Übersetzungen von Theodor Storm gehörten zum College-Programm. Ich las Romane von Dostojewski, aber auch „The World of Suzie Wong", und machte mir Gedanken über Gott und die Welt.
Als wir einmal wegen dickstem *Pea-soup-fog* unser College früher verlassen sollten, wunderten wir uns, dass tatsächlich kein Bus mehr in unsere Richtung fuhr, bis wir nach langer Zeit

amüsiert feststellten: „Hier ist doch Linksverkehr, ab auf die andere Straßenseite!"

Mein Englisch war eigentlich recht gut, doch eines Tages fing bei unserer Unterhaltung Mr. Price schallend zu lachen an. „Was ist denn nun los, dass Sie so lachen? Habe ich etwas Verkehrtes gesagt?" „Das kann man nicht wiederholen." Was ich gesagt hatte? Ich habe es nie erfahren. Etwas peinlich war mir die Verwechslung der beiden Ausdrücke für „Taube zum Essen" und „Friedenstaube". „I am sorry." Doch ich lernte ja noch.

Mit Mrs. Price schlenderte ich während eines Einkaufsbummels durch London, als sie mich ins Kino einlud. Als ich fragte, wann der Film denn beginnen sollte, erhielt ich die Antwort: „Wir können jederzeit hingehen, der Film wird den ganzen Tag fortlaufend gezeigt." So sah ich den neusten James-Bond-Film, für uns beginnend mitten im Verlauf der Handlung. Damit ich ihn halbwegs verstehen würde, blieben wir im Kino sitzen, um uns nach dem Filmende den Anfang anzusehen.

Der Austausch von Erfahrungen unter uns Schülern war erfrischend und köstlich, was bereits in der U-Bahn begann. Neben mir meinte eine Mitschülerin auf Deutsch: „Meine Familie ist manchmal wirklich witzig. Unter anderem muss ich immer bis 24 Uhr das Fernsehen eingeschaltet lassen, damit die Katze gut einschlafen kann. Dann kann ich ins Bett gehen." Wir lachten. Bis eine Frau neben uns in kaum gebrochenem Deutsch erwiderte: „Ja, ja, wir Engländer haben schon unsere Eigenheiten." Recht beschämt führten wir hinfort unsere Unterhaltungen etwas weniger auffällig.

Voller Spannung auf ein richtiges Ereignis rätselten wir im College, wer von uns aus welchem Land kam. Eine bunte Mischung hatte sich zusammengefunden. Herrlich! Von Guatemala bis Indien. Bis die Reihe an mich kam, mein Heimatland zu erraten: „Amerika, Frankreich, Schweiz, irgendwie gemischt …" „Nein, ich komme aus Deutschland." „Was, du bist Deutsche? Niemals!" Einvernehmliches Kopfschütteln.

Zur jüdischen Fastenzeit wurden entsprechend religiöser Vorschriften Vorkehrungen getroffen. Nach besonderer Reinigung benutzten wir anderes Geschirr ebenso wie bestimmte Lebensmittel, unter anderem die allseits bekannte Matze. Wir aßen koscheres Essen.

Meine vorsichtige Frage, ob Leute weniger gut seien, wenn sie kein Geschirr wechseln könnten, weil sie arm seien, blieb – verständlicherweise – unbeantwortet.

Viel verdienten wir alle nicht, doch Ausflüge, Besichtigungen oder ein Theaterbesuch unter uns Studenten waren Bereicherungen unseres Alltages, die mehr als willkommen waren.

Es gab viel zu sehen, und offen für Neues waren wir alle.

Ebenso genoss ich ein scheinbar unkonventionell, aber ganz stilvoll arrangiertes Picknick, zu dem mich ein indischer Ingenieurstudent eingeladen hatte, auf dem Rasen an der Themse.

War es ein *indian-like*, *very british* oder einfach liebevoll gemacht?

Mit Rosemarie trampte ich gegen Ende meines Aufenthalts noch ein paar Tage nach Cornwall, wo wir in Jugendherbergen übernachteten. Auf der Reise schauten wir uns Shanklin an, ein Ort wie aus dem Bilderbuch, ebenso Stratford-upon-Avon, den Geburtsort von Shakespeare. Ehrfurchtsvoll staunend ließen wir uns von verschiedenen Kathedralen in den Bann ziehen. Zum „Sommernachtstraum" dieses großen Dichters gingen wir später in London in die Nachmittagsvorstellung. Der Vorhang wurde zur Seite gezogen, alle Besucher standen auf und sangen: „God save the Queen". Wir mit unseren Einkaufstüten zwischen den Füßen – nichts Außergewöhnliches, diese mitzunehmen, auch nicht ins „Royal Opera House" in Covent Garden.

In einer sonntäglichen Unterhaltung mit der Familie kamen wir irgendwie auf den vergangenen Krieg zu sprechen. Als ich im weiteren Verlauf unsere monatelange Flucht mit den damit einhergehenden, mehr als unschönen Ereignissen zur Sprache brachte, tat Mrs. Price diese mit der Bemerkung ab: „Ach, das war dann aber sehr schmutzig." Für mich war das empörend und unglaublich unwissend. Vielleicht sprengte so eine Information ihren feststehenden engen Gedankenkreis, den sie nicht gewillt waren zu erweitern. Doch sonst waren sie sehr nett. Diesen Aspekt der Zeit verriet ich meiner Mutter allerdings nicht.

Kurz vor der *Higher Proficiency*, meiner zweiten Prüfung, wodurch ich hätte in England studieren können, reiste ich Anfang Dezember nach Deutschland zurück. Das erste Kind von Edelgard wurde getauft, mein erstes Patenkind. Edelgard hatte nicht gefragt, wie lange ich meine Studien fortsetzen wollte oder sollte, und ich selbst sah in dieser anberaumten Feier vor Weihnachten genügend Grund, England zu verlassen. Ihn zu hinterfragen oder gar zu bezweifeln, hätte mir einfach nicht entsprochen, wenngleich ich dachte: Ich hatte zwar nicht beabsichtigt, in England zu bleiben und zu studieren, doch hätte die Taufe nicht später stattfinden können, damit ich meinen anvisierten Abschluss hätte erhalten können?

Diese willkommene Weltoffenheit, nach der ich unbewusst gedürstet hatte, sog ich während meiner Zeit in England mit all ihrer Freiheit und Unbeschwertheit sowie vielen neuen Eindrücken voll in mich ein.

Nun war sie vorbei, denn kaum war ich in Lensahn, wurde ich bedrängt, doch sogleich mit einer Arbeit zu beginnen. Herr Nolde legte mir die Zeitungsanzeige einer Reederei in Lübeck vor. Ein Widerspruch meiner Mutter blieb aus. Die Tätigkeit entsprach mir überhaupt nicht, doch ich hatte keine finanzielle Reserve. Die gefundene Unterkunft stellte sich als wirklich primitiv heraus.

Ich hatte wieder einen feststehenden Platz im Gefüge der Tradition zugewiesen bekommen.

Ein sehr zuvorkommender Vorgesetzter, der mir an meinem freien Wochenende erst einmal eines unserer Schiffe mit seiner Technik zeigte, „damit du weißt, wie ein Schiff mit Maschinen überhaupt aussieht", konnte meine Meinung auch nicht ändern.

MEINE JAHRE IM HOTELFACH

Ich fand auch bald einen Posten am Hotelempfang, und zwar in Bad Lippspringe. Von dieser Zeit hat sich mir als unvergessliche Erinnerung eine private eingeprägt. Meine etwas ältere, katholische Kollegin hatte vor einigen Jahren mit ihrem Freund Brasilien bereist, damals schon, und wie ich mich wunderte, ohne verheiratet gewesen zu sein, als sie unterwegs in kaum besiedeltem Gebiet beide an Malaria erkrankten. Die mitgenommenen Tabletten hätten mit Sicherheit nur für eine Person gereicht.

Folglich musste die unglaublich schwer zu fällende Entscheidung von beiden getroffen werden, wer überleben sollte. Wurde sie als die Stärkere angesehen, um später nicht daran zu zerbrechen? So hörte ich, dass ihr Partner tatsächlich verstorben war und sie nun als Hotelangestellte arbeitete, wobei ich den Eindruck hatte, als lebten diese Erfahrungen trotz der oft präsentierten Härte als Schatten im Hintergrund mit.

Eine andere, weniger markante, doch im Gedächtnis haftende Situation merkte ich mir gut. Ein jüngerer Herr kam in Begleitung einer etwas älteren Dame. Als ich diese mit „Ihre Frau Mutter" anredete, meinte er: „Das ist nicht meine Mutter, sondern meine Frau." Nach meiner aufrichtigen Entschuldigung meinte er schmunzelnd: „Das ist nicht schlimm, das passiert uns öfter."

Ich allerdings versuchte hinfort tunlichst, irgendwelche Anreden in Bezug auf „unklare Verhältnisse" zu vermeiden.

Mit einer weiteren Kollegin ging ich öfter spazieren. Unterwegs fanden wir unsere erste „Pommes-Bude". Die kleine, spitze Tüte voll dieser knackigen Fritten für 1 DM bildete oft unseren Imbiss oder eine Ergänzung zu unserem sparsamen Abendessen, wenn wir abends noch etwas bummelten.

In meiner Freizeit schob ich hin und wieder alte Leute im Rollstuhl die Wege im Park entlang oder man hätte mich auch oft auf einer Bank in einem Buch lesend irgendwo im Grünen gefunden.

Das Atlantic in Hamburg

Doch ich wollte beruflich vorankommen und erhielt eine Anstellung als Hausdamen-Assistentin im Atlantic-Hotel in Hamburg. In diesem wahrhaft traditionsreichen Luxushotel mit rigider Führung und vielen Möglichkeiten des Lernens und Erfahrungen-Sammelns bot sich mir als kleiner Mitarbeiterin, die ich diesen Beruf ja gar nicht erlernt hatte, eine willkommene berufliche Chance.

Morgens fand die Kontrolle der Zimmermädchen statt, beziehungsweise wurden besondere Putzarbeiten übernommen, besonders bei illustren Gästen. Im Frühdienst trugen wir weiße Kittel, im Spätdienst schwarze Kostüme. Einmal fielen aufgrund einer Grippewelle sechs Zimmermädchen aus. Mit einer Hilfe putzte ich bis 17 Uhr fünfundvierzig Zimmer, wovon die meisten Abreisen waren, also mussten auch die Betten bezogen werden. Von „hoher Stelle" spendierte man mir daraufhin eine Coca-Cola und das seltsame, aber gut gemeinte Lob: „Frau Totz alleine putzt für drei Zimmermädchen, wir können Personal entlassen."

Ich bin mit Putztuch bei der Zimmerkontrolle: Ein Außen-, ein Innen-, ein Badethermometer, vier Hosen-, vier Rock-, vier normale Bügel, mindestens drei Aschenbecher, das Bett glatt gestrichen, in allen Schränken, Schubladen und Fächern nachgesehen, der Inhalt der Schreibmappe komplett, die Minibar korrekt aufgefüllt (kein Spirituosen-Fläschchen vom Gast mit Wasser ersetzt), alle Deckchen glatt gebügelt, gestern bei der gründlichen Reinigung mit der Zahnbürste wurden alle Fugen im Bad wieder weiß, das WC ohne Rand, Handtücher, WC-Rollen, die Polstermöbel mit einer von uns selbst gemischten Seifen-Essig-Salmiak-Lösung picobello gereinigt, in keiner Rille mehr Staub, keine Glühbirne defekt, die Fenster mal wieder mit Rahmen gewaschen, Faltenwurf der Gardine in Ordnung, die gewünschte Kupferschale für einen bekannten Schauspieler extra poliert … nichts vergessen? Ach ja, Seife und Shampoo, Gläser im Bad vollzählig? Bei Beanstandungen wurde das Zimmermädchen zurückgeklingelt, Kleinigkeiten wie „am Wasserglas für die Getränke waren noch Streifen" oder ähnliches erledigten wir selbst. Wir wiederum wurden von der Ersten oder Zweiten Hausdame kontrolliert. Reparaturen wurden als Aufträge an die Handwerker aufgeschrieben.

Zu Beginn sagte mir mal das Zimmermädchen Lina auf Hamburger Platt: „Scheuern Sie man mal zwanzig Jahre lang die Toiletten, dann sage ich Ihnen auch, wie das gemacht werden soll."

Alleine auf meiner Etage hatte ich durchschnittlich pro Woche mindestens einhundertfünfzig kleine Aschenbecher aus Porzellan zu ersetzen. Mit dem Aufdruck „Atlantic-Hotel" und kleinen Streublümchen-Motiven eigneten sie sich vorzüglich als kleines „Mitbringsel".

Zur Aufgabe des Nachtportiers gehörte es, die vor die Tür gestellten Schuhe zu putzen. Eile bei der Suche war jedoch uns allen geboten, wenn es hin und wieder hieß, dass ein Gast seine Schuhe vermisste – natürlich die besten Bally-Schuhe. Hocherfreut waren wir, wenn sie ganz offensichtlich von nachts heimkehrenden Gästen nur vertauscht worden waren oder sie auf der Treppe eines Fluchtweges entdeckt wurden.

Als ich meine Mutter bei meinem nächsten Besuch von dieser Putzerei erzählte, meinte sie: „Du, Heidi, ich habe aber heute alles richtig geputzt, sogar alle Türen abgewaschen." Woraufhin ich lachend meinte: „Das ist aber schön und war wohl nötig. Doch keine Angst, ich bin hier nicht im Dienst. Sonst bekomme ich noch einen Drehwurm."

Im Spätdienst wünschte ein Gast ein Brett ins Bett. Das langjährige Zimmermädchen beteuerte, es schon öfter gemacht zu haben; ich bräuchte nicht zu helfen. Am nächsten Morgen stand ich zufällig am Empfang, als ich den Gast lächelnd sagen hörte: „Ich bin doch kein indischer Fakir, das Brett lag unter dem Bettlaken." Es war noch einmal gut gegangen. Mit dem Empfangschef ein kurzes nickendes Einverständnis: „Ich passe noch besser auf."

Einmal stand ich wohl vor der fristlosen Entlassung. Mit meinem Schlüssel vermochte ich nicht, die Tür zu einem Gästezimmer zu öffnen, um dort zu putzen. Also musste der Gast im Zimmer sein, dachte ich. Als nun dieser ganz besondere Gast inzwischen wieder zurückkehrte, war sein Zimmer nicht aufgeräumt. Warum ich zur sichereren Kontrolle nicht die Erste Hausdame gerufen hatte? Unverzeihlich. „Frau Totz, wenn sich der Gast nun die Hände gewaschen hätte und sich in dem schon einmal von ihm benutzten Handtuch abtrocknen musste …" „Heidi, nicht an Koselau denken", befahl ich mir. Der Aufruhr dauerte einige Tage, legte sich jedoch langsam wieder. Eine Kündigung wurde nicht ausgesprochen.

Um unser nicht allzu üppiges Gehalt aufzubessern, versuchten wir nach dem Dienst gelegentlich – außerhalb von Festlichkeiten, wenn die Wäscherei ohnehin geöffnet hatte –, für Gäste Abendgarderobe zu bügeln oder als Kindermädchen zu fungieren. Dazu erklärten mir einmal die Eltern: „Nur zu Ihrer Information: Wenn sich unser neunjähriger Sohn heute Abend Hummer aufs Zimmer bestellen sollte, meint er nur Krabbencocktail." Wir haben dann viel gespielt, er hatte überhaupt keinen Hunger.

Meine Mutter und Tante Hilde verbrachten einige Tage bei Verwandten in Hamburg. Abends lud ich sie in ein sehr empfohlenes, fast exklusives Restaurant ein. Es strahlte jedoch eine etwas sehr distanzierte Vornehmheit aus, die es kaum gestattete, eine normale Unterhaltung zu führen, vor allem, weil nur wenige Tische besetzt waren. Doch das Essen schmeckte vorzüglich. Den mehr als aufmerksamen Kellner – „Darf ich Ihnen noch ein Kartöffelchen auf den Teller geben?" – belohnte ich mit 5 DM Trinkgeld, was meine Mutter mehr als verwunderte, auf gut Deutsch: „Du bist wohl total verrückt geworden." Unser Fazit: „Wenn wir mal wieder essen gehen, darf es gerne etwas einfacher und auch gerne etwas gemütlicher sein."

Ein großes Ereignis war während meines Arbeitsjahres der Besuch des Schah von Persien, bei dem wir alle angesteckte Sicherheitsausweise mit Lichtbild trugen. Vier Wochen vorher gingen bereits Sicherheitsbeamte im Haus ein und aus. Seitenlange Listen der zu erwartenden Delegationen lagen in unserem Büro griffbereit. Jeder kannte seine Anweisungen, mit unserem eigenen Dienst- sowie dem genauen Zeitplan der Besucher. Die gesamte Etage war reserviert, wie auch alle Zimmer unter und über den von den Staatsgästen bewohnten.

Als in meinem Spätdienst während einer kleinen Wartezeit auf der Etage kurz zwischen einem Sicherheitsbeamten und mir gerade als „Zeitvertreib" ein Bierdeckel hin- und hergerollt wurde, sagten wir beide beim leisesten Geräusch zeitgleich auf Kommando: „Achtung, der Fahrstuhl!" Heraus traten der Schah von Persien und Farah Diba, die direkt vor uns auf ihre Suiten gingen. Der später von mir aus der Wäscherei geholte Pyjama für ihn wurde mir vor seiner Suite abgenommen.

Dass unten auf der Straße gegen die Politik des Schahs protestiert wurde, tangierte uns als Personal nur am Rande. Wir taten unseren Dienst.

Nach Abreise der Delegation reichte ich meiner Mutter einen großen Strauß prachtvoller dunkelroter Rosen vom Schah von Persien. „Etwas ganz Besonderes für dich. So etwas gibt es nicht alle Tage." Doch auch sonst stand bei meiner Mutter stets ein großer Blumenstrauß im Wohnzimmer. Keine Rosen vom Schah, aber genauso hübsch in seiner ständig wechselnden Farbenpracht. Und wohlgesteckt. Aus unserem Garten.

Während meiner Arbeit sprach mich die Direktorin an: „Frau Totz, ich möchte gerne, dass Sie zu Elisabeth Flickenschildt gehen und sie trösten, da sie nicht zu einer Premiere ins Ernst-Deutsch-Theater gehen kann. Sie ist erkältet." „Wieso ich?", dachte ich. Ich hatte sie einmal in einem „Faust"-Film bewundert. Da stand ich nun mit einem Blumenstrauß vor ihrer Tür und sinnierte darüber, was ich dieser großen Frau denn nun bloß sagen könnte, als mir die rettende Idee kam: „Wenn diese Frau wirklich so herausragend ist, wird sie sich ja wohl auf mich einstellen können." Ihr Zimmer war ein einziges Blumenmeer. Wir unterhielten uns zwanzig Minuten lang entspannt und sehr nett – fast nur über Blumen. Ein herzlicher Abschied krönte den Besuch von dieser Grande Dame mit dem markanten Gesicht und der unverwechselbaren Stimme.

Als Abschluss unserer Tagesarbeit trafen wir sechs Hausdamen uns um 16 Uhr beim nachmittäglichen Kaffee im Personalzimmer des Hotels. Wir alle waren recht pünktlich, denn Überstunden gab es nicht. Besonders dank der zweiten Hausdame hatten wir trotz der vielen Arbeit manch schöne gemeinsame Stunde, sowohl im Dienst als auch in der Freizeit.

Auf meine Anfrage beim Personalchef erhielt ich auf dessen Vermittlung hin eine Arbeit in Frankreich. Zunächst sollte es das Hotel Byblos sein, in dem Gunter Sachs heiratete, dann wurde es das Majestic in Cannes. Der Sohn des dortigen Personalchefs arbeitete im Atlantic als Koch.

Das Majestic in Cannes

Es hatte also wirklich geklappt und ich freute mich sehr darauf, mit dieser Empfehlung zu reisen. Die Planung sah vor, dass ich ein halbes Jahr, von Mitte April bis in den Herbst hinein, dort arbeiten würde. Auf dem Weg nach Cannes legte ich kurz vor Ostern eine Unterbrechung bei meiner Schwester ein. Ich war gerade beim Haareeinfärben, es zeigten sich bereits Grautöne, als wir feststellten, dass das Telefon nicht funktionierte. Da ich wegen einer letzten Terminabsprache einen Anruf vom Atlantic erwartete, wickelte ich kurz entschlossen ein altes Tuch um meine nachgefärbten Haare und rannte so die Straßen entlang zur nächsten Telefonzelle, um den Termin entgegenzunehmen. Mein Anruf klappte, alles war geklärt.

In Cannes stand ich nun mit meinem Koffer ehrfurchtsvoll vor dem Sechshundert-Betten-Luxushotel auf der Croisette, dem Prachtboulevard, und suchte vergeblich einen Personaleingang. Meine Französischkenntnisse waren so weit gediehen, dass ich mich recht gut verständigen konnte. Die gerufene Hausdame begrüßte mich: „Très enchantée, Madame." Ich erwiderte kurz: „Totz." Sie dachte, wie sie mir später lachend erzählte, dieses kurze Wort sei die entsprechende deutsche Formulierung.

Nun war ich in Frankreich, wobei man mir stets zu verstehen gab, dass Cannes, genau wie Paris, nicht Frankreich sei; es hob sich ab. Auch ich selbst fühlte mich immer noch etwas abgehoben, dieser Luxus in fast allen Bereichen um mich herum war absolutes Neuland für mich. Doch in dem mir gewohnten Alltag lebte – oder schwebte – ich mit.

Arbeitsmäßig hatte ich die gleiche Position wie im Atlantic. Doch selbst zu putzen brauchte ich nicht und ich erhielt sogar etwas mehr Gehalt als meine französische Kollegin. Neu war für mich, dass auch Männer für die Reinigung der Zimmer eingestellt waren. Angeredet wurde ich fast nur mit Kosenamen und selbst der Direktor hielt, wenn er in der Nähe war, die Türe auf. Die Herren am Empfang erlaubten sich gerne einen Spaß mit mir, indem sie mir die Abreisezimmer für die Reinigung wie dreiundneunzig, einhundertzweiundachtzig und so weiter schnell per Piepser durchgaben. Dazu muss man wissen, dass der Franzose zu dreiundneunzig „vier mal zwanzig plus dreizehn" sagt. Die Zahlwörter sind also in vielen Fällen etwas länger als im Deutschen.

Nach anfänglichem Mitschreiben in Langschrift überprüfte ich nachträglich am Empfang diese kleine zu meisternde Hürde. Um die Handwerker durch meine schriftlichen Reparaturaufträge nicht zu irritieren, versuchte ich stets noch mal mündlich abzuklären, wo nun genau gebohrt, geklebt, lackiert oder ein Teil ersetzt werden sollte. Sie nahmen es mit offenem Humor.

Unser Mittagessen, für das eine Stunde vorgesehen war, bestand ungewöhnlicherweise aus fünf Gängen; mit Vorspeise, dann Fleisch oder Fisch, auch frische Pommes Frites sowie Obst, Käse und Kaffee. Es stand in krassem Gegensatz zum gewohnten Personalessen in Deutschland. Auch Rotwein gehörte zur Mahlzeit dazu. Doch mir schien schlichtes Wasser, vor allem bei diesen Temperaturen, besser zu bekommen. Bedingt durch die vorherrschende Hitze trank ich einige Wochen lang zum Frühstück statt meines gewohnten Kaffees nur kalten Zitronensaft, denn der Kaffee schien mir nach dem Trinken sofort wieder aus der Haut herauszutreten. Meine Arme waren ganz feucht.

Wir haben auch gearbeitet und ich habe mich sehr bemüht, es recht zu machen, doch es war anders. Vor allem empfand ich keinen alltäglichen Druck.

Als der Sohn des Personalchefs während meines Aufenthalts einmal nach vier Monaten aus Hamburg zurückkehrte, wollten ihn seine Eltern als erste Reaktion nach ihrem Wiedersehen zum Arzt schicken, da er in ihren Augen sehr elend aussah. Er beruhigte sie mit den Worten: „Ich bin nicht krank, wir hatten nur immer sehr viel Arbeit. Da nimmt man von ganz alleine ab." Bei ihm waren es fünfzehn Kilogramm gewesen.

Einmal verabredeten wir uns, ein sehr schickes Tanzlokal zu besuchen, ab 23 Uhr. Da das billigste Getränk 25 DM kostete, haben wir die ganze Nacht fast nur getanzt, damit wir gar nicht erst in die Versuchung kommen würden, viel zu trinken. Er war etwas jünger als ich. Einen sehr schönen Abend verbrachte ich bei seinen Eltern in ihrem Landhaus in den Bergen oberhalb von Cannes. Unsere Unterhaltung in drei Sprachen war erfrischend und auch kurzweilig. Um mir eine Freude zu machen, wurden Schallplatten von Freddy und Schrammelmusik aufgelegt. Insgeheim schmunzelte ich.

Dummerweise hatte ich zur Abwechslung nicht den gewohnten Rot-, sondern einen – wohl schweren – Weißwein getrunken. Wieder zu Hause hatte er in mir über drei Stunden währende Weinkrämpfe ausgelöst, sodass ich jahrelang keinen Weißwein mehr anrührte. Doch der Abend selbst war sehr schön. Ich wurde abgeholt und auch nachts wieder zurückgefahren.

An meinem freien Tag saß ich im Mai ganz alleine in einem leichten Sommerkleid am Strand. Vom Hintergrund leuchteten vor einem blauen Himmel aus den großen, dunkelgrünen Büschen die unzähligen kleinen, gelben Wattekugeln der zarten Mimosen zu mir herüber. Ich genoss die wärmende Sonne und das erfrischende Nass des Wassers, als ein Ehepaar auf mich zutrat und mich erstaunt fragte: „Aus welchem Land kommen Sie denn nur, dass Sie bei diesen Temperaturen hier sein können?" In diesem sonnenverwöhnten Fleckchen Erde der Reichen und Schönen hatte ich mir einige unterkühlte Ostseegewohnheiten bewahrt.

Ich besuchte Grasse, den weltberühmten Ort der Parfümherstellung, in dem wirklich alle Düfte der Welt um den ersten Platz zu konkurrieren schienen. Ebenso wagte ich mich nach kurzem, tiefem Luftholen alleine in das Casino in Monte Carlo, wo ich die hochkonzentrierten und gierigen Spieler beim magisch wirkenden Umgang mit Geld, sprich beim Chips einsetzen und wieder zu sich heranharken, beobachten konnte. Dicht und zentnerschwer hing die Spannung über den Spieltischen. Gewinn oder Verlust? Eine Schicksalsfrage, die in Bruchteilen von Sekunden entschieden war. Vor mir erlebte ich eine in Erinnerung behaltene Filmszene mit Gert Fröbe in der Realität.

Als besonderes Souvenir steckte seit meinem Aufenthalt in Cannes ein Blutgruppenausweis in meiner Brieftasche. Wir erhielten ihn, als das gesamte Personal unseres Hotels einem Aufruf folgte und Blut spenden ging.

Ein Zimmermädchen hatte mich eines Tages in sein Restaurant eingeladen. Es besaß mit seinem Mann ein Restaurant auf einer kleinen Insel, Cannes vorgelagert, das er führte. Es war einfach traumhaft schön. In diesem Mittelmeerambiente nahmen wir zwischen altem Gemäuer Platz, umrankt von Clematis, Rosen, Bougainvillea. Eine leichte Brise vom Meer kühlte die Temperaturen auf ein genussvolles Maß und zauberte ein Flair, das ich im Halbschatten und in einer Leichtigkeit des Daseins voll auskostete.

Es wurden serviert: ein Amuse-Gueule, noch eine Vorspeise – oder war es bereits ein Hauptgang? Wohlmeinend riet man mir: „Madame Heidi, nehmen Sie immer nur etwas, es gibt noch mehr." Und es gab noch mehr. Dazu einen Aperitif, ein Glas Wein … Insgesamt kamen neunmal frische Köstlichkeiten auf den Tisch, jede besser als die gehabte – oder umgekehrt? Nach einigen Stunden verabschiedete ich mich herzlich und ein wenig schwerelos nach diesem nie wieder erreichten Genuss.

Auf einem kleinen Boot schaukelte ich zurück, dem Festland entgegen.

Allmählich machten sich auch bei uns die Spuren der 68er-Unruhen mehr und mehr bemerkbar. Mülleimer wurden nicht mehr geleert; Protestzüge, wenn auch geordnet, zogen, die Nationalhymne singend, durch die Straßen von Cannes. Irgendwo in den Reihen gingen auch meine Kollegin und ich mit. Die Filmfestspiele, das Ereignis jedes Jahres, wurden abgebrochen, etliche Teilnehmer mit bereitgestellten Flugzeugen aus ihren Ländern ausgeflogen. Über uns kreiste ein russisches Militärflugzeug, bevor es zur Landung ansetzte. Unser Hotel leerte sich rapide.

Überall stapelten sich Gepäckstücke abreisender Gäste. Eine bedrückende Atmosphäre; das pulsierende Leben war lahmgelegt.

Doch zuvor saßen wir noch auf den Treppenstufen eines völlig überfüllten Kinoraumes und lebten für einige Stunden in dem schicksalsträchtigen Lebensalltag eines „Doktor Schiwago" mit all seiner Grausamkeit, unerbittlichen Härte und anrührenden Poesie.

Einen Brief an Zuhause konnte ich einer Kollegin mitgeben, die nach Italien fuhr. Wir bekamen zwar weiterhin unser Gehalt, doch erst später, denn die Banken hatten ebenfalls geschlossen.

Nach einigen Wochen kehrte wieder Normalität ein. Wie als Abschluss krönte ein einwöchiges Feuerwerk-Festival meinen Aufenthalt. Jeden Abend feuerte ein europäisches Land von Schiffen aus Feuerwerkskörper zur Musik von Haydn, Grieg und weiteren Komponisten in den Himmel. Wir saßen neben den Dachluken des Hotels und genossen aus luftiger Höhe fasziniert die rot-, gold- und silberfarbenen Sterne, die in übergroßen, fantasievollen Motiven langsam in die Dunkelheit der Nacht hinein verglühten, synchron zu einem Rhythmus zeitloser Klänge.

Meine Kollegin packte ein kleines Päckchen nach dem nächsten, die Schleifchen passend zum Papier. „Ich werde bald heiraten. Bei uns ist es Brauch, dass jeder geladene Gast ein Päckchen erhält." Auch für mich war eines dabei. Leider würde ich die Hochzeit nicht mehr genießen, doch das Päckchen durfte ich mitnehmen. Sehr herzlich bedankte ich mich dafür.

Der Direktor bot mir an, nicht nur wie vereinbart die Saison über, sondern als Erste Hausdame dort zu bleiben. Ein tolles Angebot! Hier, wo alles ein wenig abgehoben war, herausgeputzte Damen in Stöckelschuhen ihre kleinen Chihuahuas im Kinderwagen spazieren führten und selbst Passanten bei einem Blick in den Wagen an ihren Mienen erkennen ließen, dass sie an diesem Platz eigentlich Babys vermutet hatten. Ein halbwegs normal zu führendes Leben würde hier zweifellos unerschwinglich teuer werden, vor allem aber konnte ich das Gefühl nicht abschütteln, an der Realität vorbeizuleben. Ich hatte ein wunderschönes, für mich bemerkenswertes halbes Jahr gehabt und genossen. Doch für immer? Ich lehnte dankend ab.

Das Strandhotel in Travemünde

Ich begann meine Tätigkeit in Travemünde am Empfang eines alten, an der Promenade neben dem Casino gelegenen Hotels, dem „Strandhotel". Gefunden hatte ich auch diese Arbeit durch eine Anzeige in einer Fachzeitschrift, von Cannes aus.

Der Besitzer war gleichzeitig der Pächter des traditionsreichen „Schabbelhauses" in Lübeck. Während meiner Einarbeitung meinte meine Vorgängerin zu mir: „Sie haben hier im Strandhotel eine sehr schöne Arbeitsstelle gefunden. Und nach einer Saison können Sie sich ein Auto kaufen." Ungläubig stutzte ich: „Wirklich?"

Meinen Führerschein hatte ich zwei Jahre zuvor in Hamburg gemacht. Er hatte mich knapp ein monatliches Nettogehalt gekostet. Kost und Logis bereits abgezogen. Das erste Mal bin ich durch die Prüfung gefallen, weil ich eine kleine rote Ampel zwei Meter vor der großen übersehen hatte. Hatte ein vor mir fahrender Laster sie verdeckt? Als ich meinen soeben erhaltenen Führerschein stolz in den Händen hielt, sagte der Fahrlehrer zu mir: „Hier ist der Autoschlüssel. Warten Sie zehn bis fünfzehn Minuten, aber nicht länger, und bringen Sie mir dann bitte das Auto zu mir in mein Büro." Es lag am gegenüberliegenden Stadtteil von Hamburg.

Mitten auf der ersten großen Kreuzung stockte das Auto und blieb schließlich stehen. Zwei Lastkraftwagenfahrer wollten mir helfen. „Das ist ja ein Fahrschulauto." „Ja, ich habe vor zehn Minuten meinen Führerschein erhalten." Sie schauten unter die Motorhaube. „Das Auto ist defekt, wir schieben es an den Straßenrand." Den es zum Glück gab. Den Schlüssel mit der Beschreibung des „Parkplatzes" warf ich in den Briefkasten des Fahrlehrers. So endete meine erste Autofahrt. War es ein gutes Omen?

Meine Kolleginnen hörten sich damals erstaunt meine Geschichte an. Das Gläschen Sekt auf „allzeit gute Fahrt" konnten wir daraufhin endlich genießen.

Zum Ende der Saison konnte ich mir tatsächlich mein erstes Auto in Lübeck abholen, einen kleinen Fiat 500. Bar bezahlt betrug sein Preis 3.650 DM. Mein Bruder bot mir kurz zuvor an, sicherheitshalber bei ihm noch einige Übungsstunden zu nehmen, mit Stadtfahrt durch Lübeck. Dankbar nahm ich es an.

Für 10 DM war das Auto vollgetankt und die Tankfüllung reichte etwa dreihundert Kilometer. Dieses, mein erstes Auto, fuhr ich stets mit Handschuhen. Ja, auch ich war im Wirtschaftswunderland angekommen, ganz wie der passende Schlager: „Geh'n wir mit der Konjunktur …", was den großen Bruder über seine kleine Schwester schon mal lästern ließ: „Heidi ist ganz vornehm. Sie wählt die Farbe ihres weißen Autos passend zu ihren Handschuhen." Es war die Zeit des absoluten Aufschwungs.

Unsere Gäste waren wohlbetucht, ein mehrwöchiger Urlaub gehörte zu ihrem Leben, doch protzig wirkten sie nie. Man hatte es. Wobei noch nicht alle Zimmer mit eigener Dusche oder eigenem Telefonanschluss ausgestattet waren. Für Gespräche gab es neben dem Empfang eine Telefonzelle. Gewünschte Telefonate von Gästen musste ich mit Durchgabe der Telefonnummer anmelden. Wenn die Verbindung durch das allseits bekannte „Fräulein vom Amt" geklappt hatte, wurde dies auf der zweiten Leitung durch ein Blinklicht angezeigt und ich konnte mit dem entsprechenden zweiten Stöpsel eine Verbindung zu dem Gästezimmer oder aber in die Telefonzelle herstellen. Diese Stöpselei an der sicher eineinhalb Meter breiten und einen halben Meter hohen Telefonwand dauerte ihre Zeit. Die Gebühren für das Gespräch wurden uns nach zehn bis zwanzig Minuten vom Amt mitgeteilt, auf Wunsch auch schneller.

Sowohl die Zimmerpläne für die Belegung als auch die Rechnungen schrieb ich von Hand.

Im Keller lag unsere sehr frequentierte Hausbar, besucht von eigenen und auch fremden Gästen. Bei mitreißender täglicher Live-Musik – es gab nur einen Ruhetag in der Woche – und in dichtem Zigarettenqualm kamen die Kellner mit dem Bedienen kaum hinterher.

Am Empfang legte mir einmal mit einem kleinen Schubs ein zwölfjähriger Contergan-Junge mit seinen Armstümpfen ein großes Portemonnaie auf den erhöhten Tresen: „Ich möchte bezahlen." Unter den in der Halle herumsitzenden Gästen wurde es mucksmäuschenstill, die Luft schien stehen geblieben zu sein, bis ich nach einer hoffentlich nicht wahrgenommenen Schrecksekunde sagte: „Na, dann wollen wir mal sehen." Gemeinsam erledigten wir unser Geschäft.

Unter den anwesenden Gästen war mir eine dunkelhaarige Dame als besonders akkurat, ja sehr penibel aufgefallen. Später hörte ich, dass sie eine Darmkrebsoperation mit seitlichem Darmausgang hinter sich hatte.

Es kam vor, dass mich Gäste vor ihrem Urlaub anriefen und fragten, was sie mir mitbringen könnten. Das Buch von Lin Yutang „Weisheit des lächelnden Lebens" stammt noch aus dieser Zeit. Oder sie gaben mir ihre Strandkorbnummer: „Morgen sind wir nicht da, den können Sie dann benutzen, wenigstens in Ihrer Mittagspause."

Als ein unangemeldeter Gast partout ein Zimmer mit Seeblick wünschte, jedoch keines frei war, wollte er den Chef sprechen, der ihm zur Antwort gab: „Haben Sie nicht am Empfang gefragt?" „Doch, aber die Dame sagte, dass kein solches frei sei." „Wenn Frau Totz kein Zimmer mit Seeblick frei hat, habe ich auch keines frei."

Ein anderer Herr fragte abends etwas geniert nach einem Nachttopf. Ich rief die Chefin an. „Wir müssten noch einen von unseren Kindern haben, aber der spielt dann die Melodie: ‚Alle meine Entchen schwimmen auf dem See'. Ich komme gleich mit dem Fahrrad und bringe ihn." Ob der Gast später auch so lachen musste wie wir?

Nach Durchsicht meiner Gehaltsabrechnung sagte ich zum Chef: „Herr Brügmann, Sie haben ganz vergessen, Kost und Logis abzuziehen." „Ach ja, habe ich? Erledigen wir dann nächsten Monat." „Herr Brügmann, die Kosten sind wieder nicht abgezogen." „Na so etwas, dann ist es wohl so." „Dankeschön."

Im ersten Jahr bekam ich für die Saison eine Zusatzkraft, mit der ich noch heute in Verbindung stehe. Sie hatte früh ihre Eltern verloren und sich alleine durchgeschlagen. Irgendwie hatten wir die Idee geboren: „Wir wollen mal zu einem Psychologen gehen und das Leben durchsprechen." Doch die Möglichkeit, dass viele unserer Fragen noch komplexere Antworten zulassen könnten oder der Psychologe „zu psychologisch" sein könnte, hielt uns letztendlich davon ab.

Im zweiten Jahr stellte sich meine Mitarbeiterin als eine recht mondäne junge Dame heraus, wohlhabend, befreundet mit den Seglern der Regatten, vor allem aber sehr selbstbewusst. Benötigte sie ein Paar Strümpfe, ließ sie sich eine Auswahl ins Hotel kommen. Nach kurzer Zeit meinte mein Chef zu mir: „Wirst du noch mit ihr fertig? Wenn nicht, ist klar, wer gehen muss, sag mir Bescheid." Doch ein paar Monate hielten wir zusammen durch, sogar ohne Spannungen. Ich empfand diese Zeit als Test für den Umgang mit Mitarbeitern, wenngleich ich die Sicherheit meines Chefs im Rücken genoss.

Eines Abends hatten wir zwei Veranstaltungen, für jede war einer der beiden großen Verandaflügel reserviert. Bass erstaunt waren wir, als die Teilnehmer der Gesellschaften erschienen: Die einen in langen Abendroben, die andere bestand aus lauter geistig Behinderten. Doch die Bewirtung und der Ablauf der beiden Veranstaltungen verliefen sehr gut nebeneinander und jedem entsprechend. Niemand hat sich ausgegrenzt gefühlt.

Bei einem „Tatort"-Dreh in unserer holzgetäfelten Hotelhalle spielte ich sogar neben Bernhard Wicki mit, wenn auch nur für wenige Sekunden, was im Film kaum erkennbar ist. Nur wenig länger betrug meine Schauspieldauer in einem schwedischen Film für Schulen, in dem ich unter anderem mehrmals fragen musste: „Guten Morgen, haben Sie gut geschlafen?" Unseren Gästen stellte ich diese Frage die nächste Zeit nicht mehr.

Die Höhe meines Gehaltes war normal, doch das Trinkgeld überstieg, besonders während der Saison, meinen Lohn. Von einem älteren Herren erhielt ich beim Vorbeigehen fast jedes Mal 10 DM. Er blieb fünf Wochen. Meine Gedanken waren dabei: „Und wieder ist mein Auto vollgetankt oder mein Frisörbesuch bezahlt."

Ein Gast wollte mich partout abwerben, um im neu erbauten Maritim-Hotel in Timmendorfer Strand zu arbeiten. Doch ich lehnte ab, mir gefiel es dort, wo ich war. Herr Brügmann schien allmählich etwas beunruhigt, denn ich hatte es ihm gesagt und der Gast machte keine Anstalten, abzureisen. „Ist er immer noch hier? Wart ihr schon essen, oder ...?" „Ich bleibe hier, Herr Brügmann."

Wir alle arbeiteten gerne, die Arbeit, das Dasein im Hotel war unser Leben, gute Umsätze spornten uns an. „Wollen wir mal wieder wetten, wie unser Kaffeegeschäft wird?" „Oh ja, strengt euch nur tüchtig an." Wir waren für das Hotel da und das Hotel – der Chef – für uns. Natürlich waren wir für die Gäste verantwortlich, sie wurden mit Respekt, höflich und zuvorkommend behandelt, und irgendwie hatten wir das Empfinden, als seien wir eine große Familie.

Als Edelgard mit ihrem Mann und den drei oder vier Kindern in ihrem vierzehntägigen Urlaub bei unserer Mutter wohnte, brachte ich zum Abendessen drei schöne Stücke Räucherfisch mit. Ich war mir sicher, dass alle meine Mitbringsel mögen würden. Als ein wenig vorwurfsvoll empfand ich es schon, als ich hörte: „Das ist doch viel zu viel, wir haben doch Aufschnitt, halte dein Geld lieber zusammen."

Im Hotel wohnte jedes Jahr ein Ehepaar, das einmal pro Woche frischen Hummer genoss und mit Champagner anstieß. Sie blieben sechs Wochen. Unbemerkt schwammen wir Angestellte mit unseren Gästen auf dieser Welle des Wohlstandes mit. Das Gefühl einer Diskrepanz zwischen meinem Leben zu Hause und meinem Berufsalltag reagierte ich durch mehrmalige überflüssige und billige „Frustkäufe" ab. Oder ich setzte mich in mein kleines Auto und fuhr über irgendwelche Nebenstrecken durch die Gegend. Es hat sogar mal sechs Wochen gegeben, in denen ich beim Überqueren von Straßen bewusst nicht auf den Verkehr achtete. Warum nur fuhr mich kein Auto an oder gar um? Doch diese Zeit schien ich inzwischen bereits etwas länger überwunden zu haben.

Im Winter fiel die Arbeitsmenge durch die wenigen Gäste ungleich geringer aus, das Leben wurde dadurch ruhiger. Doch auf jeder Abteilung behielt der Chef im Winter wenigstens eine verantwortliche Person eingestellt, um die Saisonkräfte „mit durchzuziehen". So verbrachte einer der beiden Hauptkellner die Wintermonate bei seiner Familie im heimatlichen Italien, zum Frühjahr kehrte er zurück. Der andere wohnte, wie der Küchenchef und die Zimmermädchen, in Travemünde.

Hin und wieder ging mein Chef an den Strand. „Ich nehme mein Funkgerät mit, für Notfälle." „Gut, ich weiß Bescheid." Um dies zu testen, wollte ich ihn anfunken. Doch es meldete sich zu meiner Verwunderung jemand von einem der größeren, gerade einfahrenden Schiffe. Vom Hoteleingang aus konnte ich es sehen. Nach vierzehn Tagen fragte mein Chef: „Na, was macht dein Seemann, wart ihr schon aus?" Er hatte mitgehört.

Ein Ehepaar wollte mal an einem Mittwoch einen „reizenden jungen Arzt" mit mir gemeinsam zum Kaffee einladen. Sie bedauerten es dann sehr, dass sie vergessen hatten, dass es mein freier Tag war. Überhaupt ging ich stets infrage kommenden Verbindungen aus dem Weg. Nicht, dass ich gegen junge Männer Einwände erhob, sondern einfach, weil es mich unbewusst weiterzog. Wohl unternahm ich als Eingeladene in einer Gruppe von Gästen einen Kneipenbummel. „Hier ein Glas Sekt oder Bier, dort ein Krabbenbrötchen, einverstanden, Frau Totz? Sie kommen doch mit, wir würden uns freuen." „Gern, wenn Sie möchten."

Mit den Kellnern gingen wir gerne nach dem Dienst noch auf ein Bier und ein Tatar-Brötchen in unser kleines Stammlokal nebenan, zu dem Spieler an der Hammond-Orgel. „Passt es euch heute?" „Klar doch, aber heute bleiben wir nicht lange."

Oft gab es Familienfeste. Denn Manfred wie auch Wiebke, beide verheiratet, wohnten in der Nähe. Hier wurde ein Geburtstag, dort eine Taufe gefeiert oder ein vielversprechender Ausflug arrangiert. Und es fand in dieser Zeit unser erstes Familientreffen mütterlicherseits statt, das Tante Gertrud in Bremen organisiert hatte. Dazu durften wir die Schule benutzen, da wir Ferienzeit hatten. Aus meiner Generation waren neunzehn Cousins und Cousinen mit zusätzlich vorhandenen Partnern dabei, zur Generation meiner Mutter zählten elf Personen. Nur Onkel Fritz aus Mecklenburg konnte mit seiner Familie nicht teilnehmen. Mit dem heranwachsenden Nachwuchs feierten mehr als sechzig Personen ein absolut gelungenes Fest, das in ähnlicher Form an verschiedenen Orten noch mehrmals stattfinden sollte und den Zusammenhalt unserer weitverzweigten Verwandtschaft symbolisierte.

Zur Urlaubszeit im November 1970 vertraute mir Edelgard ihren damals fünfjährigen ältesten Sohn an, mein Patenkind. Für zehn Tage fuhren wir mit dem Zug nach Dorf Tirol bei Meran. Als absoluter Blondschopf richteten sich alle Blicke stets auf ihn. Neben Spielen und Taubenfüttern liebten wir beide Spaziergänge, bis ich im Wald meinte: „Ich glaube, wir haben uns völlig verlaufen." Mich anschauend, kam seine gelassene Antwort: „Du hast doch eine Karte, guck doch drauf." Es war eine schöne Zeit, doch die ungewohnte volle Verantwortung wieder abgeben zu können, empfand ich als große Erleichterung.

Die lange Strecke bis kurz vor Stuttgart meisterte ich als erste große Fahrt mit meinem kleinen Fiat. Die Kasseler Berge hoch überholten mich Laster mit Handzeichen, dass sie mich am liebsten Huckepack genommen hätten. Auf der Rückfahrt musste ich etliche Kilometer im Schnee fahren, sodass mich Polizisten an einer Bergstrecke herauswinkten, um die vielen riesigen Laster passieren zu lassen. Doch mein kleiner „Hutschefiedel" fuhr immer gut.

Im tiefen Winter hatten mir Kollegen mein kleines Auto unter Schnee völlig zugeschaufelt, oben drauf als Erkennung einen Zweig gesteckt. Und unser langjähriger Nachtportier erklärte mir lachend: „Wissen Sie, wir hatten mal eine verrückte Sekretärin, die fuhr auf ihrem Fahrrad nach Hause bis Lensahn und wieder zurück." Tatsächlich hatten mich Kollegen und einige Gäste laut klatschend bei meiner Rückkehr begrüßt.

Nachmittags kam ein Gast an den Empfang gekeucht: „Frau Totz, bitte einen doppelten Whisky, am besten gleich zwei." Hatte er große Summen gewonnen oder verloren? Nebenan stand das Casino, ein prickelnder Anreiz für ein immer wieder gewagtes Spiel, dem zu viele Leute einfach nicht widerstehen konnten.

Eine kurze Unterredung führte ich mit Albert Speer, dem einstigen Bauminister, als er am Empfang auf einen Gast wartete.

Heiligabend fuhr ich nach unserer häuslichen Familienfeier zur Mitternachtsmesse in die Kirche in Lensahn, auch um den Pastor mit seiner wunderbaren Stimme singen zu hören: „Ich steh an deiner Krippe hier …" Danach fuhr ich wie immer zu meinem Weihnachtsdienst nach Travemünde. Beides gehörte für mich in mein Leben.

Als Gäste und privat lernte ich eine Familie, bestehend aus Oma, Sohn und dessen fast erwachsener Tochter, kennen, Geschäftsleute aus dem Rheinland. Übersehen konnte man sie nicht; attraktiv der Vater mit schwarzen Locken, seine Tochter gleichfalls sehr hübsch, recht kapriziös, weil etwas verwöhnt durch einen gewissen Lebensstil, aber dennoch fest auf dem Boden stehend. Die Mutter umsorgt vom liebenden Sohn mit Ansichten, dass eben alles Wohlergehen – und vielleicht ein bisschen reichlich bemessenes Wohlergehen – zum Leben dazugehören muss.

Mit der Tochter habe ich mich sehr gut verstanden, mit dem Mann dann auch. Während seines Urlaubs gingen wir fast jeden Abend aus, mal hierhin, mal dorthin, auch zusammen mit der Tochter. Als Edelgard noch in Lensahn weilte, nahm ich sie ebenfalls dorthin mit. Ihr Kommentar: „Komisch, die Kinder kriegen abends ihr Butterbrot mit einer Scheibe Wurst oder Käse, dazu einen Apfel, ein Glas Milch und sind glücklich und gesund. Wir fressen und saufen uns durch die Restaurants, sodass wir dann viel zu viel gegessen haben. Zudem habe ich noch Zucker, sodass ich mich täglich spritzen muss (das tat sie dann auch schon mal im Restaurant unterm Tisch) und Papi sich genötigt sieht, ständig mit mir zu schimpfen." Dass bei uns nur ein bescheidenes Mahl möglich war, wirkte auf sie erfrischend, denn differenzierter konnte sie die Situation wohl in der kurzen Zeit nicht interpretieren. Später stellte ich auch den Vater zu Hause vor; zweifellos war es eine spannende Begegnung auf beiden Seiten, nachdem wir vor unserer Wohnung in seinem großen schwarzen Mercedes vorfuhren.

Nach drei Jahren in Travemünde ging ich mit ins Rheinland. In Dortmund fand ich am Hotelempfang eine neue Arbeit. Die Chefin hatte vier Posten des Hauses mit Angehörigen ihrer Familie besetzt und wachte wie eine stets anwesende Glucke und Matrone über korrekte Ausführung ihrer Regieanweisungen. Nur der Schwiegersohn vermochte sich durch seinen Charme hin und wieder einige Freiheiten zu erkämpfen.

Mir nahm sie mal 10 Pfennige aus der Kasse. „Die sind zu viel drin und damit für mich, Frau Totz. Trinkgeld hätten Sie gleich rausnehmen müssen." Es war dies eine Vorgehensweise, die konträr zu allen meinen bisher gemachten Erfahrungen stand. Die Frau war, wie sie war, ich aber anders.

Nach dem Dienst trafen wir uns, gingen aus, gerne in ein kleines, uriges Lokal in Düsseldorfs Altstadt. Dorthin fuhren wir mit meinem 500er, für andere Ziele nahmen wir „nur" seinen 300er. Ein Telefon in meinen Fiat einbauen zu lassen, hatte ich seit Langem abgelehnt. Für zuvor regelmäßig geführte Telefongespräche hat es eine Telefonzelle gegeben. Mit der Zeit gingen die Geschäfte nicht mehr wie gewohnt, doch das war nur eine Randerscheinung. Die Substanz für das Gemeinsame fehlte. Während seines Urlaubs und meiner Zeit im Rheinland hatten wir uns zwar darüber abgesprochen: „Was machen wir heute Abend oder morgen?", aber wohl nie gefragt: „Was machen wir mit unserem Leben?"

Die Verbindung ging in die Brüche, wie man so schön und kurz sagt, wohl auch, weil seine Mutter in mir nicht die wohlhabende und damit angemessene Partie für ihren Sohn sah. Natürlich war es in der Zeit schrecklich für mich, doch ohne anhaltende Flecken auf der Seele.

Mit der Tochter korrespondierte ich noch längere Zeit.

Schade war eigentlich, so dachte ich, nur die Aufgabe eines exzellenten Arbeitsplatzes.

In Hopfen am See/Allgäu

Ich ging fort und fand in Hopfen am See im Allgäu eine neue Tätigkeit. Die neue Arbeitsstelle war ein vor kurzer Zeit fertiggestelltes, sehr geschmackvoll eingerichtetes Kurzentrum mit diversen Therapiemöglichkeiten. Die Gäste empfand ich als solide und gut situiert und unter uns Kolleginnen herrschte eine harmonische Atmosphäre. Alle Rechnungen der einzelnen Therapieabteilungen wurden bei uns am Empfang beglichen.

Als Unterkunft erhielt ich ein Gästezimmer.

An einem freien Tag bei wunderschönem Sommerwetter steckte ich die Zahnbürste ein, wie man so schön sagt, und fuhr mit meinem Auto los. Die nähere Umgebung kannte ich bereits. Mein mehrtägiger Ausflug führte mich mit Umwegen auch über Gebirgsstrecken, wo ich auf der Passhöhe in meinen Sommerschuhen nicht einmal eine Postkarte kaufen konnte, da zu meiner größten Überraschung alles verschneit war. Als Unterkunft wählte ich Innsbruck. Zum ersten Mal genoss ich die überaus wohlschmeckende österreichische Küche in einem sehr gemütlichen Restaurant, gleich neben dem „Goldenen Dachl". Ganz zufällig hatte ich den „Schwarzen Adler" entdeckt.

Am Empfang ist mir ein Gast, ein älterer Herr, in Erinnerung geblieben, da er bei seiner Abreise die gesamte Rechnung von 18.000 DM in bar bezahlte. Eine Kollegin vom Büro nebenan bat ich, doch bitte kontrollierend nachzuzählen.

Einen genussvollen Abend verbrachte ich bei einem Konzert auf Schloss Neuschwanstein. Überaus festlich in langen Röcken gekleidet wurden alle Besucher in Bussen in die hell erleuchtete, schmale Straße zum Schloss hoch gefahren, um dann langsam die Treppen zum Festsaal emporzusteigen.

Wie ein Lauffeuer ging plötzlich die Kunde von einem zum anderen: „Dem Direktor ist mit dem heutigen Datum gekündigt worden." Anhaltende Stille in der Halle, als ob das Leben aufhören würde. Doch die große Uhr tickte weiter, am Empfang klingelte das Telefon, der Kellner kam und nahm Bestellungen entgegen. Am Nachmittag übernahm der neue Geschäftsführer souverän die Leitung. Als Einführung feierten die Gäste wie immer den einmal monatlich stattfindenden „Bayrischen Abend" mit kalt-warmem Büfett, Schrammelmusik und Schuhplattler. Als Abschluss blies ein Trio auf der Terrasse die klangvollen tiefen Töne der Alphörner, die weit über die Täler von Berg zu Berg und wieder zurück hallten. Alle lauschten andächtig der „Abendstille überall …"

Eigentlich stimmte alles, es war harmonisch, es hätte ein Posten für viele Jahre sein können. Oder doch nicht? Einen Gast traf ich eines Tages in Füssen, als ich in meiner Freizeit ein schickes Kostüm französischer Machart trug. „Guten Tag! Ich hätte Sie aber wirklich kaum wiedererkannt. Sie sehen so völlig anders aus als in dem angetrachteten Outfit am Hotelempfang. Als seien Sie ein anderer Mensch."

War ich noch ich, verkleidet während der vielen Stunden in meinem Dienst? Hatte ich mich hier, auch vor mir selbst, „versteckt"? Ein Arbeitsplatzwechsel, um Erfahrungen zu sammeln, gehörte im Hotelfach dazu. Genügend Arbeitsplätze waren vorhanden. Irgendwie dachte ich jedoch insgeheim daran, meiner Wanderschaft ein Ende zu setzen. Auch wenn mich die so viele überkommende Torschlusspanik nie wirklich erfasst hat.

Mein Strandhotel in Travemünde existierte nur noch ein gutes Jahr und wurde dann abgerissen. Für die letzte Saison hatte mich mein ehemaliger Chef noch in Dortmund angerufen, ob ich nicht Lust hätte, für ihn zu arbeiten. Da allerdings war ich noch mit meinem Bekannten zusammen gewesen. Nun sollten moderne Appartements die Lücke füllen, wo einmal das Hotel gestanden hatte. Mit viel Atmosphäre in der gewachsenen Tradition hatte es den steigenden Bedürfnissen der Gäste nicht mehr Genüge tun können. Eine Komplettrestaurierung hätte sich für Herrn Brügmann nicht gelohnt. Sie hatten es verkauft. Die Zeit war über es hinweggerollt.

Heute erinnert mich noch der Brügmanngarten neben dem Casino an meinen früheren Chef. Und eine weiße Serviettentasche mit dem handgestickten Monogramm „Strandhotel" von seiner Mutter. Zufällig erfuhr ich die Adresse von Frau Brügmann, ich schickte sie ihr zu.

Noch einmal in Travemünde

Ich wagte erneut den Sprung in den hohen Norden und fand am Steilufer in Travemünde meinen nächsten Arbeitsplatz. Doch es war nicht mehr „mein" Travemünde, die Hotels waren nicht vergleichbar. Wiederholen wollte und konnte ich nichts, aber es dennoch versuchen? Hatte ich mich verändert? Tief im Inneren wurden mir die Wünsche und Wichtigkeiten vieler Gäste gleichgültig. Zumindest maß ich ihnen nicht mehr den gleichen Stellenwert bei wie früher. Der Chef war meist in seinem Haupthotel in Hamburg. Meine Kollegin war mit einem älteren Mann verheiratet, ich empfand sie als nicht gerade interessant.

Mein Traum, etwas mit Kindern und besser noch auf internationaler Ebene zu tun, festigte sich mehr und mehr. Ich hatte ein Buch gelesen von einer Frau, die fernab eine Gruppe von Kindern mit kaum überwindbaren Widrigkeiten übers Gebirge in Sicherheit brachte. Es hatte mich fasziniert. In der Erinnerung: Es handelte von Tibet-Flüchtlingen.

Nun sparte ich für den Urlaub, den ich mal wieder nur im Spätherbst nehmen konnte. Jeden Groschen legte ich für die angemeldete Gruppenreise nach Thailand zurück. Es war ein privates Reisebüro im Schwäbischen, bei dem ich mich auf eine Anzeige hin gemeldet und ein halbes Doppelzimmer gebucht hatte. Es würde mein erster Flug sein. Den Tag zuvor musste ich noch ungeplant Dienst versehen, sodass ich nachts mit dem Auto zu Edelgard fuhr, wo ich morgens um 4 Uhr auf dem Parkplatz ankam; denn eine nächtliche Rast wagte ich unterwegs alleine nicht einzulegen.

Treffpunkt war die Flughafenhalle in Stuttgart, die meisten Teilnehmer kannten sich.

Bei einem morgendlichen Zwischenstopp in Bombay – heute Mumbai – versahen bei bereits schwüler Hitze Flughafenbedienstete in Khaki-Shorts und Schiffermützchen ihren Dienst und riefen in mir ein Flair von Orient hervor, zumal ein großer, runder Feuerball als aufgehende Sonne alles in Glutrot tauchte.

Ein Mitreisender zu mir: „Warum fliegst du denn nach Thailand? Dort gibt es doch genug Frauen, die so aussehen wie du …" Von der Größe traf es sicherlich zu, und sonst? Ich fühlte mich fast wie beheimatet in dieser so anderen Welt. Das in wenigen Stunden genähte Kleid für mich passte perfekt. Mein Zimmer teilte ich mit einer zwanzig Jahre älteren Frau in bester Harmonie.

Als angemeldete Gruppenreise aus dem Hotelfach nächtigten wir auch im Hotel Oriental in Bangkok, wodurch wir eine Besichtigung erhielten.

Ich höre noch den Direktor dieses First-Class-Hotels bei seiner Erklärung: „Hier arbeiten mindestens drei Mädchen, die nur roséfarbene Servietten in Seerosenform falten. Und hier, schauen Sie, wird der Orangensaft, hauptsächlich zum Frühstück, von zwei bis drei Personen mit der Hand gepresst. Ich könnte eine kleine Maschine anschaffen, aber dann müsste ich die Leute entlassen, das möchte ich nicht." Wir schrieben das Jahr 1974.

Auf dem Rückflug machten wir Station in Rom, mit der Besichtigung einer Cateringfirma für die Fluglinien sowie einer Besichtigung der jahrhundertealten Monumentalbauten. Zurückdenkend an unsere Rundfahrten mit Taxibussen und Booten als farbenprächtige schwimmende Märkte in den thailändischen Kanälen sinnierte ich: Klongs und Kolosseum haben wirklich nur das K am Beginn des Wortes gemein.

Nach meiner Rückkehr aus Asien spürte ich nach diesem architektonischen Ausflug in Rom dann in Deutschland eine Veränderung, die sich auf mein Empfinden des Landes niederschlug: Alle Menschen zeigten sich ernst und korrekt, schon im Flugzeug; das Lächeln sowie die Fröhlichkeit, die eine Leichtigkeit im Dasein gleich mitzuschenken schienen, waren verschwunden.

Die nächste Reise führte uns im Jahr darauf nach Israel, wo fast jedem Stein seine Geschichte und Symbolik eingemeißelt ist. Ich konnte nicht ahnen, dass die faszinierenden biblischen Besichtigungstouren von Tiberias bis Hebron über Bethlehem und die mir unvergessene Altstadt von Jerusalem Jahre später zu meinem täglichen Leben gehören sollten. Doch Urlaub und längerer Wohnsitz lassen uns besonders in diesem Land – zumal in einer gerade gewährten Periode des Friedens oder eben auch nicht – verschiedene Blickwinkel einnehmen und krasse Gegensätze erkennen.

Bei meiner Suche nach einer neuen Tätigkeit, die meinen sich ändernden Interessen mehr entsprach, stieß ich im „Reader's Digest" auf eine Hilfsorganisation, die Tom Dooley Foundation in den USA. Dort empfahl man mir, mich zunächst an den Deutschen Entwicklungsdienst zu wenden, der mich auf meine Anfrage nach einer Mitarbeit zu einem dreitägigen Test in den Taunus einlud. Ich empfand diese Testzeit als gut durchdacht, dennoch galt mein Interesse ebenso den Mitbewerbern. Was waren das für Leute, die in Übersee arbeiten wollten?

Wenn ich akzeptierte, sollte ich als Kontaktperson zwischen der Zentrale in Deutschland und Mitarbeitern in Afghanistan fungieren, doch zuvor ein halbes Jahr in der Geschäftsstelle arbeiten. Krieg herrschte zu dieser Zeit nicht.

Die Abwägung zwischen Realisierung eines Traumes und der Realität ließ mich das offerierte Angebot ablehnen. Es schien mir zu wenig ausgereift und konkret zu sein. „Es ist noch nicht das Gesuchte."

Die Arbeit lief so vor sich hin. Unspektakulär und fast lustlos vergingen Tage, Wochen, Monate. Bis ich eines Sonntagnachmittags während eines ruhigen Dienstes im Nebenzimmer der Rezeption zwischen alten Büchern in einem Regal stöberte und eine Broschüre von Hermann Gmeiner über seine SOS-Kinderdörfer in den Händen hielt. In diesem Moment wusste ich: Hier lag die Chance, auf die ich gewartet hatte, um meinem Leben eine neue Richtung zu geben!

Seit etwa zwei Jahren bewohnte ich erstmals außerhalb meiner Arbeitsstelle eine kleine, aber sehr gemütliche Wohnung mit Balkon. Passende Möbel und nötige Kleinigkeiten hatte ich mit viel Liebe zusammengetragen; unter anderem eine Rattan-Sitzgruppe mit Sideboard, die ich in Hamburg Pöseldorf in einer Souterrain-Werkstatt hatte arbeiten lassen. Ich besitze sie heute noch. Sowohl ich als auch meine Besucher genossen die Aussicht. „Bei dir sieht es so aus, als wenn die Ozeanriesen direkt vor deinem Fenster vorbeiziehen." Denn durch die etwas erhöhte Lage der Wohnung sah man von den Schiffen, wenn sie die Travemündung passierten, nur die obere Hälfte, was mich schon mal denken ließ: „Hoffentlich fahren die mir nicht gleich in mein Wohnzimmer."

Dennoch stand für mich ohne zu zögern fest: Die geschätzten paar Tausend DM als Wert meiner Einrichtung würden mich nicht von dem mir aufgezeigten Weg in ein anderes Leben abhalten. Es war etwa die Höhe eines Jahresverdienstes, doch ich würde ja wohl noch länger leben, so hoffte ich.

Am nächsten oder übernächsten Tag kündigte ich meine Arbeitsstelle und meine Wohnung zu den nächstmöglichen Terminen.

Mein Kalender zeigte Anfang Januar 1976.

MEINE JAHRE BEI DEN SOS-KINDERDÖRFERN

Wenig später nahm ich den mir vom SOS-Kinderdorf e.V. in München mitgeteilten Vorstellungstermin im SOS-Kinderdorf in Lütjenburg wahr. An dieses Gespräch kann ich mich sehr gut erinnern. Daran gewöhnt, gepflegt und auch ansprechend aufzutreten, hielt ich es bei diesem Termin ebenso. Meine aus Israel mitgebrachte schwarze Wildlederjacke hielt ich für angemessen. Der Dorfleiter erzählte mir kurz einiges über seine Einrichtung als Teil der weltweit tätigen Organisation. Im Mittelpunkt des Gesprächs stand jedoch die ausführliche und ohne Verschönerung geschilderte Problematik bei der Erziehung von verhaltensauffälligen Kindern; denn sie waren ja nicht grundlos aufgenommen worden. Er schaute mich an: „Sie sehen eigentlich nicht so aus, als könnten Sie dieses alles so akzeptieren." Woraufhin ich meinte: „Und wie sozial muss man aussehen, um in Ihrer Organisation arbeiten zu dürfen?"

Ich durfte arbeiten, und zwar ab dem 1. April im SOS-Kinderdorf Harksheide bei Norderstedt. Der Termin war mir sehr bald aus München mitgeteilt worden.

Der erste Schritt auf dem neuen Weg war getan. Ihn zu gehen, bedeutete zunächst, innerhalb der nächsten wenigen Wochen meine Wohnung aufzulösen. Einige Teile nahmen mir meine Kolleginnen ab, vieles konnte ich bei meiner Mutter einkellern, zwei Möbelstücke nahm ich mit ins Kinderdorf, der Rest wurde verschenkt. Ich hatte zum Glück nur eine sechswöchige Kündigungsfrist auf meiner Arbeitsstelle.

Meine Mutter zeigte sich über diese Wende selbstverständlich überrascht. Vielleicht war sie insgeheim froh gewesen, mich in der Nähe zu haben, und hätte sich gewünscht, dass ich endlich sesshaft würde.

SOS-Kinderdorf Harksheide

Dieses Kinderdorf in Norderstedt existierte bereits seit Juni 1962; ebenso leitete die Einrichtung seit Beginn Herr Pütt als kompetenter Pädagoge und Allround-Organisationstalent. Als Laie hätte ich seine Fähigkeiten insgeheim zwischen denen eines Pfarrers und Pfadfinderleiters mit weiteren Kompetenzen eingeordnet.

Das Dorf bestand aus zwölf Familienhäusern mit den allgemein üblichen Zusatzeinrichtungen. Als eingestellte Familienhelferin wurde ich, wie auch meine Kolleginnen, drei oder vier Familien im Wechsel zugeteilt, um den Müttern mit ihren Kindern zu helfen und sie während ihres Urlaubs sowie anfallender Krankheitszeiten zu vertreten. Durch die Arbeit in nur wenigen Familien kannten wir die Kinder bald sehr gut. In unserem Personalhaus, in dem wir übernachteten, nahmen wir auch unsere Mahlzeiten ein, die nicht in die Arbeitszeiten fielen.

Im Vergleich zu meiner bisherigen Tätigkeit war es eine recht große Umstellung. Zunächst, dass ich zur Arbeit ging, ohne für mich arbeitsmäßig auszusehen. Etwas darzustellen galt nicht mehr, auch wenn ich zuvor stets versuchte, so wie ich bin zu sein. Doch das schwarze Kostüm war abgelegt. Hier war ich Mensch, hier durfte ich es nicht nur, sondern sollte ich es sein. Ein Mensch mit menschlichen Stärken und Schwächen und nicht bewertet nach vordergründiger Perfektheit. Und dennoch oder gerade deshalb: liebenswürdig.

Damit sah ich die Menschen plötzlich mit anderen Augen – als sähe ich durch die Äußerlichkeiten hindurch.

In unseren Familien mit sechs bis neun Kindern gab es immer etwas zu tun, die Zeit reichte nie. Doch es wurde etwas getan, selbst wenn die Arbeiten, wie ein gebackener Kuchen oder ein ausgebessertes Kleidungsstück, vielleicht nicht perfekt gelangen oder nicht ganz so hübsch wurden. Diese Arbeitsweise empfand ich als die natürlichere.

Der Arbeitsablauf richtete sich nach festgelegten Zeiten, ebenso die Schule, das Freizeitprogramm oder sonstige Vorgaben. Oder nach persönlichen Bedürfnissen der Kinder, die oft nicht kalkulierbar waren. Die Chance, mit dem Jüngsten zum ersten Mal spielen oder reden zu können, musste in eben diesem Moment wahrgenommen werden. Zudem gewann ich den Eindruck, dass der liegen gebliebene Frühjahrsputz noch in jedem Haus erledigt werden musste.

Zugleich gab es mit den Müttern nebenbei viele Gespräche über die Kinder wie auch über uns selbst. Der Inhalt bestand in der täglich zu bewältigenden Aufgabe, die Kinder zufrieden und sogar glücklich heranwachsen zu lassen, damit sie eines Tages eigenständig ihr Leben meistern können würden. Mehr oder minder trugen viele an ihrem Päckchen der durchlebten Ablehnung oder zumindest Vernachlässigung. Sie wuchsen hier in eine neue und für sie manchmal gewöhnungsbedürftige Umgebung hinein. Es wurde durchaus getestet, wie viel Provokation oder schlicht Angst und Misstrauen von ihnen die Liebe einer Mutter aushält. Möglichkeiten zu provozieren gab es genügend, aber auch Möglichkeiten, wie die Mütter das meistern konnten. Bewundernswert.

Die Tür zum Schlafzimmer des Neunjährigen musste abends gemessene 67,5 Zentimeter geöffnet bleiben, morgen oder übermorgen durfte sie vielleicht schon weitere zwei Zentimeter geschlossen werden, bis sie irgendwann einmal ganz geschlossen werden konnte. Wenn er keine Angst mehr hatte, bei Dunkelheit im Zimmer zu sein. „Der Schlüssel steckt nicht, niemand schließt ab, du kannst die Tür jederzeit öffnen, wenn du möchtest." Anfangs dauerte es zehn Minuten, bis die Breite der Türöffnung mit dem Jungen abgeklärt war. Er wurde nicht überfordert, nur Schritt für Schritt an normale Verhaltensweisen herangeführt, um dann im Gleichklang mit den anderen Kindern in der Familie den Alltag zu erleben und genießen zu können.

Als Familienhelferinnen hatten wir zwar unsere wöchentlichen Arbeitszeiten, doch wenn man abends noch länger zusammensaß, konnte die Dienstzeit schon mal recht fließend in die Freizeit übergehen.

In einer anderen Familie vertrat ich die Mutter. Über Tag spielte der Fünfjährige herum, kletterte auf den niedrigen Baum neben dem Haus, sang fröhlich vor sich hin, pfiff und rief mir zu: „Guck mal, du blöde Kuh, hier bin ich." „Meint er mich?" Irgendwie hatte ich den Eindruck, dass er mich in seiner guten Laune gar nicht wahrnahm. Die anderen Kinder kamen, auch das Abendessen verlief gut und bald lagen alle in ihren Betten. Hörte ich da nicht komische Geräusche aus der Küche? „Ganz ruhig, Heidi", dachte ich und sah nach. „Was machst du denn da?", fragte ich den Fünfjährigen, der auf dem Hocker vor dem Herd stand. „Ich habe heute einen schönen Tag gehabt, Frau Totz, und nun putze ich Ihnen als Dank dafür die Herdplatten." „Das ist aber lieb von dir. Doch du bist ja schon gleich fertig." „Ja, dann gehe ich ins Bett."

Während der Sommerferien war eine vierwöchige Freizeit an der Nordsee in Dänemark geplant. Der Dorfleiter selbst kam mit und trug für uns alle die Hauptverantwortung. Uns Gruppenleitern waren je fünf bis acht Kinder beziehungsweise Jugendliche anvertraut. Ich als Älteste bekam die Gruppe der großen Mädchen, wobei die Entscheidung zur Teilnahme bei einem sehr blonden Mädchen erst kurz zuvor getroffen war, da es sehr „freiheitsliebend" reagieren konnte.

Am ersten Abend kam ich erst später zu unserer Abschlussbesprechung, gegen 22 Uhr, da ich mit meinen Mädchen das Tagesgeschehen nicht vorher abgeschlossen hatte. Eines von ihnen war verliebt: „Frau Totz, Sie haben ja gar keine Ahnung, wie das ist … mit Ihren dreiunddreißig Jahren." Ebenso gehörten zu meiner Gruppe aber auch zwei absolute Sportskanonen, was sich für Paddelbootfahrten und sonstige Aktivitäten als äußerst hilfreich erwies. Niemand haute während dieser Fahrt ab oder wurde ernsthaft verletzt. Diese Freizeit zeigte sich alles in allem als eine tolle, erfahrungsreiche Zeit mit den jungen Mädchen, die wir in Gemeinschaft verbringen durften. Und für die Mädchen selbst ohnehin.

Mit drei größeren Jungen war ich auf Fahrradtour, die die Familie selbst ausgeguckt hatte; denn ich hatte behauptet: „Ich kann Rad fahren und einiges an Power besitze ich auch!" Zum Schluss zogen sich die Kilometer wie erwartet endlos hin. „Ich kann nicht mehr sitzen." „Was, zehn Kilometer noch?" „Ich habe Hunger." Nach etwa achtzig Kilometern freuten wir uns, endlich zu Hause angekommen zu sein; dennoch waren wir uns einig, dass es trotz dieser enormen Anstrengung ein großer Spaß gewesen war, bei dem herrlichen Wetter die Tour unternommen zu haben; ebenso, gleichzeitig zu testen, wie viel man schaffen konnte.

Diese Jungen hatte ich während meiner ersten Arbeitstage mal in ihrem Hunger völlig überschätzt, als meine zum Mittagessen gekochten Nudeln, wie in dem Märchen vom Hirsebrei, im Topf immer mehr und mehr wurden und sie statt für den gedachten Tag gleich drei Tage reichten. Als ich bereits länger in der Familie arbeitete, sagte der Älteste während einer Unterhaltung in ehrlich gemeinter Offenheit: „Frau Totz, Sie können doch eigentlich froh sein, dass wir keine Eltern haben, sonst hätten Sie gar keine Arbeit." Dies war eine völlig neue Sichtweise für mich.

Inzwischen hörte ich von der Möglichkeit, als Mitarbeiter oder Mitarbeiterin beim Aufbau neuer Kinderdörfer weltweit tätig zu sein. Daraufhin bewarb ich mich heimlich beim Hermann-Gmeiner-Fonds als eventuellem neuem Arbeitgeber.

Hermann Gmeiner hatte 1947 begonnen, das erste Kinderdorf in Imst/Tirol aufzubauen, seinerzeit für Kriegswaisen. Seine Prinzipien: Kinder mit einer Frau als Mutter in einem Haus und einer Gemeinschaft als Kinderdorf aufwachsen zu lassen. Später wurde seine Idee mit diesen vier Prinzipien in alle Welt hinausgetragen, angepasst mit den Gedanken: mit einer Mutter als Bezugsperson aus ihrem Land, ihrer Religion und ihrer Kultur. Erweitert wurde das eigentliche Kinderdorf durch erforderliche Zusatzeinrichtungen. Beim Hermann-Gmeiner-Fonds wie auch bei einigen anderen SOS-Vereinen waren Auslandsmitarbeiter eingestellt, die Hauptaufgabe war jedoch die Finanzierung von neuen Projekten als auch der Unterhalt all dieser Einrichtungen, deren Bestehen abgesichert sein musste. Denn die Organisation lebte von Spenden.

Die nächsten Monate waren ausgefüllt mit Aktivitäten und Entscheidungen. Es war wirklich spannend. Doch ich fühlte mich getragen von wissender Zuversicht, dass mich die eingeschlagenen Schritte auf einem geordneten Weg zu einem guten und von mir gewünschten Ziel bringen würden.

Nach einer Unterredung mit dem Dorfleiter darüber, in Deutschland weiter den eingeschlagenen Weg zu gehen oder aber im internationalen Aufbau tätig zu werden, befürwortete er meinen Plan. Er wollte mich in meinem Wunsch unterstützen und meldete mich zu einem einmaligen, in Kürze in Österreich stattfindenden Kurs für Auslandsmitarbeiter an. Auch meine Kollegen fanden meinen in den Raum gestellten Wunsch für mich sehr passend.

Doch ich hatte meinen dritten Urlaub mit der bekannten Reisegruppe bereits gebucht und auch schon bezahlt. Diesmal sollte es nach Kenia gehen. Ich sagte ihn nicht ab.

Es war bereits Mitte Oktober, als ich wie vorgesehen mit warmer Bekleidung nach Österreich fuhr. Die Themen in diesem Ausbildungskurs reichten von Entstehung und Entwicklung der Kinderdörfer mit ihren Nebeneinrichtungen wie Jugendhäusern, Ausbildungsstätten, Kindergärten, Schulen, den ersten Kliniken, der Mütterschule in Deutschland für den deutschsprachigen Raum bis zu Gesundheits-, Erziehungs- und Rechtsfragen. Ebenso wurden wir in die umfangreiche Finanzierung eingeführt. Zu allen Themen sprachen verantwortliche Leiter der Organisation, ebenso Mitarbeiter von Einrichtungen aus Übersee, die sich gerade auf Heimaturlaub befanden. Es waren durch ihre Persönlichkeit überzeugende und damit faszinierende Personen. So schilderte ein Mitarbeiter aus Bolivien anschaulich und sehr alltagsnah seine Aufgabe mit den damit verbundenen Besuchen in den umliegenden Armenvierteln. „Wie erklärt man einem kleinen, aufgefundenen Jungen, der bisher nur Hunger und seinen leeren Bauch kannte, dass er heute nach zwei leer gefutterten, fast heruntergeschlungenen Essensportionen lieber aufhören soll? Kann er dem Erwachsenen trauen, dass er ihm, wie versprochen, morgen wieder einen Teller voll mit Essen gibt?" Es gelingt, wenn ihm mit vorsichtigem Aufhellen des Gesichtes und einer angedeuteten Zustimmung durch leichtes Kopfnicken signalisiert wird, dass er diesem Versprechen glauben kann. Die Verantwortliche aus Bethlehem, ruhig, fast würdevoll, führte uns in ihren so ganz anderen, konfliktgeladenen Alltag ein.

Und dann erzählte Hermann Gmeiner selbst in ganz liebevoller Schlichtheit, aber logischer Konsequenz vom Beginn der Kinderdörfer über die verschiedenen Stationen der Ausbreitung mit seinem stets zu erfüllenden Wunsch, für das Gute da sein zu wollen. „Alle Kinder dieser Welt sind unsere Kinder." Die Idee und die Begeisterung für das Gute, die in Tatkraft zum Wohle hilfsbedürftiger Kinder umgesetzt wurde, steckte an. Die Organisation wurde von einer unglaublich reichen Substanz getragen. Die Welt wurde durch sie größer und weiter, ganz sicher auch ein wenig liebens- und lebenswerter.

Nach dem Besuch des Patenbüros in Wien kehrten wir als Abschluss in ein Heurigen-Restaurant ein. Über eine Rutsche ging es in die Kellergewölbe. Nach dem Hauptgang meinte der neben mir sitzende Generalsekretär: „Frau Totz, Sie können bestimmt noch einen Nachtisch vertragen." „Eigentlich nicht, höchstens einen ganz kleinen." „Kennen Sie Germknödel?" „Nein." „Die müssen Sie kennenlernen. Ich bestelle Ihnen einen." Laut begannen alle zu lachen, als der Kellner mir einen Riesen-Germknödel servierte. „Heidi hat aber großen Hunger heute!"

Wir alle hatten in verschiedenen Kinderdorf-Einrichtungen übernachtet und waren dort auch verpflegt worden. Nun begannen die anderen Teilnehmer ihre Kurzpraktika. Ich hatte meine durch meine bisherige Arbeit bereits absolviert und fuhr zurück.

Wenige Tage später saß ich im Flugzeug nach Kenia, um meinen Urlaub wahrzunehmen. Ich hatte mir die Adresse des SOS-Kinderdorfes in Nairobi notiert, das ich besuchen wollte. An einem Nachmittag verzichtete ich auf die dortige Stadtbesichtigung, nahm mir ein Taxi und sagte zu dem Fahrer: „Ich möchte bitte zum SOS-Kinderdorf im Buru Buru Estate." „Yes, Madam, ich weiß." Er fuhr los. Nach kurzer Zeit hielten wir in einer Maisplantage, in der Nähe befand sich ein Holzschuppen. Als eine zweite Person auftauchte, forderte ich ihn spontan mit sehr barscher Stimme auf: „Und wenn Sie sich nicht sofort wieder an Ihr Steuer setzen und weiterfahren, was meinen Sie, was dann passiert?" Er war so erschrocken, dass er tatsächlich unverzüglich ins Auto stieg und weiterfuhr. Vielleicht wollte er die zweite Person wirklich nur nach dem Weg fragen, weil er die Strecke nicht kannte, oder war er einfach nur ein bisschen dumm?

Wenig später gab es im Kinderdorf mit dem dortigen österreichischen Projektleiter eine herzliche Begrüßung. Das Dorf strahlte in seiner Grundfarbe weiß mit maisgelben und roten Abstufungen als Farbtupfer eine fröhliche Atmosphäre aus. Mit seiner Familie hierhergezogen, hatte er vor wenigen Jahren mit dem Bau begonnen. Seine Frau Agnes arbeitete als gelernte Krankenschwester im Dorf mit. Ihre eigenen Kinder fühlten sich in den Familienhäusern fast genauso daheim wie im eigenen. Ich höre noch Herrn Herrneggers Erklärung: „Wenn dieses Dorf hier in Nairobi es zulässt, werden wir mit dem Bau eines Kinderdorfes in Mombasa beginnen."

Auf einer der wunderschönen Safari-Touren fuhren wir einige Kilometer parallel zu einer vorbeiziehenden Windhose und übernachteten anschließend zu zweit oder dritt inmitten der Weite der Savanne in mitgebrachten und schnell errichteten Zelten. Unser Nachtlager war gut gewählt; denn kleinere Herden von Gnus, Gazellen oder Antilopen zogen grasend in angemessener Entfernung vorüber oder erfrischten sich vor dem Einfall der Nacht noch mit einigen Zügen aus einem Tümpel. Unter einem sternenübersäten Himmel sorgten patrouillierende Askaris für Sicherheit und einen halbwegs beruhigten Schlaf. Kurz zuvor erkannte ich noch in diesem Sternenglitzer das „Kreuz des

Südens". Danach besichtigten wir den lokalen Gemüsemarkt in Mombasa. Es hatte während der letzten Nacht etwas geregnet. Eine Mitreisende: „Igitt, igitt, ist das aber rutschig und dreckig hier! Wer hier wohl einkaufen muss?" Ich konnte nicht ahnen, dass ich es sein würde, die nur wenige Jahre später die Kinderdorfmütter regelmäßig zu ihrem wöchentlichen Einkauf hierher fahren würde.

Mich faszinierte dieser abwechslungsreiche und äußerst interessante Urlaub – oder nahm ich die vielen Eindrücke in Bezug auf meine geplante Auslandstätigkeit bereits ein wenig anders als die übrigen Mitreisenden wahr? Gab es in mir verborgen eine kleine Ecke mit unbewussten Ahnungen?

Anfang Dezember erhielt ich die Zusage vom Hermann-Gmeiner-Fonds, dass ich als neue Mitarbeiterin ab dem 1. Januar 1977 vom Deutschen SOS-Kinderdorf e.V. übernommen wäre. Und am 30. Dezember erhielt ich die Anfrage, ob ich es schaffen könnte, bereits am 11. Januar zu fliegen, nachdem man mir zwei Tage zuvor den Libanon als Einsatzland mitgeteilt hatte.

Nachdem der Krieg dort seit gut einer Woche offiziell beendet war, konnten wir bereits den wieder geöffneten Flughafen in Beirut anfliegen, ohne einen Umweg über Damaskus in Syrien zu nehmen.

Herr Pütt erriet meine sich überschlagenden Gedanken. „Ihre Möbel heben wir dann wohl erst einmal für die nächsten zehn Jahre auf", so seine humorvolle Unterstützung. Er war mir in jeder Hinsicht eine wirkliche Hilfe gewesen, die ich nun nur mit vielen „Umärmelungen" erwidern konnte. Die Erinnerungen bleiben.

Ich hatte also für alle Vorbereitungen zehn Tage Zeit, einschließlich der nötigen Impfungen. Gemeinsam mit einem Kollegen aus dem absolvierten Kurs würde ich in den Libanon fliegen. Er war Österreicher, sprach jedoch als gebürtiger Palästinenser fließend arabisch.

Auf dem Hamburger Automarkt am Flughafen verkaufte ich mein Auto. Mit einem Mietwagen unternahm ich den nun doch schweren Schritt, mich von meiner Mutter zu verabschieden, die bis zu diesem Zeitpunkt keine Ahnung von meinen Plänen und Vorbereitungen hatte. Wie zu vermuten, war sie völlig sprachlos. Doch bevor sie es wohl richtig aufgenommen hatte, war ich bereits abgereist. Zweifellos konnte ich die Wirkung meines Schrittes auf sie nicht ermessen.

Doch in der Entschlossenheit und in der absoluten Dichte meiner Gedanken hatten keine Erklärung oder Diskussion Platz.

Niemanden hatte ich eingeweiht, niemand sollte versuchen, mich durch hervorgebrachte Argumente, die meiner Meinung nach nur durch deren persönliche Beweggründe gespeist wären, in meinem Verhalten zu beeinflussen.

„Wirklich wichtige Entscheidungen soll man alleine treffen."

Ich muss gestehen, dass mir am ersten Tag nach Erhalt dieser sich fast überstürzenden Nachrichten tatsächlich ein wenig schwindelig war. Doch nun schien alles geklappt zu haben. Wie so oft, wenn man sich im Nachhinein fragt: „Wie habe ich das eigentlich geschafft?"

Von einer Kinderdorfmutter mit einigen Kindern zum Nachtzug gebracht erhielt ich am kommenden Tag in München meinen neuen Arbeitsvertrag mit letzten Informationen und Ratschlägen.

MEIN TRAUM ERFÜLLT SICH
Im Libanon – der Krieg ist beendet

Es ist später Nachmittag des folgenden Tages, als das Flugzeug über Beirut kreist und langsam zur Landung ansetzt.

Die Sonne will untergehen und taucht den Abendhimmel mehr und mehr in ein glutrotes, ja fast mystisches Farbenspiel, unterbrochen von einzelnen, spitzen Zacken, die wie dunkle Pfeile in den Himmel ragen. Es sind die Überreste stehen gebliebener, zerschossener und zerbombter mehrgeschossiger Häuser. Eine himmlisch-schöne und gleichzeitig durch die von Menschenhand verursachte Zerstörung sehr bizarre Silhouette.

In einigen Häusern oder was davon übrig geblieben ist, denn Fenster und Türen fehlen, flattert aufgehängte Wäsche. „Die Brise vom Meer schafft Durchzug, sodass sie bestimmt ganz schnell trocknet", dachte ich. Makaber. Irgendwo zwischen den Wänden steigt eine kleine Rauchfahne auf, ich kann Menschen erkennen. „Essen müssen die Leute ja wohl auch noch." „Bitte anschnallen!" Wir landen.

Im Flughafen herrschte, wie nach einem Schock, verhaltenes Hin und Her. Geschäftigkeit wäre zu viel gesagt. Es war vielmehr so, als ob die wenigen Leute sich freuten, überhaupt noch gehen zu können. Oder taten sie es mechanisch, wie Marionetten, an unsichtbaren Fäden gezogen?

Abholen würde man uns nicht; denn es war noch nicht möglich gewesen, unsere Ankunft im ersten Kinderdorf des Landes, nur knapp dreißig Kilometer entfernt, rechtzeitig mitzuteilen. So bestellte mein Kollege in seinem fließenden Arabisch unser erstes Taxi mit einem moslemischen Chauffeur, der auch nur die moslemischen Straßen benutzte. Dann mussten wir umsteigen in ein christliches Taxi, da wir christliches Gebiet passierten. Also wiederum ein Taxi ausfindig machen, den Preis aushandeln, Gepäck umladen. Insgesamt benötigten wir sieben verschiedene Taxen, bevor wir die kurze Strecke ins Kinderdorf geschafft hatten.

Wir fuhren durch völlig zerschossene Straßenzüge, wie durch eine Geisterstadt, passierten aber auch eine Häuserzeile, die beidseitig der Straße fast unbeschädigt geblieben war, in der Geschäfte geöffnet hatten und wo das Leben weiterlief, als hätte es den Krieg mit seinen Zerstörungen nie gegeben.

Im Kinderdorf wurden wir zwar freudig, aber auch verhalten begrüßt. Die Geschehnisse zeichneten sich spürbar in den Gesichtern und im Verhalten der Bewohner ab. Die Monate des Krieges hatten ihre Spuren hinterlassen. Projektleiterin und damit verantwortlich war eine Österreicherin, ihr Assistent sowie weitere Mitarbeiterinnen als auch alle Mütter und Kinder waren Libanesen, wie es das Konzept der Kinderdörfer vorsah. Wir kamen mit frischer Kraft und Begeisterung für unsere Aufgabe hier an, die nun nicht gleich zu Beginn die vorhandene Atmosphäre zu stark überlagern oder gar erdrücken durfte. Doch Mütter und Kinder freuten sich über unsere Ankunft; zeigte es doch, dass es Neues gab, Leben wieder aufbrach.

Wir nippten an unserem arabischen Kaffee aus den kleinen, bunten Porzellanschälchen, aromatisiert mit Kardamom. Er tat gut. Als vorübergehende Lösung würden wir Unterkunft in einem befreundeten und nahe gelegenen Konvent finden.

Mit Interesse und Betroffenheit hörten wir die Geschichte über den gewesenen, monatelang andauernden Krieg. In einem älteren Gebäude auf dem Grundstück fanden die Bewohner des Kinderdorfes im einzigen Keller oft und für viele Stunden Zuflucht vor den Bomben. „Dort unten führt die Verkehrsstraße vorbei." Das ganze Land breitete sich hügelig und bergig vor uns aus. Zwischen den Häusern auf dem Dorfplatz spielten Kinder. Ein Junge kam mit zwei Krücken. Die Kinder wussten, sobald es Alarm gab, hatten sie auf Kommando in dem Keller zu verschwinden. Ein Junge hatte es mal nicht rechtzeitig geschafft, er verlor „nur" ein Bein.

Wir nahmen über Adressen und Mitglieder des bestehenden Kinderdorf-Vereins Kontakt auf. Oft saßen wir bei Besprechungen mit für uns wichtigen Personen in warmen Jacken oder Mänteln in den Räumen; denn der kleine übliche Ofen mitten im Zimmer, in dem gleichmäßig, aber langsam das Kerosin tropfte, schaffte es mit seinem langen Rohr nicht, Wärme zu zaubern. Noch war der Winter nicht vertrieben. Letzte Schneereste lagen auf den umliegenden Hügeln.

Mittlerweile hatte ich im Dorf neben den Müttern auch fast alle Kinder kennengelernt.

Wir zogen nach Chtaura, einer mittelgroßen Stadt im Herzen des Landes. Nach intensiven Bemühungen hatten wir bei einem „Hadj", einem älteren Moslem mit seiner Großfamilie, eine Wohnung gefunden. Sein Titel zeigte an, dass er nach Mekka gepilgert war. Stets hilfsbereit, half er uns mit Adressen, bei diversen Fragen und erklärte uns bei einer gemütlichen abendlichen Runde vieles über Land und Leute. Seine Frau backte uns dann in einem kleinen Nebenraum über glühenden Kohlen auf der runden, gewölbten Eisenschale herrlichste und riesengroße, aber hauchdünne Fladenbrote. Offiziell hatte er achtzehn Kinder.

Für unsere erste Grundstücksbesichtigung erhielten wir von offiziellen Behörden Militärbegleitung in zwei Jeeps. War es nötig oder wollte sich damit nur eine religiös-politische Gruppierung wichtigmachen? Das Grundstück lehnten wir ab. Es war nicht besonders geeignet, doch vor allem wollten wir uns nicht von unserer zu beherzigenden Neutralität abbringen lassen. Wir als unbefangene Neulinge ohne Vorbelastung waren stets mit den offensichtlichen Polaritäten von Islam und Christentum konfrontiert. „Vielleicht ist es nur gut, dass vor allem ich so unbedarft an die Aufgabe herangehe", dachte ich.

Wir fuhren mit dem orangefarbenen VW-Bus des Dorfes zu einer Besichtigung an den Lac de Quaroun, im Süden des Landes gelegen. Hügel und Berge breiteten sich aus, strahlend blau lag der See vor uns. Rechts eine Schafherde, kastenförmige Häuser, farbig getüncht, jedoch meist abgeblättert; Frauen in bunter Kleidung trugen Kopftuch. Kinder spielten auf dem steinigen Gelände, Sonnenstrahlen brachten die ersten Frühlingsblumen zum zaghaften Blühen. „Schön wäre es, hier ein Dorf des Friedens zu bauen."

Bei der anberaumten Besprechung war ich zwischen etwa dreißig meist älteren Männern die einzige Frau. Verwundert wurde ich begutachtet. Nicht nur von Männern, sondern offensichtlich auch von Frauen, denn hinter jedem Fenster bewegten sich die Gardinen, wie ich feststellen konnte, als mein Blick an den Hausnummern entlangschweifte.

Von der in Arabisch geführten Unterhaltung verstand ich zwar kaum etwas, dennoch empfand ich den deutlich positiven Tenor dieser Zusammenkunft, etwas so Wertvolles für die Kinder allgemein und speziell die Betroffenen des Krieges zu tun. „Doch vielleicht ist es noch ein bisschen zu früh", meinten einige.

Als mein Kollege mir nach der Besprechung in kleinen Gruppen mit einer Geste zuwinkte und rief, doch den Bus zu bringen, rief ich zurück: „Ja, ich komme." Und fuhr los. Beim Kaffeeausschenken meinte dann eine Frau, bezugnehmend auf meine spontane Reaktion, überrascht zu mir: „Sie sind doch eine Europäerin und Sie gehorchen einem Mann?" „Ja." Unter leichtem Lachen fuhr ich fort: „Aber wenn ich gerufen hätte, hätte er den Bus ebenfalls gebracht!" Staunen, Ungläubigkeit? Ich konnte es fast sehen, wie intensiv ihre Gedanken nun arbeiteten … Hatte ich soeben für sie unfassbare Anschauungen als selbstverständlich erklärt?

Bald nach meiner Ankunft in Chtaura begann ich, privaten Arabischunterricht bei einer jüngeren Lehrerin zu nehmen, obwohl nicht feststand, wie lange ich in diesem Land bleiben würde. Doch ohne die Sprache des Landes zu sprechen – wenigstens etwas, beginnend bei täglichen Erledigungen –, würde ich mich selbst als Außenseiterin abstempeln und nicht gewillt zeigen, mein Gastland zu respektieren. Zudem, wie sollte ich mit einfacheren Leuten sprechen? Mit der Zeit konnte ich einiges verstehen und sprechen. Wir begannen bei Englisch oder Französisch, um letztendlich bei kleinen Sätzen in dieser Sprache zu enden. Und ich konnte bald meine Arbeit erklären.

Bei den vielen Treffen mit wichtigen Personen war ich meist zugegen. Auch wenn ich nicht alles verstehen konnte, so war mir doch meist eine Einschätzung der Atmosphäre oder Einstellung der Leute möglich.

Bei meinen Gesundheitsvorkehrungen hatte ich eine Cholera-Impfung zeitlich nicht mehr geschafft. Auf dem zuständigen Amt in Beirut fragte mich der Arzt: „Möchten Sie eine richtige Impfung oder nur einen Stempel?" Allein die Frage ließ mich antworten: „Danke, der Stempel genügt mir."

Ich war beim Einkauf. An der Straße stand ein Schaf angebunden, daneben wurde eines getötet, wiederum daneben eines ausgeweidet, neben dem eines in einem Bretterverschlag hing. Der Verkäufer fragte mich: „Welches Stück darf ich Ihnen davon herausschneiden? Es ist ganz frisch und noch warm." Ich war sehr froh, dass es nicht allzu weit entfernt einen Supermarkt gab. Alle Geschäfte lagen in Chtaura an der Hauptstraße und ich hatte immer das Empfinden, von jüngeren Männern beobachtet zu werden, es war fast wie ein Spießrutenlauf. Später übernahmen die Kandidatinnen die Aufgaben des Einkaufens. Belästigt wurde ich allerdings nie.

Die Suche nach Mütterkandidatinnen erfolgte zunächst über die bewährte Mund-zu-Mund-Propaganda. Ich suchte infrage kommende Familien auf, sprach über das Kinderdorf und unsere Arbeit, wenn es mir möglich war, unter Zuhilfenahme meiner geringen Arabischkenntnisse. Jeder Kontakt bildete einen weiteren Schritt zu unserem Ziel. Meist war ich gern gesehen, doch hin und wieder wurde ich auch von den Brüdern etwas argwöhnisch beäugt.

Mit vier moslemischen jüngeren Frauen hatte ich bereits eine Ausbildung in unserer gemieteten Wohnung begonnen. Erste Erfolge zeigten sich, nachdem die erste Kandidatin, eine Christin, sich im praktischen Alltag als lebensfremd und somit ungeeignet erwiesen hatte. Mit meinem Arabisch kam ich bei meiner Unterweisung recht gut zurecht. „Wer macht morgen Frühstück?" „Ich muss wegfahren." „Wer hat eine Frage?" Und so weiter. Eine von ihnen konnte sicherheitshalber übersetzen oder erklären. Fremd war für mich, dass unsere Geräte in der Wohnung zwei verschiedene Stromstärken hatten, folglich stand auf dem Fußboden in der Ecke ein kleiner Transformator.

Natürlich wurde in der Wohnung, in der ich mit den ersten Bewerberinnen gemeinsam wohnte, arabische Musik gespielt. Die bekannte Sängerin Faie Rouz sang zwar wunderbar, doch nach Stunden arabischer Musik erfreute ich mich dann während meiner Fahrten umso mehr an den stillen melodischen Tönen aus dem Autoradio mit einem Sender klassischer Musik.

Als eine der Frauen, Dalal, mal etwas Kochschinken kaufte, war meine Reaktion: „Dürft ihr den denn essen?" „Ich ja, der schmeckt nämlich, der Schinken ist doch nicht schlecht, das kann ich mir nicht vorstellen. Wenn der Schinken das nicht ist, kann er mich auch nicht zu einem andern Menschen machen. Außerdem essen Sie doch auch Schinken." Sie war eine fröhliche Person, die ihre Ausbildung genoss. Die etwas nachdenkliche Sakinah sagte bei Tisch: „Die Scheibe wurde ja nun zusammen mit dem Ei gebraten. Wenn ich euch die Scheibe Schinken lasse, ist dann in dem ausgebratenen Fett für das Ei etwas von dem Schinken enthalten?" „Lass es bleiben, wenn es dir schwerfällt." Passend zur Situation fiel mir in diesem Moment der Ausspruch Rudolf Steiners ein: „Schlimmer als Schinken essen, ist Schinken denken."

Die allgemeine Lage war sehr kompliziert, alltägliche Aufgaben wurden oft verzögert oder behindert. Allein die syrische Armee hatte in Beirut etwa dreißig Kontrollposten aufgebaut, was bedeutete, dass wir jedes Mal das Auto anhalten und den Ausweis vorzeigen mussten. Allein diese Autofahrten mit den verschiedensten Hindernissen erwiesen sich hin und wieder als unerwünschtes, vor allem jedoch überraschendes Abenteuer.

Mit Marie, der Leiterin einer Höheren Schule und Vereinsmitglied, fuhr ich im Bus zu einem Termin, als wir wie üblich dem Kontrollposten unsere Ausweise zeigten. An mich gewandt sagte er: „Wie heißen Sie, wo steht das?" Sie konnten nicht immer englisch oder französisch lesen. Ich zeigte auf meinen Namen und sagte ihn langsam vor. Ich bemerkte, wie undefinierbare Blicke zwischen Marie neben mir und dem Armeeposten gewechselt wurden. Irgendetwas stimmte nicht, denn beide unterdrückten ein Lachen. „Heißen Sie wirklich so?" „Das steht da doch." „Wiederholen Sie das." Dann eine Handbewegung des Postens: Weiterfahren!

Plötzlich fing Marie schallend an zu lachen. „Heidi, ich wusste nur diesen Namen von dir. Totz kannte ich gar nicht." Adelheid sagte ohnehin niemand. „Wie du weißt, heißt ‚Heidi' auf Arabisch ‚dies ist' oder ‚das ist'. Aber ‚Totz' heißt ‚der Hintern'. Nicht, wenn du es aussprichst, aber wenn es ein Araber sagt. Ich werde dich nur noch als ‚Heidi' oder ‚Madame Heidi' vorstellen."

Abends in privater Runde mit vielen jungen Männern war unser Erlebnis das nicht enden wollende Thema. Als ich während dieser entspannten Unterhaltung über meine Arabischversuche meinte, dass diese Sprache wirklich sehr schwer sei – selbst die Farben sind männlich und weiblich –, erhielt ich die passende Retourkutsche von einem Gast, der sich in der deutschen Sprache abmühte: „Aber wir haben wenigstens nur männlich und weiblich wie in der Wirklichkeit auch. Wieso habt ihr drei Geschlechter? Da trifft man nie das richtige."

Zum gewohnten Chubis, dem großen Fladenbrot, wurde fast immer Labne oder Jibne gereicht, ein lokaler, äußerst schmackhafter Quark. Überhaupt fand ich das libanesische Essen hervorragend. Als landestypische Spezialität wurde als Dessert hin und wieder Baklawa gereicht, das sind kleine Gebäckstücke oder mehr Süßigkeiten in verschiedenen Formen und Zubereitungsarten. Sie sind alle mit ganz viel Zucker, Honig, Mandeln oder Nüssen und Pistazien gebacken und schrecklich süß – aber einfach köstlich!

Das eingeschaltete Radio verkündete uns, dass auf unserer direkten Strecke nach Hause wieder Autoreifen brannten. Also nahmen wir einen Umweg.

Die Kandidatinnen fühlten sich in der Gruppe wohl, weitere sollten demnächst hinzukommen. Sie erhielten ein kleines Taschengeld, ihr erstes Selbstverdientes, sahen mit den Wochen gepflegter aus und genossen sichtlich die Ausbildung in der Gruppe, was für sie alle zweifellos etwas völlig Neues war. Am Nachmittag kam einer ihrer Brüder. Nach dem üblichen Austausch der einleitenden Höflichkeitsbezeugungen meinte er dann: „Frau Totz, ich sehe, dass sich meine Schwester sehr gut bei Ihnen entwickelt hat. Und das in wenigen Wochen!" Ein kurzes abwartendes Luftanhalten von mir … „Nun habe ich den einen Mann für sie gefunden. Ich werde sie heute mitnehmen." Niemand von uns gab eine Antwort. Der Alltag steckte doch voller unkalkulierbarer Überraschungen. Ob sie sich in ihrem weiteren Leben wohl an uns erinnern würde?

Wenige Tage später fuhr ich mit den drei restlichen Kandidatinnen in das erste Kinderdorf, um ihnen ein fertiges Dorf, wie es leibt und lebt, zu zeigen. Voller Begeisterung schauten sie sich alles an. In verschiedenen Familien aßen sie zu Mittag, Makloube, den nach Landessitte zubereiteten Reis mit Nüssen, Huhn oder Gemüse. Hinterher gab es Kaffee. „Und so etwas Schönes bauen Sie auch auf?" „Ja, das möchten wir."

Auf der Rückfahrt wollten wir eine in der Nähe gelegene Fabrik aufsuchen, um Nesselballen für das Nähen weiterer Bettwäsche zu kaufen. Gegen 14 Uhr mahnte mich die Leiterin: „Heidi, ihr müsst sofort losfahren, es zieht ganz starker Nebel auf. Und kauft heute auch keine Stoffe mehr, dafür reicht die Zeit nicht." Wir fuhren.

Die bergab führende, kurvenreiche Strecke bis in die Vororte von Beirut hatten wir bereits geschafft und waren auf der Hauptstraße Richtung Damaskus. Was sich abgezeichnet hatte, wurde wahr. Wir fuhren bald in dickstem Nebel. So etwas hatte ich noch nie erlebt. Ganz langsam, im Schritttempo, fuhr ich dicht am rechten Straßenrand weiter. Meter für Meter. Weiter konnte ich ohnehin nicht sehen. Unglaublich! Irgendwann musste ich bei diesem Bemühen, mich rechts zu halten, in eine Seitenstraße eingezweigt sein, denn, was war das? Ich stand plötzlich zwischen lauter Militärfahrzeugen, einschließlich Panzern der syrischen Armee! Ein Offizier kam auf mich zu. Lange Erklärungen waren überflüssig, denn auch ihm war klar: Das hatte ich nicht beabsichtigt. Unser Bus war zu unserer Erleichterung beidseitig beschriftet mit dem Namen unserer Organisation, in Französisch und Arabisch, und bemalt mit dem Symbol der beiden Kinder. „Warten Sie hier, bis die Militärfahrzeuge vorbeigefahren sind, etwa zwanzig Minuten." Das taten wir, bis ein hoher Offizier mich anwies: „Ich schicke Ihnen einen Jeep voraus, folgen Sie dem bitte, der bringt Sie wieder zur Hauptstraße."

Wir bedankten uns alle sehr herzlich auf Französisch und Arabisch. Mit aufgeblendetem Scheinwerfer setzte sich der Jeep in Bewegung, wir folgten dicht hinter ihm.

Wieder alleine, vergewisserten wir uns noch einmal in einem erleuchteten Haus, dass wir auf dem richtigen Weg waren. Ich selbst hatte weniger direkte Angst vor dem Militär gehabt, sondern ungleich mehr davor, mit meinen Kandidatinnen einen Abhang herunterzurutschen. Nie werde ich diese Fahrt vergessen. „Ich bin wirklich froh, dass wir zu viert waren", meinte ich zu den anderen, die zweifellos viel mehr Unbehagen verspürten als ich. Für diese etwa fünfundsiebzig Kilometer benötigten wir acht Stunden.

Eines Nachmittags standen wir fast sechs Stunden am Straßenrand, um Armeefahrzeuge passieren zu lassen; denn die syrische Armee wurde alle zwei bis drei Monate komplett ausgetauscht. Und unser Fahrzeug hätten wir nicht alleine am Straßenrand stehen lassen können – zwei Kilometer vor unserer Wohnung warteten wir gemeinsam.

Doch das Leben ging weiter, auch in Beirut, wo sich gleich nach der Waffenruhe halb unter und vor den Trümmern die ersten Obst- und Gemüsestände etabliert hatten. Bunt leuchteten uns die Früchte von einfachen Holzständen oder aus großen Kiepen entgegen. Ein paar Häuser weiter hing in einem Türeingang an einem Haken ein Stück vom Hammel. Das bedeutete wohl: Metzgerei. Ein täglicher Rhythmus wurde wieder aufgenommen. Es tat gut und weckte Hoffnungen.

Den mir erteilten Strafzettel wegen angeblichen Falschparkens konnte ich jedoch weder bei der Post, Bank oder Polizei einlösen; eine Überweisungsmodalität für meine Testversuche des Bezahlens gab es noch nicht und „Bargeld dürfen wir nicht annehmen", so lautete die Antwort auf den Ämtern.

Leider ging die Grundstückssuche mit Baubeginn nicht so voran wie geplant. Mein Kollege hörte auf. Ich wurde zunächst vom ersten Kinderdorf übernommen, bis das ziemlich zerstörte Jugendhaus in Beirut wieder so weit hergestellt war, dass wir einziehen konnten.

Wir, das waren zunächst zwölf bis vierzehn Jungen im Alter zwischen vierzehn und zwanzig Jahren, ein Erzieher, eine Koch- und Putzfrau und ich. Ab und zu schaute ein älterer Mann für die Technik vorbei. Alle Jugendlichen besuchten die weiterführenden Schulen oder absolvierten eine Ausbildung.

Drei meiner Mütterkandidatinnen sagten mir: „Wir gehen gerne ins erste Kinderdorf, wenn Sie auch dorthin gehen." Eine wollte dort arbeiten, eine hörte etwas traurig auf mit der Begründung: „Es wäre zu schön gewesen, vielleicht später." Die Mutter einer Kandidatin sagte mir: „Wenn meine Tochter es möchte, dürfen Sie sie mitnehmen, wo immer Sie hingehen." Welch ein Vertrauen oder eine Hoffnung verbarg sich dahinter …

Sowohl den Umzug von Chtaura ins Jugendhaus als auch den der großen Jungen aus dem Kinderdorf erledigten wir gemeinsam mit dem Dorfleiter. Die Schule lief bereits regulär, die dreimonatigen Sommerferien standen vor der Tür. Es war eine Freizeit geplant, an der alle Kinder in zwei Gruppen für je drei Wochen teilnehmen sollten. Einfache Gebäude in den Schufbergen für die Unterbringung erhielt das Kinderdorf zur Benutzung gespendet, ein wirkliches Ferienlager auf einer großen Lichtung.

Doch es musste alles hintransportiert werden, beginnend bei Schaumstoffmatratzen über Geschirr und Lebensmittel, Material für die Freizeiten und vieles mehr. Das Dorfauto fuhr voran, ich folgte in meinem voll beladenen Bus. Die letzten Kilometer auf ziemlich enger Schotterpiste ging es kurvenreich bergan. Angekommen wurden wir stürmisch begrüßt; die bereits anwesenden Kinder freuten sich auf die Wochen Losgelöstsein. Bei so viel Hilfe ging das Entladen schnell. Das Essen unter Bäumen in freier Natur mit stärkendem Kaffee tat gut. Zurück ging die Fahrt, um neu zu starten. Unterwegs begegneten mir Autos, an denen Teile fehlten oder die vom Rost halb zerfressen waren.

Doch sie fuhren ja noch. So auch ein VW-Käfer mit dem uralten seitlichen Blinklicht an der Frontscheibe.

Abends bereitete mir Mama Haifa, eine ganz liebe Mutter mit vielen Narben im Gesicht, eine besonders köstliche Tabouleh aus vorbehandeltem Weizen, vielen frischen Kräutern, Tomaten, Zwiebeln und Gewürzen. Eigentlich ist es eine Vorspeise, doch mit dem frischen, noch warmen Fladenbrot brauchte ich nichts weiter. Ich kann nicht mehr sagen, wie weit die Strecke bis zum Ferienlager war, doch nach den insgesamt fünfhundertachtzig gefahrenen Kilometern wusste ich eigentlich gar nicht mehr, ob ich überhaupt Hunger hatte. Doch es schmeckte köstlich.

Anschließend vertrat ich den Erzieher. Mit Haidar fuhr ich zum Bewerbungsgespräch, als er außerhalb von Beirut plötzlich die Handbremse zog. Direkt hinter uns war ein Wachposten hinter einem seitlichen Busch mit Sandsäcken hervorgetreten. Er war nicht zu sehen gewesen. Ich entschuldigte mich auf Arabisch, er akzeptierte es. Langsam fuhren wir weiter, der Verkehr wurde dichter, bis es vor uns nach Tumult aussah. Haidar neben mir schrie fast: „Tante Heidi, anhalten, dreh sofort um, auf der Straße! Vorne ist eine Bombe hochgegangen, gleich wird eine Schießerei beginnen!" Er zitterte.

Auf der Rückfahrt erzählte er ganz langsam: „Es war ein Hochzeitszug, ich hatte davon gehört. Wenn sie beide vorangegangen sind, ist das Brautpaar sicher getötet worden wie viele andere Besucher des Festes auch. Unser Land verträgt noch kein Miteinander zwischen Moslems und Christen – in welcher Form auch immer." Die Bewerbung musste damit, wie so vieles, verschoben werden.

In einem Geschäft hatte der Besitzer einmal etwas sehr deutlich geäußert, dass er Moslem sei und das sei auch gut so. Woraufhin meine Entgegnung lautete: „Ich bin aber Christin", eine Antwort, die mich für eine Sekunde etwas stutzen ließ; denn diese offenkundige Polarität zeigte sich zwar überall, ich wollte sie jedoch nie hervorrufen.

In einem anderen, offensichtlich christlichen Geschäft sah ich kurz vor der Osterzeit noch eine Weihnachtsdekoration …

Wenn ich mal mit den Jungens ins Kino ging, hielt ich mich strikt an den mir erteilten Ratschlag, sie bei einer Frage oder Mitteilung nur mit „Zaki" anzusprechen, weil dieser Name als einziger unter unseren Jungen neutral war. Das heißt, er kann sowohl moslemisch als auch christlich sein.

Nur etwa einhundert Meter vom Jugendhaus entfernt gab es den ersten syrischen Kontrollposten, dem ich während der ersten Tage nach unserem Einzug durch Unachtsamkeit eine „falsche" SOS-Broschüre gezeigt hatte. Darin war nämlich das israelische Kinderdorf abgebildet, nicht jedoch ein arabisches. Der Wachtposten war sehr wütend gewesen. Als ich nach seinen Beschimpfungen und unangenehmen Bedrohungen endlich weiterfahren durfte, dachte ich: „Wenigstens hält er mit seinem ganzen gezeigten Verhalten SOS für eine gute Sache." Später kam es vor, dass diese jungen Armeeposten in ihrer Freizeit schon mal mit unseren Jugendlichen auf dem großen Vorplatz Fußball spielten.

Bald nach unserem Einzug hatte ich einen Jungen gebeten, doch mal das Grundstück zu säubern, unter anderem auch die da hinten in der Ecke liegenden Knochen wegzutun. Wie unbedarft von mir! Seine Antwort: „Tante Heidi, ich fege gerne aus, aber ich kenne den Mann noch von vor dem Krieg, dem die Knochen gehörten. Die kann ich nicht wegräumen." Seine Erlebnisse verarbeitete er in künstlerisch guten und ausdrucksstarken Bildern.

Und ich hörte von unseren Jugendlichen die sehr makabre Geschichte von Tel Zatar, dem weithin bekannten palästinensischen Lager. Den Namen hatte ich schon in Deutschland gehört, allerdings ohne näheres Interesse. Dieses unterirdische Lager mit viel innerhalb und außerhalb gelagerter Munition sollte mit aller Macht von der gegnerischen Partei ausgehoben werden. Letztendlich gelang dies, oder wenigstens teilweise, indem man eine große Herde Schafe auf das Gebiet trieb, wodurch die „beschützende" Munition in die Luft flog. „Tante Heidi, die Schafe flogen alle mit in die Luft und kamen gleich gebraten wieder vom Himmel runter. Schau mal, dort hinten liegt Tel Zatar, nur etwa zwei Kilometer entfernt." Mussten die Jungen es mir sogar zweimal erklären, um ihre eigenen schrecklichen Bilder dadurch weiter verblassen zu lassen?

Schwankte meine Reaktion zwischen einer ersten sekundenlangen Ungläubigkeit – was erzählt ihr denn da? –, war es dann ein anhaltendes Nichtbegreifenkönnen dieser unvorstellbaren Bilder des Krieges.

Der zwanzigjährige Abbas verbrachte bei uns seine Semesterferien. Er studierte in Paris. Als er bei unseren bescheidenen Abendessen ein wenig französische Opulenz vermisste, sagte einer der Jungen zu ihm sehr klar: „Weißt du, wir sind hier in Beirut und nicht in Paris, uns geht es hier sehr gut. Der Libanon ist nicht Frankreich." „Ja, das stimmt", pflichtete ich dem bei und dankte Mahmoud. Diese Antwort eines anderen Jungen wog zweifellos ungleich schwerer, als wenn sie einer von uns Erwachsenen gegeben hätte. Später erzählte ich Abbas von meinem Aufenthalt in Cannes …

An einer Ausfallstraße in Beirut hatten sich wegen des dichten Verkehrs zwei Spuren gebildet; denn die unbefestigten und sehr kaputten Straßenränder waren zur zweiten Fahrspur geworden. Wir erreichten eine Kreuzung. Aber oh Schreck! Diese Idee hatten auch schon andere Fahrer. Sie standen uns sogar in drei Fahrtrichtungen gegenüber. Rechts und links sahen wir die gleiche Anordnung. Ein Polizist kam, drängelte sich auf seinem Motorrad durch, stellte sich mitten auf die Kreuzung und versuchte wild gestikulierend den Verkehr zu regeln. Zumindest dachten wir das. Denn niemand schien die Anordnung zu verstehen, nichts tat sich. Bis nach fünfzehn Minuten die Leute laut lachten oder schimpften: „Der regelt gar nicht den Verkehr, sondern unterhält sich mit einer Person, die da oben aus dem Fenster schaut." Genauso, wie er gekommen war, brauste er wieder davon. Langsam löste sich der Gordische Knoten; Auto für Auto fuhr an, mit dem üblichen Wahnsinnsgehupe. Denn wie werden die Fahrstunden absolviert? Man fährt auf einen ruhigen Platz ohne Verkehr, wo man den wohlweislichen Ratschlag erhält: „Es gibt viele Autos, deshalb muss man logischerweise immer hupen.

Auch hinter jeder Ecke kann eines hervorkommen." Und viele Fahrer schienen beim Aussteigen die Autotür zu öffnen, ohne im Geringsten auf den vorbeifahrenden Verkehr zu achten.

Es gäbe noch mehr Fahrerlebnisse, auch recht kritische, zu berichten, doch ich belasse es lieber dabei. Einen Unfall konnte ich jedoch stets vermeiden.

Am darauf folgenden Wochenende fuhren alle Mütter für drei Tage zu einer Einkehr. Ohne Kinder. Sie sollten einfach abschalten, sich eine Auszeit für Leib und Seele gönnen. Auch ich übernahm eine Familie. Deren Mutter hatte vorgekocht. Das älteste Mädchen, Nazeli, war mit fünfzehn Jahren recht vernünftig und würde mir helfen können.

Morgens begann die Rätselaufgabe für mich bereits beim Schuhanziehen. Wem gehören welche? Von den elf Kindern in der Familie sprachen die sechs kleinen nur arabisch, in ihrer variantenreichen Kindersprache. Gehörten die Sandalen nun Yussef oder Sarkis? Wohl verständlich, dass ich abends glücklich war, wenn alle heil im Bett lagen. Über Tag hatte ich insgeheim öfter nachgezählt, ob auch niemand fehlte.

Als die Mutter nach ihrer Rückkehr die Kinder fragte, wie es gewesen sei, hörte sie von ihnen: „Es war richtig gut, aber am schönsten war, dass wir abends alle in dem Bett schlafen konnten, in dem wir wollten. Tante Heidi hat das gar nicht gemerkt." Die Mutter lachend zu mir: „So, so, und Sie wollen Mütter ausbilden …?"

Zum Abschied bekam ich von ihr das kleine, aber kostbare Buch von Kahlil Gibran geschenkt: „Der Prophet", in Französisch. Mit dem bekannten Artikel über Kinder: „Eure Kinder sind nicht eure Kinder …"

Für die diversen Aktivitäten im Dorf war bereits seit Monaten eine pädagogische Mitarbeiterin tätig, eine Holländerin. Die traumatischen Erinnerungen wurden abgebaut, vor allem jedoch eine Zukunft wieder aufgebaut. Die Kinder mit ihren Fragen und Bedürfnissen standen stets an vorderster Stelle.

Meine abwechslungsreiche Arbeit im Libanon war sinnvoll gewesen, auch hatte ich sehr viel gelernt. Doch die ursprüngliche Aufgabe, ein eigenes Projekt aufzubauen, hatte die Situation nicht zugelassen. Zum Jahresende hörte ich in Absprache mit dem Hermann-Gmeiner-Fonds auf. Einige Tage vor Weihnachten würde ich mit der Austria Airlines nach Deutschland zurückfliegen. Auf den Stufen ins Flugzeug ging vor mir ein Araber in seinem hellen Burnus, seine nackten Füße steckten in Sandalen. „Der kann sich nicht vorstellen bei angekündigtem Schnee und Minusgraden auszusteigen", dachte ich noch.

Ich ging in den Flugzeugraum und sah, dass die Wände wunderhübsch mit kleinen grünen Tannengestecken dekoriert waren; der ganze Raum war voller Klang mit weihnachtlicher Musik erfüllt. Von unglaublichem Frieden und Feierlichkeit eingehüllt, ließ ich mich unter dem wohlwollenden Lächeln einer gepflegten Stewardess langsam auf meinem Sitz nieder. Unterstrichen wurde diese Harmonie durch die rot-weiße Bekleidung, die sie trug. „Brauchen Sie noch etwas?" „Nein, danke." Ich glaubte, in einer anderen, für mich unwirklichen, ja überirdischen Realität, angekommen zu sein. Oder wie von einem Wattebausch „heiler Welt" umgeben?

Oben auf meinem Gepäck lagen als Mitbringsel die beiden großen Tüten mit Pistazien, die ich gestern noch frisch und heiß aus der Rösterei geholt hatte.

Am Stuttgarter Flughafen wurde ich stürmisch von Schwester und Schwager begrüßt. Die erste Verkehrsampel sprang auf Rot. Wir hielten an. Aber alle anderen Autos hielten auch an. Jedes Fahrzeug stand ruhig da und wartete. Wie hatte mir mal Aboude gesagt, als ich bei Rot an der Ampel hielt? „Tante Heidi, glaubst du etwa, dass sie grün wird? Es kommt kein Auto, fahr nur weiter." Doch hier wurde die Ampel grün, alle Autos fuhren an und weiter, nicht ein einziges hatte gehupt. Alles ging seinen geregelten und damit auch geordneten Gang. Ich war wieder in Deutschland.

Natürlich freute ich mich auf meine Mutter, die Geschwister und wen es sonst in der Familie und als Freunde gab. Überall musste ich von meinem Aufenthalt erzählen, jeder war interessiert. Doch auch mir tat es gut, um dann wieder ausgeruht und unbelastet neu zu beginnen.

Meine Mutter hatte sich große Sorgen um mich gemacht. Telefongespräche hatte ich nicht geführt und ein Handy gehörte noch nicht in den Alltag. Mit meinen etwas beschönigenden Schilderungen hoffte ich, sie beruhigen zu können. Ich hörte von ihr, dass sie mir bald nach meiner Abreise ein Paket geschickt hatten. Als Adresse hatte ich den Namen der Projektleiterin angegeben, die sich jedoch bei Ankunft des Paketes für wenige Tage auf Heimaturlaub befand. So kam es tatsächlich eine Woche vor meiner Rückkehr mit von mir gewünschten Sachen wieder zu Hause an – nach fast elf Monaten. Ich staunte, was ich hätte alles erhalten sollen ... und gewann die Erkenntnis: So viel braucht man gar nicht. Im Gegenteil. Man lebt viel freier, wenn man weniger benötigt. Und vermisst hatte ich davon nichts.

Meine finanziellen Angelegenheiten in Deutschland würde meine Schwester erledigen, sodass es mir möglich war, beruhigt und ohne jegliche private Verpflichtungen meiner Auslandstätigkeit nachzugehen. Wichtiger als alles andere war für mich der berufliche Fortgang. Gut betreut fühlte ich mich, als dieser nach einer Kurzbesprechung im Libanon beim Hermann-Gmeiner-Fonds mit der nötigen Zeit termingerecht geklärt wurde. Mein Wunsch: „Ich möchte gerne beim Kinderdorf bleiben, auch wenn Sie mich in den Sudan schicken", wurde mit: „Gerne, aber es gibt noch entlegenere Länder" beantwortet. Mir erschien der Sudan als Inbegriff der Abgeschiedenheit.

Gleichzeitig hatte ich den Wunsch geäußert, dass ich gerne in Asien arbeiten würde. Doch der Erfüllung dieser Bitte wurde wenig Hoffnung entgegengebracht, da der Einsatz von uns Mitarbeitern oder Experten, wie wir auch genannt wurden, primär in süd- und mittelamerikanischen Ländern und Afrika lag. Die Einsatzgebiete richteten sich nach dem Bedarf des jeweiligen Projektes in dem Land und den Sprachkenntnissen des Mitarbeiters.

Zur Überbrückung arbeitete ich einige Wochen im SOS-Mädchenhaus in Klagenfurt, wo ich neben der Leiterin und einer Erzieherin eine Art Praktikum absolvierte. Mit beiden Fachkräften war es eine schöne und vorbildliche Zeit. Junge Mädchen im Alter von fünfzehn bis einundzwanzig Jahren wohnten in diesem Haus, um von hier aus ihre Ausbildung zu absolvieren oder weiterführende Schulen zu besuchen. Dann sollten sie auf eigenen Füßen stehen.

In Kairo – zum Einarbeiten

In Klagenfurt erhielt ich unter Beifügung einer kleinen Karte von Zentralafrika den Namen meines neuen Einsatzortes mitgeteilt: Gitega in Burundi. Ich sprach englisch und französisch – also würde ich in Afrika arbeiten. Dort sollte unter meiner Leitung ein neues Kinderdorf entstehen. Von meinem Erdkundeunterricht und aus den allgemeinen Nachrichten wusste ich zwar, wo Burundi liegt, doch Näheres über das so abgelegene Land war mir nicht bekannt. Bei Nachfragen in Reisebüros hieß es: „Und wo liegt das Land?" Oder: „Ich denke, Sie können bis Tansania fliegen und dann per Lastkraftwagen dort hinkommen …" Es schien wirklich ein verstecktes Fleckchen Erde zu sein, fast ein wenig abenteuerlich klang es.

Doch dann erhielt ich von München neben weiteren Informationen ein Flugticket nach Bujumbura, der Hauptstadt des Landes.

Bevor ich dieses für mich spannende Projekt aufbauen sollte, war geplant, vier bis sechs Wochen im Kinderdorf in Heliopolis

in Kairo zu arbeiten. Mein Arbeitsvertrag lautete auf zwei Jahre, für Burundi waren zunächst maximal sechs Monate angedacht.
„Dann sehen wir weiter", hieß es.

Während unserer Besprechung wurde mir empfohlen, für mich privat von dem zu erwartenden Verdienst eine Abschlagsrate in Bargeld mitzunehmen, da Überweisungen für die geplante Zeitspanne in dieses Land zu unsicher erschienen.

Einen Tag später flogen mein Chef und ich nach Kairo. Er war für alle SOS-Projekte in Afrika verantwortlich. In Kairo war seinerzeit das Zentralbüro für die afrikanischen Projekte, wo er mich für einige Zeit einarbeiten wollte. Außerdem befand es sich auf dem Weg nach Burundi.

Im Flugzeug blätterte ich in der neuesten SOS-Broschüre, aus der mich das runde, freundliche Gesicht eines kleinen afrikanischen Jungen anlachte. Ein richtiger Wonneproppen zum Gernhaben. „Schauen Sie, Frau Totz, hier ist bereits ein Artikel über Ihr Dorf. Mit dem Bau von zehn Häusern ist vor kurzer Zeit begonnen worden, denn es gibt in dem vorhandenen Waisenhaus etwa neunzig Kinder und dreißig Erwachsene, deren jetzige Situation nicht mehr tragbar ist, wenn auch mit einer kompetenten Leiterin. Sie werden viel Arbeit haben."

Ich wusste, dass ich es schaffen würde, wenn natürlich auch nicht so recht, wie ich es anstellen sollte. Auf der Nebenseite der Broschüre schienen mich aus schwarzen Umhängen zwei Frauen mit Augen voller Skepsis anzublicken. „Und ihr werdet vielleicht auch einmal Kinderdorfmütter?", dachte ich mit kaum weniger Skepsis. Plötzlich sah ich nach Größe geordnete Söckchen auf einer Wäscheleine hängen, nach Farben sortiert, korrekt angeklammert. Dieses Bild gehörte nun wohl einer anderen Welt an; einer Welt, die viel größer und bunter war. Und es noch weiter für mich werden würde.

Unser Flugzeug setzte zur Landung an. In dem hektischen Treiben wurden wir von mehreren jungen Frauen, die unseren Chef ausfindig gemacht hatten, stürmisch begrüßt. Voller Freude reichte man mir drei große Blumenbouquets. Mein Willkommensgruß für Afrika! Eine der Frauen stellte sich als Ursula vor, eine deutsche Kollegin. Unter Austauschen der ersten Neuigkeiten fuhren wir mit viel Fröhlichkeit durch die damals Zwölf- bis Vierzehnmillionenstadt Kairo in unser etwas außerhalb gelegenes Kinderdorf in Heliopolis.

Es war ein großes, lebendiges Dorf mit insgesamt dreißig Häusern, von denen sechsundzwanzig bereits von Familien bewohnt waren, die restlichen von angehenden Müttern in Ausbildung für dieses Dorf oder das zweite geplante in Alexandria. Bis dato lebten hier über zweihundert Kinder.

Bei einem Rundgang hörte ich von Ursula: „Ja, das ist meine Aufgabe: die Mütterausbildung und weitere ständige Betreuung mit allem, was dazugehört. Und hier ist der große Kindergarten, auch für Kinder der Umgebung. Dort hinten stehen unsere beiden großen Busse, um unsere Kinder in umliegende Schulen zu bringen, von eigenen Chauffeuren, die natürlich auch andere Arbeiten im Dorf verrichten. Dann sind noch ein Spendenlager und eine Werkstatt vorhanden sowie das Zentralbüro, um die afrikanischen Projekte zu koordinieren. In der kleinen Kantine nehmen wir unsere Mahlzeiten ein."

Eigentlich schmeckte mir dort alles, außer die Okraschoten, die sich durch das Kochen in lange, dicke Fäden aufzulösen schienen und dann wie Schleim auf dem Teller lagen.

Arabisch zu sprechen, schien Ursula keine Probleme mehr zu bereiten. Zum Glück verstand und sprach ich durch meinen Aufenthalt im Libanon auch etwas Arabisch, wenn auch ein anders nunanciertes.

Was mir auffiel: „Hier leben aber sehr viele kleine Kinder."
„Ja, das stimmt. Wir haben hier meist Findelkinder, die aus Krippen kommen; Kinder aus unzähligen unehelichen Beziehungen, die ,nicht haben sein dürfen'. Dort wurden sie von Ammen gestillt, die sich damit eine Basis für ihren bescheidenen Unterhalt sicherten. Neben diesen Kontakten pflege ich auch für Säuglinge, Kleinkinder und Jugendliche die Verbindung zu einheimischen Behörden."

Sehr begrüßte es mein Chef, dass ich als Sekretärin seine liegen gebliebene Korrespondenz erledigen konnte. Ansonsten nahm ich an Mütterbesprechungen, an Feiern im Kindergarten und am Dorfgeschehen teil. Ich studierte Unterlagen im Büro und informierte mich über was immer ich glaubte, dass nötig sei. Damit stimmte ich mich in Gedanken auf meine vor mir liegende, selbstständige Arbeit ein: Wie würde ich nun entscheiden und die Angelegenheit regeln in einem anderen Land, unter zweifellos anderen Gegebenheiten und Möglichkeiten? Der Kinderdorf-Gedanke ist jedoch überall gleich: verlassenen Kindern ein neues Zuhause zu geben, mit einer Mutter aus ihrem Land, ihrer Kultur und ihrer Religion.

Am Nachmittag fuhr ich mit Ursula zu einem Termin. Wie sie es schaffte, in diesem Moloch von einer Stadt mit ihrem Auto ans Ziel zu kommen, blieb für mich ein Rätsel, in jedem Fall sehr bewundernswert. Als einmal während einer kurzen Wartezeit vor einer Ampel Jugendliche auf unseren offenen Camionette wie auf ein Taxi aufsprangen, konnten erst zu Hilfe gerufene Polizisten unsere ungebetenen Mitfahrer wieder vertreiben. Ehrlicherweise freute ich mich auf meine Arbeit in einem zweifellos ruhigeren Land wie Burundi.

Die Tage hatten immer viele Stunden, so auch hier. Abends diskutierten wir meist die Ausbildung der Mütter. Denn wenn sie gut sind, haben deren Erziehung und die Atmosphäre, die sie schaffen, im Allgemeinen auch gewünschte Wirkung auf die Kinder, wie in allen Kulturen auch eine Vernachlässigung entsprechende Folgen haben kann.

Wir gönnten uns einen freien Tag, besuchten eine Pyramide, unternahmen einen Spaziergang durch ein Wadi mit Kapern-Sträuchern und schlenderten hinaus in die alles bereinigende Stille einer Wüste, um den Sandkörnern zuzuschauen, die vom leise pfeifenden und singenden Wind langsam, aber stetig neue Formen bildeten. Nur ein bisschen Zeit haben, Ohren, die lauschen, und Augen, die sehen, und vielleicht noch Sinne, die aufnehmen können. Wir bückten uns nach kleinen hübschen Steinchen, nichts Kostbares, jedoch eine kleine Erinnerung.

Unseren Durst löschten wir auf der Rückfahrt in einer belebten Basarstraße bei einem Ursel bekannten Händler mit frisch gepresstem Zuckerrohrsaft, für den die stapelweise bereitliegenden langen Stangen durch eine Walze, ähnlich einer Wäschemangel, gedreht wurden.

Wir besichtigten ein Frauenhaus mit vielen Maschrabeen, den kunstvollen Holzschnitzereien. Bei diesem Rundgang meinte der charmante und gut aussehende Führer: „Man muss einfach mal zufrieden sein mit seiner Frau; denn schließlich gibt es doch laufend jüngere und hübschere." „Hoffentlich hältst du dich auch selbst daran", konnte ich nicht umhin zu denken.

Es war spät geworden, doch der Verkehr auf den Straßen hatte nicht nachgelassen. Für mich war nachts immer noch Rushhour, und die Bettler hockten wie eh und je in ihrer ärmlichen Bekleidung vor jedem Eingang und flehten herzzerreißend um ihr Bakschisch.

Am nächsten Tag hatte wieder mal der Chamsin, der anhaltende heiße Wind aus der Sahara, seine millionenfachen feinen Sandkörner auch zu uns ins Dorf geblasen, die sich innerhalb der Zimmer, vor allem jedoch auf den Fensterbänken, wunderbar verteilt hatten.

Mein Chef war abgereist, um seine Rundreise fortzusetzen. „Zwischen dem 3. und 5. Mai 1978 werden wir uns im Hotel ‚Source de Nil', dem einzig richtigen Hotel im Land, in der Hauptstadt Bujumbura treffen. Bis dann."

Ursel hätte gerne noch mit mir einen Ausflug zu dem im Entstehen befindlichen Kinderdorf in Alexandria gemacht, doch ich hatte genügend neue Eindrücke gewonnen. Nun wollte ich mich auf mein vor mir liegendes Projekt konzentrieren.

Die Unterlagen in Deutsch, Englisch oder Französisch hatten in meinen beiden Koffern und der Reisetasche Platz gefunden. Mein reservierter Flug war ausgefallen, doch nach mehrstündigem Herumlaufen in Kairo konnte ich mir mein neues Flugticket trotz Feiertag in irgendeinem Hinterhofbüro noch rechtzeitig abholen. Gegen eine Darmverstimmung erhielt ich von einer zufällig anwesenden bekannten Besucherin aus der Sadat-Familie zwei Tabletten. Ich nahm eine halbe davon, die bereits nach tatsächlich dreißig Minuten wie durch ein Wunder Linderung brachte. Später ließ ich eine Tablette von Inge in ihrem Institut in Bujumbura untersuchen. Es war eine sogenannte Astronautentablette mit lähmender Wirkung gewesen.

In jedem Fall ging es mir prächtig. Nachts um 2 Uhr am Flughafen: „Viel Glück und wir bleiben in Kontakt!"

Ich spürte eine tiefe Dankbarkeit für das von der Organisation in mich gesetzte Vertrauen, in Gitega ein Kinderdorf aufbauen zu können. Voller Schwung und Begeisterung für meine Aufgabe freute ich mich auf das Land und die Leute mit ihren Kindern. Hinter mir stand eine in der ganzen Welt anerkannte Organisation mit ihren zutiefst menschlichen Grundsätzen. Eine fantastische Sache!

In Burundi – alleine mit 120 Schwarzen

Wie geplant landete mein Flugzeug gegen Mittag in grüner Tropenlandschaft. Die Metropole Kairo hatte ich gegen eine sich nach allen Seiten ausgebreitete riesige Buschstation ausgetauscht. Ich fühlte mich wie im Garten Eden abgesetzt.

Einige Passagiere stiegen in wartende Privatautos, ein VW-Bus mit Angekommenen fuhr gerade ab, ein zweiter stand noch ohne Fahrgäste startbereit, als warte er auf mich. Ein zuvorkommender Schwarzer half mir beim Gepäck.

„Sind Sie ganz alleine? Was tun Sie denn hier?"

„Ich bin alleine und möchte in Gitega ein SOS-Kinderdorf aufbauen."

„Dann bringe ich Sie erst einmal ins Hotel ‚Source-de-Nil'."

Es war das einzige Hotel im Lande und der Name des in Kairo vereinbarten Treffpunktes. Er hatte höflich gefragt und ich hatte höflich geantwortet. Kein Gedränge, kein Geschubse.

Ich genoss staunend die nur wenige Minuten dauernde Fahrt, ohne Unsicherheit oder gar Angst zu spüren. Der Himmel zeigte sich in strahlendem Blau, die Luft war klar und durchsichtig. Es roch nach „Afrika".

Da lag er nun vor mir, der sich bis in unendliche Ferne ausbreitende Tanganjikasee, von dem ich vor vielen Jahren zum ersten Mal gehört hatte. Wie wohl schon zu Zeiten der Forscher Stanley und Livingstone, die sich 1871 im nahe gelegenen Ujiji getroffen hatten, glitzerte und funkelte seine Oberfläche auch heute in der gleißenden Mittagshitze. Als Schatten ragten im Hintergrund die Berge von Zaire, dem früheren Belgisch-Kongo, in den weiten, wolkenlosen Himmel.

Um mich herum waren unendliche Weite, grüne Natur und eine absolute Friedfertigkeit. War es tatsächlich wahr? Ich war in Afrika angekommen. Hätte ich mir das in früheren Jahren jemals träumen lassen? Ich alleine mitten in Afrika – um ein Kinderdorf aufzubauen?

Als ich im Hotel ankam, war mein Chef noch nicht eingetroffen. Später ging ich ins Restaurant zum Abendessen. Noch in der Tür stehend, hatte ich gerade einen Ecktisch gewählt, als der Kellner mich ansprach: „Madame, ich habe einen schönen Tisch für Sie", und mich mitten im fast leeren Restaurant platzierte.

Ich widersprach nicht, sondern registrierte nur aufmerksam die Reaktionen, was passierte und wie agiert wurde.

Ich wusste ja, dass es in Gitega bereits ein privat gegründetes Waisenhaus mit etwa neunzig Kindern und dreißig Erwachsenen gab, das durch finanzielle Schwierigkeiten nicht mehr lebenswürdig weiter existieren konnte, wenn auch mit einer kompetenten Leiterin. Sr. Nestor Nzisabira (sie nannte sich nach ihrem Vater) hatte einst in Mugera begonnen, Kinder aufzunehmen, fünfundzwanzig Kilometer entfernt. Fünfzehn größere Jungen mit ihren zwei Betreuerinnen wohnten immer noch dort, doch die Gebäude waren offiziell bereits geschlossen worden, wegen breiter

Mauerrisse drohten sie zusammenzufallen. Doch wohin mit den Kindern? Im neuen Waisenhaus hatte sich Sr. Nestor der Diözese angeschlossen.

Durch ein zufällig sich ergebendes Gespräch in der Wartehalle eines Flughafens war die SOS-Organisation auf das Projekt aufmerksam geworden und hatte Hilfe zugesagt. Um neben dieser Aufbauarbeit mit entsprechender Finanzierung eine reale wie auch gedankliche Umfunktionierung von einem Waisenhaus zu einem SOS-Kinderdorf zu gewährleisten, war ich nun hierher versetzt worden.

Am nächsten Morgen erhielt ich nach einigen Telefonaten durch die Rezeption die so hilfreiche Mitteilung, dass mich einer der Bischöfe in seinem Auto mit nach Gitega nehmen würde. So fuhr ich wenig später mit dem Abbé und gleichzeitigen Econom Général der Diözese, einem aufgeschlossenen jüngeren Mann, in seinem VW-Käfer ins angehende Kinderdorf. Längeres untätiges Warten hielt ich für unangebracht.

Die Fahrt führte uns zunächst durch Bujumbura, die Hauptstadt mit etwa dreihunderttausend Einwohnern. Unzählige Leute liefen herum, vor allem Kinder. Auf diesen Schotterstraßen gingen sie meist barfuß und wenig bekleidet. Es war ja auch heiß. Autos fuhren nicht viele, Besorgungen wurden zu Fuß erledigt, nur wenige Fahrräder kreuzten unseren Weg. Alles vermittelte mir den Eindruck eines gleichförmigen Hin und Her, nicht den einer Hektik. Auf dem Marktplatz drängten sich dann allerdings die Menschen in kunterbuntem Gewimmel. Wie überall war dieser Ort Mittelpunkt von An- und Verkauf, aber auch Palaverplatz, Stätte des Austausches von Neuigkeiten und Informationen.

Bunte Stoffcoupons, ausreichend für je ein afrikanisches Kleid, lagen sorgsam gefaltet auf einfachen Holztischen. Daneben konnte ich einiges buntes Emaillegeschirr und einige alltägliche Gebrauchsgegenstände oder Nahrungsmittel erkennen, wie Kasserollen zum Kochen, ein paar Stücke Kernseife, ein paar Konserven, einige Flaschen mit Öl oder einen kleinen Sack mit Reis. Je nachdem, was im Lande gerade angekommen war. Neben riesigen Stauden prächtiger Bananen stapelten sich wenige rote, gelbe und grüne Früchte zu kleinen Pyramiden. Vor ihnen saßen Frauen auf dem Schotterboden und warteten auf Käufer. Das war also Alltag in Burundi.

Eine Verkehrsampel schien es nicht zu geben – oder hatte ich eine übersehen? Jedenfalls hatte keine Rot oder Grün angezeigt. Von den verschiedenen Gebäuden mit Firmen und Geschäften am Straßenrand war keines höher als maximal drei Stockwerke. Einzige Ausnahme war das Hotel, in dem ich übernachtet hatte.

Vor uns verlor sich die Straße nach einigen Kurven auf bewaldeter Höhe. In dieser heißen Ruzisi-Ebene um Bujumbura herum mit etwa eintausend Metern Höhe war es sehr trocken. Nun fuhren wir die einzige geteerte Straße im Land stetig bergan; denn „Gitega liegt eintausendsiebenhundert Meter hoch. Sie ist mit zehntausend Einwohnern die zweitgrößte Stadt in diesem ‚Land der tausend Hügel‘, wie Burundi auch genannt wird", erklärte mir Mr. Pierre Tuhabonye. Und es breitete sich tatsächlich hügelig und grün in alle Himmelsrichtungen aus. Er hatte in Frankreich studiert und kannte auch Deutschland. So hörte ich einiges über Land und Leute. Allerdings sprach er nicht über Differenzen zwischen den beiden Stämmen der Hutu und der Tutsi, und ich fragte nicht danach. Die dritte Gruppe, die Twa, ein Pygmäenstamm, machte nur noch ein Prozent der Bevölkerung aus.

Ich wusste bereits: Bis zum Ersten Weltkrieg gehörte Burundi zu Deutsch-Ostafrika, später wurde es gemeinsam mit Ruanda als Ruanda-Urundi bis 1962 belgisches Mandatsgebiet, danach bis 1966 unabhängiges Königreich. Es ist sehr dicht besiedelt, mit einer der höchsten Zuwachsraten in Afrika.

Im Jahre 1931 trat die an der Macht stehende Tutsi-Regierung zum Katholizismus über. Mit dieser gebündelten Machtausübung in der Hand eines Stammes – die Mitglieder wurden mit einer Größe von etwa einem Meter achtzig auch „die Langen" genannt –, der aber nur fünfzehn Prozent der Bevölkerung ausmachte, unterstützt durch die Kolonialherren, wurde die Basis für spätere Konflikte gelegt. Es entstand gleichzeitig die Idee des

Andersseins. Durch den Übertritt zum Katholizismus kamen sehr viele Missionare ins Land, als „Orden der Weißen Väter und Schwestern" mit noch heute immenser Bedeutung.

Die Hutus, mit etwa einem Meter fünfzig auch „die Kurzen" genannt, bildeten folglich nahezu fünfundachtzig Prozent der Bevölkerung, bekleideten jedoch weniger wichtige Positionen im Land.

Die Tutsi waren mehr ein Hirten-, die Hutu mehr ein Bauernvolk. Unter einer Militärregierung brachen 1972 blutige Unruhen aus; 1994 gipfelten sie im Völkermord mit den auch bei uns bekannten schrecklichen Auswirkungen.

Im Gegensatz zu anderen verschiedenen afrikanischen Stämmen in einem Land sprechen diese beiden dieselbe Sprache und haben auch den gleichen Ahnen- und Ritenkult. Relativ versteckt und unbedeutend blieb das Land dadurch vom Sklavenhandel weitgehend verschont.

Zur Zeit meines Aufenthaltes zählte das Land etwa vier Millionen Einwohner, auf einer Fläche nur wenig kleiner als Belgien. In Bujumbura gab es verschiedene Höhere Schulen und auch eine Universität. Die durchschnittliche Dauer des Schulbesuches lag bei fünf Jahren, wobei nur etwa zwanzig bis vierzig Prozent überhaupt eine Schule besuchten, mehr Jungen als Mädchen. Das soziale und religiöse Leben wurde maßgeblich von den vielen Missionsstationen im Lande beeinflusst oder geprägt. Im ganzen Land gab es fünf Zahnärzte, auf dem Land einen einzigen praktischen Arzt für neunzigtausend Einwohner. Die Lebenserwartung lag bei vierzig Jahren.

Zwei Fabriken hatten sich im Land etabliert: eine deutsche Kernseifenfabrik und eine noch im Aufbau befindliche chinesische Textilfabrik. Haupt-Exportartikel war Kaffee, vorwiegend angebaut auf privaten Feldern.

Rechts und links der Straße gingen zunächst noch fast überall Leute, die ihre Einkäufe auf dem Kopf nach Hause trugen. Die Frauen bewegten sich in einem leicht schwingenden Gang, als würden sie ihre teils schweren Lasten ausbalancieren. Die meisten von ihnen sah ich in roten oder blau gemusterten Umhängen, ihre Babys waren auf dem Rücken fest eingebunden. Die Köpfchen zur Seite gefallen, schliefen sie wohl. Sonst schauten die wachen und dunklen Augen aufmerksam und staunend in die Umgebung. Einige Frauen sah ich mit einer Hacke auf kleinen Feldern arbeiten, eine Tätigkeit, die den Frauen zugedacht war.

Alles wurde auf dem Kopf getragen, von der Kalebasse (ausgehöhlte große Kürbisse) mit Pombe, dem einheimischen Bier, mehr oder weniger alkoholisert, das auf Basis fermentierter Bananen oder Sorghum hergestellt wird, bis zu einem Eimer mit Wasser. Dieses Nationalgetränk, ohne das kein Treffen oder keine Besprechung stattfinden und abgeschlossen werden konnte, habe ich natürlich auch probiert. Wie alle anderen hockte ich mit meinem Strohhalm in der Hand um die Kalebasse herum und probierte von diesem Gemisch. Mir schien es, als tränke ich kleine Sägespäne in einer fremd schmeckenden Flüssigkeit. Für uns Europäer war dieses Getränk kein Genuss, doch niemand nahm uns diese Bewertung übel.

Wir überholten eine Gruppe von Männern, von denen zwei eine geflochtene Trage über den Schultern trugen, in der eine Person lag.

„Das ist ein Krankentransport."

„Wie viele Kilometer die wohl gehen müssen?"

„Die Entfernungen werden bei uns nicht in Kilometern, sondern in Stunden zu Fuß gemessen. Von hier aus liegt die nächste Caritas- oder Missionsstation nur gut zwei Stunden entfernt. Und fragt man jemanden nach seinem Wohnsitz, so wird kein Ort genannt – außer er wohnt in größeren Ansiedlungen oder in Provinzstädten –, sondern der Name eines Hügels. Schauen Sie, Madame Totz, die Frau auf der linken Seite trägt ein Geschenk in ihrer Kalebasse. Es ist dies daran zu erkennen, dass unter den Deckel der Kalebasse ein Ring aus Bananenblättern gelegt ist."

Ich hatte deutlich den Geruch von Eukalyptus in der Nase, der beidseitig die Straße säumte. Streckenweise mussten wir auf dieser kurvenreichen und stetig bergan führenden Straße den vielen vorhandenen Straßenlöchern geschickt ausweichen. Angst vor Gegenverkehr brauchten wir eigentlich nicht zu haben; denn es gab kaum welchen. Trotzdem konnten wir einen völlig überladenen Holztransporter im Straßengraben liegen sehen. Diese Straße gehörte zu der Transitstrecke von Bujumbura bis Ruanda und weiter nach Uganda.

„Hier nun haben wir die zweitausenddreihundert Meter Höhe erreicht und gleichzeitig die Hälfte des Weges. Würde man geradeaus eine Nebenstrecke fahren und nicht dem Verlauf der Transitstrecke folgen, führe man direkt in noch vorhandenen Dschungel hinein."

Die einzelnen Hütten am Straßenrand waren mit Dorngestrüpp eingezäunt; langsam wurde die Besiedlung hinter Büschen und Bäumen dichter, bis die Hütten ohne Umzäunung auftauchten. Nach einhundertzehn gefahrenen Kilometern erreichten wir, ohne dass wir anhalten mussten, nach zwei Stunden den Marktplatz von Gitega.

Diese ersten Informationen nahm ich voller Interesse in mich auf – und doch war ich unbewusst noch ein „Zuschauer" mit seiner entsprechenden Distanz.

Wie würde wohl ein Leben im Kern dieses Daseins aussehen?

Der Ort selbst hatte alle nötigen Haupt- und Höheren Schulen, eine Kirche, ein Krankenhaus, eine Post, zwei Autogaragen mit Tankstellen, sogar eine kleine Kunstschule mit Kunstzentrum, verschiedene Geschäfte wie ein Schuhgeschäft, zwei kleine Stoffläden sowie „Krämerläden", in denen man Nähgarn, Schrauben, aber auch die nötigsten Lebensmittel wie Reis, Öl und Konserven sowie viele für uns vorstellbare und nicht vorstellbare Artikel kaufen konnte. Und natürlich gab es eine Militärstation.

Nach weiteren drei Kilometern kamen wir nach Muschascha, dem Stadtteil, in dem sich neben Hütten und einfachen Häusern der Einheimischen die Diözese mit Wohngebäuden, die Kathedrale, Station der Ordensschwestern, ein Geschäft, Schulen sowie eine Schmiede und eine Tischlerei befanden. Und das Waisenhaus, auf dessen Gelände zehn Familienhäuser für das erste SOS-Kinderdorf im Lande gebaut werden sollten.

Am ersten Haus sah ich Arbeiter die Grundmauern errichten – auf einer Anhöhe mit einem weiten, herzöffnenden Blick über dieses grüne, hügelige Land. Das Mittagessen hatte ich mit den europäischen Patres der Diözese eingenommen, mich jedoch für eine Unterkunft im Waisenhaus entschieden; denn ich wollte mein zukünftiges Leben mit allen teilen.

Mit wenigen und dürftigen Sätzen kann ich die Arbeit und das so völlig andere, abwechslungsreiche Leben, das nun vor mir lag, in all seiner Fülle nicht erzählen. Das ist auch weder gewollt noch möglich. Jeder Tag hatte bei aller Vielfältigkeit seinen Inhalt und seinen Sinn. Ich lebte – trotz der täglichen Planungen – in der absoluten Gegenwart und in dem vorhandenen Bewusstsein des Augenblicks. Über die Arbeit habe ich mich definiert mit dem Ziel, dass durch meinen Beitrag am Ende ein gut funktionierendes Kinderdorf aufgebaut sein sollte, das aus sich selbst weiterleben könnte. Und ich stellte fest, dass kein Tag irgendwie verloren gegangen war, weil man sich hinterher fragte: „Was habe ich eigentlich gemacht?"

Ein Klingeln an der Pforte – und ich wurde erstaunt und freundlich abwartend von Erwachsenen und noch mehr überrascht mit ganz viel verschmitztem Lächeln von vielen braunen Kindern, die nach und nach aus allen Ecken aufzutauchen schienen, mit großen, fragenden Kulleraugen begrüßt.

„Wer ist denn da angekommen?"

„Eine Musungu, eine weiße Frau. – Was die wohl hier will?"

Bekannt war, dass jemand aus Europa kommen würde, doch hatte hier niemand mit einem so schnellen Eintreffen dieser Person gerechnet.

Soweit ich feststellte, waren alle jünger als ich. Zu meiner Erleichterung sprachen die Erwachsenen neben ihrer Landessprache Kirundi und dem vereinzelt auftretenden ostafrikanischen Kiswahili, das dank des deutschen Missionars Krapf auf den Handelswegen weiter in das Innere Afrikas vorgedrungen war, einigermaßen gut Französisch, das die offizielle Amtssprache war. Später hörte ich, dass fast alle auf einer der Missionsstationen eine Schul- oder sogar Grundausbildung erhalten hatten.

Begrüßt wurde ich mit der rechten Hand, wobei die linke ihren rechten eigenen Unterarm umfasste. Es war dieses die Geste, dass sie mir die Ehrerbietung entgegenbrachten, aber gleichzeitig zeigten, dass sie ohne böse Absichten waren; denn ihre Hände waren leer.

Noch bezeichneten sie sich als „Schwestern", besaßen aber keine Tracht. Mit einem Aufbau wurde im Verlauf der Zeit das Waisenhaus auf ganz natürliche Weise zum SOS-Kinderdorf, von allen Leuten und offiziellen Einrichtungen akzeptiert und wertgeschätzt.

Unglücklicherweise, vielleicht war es auch gut so, jedenfalls war Sr. Nestor vor einer Woche nach Frankreich geflogen, um sich ärztlich behandeln zu lassen. Drei dieser Schwestern hatte sie für die Zeit ihrer Abwesenheit als Vertretungspersonen gewählt. Individualität war vorhanden, wurde jedoch verständlicherweise zum Wohle der Gemeinschaft untergeordnet.

Unter ihnen empfand ich Gorette als Intellektuelle, eine schlanke, sehr hübsche Schwester, die oft mit Sonderaufgaben betraut wurde, so, wie sie nun mir hinfort für alle möglichen Fragen; Erklärungen und Hilfe zur Verfügung gestellt wurde, wobei ich sie bewusst nicht bevorzugte. Perpetue trug die Hauptverantwortung, sie schien die Älteste hier zu sein, Ende zwanzig. Petronille war herzensgut, allerdings magenleidend. Oft half sie im Economat, dem Verkaufsraum der Diözese.

Die Gesichter aller Erwachsenen strahlten eine Offenheit und Ausgeglichenheit aus, die mich, ebenso wie die Atmosphäre, überraschte und begeisterte.

Ein VW-Käfer war vorhanden.

Mit ganz viel Raum für die Freude und das Bewusstwerden meiner neuen Aufgabe betrat ich mein mir zugeteiltes kleines Zimmerchen, in das schnell zu dem vorhandenen Bett, Hocker und kleinem Tisch ein schmaler, hoher Schrank mit Fächern und eine Schüssel für Wasser hinzugestellt wurden. Ein Wasserhahn befand sich im Innenhof des großen, viereckigen Gebäudes, unweit meines Ausgangs. Dieser mündete in einen Zwischenraum, mehr ein kurzer Flur, in dem ich unser Büro einrichtete. Die Schwestern, deren Zimmer neben meinem lagen, benutzten fortan einen Seiteneingang. Eine einfachste gemeinsame Dusche benutzte ich nicht, wohl aber reichte man mir einen Schlüssel zu meiner nun eigenen Toilette, draußen neben dem Wasserhahn. Ein Plumpsklo wie in Kindertagen.

Damit war ich wieder einmal angekommen. Mit dem Öffnen der Tür tat sich zum wiederholten Mal eine neue Welt, in jedem Fall ein neues Dasein, vor mir auf. Wie bei einem Kleinkind, das mit seinen großen Augen zum ersten Mal über den Tischrand hinaussieht. Doch wo hatte ich mein Zuhause? Wo ich Freunde, Familie hatte? Wo ich ganz ich sein durfte und damit die Person lebte, die ich war? Waren die vielen Stationen meines bisherigen – und noch kommenden? – Lebens eine Fortsetzung meiner ersten drei Lebensjahre, die von Unsicherheit und Flucht mit ihrer einhergehenden Angst geprägt waren? Oder dort, wo ich meine Wurzeln hatte? Trug ich diese vielleicht als etwas Kostbares auf meinem Weg des Lebens in mir selbst mit? Bei diesen Gedanken erwischte ich mich bereits beim Kofferauspacken.

Mit Perpetue und Gorette bekam ich bei einem Rundgang einen ersten Überblick über die vorhandene Situation. Das erste Familienhaus war fest und solide gemauert, Felssteine bildeten das Fundament, Aluminiumplatten wurden gerade als Dächer verlegt. So ähnlich sah auch das Waisenhaus aus.

Wie ich bei diesem Eindruck feststellen konnte, war die Ausstattung in allen Bereichen einfach bis primitiv, finanzielle Mittel waren offensichtlich nicht vorhanden. Die siebzehn Säuglinge schliefen in zwei von wenig Tageslicht beleuchteten Räumen. Weiter gab es einen Aufenthaltsraum, in dem sogar ein Telefon angeschlossen war, sowie zwei große Schlafräume für mehr als fünfzig Kinder. In den Eisenbetten lagen dünne Schaumstoffmatten ohne Bettlaken. Einige Kinder schliefen bis zum Alter von etwa sieben Jahren noch zu zweit in einem Kinderbett. Einfache graue Wolldecken als Zudecken hingen draußen auf den Zäunen zum Trocknen … Nebenan befanden sich zwei schmale Kammern mit hohen Regalen, in denen sich Bekleidung stapelte. Alles für jeden, je nachdem, wem es passte.

Außerhalb des Gebäudes sah ich zur Linken zwei Wäscherinnen bei ihrer Arbeit. In gemauerten Becken wurde unter Zuhilfenahme der mir noch gut bekannten Waschbretter und eines Stücks Kernseife alle Wäsche kalt mit der Hand sauber geschrubbt. Daneben schwenkte eine Frau tüchtig ein Holzkohle-Bügeleisen, damit die eingefüllte Holzkohle auch weiter glühte und das Eisen heiß blieb.

Einige kleinere Kinder wurden gerade gewaschen oder direkter gesagt: Sie wurden bis zu einem gewissen Alter mit abgenagten Maiskolben und kaltem Wasser aus einem Eimer abgeschrubbt. In einer Ecke auf dem Rasen stand eine Blechdose mit Öl, um sie damit einzuölen. Mit kleinen Stöckchen aus Zuckerrohr konnte man die Zahnpflege erledigen.

Ebenso waren einige Ställe aus Holz für die Zucht von ein paar Ziegen, zwei Kühen und Hühnern errichtet worden. Die beiden dafür verantwortlichen Burschen schliefen bei ihrem Vieh. Auf dem eigenen Grundstück wuchsen Mais, Maniok, Ananas und ein wenig Gemüse. Gern naschte ich von den wenigen Büschen der schmackhaften *treetomatoes*, die im Geschmack zwischen Brombeeren und Pflaumen lagen.

Von außen zu erreichen war eine kleine *Pharmacie*, in der ein wenig ungeordnet nötigste Medikamente und ein Bettgestell für Notfälle vorhanden waren. Oft kamen Leute, um sich in ihrer Bedürftigkeit Hilfe in Form von Tabletten oder etwas Trockenmilch zu erbeten. So auch eines Tages ein ganz junges Paar mit seinem Baby, das um Milch bat. Bei dem Anblick dachte ich: Die gehören eher auf eine Intensivstation. Sämtliche Verhütungsmittel waren im Land verboten. AIDS war seinerzeit noch kein Thema.

Manchmal wollten sie uns auch große Stauden der begehrten Kochbananen verkaufen. In ihre Lumpen gehüllt, das Baby auf dem Rücken, warteten sie gerade mal wieder als erdfarbene scheue Wesen in einer Ecke auf ihre Geschäftsabwicklung, die ihr eigenes Zeitmaß zu haben schien. Um sie nicht zu erschrecken oder aufzuschrecken, hielt ich mich als einzige Weiße stets in gebührendem Abstand.

Als weitere Räumlichkeit gab es das *Réfectoire*, unseren Essraum, sowie die dahinter liegende Küche. Genügend Platz für alle Vorbereitungen, einschließlich kleiner Holzkohleöfchen zum Kochen der Säuglingsnahrung, bot der freie Platz hinter dem Haus, sogar im Halbschatten eines riesigen Avocadobaumes. Und es gab einen immens großen Raum an einer Schmalseite des Vierkantgebäudes, der von Nestor als Kapelle gedacht worden war. Doch ich fand ihn wunderbar geeignet als Kindergarten. Wenn man einen Teil abtrennte, konnten im vorderen Bereich die verschiedenen Schulungen stattfinden. Nach einem klärenden Gespräch über das Kinderdorf-Konzept, unsere Kinder nicht zu isolieren, sondern sie doch wie alle anderen Leute in die große Kathedrale zum Gottesdienst gehen zu lassen, wurden meine Pläne akzeptiert.

Nach diesem ersten Überblick hatten sich die meisten meiner vielen bisher notierten Gedanken und Fragen von alleine beantwortet. Viel später sollte ich in Deutschland auf die Frage: „Burundi? Was gibt es denn da?", antworten: „Eigentlich nichts, aber ganz liebe Leute."

Gorette brachte mir einen kleinen Reisigbesen zum Ausfegen meines Zimmers, das wie alle anderen einen Zementboden hatte. Als Privileg war der Besen für mich alleine. Kehrschaufel und Handfeger waren unbekannt. Die Schwestern nahmen die Hände, um den zusammengefegten Schmutz wegzutun; ich gönnte mir einen Umschlag unserer Korrespondenz. Ebenso erhielt ich zwei dünne, weiße Kerzen mit Streichhölzern für die Abendzeit, denn nur in den gemeinsam genutzten Räumen sorgte eine von der Decke baumelnde schwache Glühbirne – ohne Lampenschirm – für nötigste Beleuchtung. Allerdings war das Stromnetz noch sehr schwach, sodass es oft ausfiel und wir dann eben bei Kerzenschein saßen.

Der Tag endete mit nur kurzer Dämmerung zwischen 18 und 18:30 Uhr, das ganze Jahr über.

Am zweiten Abend meines Hierseins klingelte bei Dunkelheit eine elend aussehende Frau am Eingang und sagte, dass sie Hilfe brauche. Ich wurde gerufen. Mit Perpetue und Gorette saßen wir auf einem quietschenden Lattenrost eines Bettgestells ohne Matratze bei diffuser Beleuchtung einer schwachen Glühbirne und lauschten ihrer Geschichte, wobei sie den Inhalt ihrer mitgebrachten Basttasche aus einem alten Tuch auswickelte: ein Baby, winzig klein. „Das habe ich soeben am Straßenrand gefunden."

Es schien tatsächlich gerade geboren worden zu sein. Seit zwei Tagen in dieser Atmosphäre fühlte ich mich ohne Übergang plötzlich wie mitten in den afrikanischen Busch mit seinen Erwartungen hineinversetzt. Hatte Albert Schweitzer auch einmal so begonnen?

Nachdem sich bei uns der Verdacht auftat, sie könne selbst die Mutter sein, wollte ich als Weiße rausgehen, die anderen sollten sie untersuchen. Als sie dann zugab, das Kind selbst soeben geboren zu haben, fuhr ich sie mit Gorette gegen 22 Uhr in das nur drei Kilometer entfernte Krankenhaus.

In Notfällen konnte ein erwachsenes Kind des Waisenhauses, das noch hier wohnte, Autofahrten übernehmen. Ansonsten war ich nun die einzige Person mit einem Führerschein.

Am nächsten Morgen erhielt ich von der Diözese die Nachricht, dass mein Chef angekommen sei und ich bitte nach Bujumbura kommen möge. Insgeheim war ich über seine verspätete Ankunft froh, hatte ich dadurch erste Eindrücke der vorhandenen Situation für weitere Gespräche gewinnen können. Zum ersten Mal fuhr ich die lange Strecke in unserem VW-Käfer alleine und registrierte deutlich den Unterschied zwischen einem Hotel „Source de Nil" und unserem einfachen Leben.

Zunächst erhielt ich auf der Bank eine Vollmacht, um nötige Ausgaben für den Unterhalt und erste Anschaffungen für unser Dorf bezahlen zu können. Die Bauleitung für die zehn Häuser war einem kompetenten Pater der Diözese übertragen worden, dem ich in Zukunft weitere Raten entsprechend des Baufortschrittes auszahlen sollte. Außerdem war ein Vorstellungsgespräch beim Sozialminister anberaumt, in dessen Bereich die Genehmigung für den Aufbau des Dorfes fiel. Man äußerte sich so begeistert von unserem Vorhaben, dass wir für alle einzuführenden Waren für unser Projekt und für eventuelle kleine Geschenke für unsere Kinder von ihren späteren Paten eine komplette Zollfreiheit erhielten, wofür wir uns herzlich bedankten.

In München hatte ich einen Arbeitsvertrag über zwei Jahre erhalten. Mein Einsatz in Burundi sollte sich nur über maximal sechs Monate erstrecken, da eine längere Aufenthaltsdauer für einen europäischen Mitarbeiter, zumal ich alleine mit Einheimischen lebte und arbeitete, zu riskant erschien. Während dieser Zeit sollte ich ein Büro mit allen Unterlagen etablieren sowie einen Sekretär einarbeiten, ebenso einen Kindergarten mit ausbildenden Kindergärtnerinnen aufbauen. Im Land selbst gab es noch keine Vorgabe seitens der Regierung. Weiterhin übertrug man mir, die Mütterauswahl sowie deren Ausbildung zu übernehmen beziehungsweise zu organisieren. Als wichtige Priorität war natürlich anzusehen, dass alle Entscheidungen in enger Zusammenarbeit mit den Vertreterinnen des Noch-Waisenhauses zu treffen waren – auch wenn diese zunächst manches noch nicht so recht zu fassen vermochten.

Für die Erfüllung meiner Aufgaben erhielt ich unter Einhaltung gewisser Grenzen genügend Entscheidungsfreiheit. Intensiv besprachen mein Chef und ich bis spätabends meine Aufgabe in allen Punkten. In wenigen Monaten wollte er mich wieder besuchen. Am dritten Tag setzte er seine Rundreise fort.

Als erste Maßnahme ließ ich allen zu ihrer Erleichterung mitteilen, dass niemand von den vorhandenen Mitarbeitern entlassen würde. Denn mit ihren für uns absolut geringen Gehältern unterstützten oder ernährten sie ihre Familien.

Aus München hatte ich meinen letzten Platz im Gepäck für SOS-Artikel wie Poster, Luftballons, Dekorationen, T-Shirts, einige Broschüren und kleine Spiele genutzt. Das wurden die ersten bescheidenen, aber sichtbaren Veränderungen. Fröhlich begrüßten unsere Kinder meine viel bewunderten Gestaltungen, die nun als bunte Poster an den Türen hingen. Wohl zum ersten Mal waren Gegenstände nicht nur für den täglichen Bedarf, sondern einfach zur Verschönerung und Freude da. Etwas völlig Neues!

Nach meinem unvollendeten Aufenthalt im Libanon war es für mich wunderbar, hier etwas schaffen zu dürfen, das wirklich gebraucht wurde, mit einem Mitarbeiterstab von jungen, eifrigen und gebildeten Erwachsenen, die frohen Herzens ihrer Aufgabe nachgingen, nämlich den Kindern die nötige Liebe und Fürsorge zu geben, soweit es ihre Möglichkeiten irgend erlaubten. Wir lebten bei äußerster Sparsamkeit oder gar Armut in einer vorbildlichen Atmosphäre.

Durch unsere Höhenlage von tausendsiebenhundert Metern herrschten bei uns zwar angenehme Temperaturen, sodass wir bei einbrechender Dunkelheit meist eine Strickjacke oder einen warmen Pullover benötigten, ja manchmal wünschte ich sogar, es könnte wärmer sein. Sehr ungemütlich konnte es während der großen Regenzeit werden. Draußen war alles matschig und innen feucht, was mir unsere Ärmlichkeit noch mehr bewusst machte. Doch irgendwann kam auch zu uns wieder goldener Sonnenschein, trocknete alles und zauberte wohltuende Wärme.

Doch es war einfach anders. Alles. Zunächst einmal waren alle braun, ich war die einzige Weiße, bis nach genau sechs Wochen die Unterscheidung unseres Aussehens verschwunden war, wir wurden eins. Damit vermochte ich auch die Erwachsenen mit ihren Stärken und Besonderheiten besser zu differenzieren und einzuordnen.

Zudem zeigte sich in dieser Situation und fast jedem Tun der dortige Minimalismus, so, als wenn man zu jedem Vorwärtskommen zunächst bei einem oder gar zwei Schritten rückwärts beginnen müsste.

Bereits während der ersten Tage lernte ich Pater Knoll kennen, den einzigen Deutschen in Gitega, der neun Kilometer entfernt auf seiner eigenen, etwas isoliert gelegenen Caritas-Station wohnte. Bei einer Rundfahrt erklärte er mir vieles über Land und Leute und auch, dass er es für undurchführbar hielt, ein so großes Projekt in so kurzer Zeit aufzubauen. Wie alle anderen Missionare gehörte er zum „Orden der weißen Väter". Vor fünfundzwanzig Jahren hatte er im Land mit der Verteilung von Salz und weiteren einfachsten Dingen begonnen. Seine Nichte Ursula (nicht zu verwechseln mit der Ursula aus Kairo) war vor einiger Zeit aus Deutschland angereist, um ihn für ein weiteres Jahr zu unterstützen. Wir freuten uns gegenseitig über unsere Anwesenheit und verstanden uns sehr gut. Sie war etwas jünger als ich.

Pater Knoll sorgte nach nur wenigen Tagen für elektrisches Licht in meinem Zimmer und im Büro, sodass ich abends, sofern wir Strom hatten, noch würde arbeiten können. Doch ich bemühte mich, meine Mitbewohnerinnen nach 21 Uhr nicht mehr durch das Klappern auf meiner mechanischen Schreibmaschine, die zum Glück vorhanden war, zu stören. Ebenso brachte er einige Nägel an den Wänden an, damit ich meine Oberbekleidung aufhängen konnte.

Die Wände in unserem Refectoire waren einst hellblau gewesen, die schmalen Holzbänke ohne Rückenlehne und Tische grasgrün gestrichen worden, doch das war wohl schon bereits vor längerer Zeit geschehen. In den schmalen Regalen standen die großen Dosen mit Nido-Milchpulver und das nötigste Geschirr aus dunkelbraunem, billigem Plastik oder Blechteller, wenige Tassen aus Porzellan, dann allerdings mit roten Röschen bemalt. Im Allgemeinen hatten wir genügend Besteck, doch im Notfall ging es auch mal ohne. Ebenso standen einige Gläser mit Marmelade, sogar mal Honig oder hin und wieder etwas Käse dort. Butter gab es nicht. Unser Brot war selbst gebackenes Weißbrot und schmeckte, wenn es frisch war, köstlich. Es musste eine Woche reichen. So gab es davon nur bei Bedarf zum Frühstück, zu dem Kinder die angerührte Trockenmilch und die Erwachsenen mal Kaffee, Milch oder Wasser aus der Leitung tranken.

Jeden Mittag und jeden Abend – was für viele afrikanische Familien üppig war – bestand die Mahlzeit aus roten, ausgepuhlten Bohnen und gekochten Bananen. Kochbananen sind eine größere, spezielle Sorte. Oder es gab Maniok, dick gekochtes Maismehl, selten Reis. Ein Ei gab es hin und wieder nur für die Säuglinge. Unser Sonntagsgericht wurde entweder durch etwas Weißkohl, ein oder zwei Auberginenscheiben, ein Häppchen Fleisch oder eine kleine Ölsardine mit einem Klecks Tomatenketchup angereichert. Na ja. Eigentlich schmeckt zwar alles, doch diese Zusammenstellung kannte ich bisher noch nicht. Als Nachtisch gab es zuweilen eine halbe Scheibe Ananas, eine kleine, leckere Banane oder ein Stück Avocado.

Abendessen gab es stets ab 19 Uhr. Als große Familie fand jeder ein schmales Plätzchen um unsere langen Tische herum. Auf dem Zementboden lagen Wolldecken für unsere ganz Kleinen, doch meistens waren sie auf dem Rücken fest eingebunden. Unsere zwei Glühbirnen oder weiße Kerzen warfen ihr dämmriges Licht auf unsere eigentlich ärmliche, aber doch erwartungsvoll-heitere Kinderschar; denn vor jedem stand ein gut gefüllter Teller mit Essen. Nur ich aß mein belegtes Brot – mein anfänglicher Test sollte mir Lehre genug werden.

Doch zuvor wurde gemeinsam ein Gebet gesprochen oder ein Lied gesungen, wobei es dann fast feierlich wurde. Bei allgemeiner Disziplin durfte mit so vielen jungen Mädchen auch gesprochen oder mal gelacht werden. Alle Teller waren leer gegessen, jeder war satt geworden. Eine Dankbarkeit stand im Raum für das, was wir hatten, und nicht, wie ich es so oft in Europa erlebt hatte, dass bei soeben erfüllten Wünschen sofort ein weiteres Verlangen geboren wurde.

Wir hatten sogar einen kleinen, funktionierenden Kühlschrank, der aber selbst für unsere minimal zu kühlenden Nahrungsmittel zu klein war, sodass die Tür oft auf stand.

Nach wenigen Tagen bekam ich eine Erkältung mit starken Kopf- und Ohrenschmerzen sowie Schwindelgefühlen und Verdauungsproblemen. Der gerufene Arzt, der Deutschland von einem Aufenthalt her kannte, erklärte mir in knappen Worten: „Sie können hier nicht so leben, das geht nicht." Doch auf seine Empfehlung hin erhielt ich in Bujumbura eine Ohrenbehandlung; wie andere Patienten reihte ich mich in die Schlange der Wartenden in einem Hinterhof ein. Gegen die verschriebenen Tabletten wollte mir die Verkäuferin in einer kleinen Apotheke aus einem kaum befüllten Wandschrank als einzigem Aufbewahrungsplatz eine einzelne Tablette auf die Hand geben. Sie hatte sie einer Packung entnommen. Ich lehnte ab. Weil es mir zu unhygienisch war oder weil ich an unseren eigenen Bestand dachte und ich diese eine Tablette niemandem wegessen wollte?

Im Kinderdorf schluckte ich dann jede Menge Medikamente, deren französische Beschreibung ich lesen konnte, wahrscheinlich viel zu viele. Doch es ging mir besser, sodass ich bereits ahnte, dass ich einmal gar nicht gerne von hier fortgehen würde. Medikamente konnte ich uns auch weiterhin regelmäßig zuschicken lassen.

Nun wollte ich besser auf mich achten, denn eine „kranke Frau Totz nützt niemandem etwas". Als Einzige bekam ich zum Frühstück Omelette. In Gitega fand ich in einem Geschäft Butter, es gab die meiste Zeit eine von drei Sorten Käse insgesamt und sogar eine Sorte Wurst oder hin und wieder gekochten Schinken. Die Früchte unseres Avocado-Baumes, gewürzt mit Salz, schmecken auf dem Brot wunderbar und bedeuteten durch das enthaltene Fett eine nahrhafte Speise, wie auch die später auf einer Missionsstation in Kitaramuka entdeckte Erdnussbutter. Dort hergestellte Marmelade war eine zusätzliche Bereicherung.

Nachdem ich die ersten sechs Wochen Hühnerfleisch bekam und meinte, dass es auch mal etwas anderes sein dürfe, wurden es dann kleine, sehr scharf angebratene Fleischstückchen. Von welchem Tier sie waren, fragte ich nicht, doch ein Schnitzel schien das Tier nicht bereitstellen zu können. Auf meinen Vorschlag hin, dass ich statt eines Omelettes gerne mal ein gekochtes Ei essen würde, lagen dann eines Mittags nach meiner Mittagsruhe zu der bereitstehenden Thermoskanne mit Kaffee zwei gekochte Eier auf meinem Teller. Als Nachtisch? Es war zweifellos lieb gemeint.

Vielleicht hätten auch einige Kinder gerne mal ein Ei gegessen, doch ich tröstete mich damit, dass es nicht ihre Gewohnheiten waren. Ich musste mir einfach etwas anderes gönnen, um ihre Situation verbessern zu können.

Ein gelegentlicher Einkauf von europäischen Zutaten in Bujumbura durch meine Bekannten wäre mir wie ein Verrat erschienen. Ein Gericht kochen konnte ich ohnehin nicht.

Für unser kleines Büro ließ ich mir in der Tischlerei der Diözese ein Regal mit Fächern und Kästchen für die Patenkarteien herstellen. Für den Büroaufbau begann ich mit der Einarbeitung eines Lehrers mit Englischkenntnissen. Seine ersten Briefe begann er mit Anreden wie „Hei, Jesine" oder „Liebe per Luftpost". Auf Letzteres angesprochen, meinte er: „Das stand doch auf dem Umschlag." Als wir später mit dem kleinen Patenjungen das ihm zugedachte Päckchen auswickelten, hörte ich: „Oh, what a funny pussy-cat" (komische Katze) – es war ein Teddybär gewesen. Ein Weihnachtsmann wurde zu einem „lustigen Gesellen" und ein dem Brief beigelegter Papierapfel zu einem „Insekt". In Burundi hatte ich nie Äpfel gesehen. Einen Fernseher hatte er bereits in einem Kinofilm in der Hauptstadt kennengelernt. So gab es für ihn viel zu lernen, von Anreden bis zu den Ländern, wo unsere Paten herkamen. Bis zu Nestors Fortgang war er kurze Zeit hier tätig gewesen. Die nötigsten Büroartikel wie Stifte, Locher und Radiergummi fand ich in fünf Geschäften, entweder in dem der Diözese oder in denen von Libanesen und Pakistani im „Cartier asiatique", dem asiatischen Viertel in Bujumbura, die relativ gut sortiert waren. Allerdings gab es leider nie Aktenordner zu kaufen.

Für die Kinderakten bat ich Gorette, vorhandene Papiere zusammenzusuchen. Die Fotos der Kinder machte ich mit meinem eigenen Fotoapparat. Den Film konnte ich in einem Geschäft in Bujumbura abgeben, die Entwicklung erfolgte in Belgien. Zweimal die Woche gab es einen Direktflug nach Brüssel, dann erhielten wir auch Post; denn an diesen Tagen kam ein Bus nach Gitega. Spätestens nach drei Wochen erhielt ich ohne Beanstandung meine Fotos. Es war die einzige Buslinie im Land. Eine Zugverbindung gab es nicht.

Zu meiner größten Verwunderung oder gar Unverständnis stellte ich fest, dass niemand alle Kinder kannte und auch niemand wusste, wie viele Kinder hier eigentlich lebten. Zudem galten einige als „Externe", die aufgrund ihrer Bedürftigkeit bei Nachfrage hin und wieder Trockenmilch, eine Tablette oder sogar ein Kleidungsstück erhielten.

Mein Start für eine komplette Liste begann damit, dass ich feststellte, dass auf verschiedenen Zetteln irgendwelche Namen standen. Da die Leute hier meist vier Namen besaßen, wurde der Einfachheit halber stets nur einer angegeben. Hieß die sechs- oder elfjährige Rose nun weiter Umuraza oder Muhongayire?

Und nun hatte ich eine Idee: Zur beginnenden Schlafenszeit ging ich mit Gorette und zwei weiteren Personen von Bett zu Bett und wir erfragten und schrieben die Namen des- oder derjenigen auf, der oder die vor uns im Bett lag, sodass wir allmählich einen Überblick über die uns anvertrauten Kinder erhielten.

Hinzu kam, dass viele von ihnen keine Geburtsdaten besaßen. So ließ ich die größeren Kinder selbst Zahlen angeben, die sie gern als Geburtsdaten haben wollten. Hätte ich die Daten besser wählen können? Das Jahr legten wir allerdings fest.

Für mich als zusätzliche Rätselaufgabe trugen unsere kleinen Jungen aus Mangel an Hosen eben auch Kleider – so auch mein süßer dreijähriger, aber recht strammer Oscar, gerufen Oscari. Deshalb also flossen hier manchmal kleine Bächlein durch die Gegend … Einmal sah ich ihn tatsächlich im roten Rüschenkleidchen. Wir lebten eben mit unseren Gegebenheiten und Möglichkeiten.

In der kirundischen Sprache endeten alle Wörter mit einem Selbstlaut. Pater Knoll hieß Patri Knolli. Mein Name Heidi konnte bleiben, wie er war, und stellte sich gerade für die Kleinsten als wunderbar nachzuplappern heraus. Interessant ist das Wort *Abadagi*. *Aba* bedeutet „der Mann", „Mensch". *Dag* steht für das deutsche Wort „Tag". Also „der Mann, der Tag sagt", verallgemeinert dann: „der Weiße". Das burundische *Oja* heißt auf Deutsch „nein".

Da nur zwei Erwachsene eine Armbanduhr besaßen, hörte ich es die ersten Tage ständig mit einer kleinen Handglocke klingeln; morgens zum Aufstehen um 5:45 Uhr, Gebets- und Unterrichtsstunden, wenn Termine waren, jemand gesucht wurde, zu den Essenszeiten, ihren Chorproben und nun auch zu meinen Schulungen. Die Schwestern bildeten einen Chor, dessen Gesänge recht betrachtet ein wahrer Genuss waren, doch zunächst wollte mir scheinen, als hätte ich immer zu ungelegenen Zeiten Fragen oder bäte um Hilfe.

Nach dem Mittagessen war bis 14 Uhr allgemeine Ruhezeit angesagt, der ich mich gerne anpasste, nach dem Motto: Lieber eine Stunde weniger, dafür ausgeruht und konzentriert arbeiten. Und das musste ich.

Ohne zu stören, spielten immer einige der Schwestern währenddessen auf dem Rasen Karten, eine lieb gewonnene Gewohnheit.

Meine Aufbauarbeit konnte ich die erste Zeit gut neben dem laufenden Waisenhausbetrieb erledigen, ich griff aber mehr und mehr durch meine Schulungen in diesen Ablauf ein. Mit meinen Vorstellungen von einem fertigen Kinderdorf arbeitete ich auf mein Ziel hin.

In einer gemeinsamen Aussprache waren wir übereingekommen, dass alle zu besetzenden Posten aus vorhandenen Mitarbeiterinnen gewählt werden könnten, natürlich unter Zustimmung der betreffenden Personen. „Wer eignet sich für welche Aufgabe?" Wir brauchten zehn Mütter und ihre Vertreterinnen. Von den drei Kindergärtnerinnen kristallisierte sich später eine als Leiterin heraus. Eine Erwachsene übernahm später die Schneiderei und eine stickte wunderhübsche Tischdecken. Ihr Kommentar: „Das habe ich mir immer gewünscht, so etwas zu tun." Diese Arbeiten könnten zu einem eigenen Atelier mit Verdienstmöglichkeiten führen; denn schon hin und wieder gehörte unser Projekt zu manch einer Besichtigung von Deutschen oder anderen Europäern. Und auch Einheimischen.

Meine Arbeit begann ich mit einer eingehenden Information über unsere Organisation für alle Erwachsenen. Zur Veranschaulichung hatte ich mir eine große Weltkarte besorgt. Ein Arzt mit absolvierter Ausbildung in Europa erteilte einige Stunden Unterricht in Hygiene und Gesundheitsfragen. Die Ausbildung der Mütter sowie auch die der Kindergärtnerinnen, bei der alle voller Begeisterung dabei waren, baute ich auf den gegebenen Möglichkeiten mit unserer Verbesserung auf. Zweimal nahmen wir Änderungen vor.

Für die Mütter bestand diese zum Großteil in der Fertigstellung des Dorfes. „Was gibt es denn heute wieder Neues?" – „Welche bisher gemeinsam erledigten Arbeiten werden nun aufgeteilt?" – „Und auch die Wäsche wird nun nicht mehr von uns gewaschen?"

Meine Schulungen begannen ab 9 Uhr. Die Stunde vorher konnte ich den Sekretär weiter einarbeiten, ebenso wie ich ab 16 Uhr mein kleines Büro für mich hatte, wenn er noch vor Einbruch der Dunkelheit zu Fuß nach Hause ging.

Dann schlossen sich für alle Mütter Stunden zu Haushaltsthemen an. In der Praxis nähten wir auf zum Glück drei funktionierenden Nähmaschinen zunächst alle Bettwäsche und bis zum Einzug in die Häuser auch alle Gardinen selbst. Als Übungsstücke eigneten sich Bettlaken vorzüglich. Einen kleinen Lagerraum hatten wir frei geräumt, wo nun die ersten Stapel von Handtüchern und Bettwäsche lagerten.

Bei der Erklärung des Haushaltsgeldes höre ich noch die zögerliche, aber sehr interessierte Frage von Immacullée: „Und was mache ich, wenn mein Geld am sechsundzwanzigsten des Monats alle ist?" Eine Möglichkeit, die es wohl in jeder Familie, ob SOS oder nicht, geben kann.

Meine Antwort nach nur wenigen Sekunden: „Dann sterben wir …", wurde nach einem Schreckmoment mit herzhaftem Lachen und meiner Erklärung zu einem gewissen Vorschuss fortgeblasen. „Dass viele Leute in Europa reicher sind als wir hier, stimmt zwar, aber dass alle armen Leute besser sind als die Reichen, stimmt nicht; denn wenn die Reichen vieles von dem, was sie mehr haben, als sie brauchen, abgeben, ist das doch auch eine tolle Sache. Sonst hätten wir keine Paten und keine Spenden – in welcher Höhe auch immer. Und nun lasst uns zusammen was machen damit." Den ihnen vorgelesenen Artikel über Kinder von Kahlil Gibran fanden sie sehr gut. Für jede von ihnen schrieb der Sekretär den Text ab.

Einmal entdeckte ich bei meinen Einkäufen sogar dünne Bücher über gute Haushaltspflege auf Basis lokaler Gegebenheiten. Nachdem der Verkäufer ungläubig registrierte, dass ich tatsächlich alle soeben eingetroffenen zehn Stück kaufen wollte, erhielt ich sie dann auch. Diese in Geschäften unerwarteten Reaktionen erlebte ich bei meinen Mengen-Einkäufen des Öfteren, wenn es nicht der Chef selbst war. So auch Monate später mit Nestor, als wir bei einem Straßenhändler geflochtene Lampenschirme kaufen wollten. Trotz unserer SOS-Broschüre erhielten wir keinen Rabatt; denn er war überzeugt, dass wir mit einer so großen Menge durch Weiterverkauf nur zur Konkurrenz werden würden.

Als Spende erhielt ich mal ein kostbares Handtuch.

Die Ausbildung der Kindergärtnerinnen nahm ich nach einem detaillierten Ausbildungsplan einer deutschen Kollegin vor.

Die der Diözese angeschlossene Tischlerei besaß einen sehr guten Ruf, die Preise waren absolut korrekt und sie lag ganz in der Nähe. Ein Glückstreffer! Für den Kindergarten ließ ich hier zunächst alle Möbel arbeiten. Mein Test war gelungen, alle waren nach meinen abgegebenen Zeichnungen und Erklärungen mit dem Verantwortlichen gut gearbeitet, die Tische mit farbigen Hornitex-Platten gedeckt. An einer Seite füllte ein sieben Meter langes, halbhohes Regal die lange Wand; oberhalb würde Platz für gebastelte Dekorationen sein.

Nachdem alle Geburtsdaten unserer Kinder festlagen, konnten wir hier nun das erste Mal und später einmal monatlich mit den betreffenden Kindern Geburtstag feiern. Aufgeregt und voller Erwartungen saßen die Kleinen, die Geburtstagskinder mit einem bunten Papierhütchen auf dem Kopf, auf den neuen Hockern. Es gab für jeden ein wenig Saft, zwei Kekse, gekauft bei den Schwestern der Diözese, und ein Bonbon. Einige werden dieses, ihr erstes Bonbon, sicher nie vergessen – wie ich mein Bonbon vor vielen Jahren in einem russischen Armeefahrzeug?

Einige Mütter oder andere Erwachsene nahmen an diesen Feiern stets teil. Nach vier Wochen hörte ich die Kinder singen: „Zum Geburtstag viel Glück …" Sie wollten mich wohl daran erinnern, dass sie wieder feiern wollten.

Die Bestellung einer Grundausstattung für unseren Kindergarten hatte ich bereits nach München aufgegeben.

Den Unterricht begannen wir mit elf eigenen und vier Kindern aus der Umgebung, die uns als „Bezahlung" manchmal eine Banane mitbrachten. Oder etwas Milch von der eigenen Kuh, um nicht den armen Waisenkindern das Essen wegzunehmen.

Bei zeitlich festgelegten Spielstunden und Spaziergängen konnte man ganz viel lernen, in Kirundi und möglichst gleich in Französisch, das ab dem dritten Schuljahr ein Pflichtfach in der Schule war. Es gab Wochentage, Monatsnamen, Gemüse, Jahreszeiten, Farben und vieles mehr zu lernen. Und es wurden Lieder gesungen. Als die Kinder zum ersten Mal unsere eigenen Tiere besuchten, fingen die Ziegen plötzlich laut zu meckern an und unsere Kinder standen im gleichen Moment wie auf Kommando hintereinander. Völlig verängstigt, bis wir alle lachten.

Am Nachmittag lernten dann Kindergärtnerinnen und Mütter gemeinsam Püppchen stricken – im Land hatte ich nie eine Puppe gesehen –, Zeichnungen in verschiedensten Techniken und alles mögliche basteln, von Weihnachtssternen aus Scheiben der Bananenrinde bis zu Wandbehängen und Mobiles. Farbiges Papier hatte ich mir bereits von meiner Schwester schicken lassen. So entstanden die ersten Dekorationen für das spätere Zuhause.

Es gab wirklich Zufälle, oder war es ein kleines Wunder? Als ich das einzige kleine vorhandene Radio auf dem Fenstersims des Kindergartens ausprobieren wollte, ertönte gerade das „Heidi"-Lied in deutscher Sprache. Einige mir gefolgte kleine Kinder strahlten mich erstaunt an, denn das lang gezogene „Heidi" hatten auch sie verstanden.

Oft war mir Ursel mit ihrem aus Deutschland gut gefüllten Reservelager mit Scheren, Stricknadeln, Wolle, Stoffresten, Buntstiften und weiteren Kleinigkeiten für unsere Bastelnachmittage eine unschätzbare Hilfe. Denn drei kleine Tuben Klebe, schon hatte ich zwei Geschäfte leer gekauft. In monatelanger Arbeit war der Inhalt dieses Lagers von Freunden in Deutschland zusammengetragen und schließlich bis Gitega verschifft worden. Um mich für ihre Hilfe erkenntlich zu zeigen, half ich ihr schon mal beim Auspreisen von Textilien. Könnten wir nun für eine schöne Strickjacke 2,50 oder 2,80 DM, umgerechnet in Burundi-Francs, die Landeswährung, nehmen? Der Preis sollte angemessen sein. Die Sachen waren bezahlbar, nicht jedoch gratis, jedenfalls meistens.

Es tat auch sonst gut, hin und wieder mit Ursel deutsch zu reden – in des Wortes doppelter Bedeutung. Oder Ursel meldete sich: „Bei uns gibt es heute Abend Bratkartoffeln. Gegen 19 Uhr. Komm doch." „Gerne."

Bei einer längeren Abwesenheit als zehn, höchstens fünfzehn Minuten sagte ich einer der Erwachsenen auf deren Bitte hin stets Bescheid. Als ich das erste Mal bei einbrechender Nacht alleine zu Ursel fuhr, schwor ich mir, nie wieder diese holprige Neun-Kilometer-Strecke in der Dunkelheit alleine zu fahren.

Was wäre, wenn mein Auto stehen bliebe? Bei nicht korrekt gewarteten Fahrzeugen sicher kein abwegiger Gedanke.

Während einer Rückfahrt mit drei Schwestern von einer kirchlichen Veranstaltung hatten wir uns auf diesen schmalen, grasbewachsenen Wegen verfahren. Wir waren uns einig, dass es eigentlich nicht mehr weit bis Gitega sein konnte, doch es gab nur eine hin und wieder trüb erhellte Hütte als Lichtblick. In dieser Situation können selbst zehn Kilometer eine weite Strecke sein. Plötzlich begannen die Schwestern laut und voller Inbrunst Stoßgebete zum Himmel zu schicken, voller Angst. War es ihre – in meinen Augen – Kleingläubigkeit, spiegelte sich nur ihre Unsicherheit in dieser fremden Situation wider? Resultierte meine Nicht-Ängstlichkeit aus einer Sicherheit des Sich-beschützt-Fühlens oder war es schlicht meine Unbedarftheit? Eine Alternative als weiterzufahren gab es ohnehin nicht. Jedenfalls kamen wir nach nur wenigen Kilometern wieder an bekannte Wege und damit nach Gitega.

Bei einer Fahrt mit Perpetue hatte ich es erlebt, dass sie einen neben uns gehenden Mann fragen wollte, ob wir auf dem richtigen Weg seien. Doch der ging, sich ängstlich umschauend, zügig weiter. Später erklärte sie mir, dass der alte Mann vor mir, einer Weißen, Angst gehabt hätte.

Doch irgendwie war mir ein Gespräch – auch abends – mehr wert als trübe Gedanken.

Erfreut und erleichtert, wieder diesen Weg geschafft zu haben, klingelte ich vor dem Zaun an der Pforte, wobei ich mein Auto so parkte, dass ich die Klingel durch das geöffnete Autofenster betätigen konnte, also nicht auszusteigen brauchte. Laut begann sogleich der kleine Hund zu bellen. Er war nicht bissig, aber doch ein zusätzlicher Garant für Sicherheit. Dann kamen die beiden Nachtwächter angerannt, ich konnte bis zum Haus vorfahren. Draußen hörte ich heute den Generator knattern. „Dann haben wir wieder ein wenig Strom und damit dämmriges Licht und brauchen keine Kerzen."

Von den fünfzehn Mitarbeitern wohnten einige, die heute mit am Tisch aßen, mit ihren Kindern auf der Station. Mir gegenüber saß ein alter Mann mit irgendwie „wissenden" Augen in einem abgetragenen Militärmantel. Dieser Mann konnte noch von einer Zeit erzählen, als seine Heimat zu Deutsch-Ostafrika gehört hatte. Als streng, aber absolut gerecht, so hatten jene Jahre in seiner Erinnerung überdauert. Und mit dieser auch drei deutsche Wörter.

Statt wie bei uns zu klingeln, wurde hier getrommelt; zur Gehaltsauszahlung, diversen anderen Terminen und nun zu unserem Essen. Mit der real existierenden Buschtrommel.

Und auch zum Gottesdienst; denn für diese Anlässe gab es auf dem Grundstück eine kleine, gemütliche Kapelle.

Köstliche krosse Bratkartoffeln wusste ich an unserem Tisch in Mutwenzi bestimmt viel mehr zu schätzen als in Deutschland.

Wieder zurück in Muschascha rief ich Ursel an, dass ich mein Ziel erneut gut erreicht hatte. Doch nicht immer funktionierte diese moderne Kommunikation.

Am Mittwochabend saß ich gerne mal im Aufenthaltsraum, wenn ich mit viel Glück im Radio die Deutsche Welle direkt aus Köln einschalten konnte; für mich interessant zu hören, wer in dieser Wunschsendung Grüße und Melodien aus der Heimat an Verwandte und Freunde über den weltweiten Äther in die ganze Welt schickt. Meine Gedanken wanderten mit …

Einmal wurde tatsächlich vom Kinderdorf in Dießen am Ammersee berichtet, es war so weit weg und doch so nah.

Als Abwechslung erhielt ich heute Gesellschaft von zwei jungen Patres. Nach ihren Studien in Europa diskutierten wir bei einem mitgebrachten Glas Rotwein über „Gott und die Welt". Das mittlerweile krächzende Radio stellte ich aus.

Ich liebte meine Arbeit, konnte etwas tun und tat es. Die Armut oder das Elend haben mich nie wirklich bedrückt oder gar erdrückt. Vielleicht entspricht es einfach nicht meinem Naturell. Vielleicht auch, weil ich selbst in Armut oder einfachem Leben aufgewachsen bin, gewohnt, auch aus wenig noch etwas zu machen? Und auch der Afrikaner ist im Allgemeinen viel herzlicher und fröhlicher – in seinem „einfachen" Leben. Durch Mitleiden hätte ich viel von meiner Kraft verloren, die ich jedoch für meine

Arbeit gebraucht habe. Ich muss gestehen, dass mir diese Überlegungen erst in Europa bewusst geworden sind, als ich darauf angesprochen wurde.

Fest integriert in den Rhythmus und gleichzeitig auch Schutz des Waisenhauslebens, habe ich mich dennoch noch nie so frei und ungebunden und ebenso ausgeglichen gefühlt. Das Pensum meiner Aufgabe mit einer gewissen freien Entscheidung und Einteilung gab ich mir selbst; ich versuchte, es mit meiner täglichen Arbeit zu erfüllen. Warum hätte ich hektisch und nervös sein sollen?

Um dennoch mal für kurze Zeit dem Trubel dieser Gemeinschaft zu entfliehen, lud am Wochenende ein wunderhübscher, rotbrauner Lehmpfad hinter unserem Haus zu einem den Abstand genießenden Spaziergang ein. Mit einem Blick über die Hügelketten hüpften vor mir kleine Geckos, machten zirpendes Getier oder summende Mücken Hausmusik, reiften am Weg große Stauden von Bananen. Vor einer Hütte lachte mir eine Frau mit kurzem Aufblicken vom Fegen mit dem Reisigbesen entgegen, ihr kleines Kind wollte mir mit strahlendem Lachen einige gefundene Steinchen schenken. Ich genoss diese wenigen Minuten paradiesischen Friedens. War diese Tätigkeit die Erfüllung meines innersten Selbst?

Doch irgendwie schienen mich unsere eigenen Kinder schon vermisst zu haben. Lachend kamen sie mir hinterher- oder entgegengelaufen, sodass wir gemeinsam, Hand in Hand, wieder in unser Dorf zurückkehrten.

Interessant zu lesen waren ausgewählte Abschnitte aus Berichten von Kollegen in Afrika, die, formlos von der Zentrale zusammengefasst, hin und wieder an uns Mitarbeiter verschickt wurden. Es waren dies nachahmenswerte Vorschläge, mal Ärgernisse, nachdenkliche Betrachtungen, besondere Erfolge oder einfach lustige Begebenheiten aus unserem Alltag. Auf sich selbst gestellt tat es gut zu lesen, dass es den anderen Kollegen und Kolleginnen so oft ähnlich erging bei ihrer Aufgabe.

Während einer Einladung zum Nationalfeiertag lernte ich in der Deutschen Botschaft Inge kennen, ebenso Rita und Rainer sowie weitere Deutsche. Inge war etwa in meinem Alter, nicht verheiratet und arbeitete bei der GTZ, der Gesellschaft für Technische Zusammenarbeit. Durch unsere gute Verbindung hatte ich das große Glück, bei ihr die Mittagsstunden oder sogar mal ein Wochenende in ihrer schönen Wohnung zu verbringen. Ein Hausmädchen hielt ihre Wohnung in Ordnung, sorgte für nötiges Kochen. Die Schwestern hatten in Bujumbura ein einfaches Haus gemietet; denn Besorgungen oder Arztbesuche waren nicht unter Zeitdruck zu erledigen. Einen Straßenimbiss oder ein einfaches Restaurant hatte ich nie entdeckt.

Je kleiner das Land, je einfacher die Leute dort leben, desto besser kennen sich die Menschen. Einer hilft dem anderen, weil jeder darauf angewiesen ist. Eigentlich ein sehr viel menschlicheres Leben.

Als mein Fotoapparat nicht mehr funktionierte, bot ein Deutscher an, mir aus seinem bevorstehenden Urlaub einen neuen zu besorgen. Eine Anzahlung auf den taxierten Einkaufspreis wollte er nicht. Nach drei Wochen erhielt ich dankbar eine gute Minolta-Kamera mit Teleobjektiv, die viele Jahre beste Dienste leistete. Geld, auch für diese Bezahlung, hatte ich mir ja mitgebracht.

In unserer Runde erzählte ich mal, dass ich einen Kuchen mit den Müttern backen wollte, wir aber keine Gasflasche für den alten Herd hätten. Eines Morgens brachte mir Rainer auf seinem Weg ins Landesinnere eine Gasflasche mit. „Heidi, du wolltest doch mal euren Gasofen ausprobieren. Letzte Woche sind im Land elf Gasflaschen angekommen. Eine konnte ich gleich für dich reservieren." „Tausend Dank!"

Vor einer Reparatur am Auto wartete er in der Werkstatt, damit auch alles richtig gemacht werden würde, vor allem kein Teil ausgebaut, weil es für ein anderes Auto benötigt würde ...

Nachdem ich tatsächlich in Bujumbura eine Kuchenform, Backpulver und sogar etwas Kakao entdeckt hatte, konnte ich mit meinen Müttern ihren ersten Kuchen backen. Mit diesen

Utensilien hatte ich uns, recht betrachtet, puren Luxus geleistet, doch der Kuchen gelang prächtig, schmeckte uns wunderbar; vor allem war er nicht nur hell, sondern auch wunderhübsch braun marmoriert.

Mit der beginnenden Helligkeit fuhr ich nach dem Frühstück morgens um 6 Uhr los, teilte Inge gegen 8 Uhr kurz meine Ankunft mit und ging dann mit meinen diversen Listen auf der Suche nach Erfolg durch die Geschäfte. Über Mittag hatten alle Geschäfte bis 15 Uhr geschlossen. Diese Stunden verbrachte ich dann bei Inge. Nur einmal hatte ich es riskiert, mein Auto mit frisch gedrucktem SOS-Papier und passenden Umschlägen über die Mittagszeit bei ihr im Hof geparkt stehen zu lassen. Prompt fehlten diese Sachen abends beim Auspacken. Wie mir Bekannte erzählten, waren sie der große Renner auf dem Markt in Bujumbura geworden … (eine unbeabsichtigte Werbung). So holte ich fortan meine eingekauften oder bestellten Waren ab 15 Uhr ab, um dann spätestens um 17 Uhr nach Gitega zurückzufahren, um wenigstens die Hälfte der Strecke noch bei Helligkeit zu schaffen.

In Gitega empfand ich die tägliche Sonne mit ihrer Wärme spendenden Strahlen als äußerst wohltuend, sowie meine Arbeit zu verrichten bei Temperaturen, die beflügelten und das Dasein angenehm sein ließen. Doch bei jeder Fahrt in das tiefer gelegene Bujumbura nahmen die Temperaturen stetig zu, bis es dann in der Stadt drückend und schwül wurde. Die tropische Hitze nahm uns hier unsere gewohnte Geschäftigkeit ab, so, als müsse man mit seinen Kräften haushalten. Entsprechend wurden unsere Gesten und Reden sparsamer, wir passten uns ganz automatisch den veränderten Lebensbedingungen an.

An einem Wochenende bummelten Inge und ich über den Marktplatz, als wir plötzlich durch laute Schmerzensschreie aufgeschreckt wurden. Von Einheimischen hörten wir, dass der offene Turm am Rande des Platzes noch nichts von seiner Bedeutung verloren hatte und auch damals Vergehen immer noch durch öffentliche Auspeitschungen bestraft wurden. Eine Gruppe von Leuten schaute zu. Oft gab es Situationen oder Erlebnisse, die uns unbehaglich oder faszinierend berührten, doch man konnte sie in ihrer Fremdartigkeit bewundern, aus der Situation heraus verstehen oder einfach nur als anders gelten lassen. Hier aber spielte sich eine Szene ab, die nichts von alledem hatte, sondern mir vorkam, als hätte sich in diesem Verhalten zwischen den Einheimischen und den Fremden eine scharfe Grenze gebildet: bis hierher und nicht weiter.

Die entsetzlichen Schreie im Ohr, setzten wir unseren Weg zügig fort.

Mittags hatte sie mich gerufen, als ich ganz untypisch „ewig lange Zeit" bei ihr im Bad zugebracht hatte. Mir war völlig entgangen, dass es – abgesehen von einer Dusche – auch Spiegel gab; denn diese zählten zu den absoluten Raritäten im Land. Deshalb fehlten sie auch an unserem Auto, bis ich des Rätsels Lösung abmontiert in einem Schwesternzimmer entdeckte. Als Frau mit Verständnis für diese minimalen Bedürfnisse der Eitelkeit beließ ich sie auch dort. Aber Inge hatte ja nun einen.

Beim Blättern in einer deutschen Illustrierten sah ich Artikel über Umweltprobleme und Ausschreitungen von Rockerbanden. Nichts konnte ich mit diesen Themen anfangen; sie erschienen mir so fremd, als würde mir jemand was vom Mond erzählen. War ich tatsächlich erst wenige Monate aus Deutschland fort?

So sehr ich meine Leute im Kinderdorf liebte, so sehr brauchte ich diese zum großen Glück gefundenen Aussprachen – sogar mit Ausprobieren von neuen Basteleien bei Inge – als Abstand und Anregungen zu meinem sonstigen Dasein. Es waren zwei Welten und diese kleine Weltenbummelei gönnte ich mir einmal im Monat.

Während so eines Aufenthaltes klopften hin und wieder Leute an die Tür, um uns ihre wunderhübschen und kunstvoll gearbeiteten kleinen und großen Holzschnitzereien, in ausdrucksvollen Farben bemaltes Briefpapier oder Karten zu verkaufen. Drei schwungvolle Pinselstriche – schon hing ein Wildtier angebunden zwischen zwei Männern an einer Trage. Oder uns wurden Karten mit einer Weihnachtskrippe, Tieren und Hirten, gebastelt aus Schnipseln der braunen Bananenrinde, angeboten.

Auch große Bilder mit verschiedenen ländlichen Motiven eines afrikanischen Dorfes lagen zum Kauf vor uns.

War heute nichts Passendes dabei, fertigten sie uns das Gewünschte an.

In diesem Land mit kaum Abwechslung machte eines Abends eine gern gehörte Telefonnachricht die Runde: „Im Tanganjikasee gibt es Nilpferde zu bestaunen!" So fuhren auch wir gleich an den See und stellten uns mit den anderen bereits angekommenen Autos im Halbkreis auf.

Unter dem Licht aufgeblendeter Scheinwerfer beobachteten wir fasziniert eine halbe Stunde lang die nicht immer stattfindenden Wasserspiele dieser mindestens zehn tauchenden und schnaubenden Kolosse.

Den Versuch von mir, dort zu baden, gönnte ich nur meinen Füßen; denn das Wasser wurde nach nur einem bis zwei Metern bereits recht tief, vor allem aber wollte ich es nicht riskieren, dass so ein Koloss vor mir auftauchte.

Als dringende Nachricht an die Zentrale konnte ich auf dem Postamt in Bujumbura ein Telegramm aufgeben. Der Apparat wurde angestellt. Sein Rattern zeigte an: „Er funktioniert." Die durchgegebene Nachricht sah ich dann als Lochmuster in einem schmalen, gelben Papierstreifen ausgedruckt aus diesem Apparat kommen.

Ein Fax, Handy oder andere Möglichkeiten der Nachrichtenübermittlung – außer einer eventuellen Telefonverbindung – gab es nicht. Allerdings: Für eiligere Post fuhren wir an dem Tag, wenn wir das erwartete Flugzeug in der Luft sahen oder es hörten, an den Flughafen und gaben den Brief deutschen oder anderen europäischen Passagieren mit, damit diese ihn aus deren Land an die angegebene Adresse schickten.

Als kleinen Dank für meine Aufenthalte, neben einer auch für sie abwechslungsreichen Unterhaltung, konnte ich Inge zu zwei Zeiten im Jahresverlauf als überaus beliebtes Mitbringsel aromatische Waldbeeren schenken, die an bestimmten Stellen unterwegs an der Straße verkauft wurden. Um mich herum vier oder fünf Männer mit ihren gut gefüllten Schälchen, testete ich mit kurzem Blick die Qualität und gab ihnen dann von meinem in den Händen gehaltenen Kleingeld; gut bezahlt, aber nicht zu üppig. Zufrieden winkend verabschiedeten wir uns.

Wieder in Gitega angekommen, machte ich wenige Meter vor dem Eingang eine kurze Pause; denn ein Klingeln an der Pforte und strahlende Kinder begrüßten mich mit ehrlich gemeinter Freude, und ich bekam die obligatorischen drei Küsse von den meisten Kindern, eine kleine Sonderprozedur. Ich hatte es bis zum Abendessen wieder geschafft!

Wenige Wochen nach meinem Eintreffen war in Zaire Cholera ausgebrochen. Die Quelle dieser Seuche sollte nur dreißig Kilometer von Bujumbura, gleich hinter der Grenze liegen, woraufhin sämtliche Verbindungen in dieses Land gesperrt wurden; denn es sollte bereits zwei- bis dreihundert Tote geben. Eine deutsche Missionsstation in Burundi an der Grenze zu Zaire war als einzige Einrichtung im Land auf alle möglichen Eventualitäten an Krankheiten vorbereitet, so auch auf diese. Sonst gab es keine Medikamente zu kaufen.

Alle Europäer wurden daraufhin durch eingeflogene Ärzte und Schwestern aus Nairobi über ihre jeweiligen Botschaften mit ihren einheimischen Angestellten in Bujumbura geimpft. Während meines dortigen Aufenthaltes konnte auch ich das „Tatü-Tata" des Krankenwagens hören. Das Cholera-Auto, wie wir es nannten, war wieder unterwegs.

Auf meine Bitte hin erhielt ich über die Zentrale in München nach elf Tagen bereits eine Sendung mit Serum, obwohl wir durch unsere Höhenlage nicht als direktes Gefährdungsgebiet galten. Doch ich wollte nichts riskieren. Eine deutsche Krankenschwester impfte mit diesem Serum einige Erwachsene und große Kinder bei uns und in der Umgebung.

Für den Notfall hatte ich mir das Mischungsverhältnis einer Salzlösung gut gemerkt.

Nach wenigen Wochen war zur größten Erleichterung von uns allen die Gefahr gebannt.

Bei meinem Haarewaschen draußen im Innenhof schauten mir immer fasziniert einige Kinder zu. Das Interesse schien zu bleiben; denn meine wuchsen immer noch einzeln und nicht wie bei ihnen als kleine krause Büschel aus der Haut. Neugierig hatten sie dieses auf meinem Arm festgestellt. Und erst nach langem Zögern mochten sie unter viel Spaß und fröhlichem Kichern ihre Hände in den warmen Luftstrom meines kleinen Haarföns halten. Die Mütter bei der späteren Ausstattung ihrer Häuser: „Und als Shampoo möchten wir bitte das Gleiche haben wie Sie, damit unsere Haare dann auch so glatt werden und glänzen."

Einmal war mir während lange anhaltender Regengüsse nach einer Dusche zumute. Kurz entschlossen und ohne viel nachzudenken, schlüpfte ich in meinen weißen Bikini, um mich damit unter die Regenrinne zu stellen. Mit einem Handtuch über den Schultern, das zufällig auch noch weiß war, kam mir im dunklen Flur Isidonie entgegen. Zu Tode über mich „weißes Gespenst" erschrocken, war sie laut ihrem gellenden Schrei zu urteilen sicher nicht weit von einem Herzanfall entfernt. So hatte ich völlig unbeabsichtigt für ein überaus erheiterndes Tageserlebnis gesorgt; denn eine Frau, die überall weiße Haut hat, hatten sie noch nicht gesehen.

Danach brachte ich mit meinen eingedrehten Haaren eine religiöse Unterweisung durcheinander. Ohne Spiegel stellte ich die Fensterscheibe so, dass ich meine mitgebrachten Lockenwickler in der Spiegelung gut eindrehen konnte. Diese völlig unbekannte Prozedur weckte offensichtlich mehr Interesse als der gebotene Lehrstoff. Alle Köpfe schauten zu mir vom gegenüber liegenden Zimmer, sodass der junge Pater mit allen anschließend mein Machwerk bestaunte, und wir lachten ob meiner Erklärung: „Ich möchte auch Locken haben."

Als einziges Spielzeug sah ich Bälle und kleine Autos. Für die Bälle wurden Blätter zu einer Kugel geformt und mit Band umwickelt und zusammengehalten; die Autos wurden aus geformtem Draht, Holz, Flaschenkorken und weiteren Fundsachen zurechtgebastelt.

In Gitega gab es neben den genannten Einrichtungen neuerdings ein kleines, aber interessantes Museum, das den Tagesausflug mit einigen Kindern absolut wert war. Bei den lebendig und gestenreich, angepasst an seine jungen Zuhörer geschilderten Erzählungen des jungen Mitarbeiters zu einer geflochtenen Trage, in der noch bis in die 1960er-Jahre der letzte burundische König Mwambutsa getragen worden sein soll, kam die wissbegierige Frage eines unserer kleinen Jungen: „Ist daraus nun der Mercedes entstanden?" Wir haben herzhaft gelacht.

Als uns auf diesem Weg, hügelauf und hügelab, mit erzählenden und fröhlich herumhopsenden Kindern ein Mann mit einem Bett auf dem Kopf entgegenkam, meinte ich: „Bei uns trägt man gar kein Bett auf dem Kopf." Die erstaunte Rückfrage: „Und wo tragt ihr eure Betten?"

Am Sonntag galt ein aufgespannter Regenschirm als Statussymbol.

Inzwischen hatten wir die ersten Paten für unsere Kinder. Hoffnungsvoll fragten die Kleinen mich leicht verschmitzt vor unserem Büro, ob wohl Post von ihrer Tante oder ihrem Onkel für sie angekommen wäre. Nicht nur die finanzielle Unterstützung zählte für uns, sondern die Kinder erfuhren mit diesen persönlichen Kontakten eine unglaubliche Aufwertung; denn dadurch, dass andere Leute wollten, dass es ihnen gut ging, nahmen sie Anteil an ihrem Schicksal. Wenn ich wieder Post, vielleicht sogar mit einem Foto oder anderem Bild, für sie hatte, wurden die Augen immer größer. In einigen sah ich Tränen der Freude schimmern.

Einmal erhielten wir tatsächlich Besuch von Paten. Es war die Tochter einer ehemaligen Missionarsfamilie aus Burundi – wer sonst würde in ein so abgelegenes Land reisen? Unsere Kinder waren alle gleich aufgeregt, als wäre diese Tante zu ihnen allen gekommen.

Vor allem: Es gibt die Paten tatsächlich!

Inzwischen waren meine ersten beiden Berichte über die vorgefundene Situation in der Zentrale in München eingetroffen. Umgehend erhielt ich daraufhin Listen, auf denen ich genau markierte, was es im Lande selbst nicht gab oder unangemessen teurer war und somit geliefert werden müsste, beginnend mit einer normalen Toilettenbürste bis zu bereits geplanten Sanitäreinrichtungen.

Beim nächsten Besuch meines Chefs wurde dann entschieden, dass ich bis zur Eröffnung im kommenden Jahr bleiben solle; denn ich hatte mich gut eingearbeitet und wollte und sollte die Aufgabe zu Ende bringen. Dazu gehörte die komplette Einrichtung der zehn Familienhäuser mit allem Drum und Dran – besonders dem Drin – sowie die Vorbereitung und Durchführung der Eröffnungsfeier.

Für das Dorf allgemein und diese vielen Transporte, beginnend zum Holzholen für das Heizen des Herdes, erhielten wir die Genehmigung zur Anschaffung eines Camionettes.

Bereits Ende August, also nach dreieinhalb Monaten, erhielt ich die Nachricht aus München, dass ein Neun-Tonnen-Container vor wenigen Tagen auf den Weg nach Bujumbura geschickt worden sei. Ich versuchte, mir den Inhalt vorzustellen …! Mit der Zeit fieberten meine Bekannten seinem Eintreffen genau wie ich entgegen. „Heidi, wie löst du denn die Plombierung?" „Die werde ich lösen, wenn der Container hier ist!"

Als meine nächste Aufgabe erstellte ich eine maßstabsgerechte Zeichnung vom Grundriss des ersten Hauses, in die ich die erforderlichen Möbel einzeichnete. Von einigen Möbeln erhielt ich auf meine private Bitte hin von meinem Schwager, der zum Glück Architekt war, einfache Detailzeichnungen, genau wie bereits vor einiger Zeit von einem Modell der kleinen Hocker und Stühle im Kindergarten.

Durch meinen neuen Großauftrag, für alle Häuser Möbel herzustellen, alleine für jedes Kinder- und Mütterzimmer einen Schrank, war die Tischlerei mit ihren acht Mitarbeitern bis zur Eröffnung beschäftigt und ausgelastet und der einheimische Leiter zunächst etwas sehr erschrocken! Täglich wurde nun drinnen und draußen gesägt, gehobelt, geklebt und vieles mehr. Alle arbeiteten mit viel Engagement am neuen Kinderdorf.

Meine müßigen Gedanken: Wie wäre es wohl, wenn ich in diesem Land einfach in ein Geschäft gehen und mir einen Hocker, ein Brett oder gar eine Gardinenstange kaufen könnte? Alle Maße wurden genau mit ihm besprochen, sämtliches im Lande vorhandene Holz für uns reserviert …

Den Gepflogenheiten im Lande entsprechend und um die Tischlerei zu entlasten, ließ ich nach einigen Überlegungen Eisenbetten in der Schmiede der Diözese herstellen, die wir im Mütterkurs mit Farbe vom Bau selbst anstrichen, jedes Kinderzimmer in einer anderen Farbe, das Mütterzimmer nach Wahl. Nach Putz- und Malerarbeiten wurden die Fußböden eine Woche lang auf Knien mit Sand gescheuert – andere Reinigungsmittel gab es nicht.

Das Krankenhaus leuchtete uns auf der Zufahrtsstraße schon von Weitem entgegen. Vor den in Rosa und Grün gestrichenen, flachen Gebäuden blühten in verschwenderischer Fülle lila Bougainvillen, an der Straße einige Flamboyants, leuchtend rot blühende Bäume. Von Ferne glaubte man, auf den großen Rasenflächen Gruppen zu erkennen, die ein Picknick abhielten. In der Sonne bot sich uns ein farbenprächtiges Bild, wie es wohl schöner kaum sein kann. Doch dieser Eindruck wandelte sich, je näher ich kam. Die Blütenpracht blieb die gleiche, doch die Personen wurden zu Leuten in zerlumpter Kleidung, die auf ihren kleinen mitgebrachten Holzkohleöfchen eine Mahlzeit zubereiteten. Da es im Krankenhaus keine Bettwäsche und auch nichts zu essen gab, mussten die Kranken für die gesamte Dauer der Krankenzeit von ihren Angehörigen versorgt werden. War ihr eigenes Zuhause einige Stunden Fußmarsch entfernt, so gab es keine Alternative, als eben solange hierzubleiben. Übernachtet wurde bei Verwandten oder Bekannten ihrer afrikanischen Großfamilie. Bestand diese Möglichkeit nicht, so legten sie ihre Schlafmatte einfach auf den Rasen unter den weiten, großen Sternenhimmel.

So lag auch von uns meistens ein Kind im Krankenhaus, das von einem eigenen Erwachsenen betreut wurde. Essen brachten wir täglich hin. Die ersten neun Wochen meines Aufenthaltes starben von unseren Kindern neun Säuglinge, fast alle im Krankenhaus. Aus Rücksicht oder Scham hatte man mir zunächst drei Todesfälle verschwiegen. Patienten mit ihren Krankheiten lagen durcheinander beziehungsweise fast alle in einem Raum. Ein eigenes Zimmer für das Waisenhaus war abgelehnt worden. Gorette und Cécile hatten einige Kenntnisse in der medizinischen Pflege, doch bereits „Catgut" (Katzendarm), um eine Wunde zuzunähen, konnte zur Rarität werden.

So kehrte eine unserer Erwachsenen bereits zum dritten Mal unbehandelt aus der Klinik zurück, wo sie sicherheitshalber am Blinddarm hätte operiert werden sollen. Catgut aus Europa war noch nicht eingetroffen. Sollte ich nun lachen oder weinen?

Sehr betroffen machte es mich, hin und wieder in das Gesicht eines Babys sehen zu müssen, das völlig gealterte Gesichtszüge zeigte. Als hätte es bereits alles Negative dieser Welt durchlebt. Nirgendwo waren mir bisher derartige Gesichter begegnet.

Alle Kinder kamen mir stets lachend entgegengelaufen, nur der kleine Denis schrie entsetzlich und rannte weg, sobald er mich sah. Niemand konnte es sich erklären, bis ich hörte, dass er mal im Krankenhaus gelegen hatte. Wurde ihm dort von der anwesenden weißen Ärztin eine „pieksige" Spritze verpasst? Nach vier Wochen war seine Angst verschwunden, wir waren erleichtert.

Um vielleicht Hilfe oder wenigstens einen Trost zu erhalten, ging ich in die Diözese, wo man mir in dieser Situation die sehr realistische Antwort gab: „Sie sind in Afrika. Haben Sie das noch nicht gemerkt? Wollen Sie alles in kurzer Zeit ändern, auch das Krankenhaus?"

Ich jedoch war völlig enttäuscht, aber auf dem kurzen Rückweg, als ich ganz langsam heimtrottete, gleichzeitig angespornt, als trüge mich erneute Kraft; vielleicht auch mit dem leicht trotzigen Gedanken durchsetzt: Nun erst recht! In jedem Fall starb danach kein Kind mehr. Und ich war doch nicht nach Burundi gekommen, um ein geordnetes Büro aufzubauen, sondern um Kindern zu helfen!

Als eine der Erwachsenen nach drei Monaten Pflege im Krankenhaus dann zur Beerdigung eben dieses Kindes ging, obwohl noch zwei weitere in der Klinik lagen – das Baby war in weiße Tücher gehüllt worden und der Sarg, in den es gelegt war, wurde während des Gottesdienstes zugenagelt –, wollte sich die diensthabende weiße Ärztin bei mir über dieses Verhalten beschweren. Als müsste ich mich schützend vor meine Mütter stellen, antwortete ich: „Ich glaube nicht, dass es eine Frage von schwarz oder weiß ist, gebildet oder ungebildet, kranke Kinder bis zum Sterben zu pflegen und dann erschöpft zu sein. Ich bin sicher, wenn Sie diese Arbeit geleistet hätten, wären sie auch erschöpft."

Wenig später wurde sie versetzt; wir gewannen einen einheimischen Arzt, der regelmäßig in unser Dorf kam. Die Schwestern hatten ihr Möglichstes getan, alles andere lag außerhalb des Machbaren, war gottgewollt.

Der weitere Alltag forderte seine Pflichten, verdrängte aufkommende Traurigkeit oder Resignation.

Am Sonntag ging ich in die Kirche in Gitega. Rechtzeitig angekommen, nahm ich auf einer Bank Platz. Immer mehr Leute kamen in ihrer farbigen Kleidung, ganze Familien besuchten den Gottesdienst. Dann übernahm ein Organisator die Einhaltung der Sitzordnung; denn glaubte ich bereits, es wäre eng auf unserer Bank, fanden sicher noch weitere zehn Personen Platz. Bis ich merkte, dass mich verschiedene Blicke streiften, und ich realisierte, dass ich mich auf die „falsche" Seite gesetzt hatte – nämlich die der Männer. Und ich dachte, die Leute schauten mich an, weil ich die einzige Weiße war …

Ein freundliches Lächeln einer Frau von der anderen Seite, ich rutschte hinüber. Alles hatte wieder seine Richtigkeit.

Fenster und Türen waren geöffnet, damit durch den Luftzug die Temperatur geregelt wurde. Gewiss, wir hatten sommerliche Temperaturen; dennoch erschienen mir in dieser heiteren Atmosphäre und ihrer Farbigkeit afrikanische Gottesdienste stets von einer Leichtigkeit getragen, in das tägliche Leben eingebettet und nicht von einer fast drohenden Schwere überlagert zu sein, wie sie mir manchmal in Deutschland vorgekommen war. Verstanden habe ich von dem Predigttext in Kirundi nichts, doch das Erleben war den Besuch wert und die rhythmischen Gesänge waren wunderschön.

Meine größte Freude in Gitega war eine kleine Maria, der ich mit ihren bald vier Jahren mit gern geübter Geduld und noch mehr Liebe Laufen, Sprechen und Fröhlichkeit beigebracht hatte. Nichts davon schien sie zu können. Allerdings erzählte mir Gorette, dass sie mal nachts, als sie sich unbeobachtet glaubte, etwas gesprochen haben soll. Als ich sie zu Beginn vor unseren geöffneten Spielzeugschrank setzte, kam fünfzehn Minuten keine Reaktion. Langsam lernte sie herzhaftes Lachen als auch Weinen. Doch dann konnte sie mit ihren kleinen Füßen nach ersten staksigen Gehversuchen einen großen Avocadostein über die große Wiese rollen, auf einer schmalen Bank balancieren, auf meinem Arm ertasten, dass Mauersteine ganz rau sind, und staunen, dass unzählig viele Sterne am afrikanischen Himmel in bunten Farben wunderhübsch funkeln. Ihre kleine Welt wurde größer. Eines Sonntags, als ich aufwachte, stand sie mitten in meinem Zimmer. Voller Stolz strahlte sie mich an; denn zum ersten Mal hatte sie diesen für sie so weiten Weg ganz alleine geschafft und mich gefunden. Wer hat sich mehr darüber gefreut, sie oder ich? Sie durfte anschließend mit mir frühstücken, Butter und Marmelade – also zwei Sorten auf einer Scheibe Brot! Immer aßen auch andere Kinder mit, doch ich kann nicht verheimlichen, dass Maria eine Sonderrolle einnahm.

Ich habe mich lange mit dem Gedanken getragen, sie zu adoptieren, doch diese Überlegung später verworfen. Sie hatte begonnen, sich hier einzuleben. Und mein Leben – wohin würde es mich noch tragen?

Eines Tages nach meiner Rückkehr aus Bujumbura erzählten mir die großen Mädchen unter sichtlicher Erregtheit, dass ein elfjähriges Mädchen versucht habe, Maria mit besonderen Kräutern zu vergiften. Intuitiv und ganz spontan bat ich die beiden Mädchen zu mir und gab der betreffenden Elfjährigen ab jetzt die Verantwortung und damit Wichtigkeit, immer auf Maria aufzupassen, damit ihr nichts passierte. Ich habe nie nachgefragt, ob und wie viel an der Geschichte Wahres enthalten war.

Ihr erster Satz war: „Heidi, ich möchte ein Bonbon." Es waren diese kleinen Gummibärchen, die ich in einem Geschäft in Bujumbura kaufen konnte und von denen ich für unsere Kinder immer einige in meiner Schublade im Schreibtisch zu liegen hatte. Durch die Stunden im Kindergarten und das Erlernen ihrer Sprache entwickelte sich eine Loslösung von mir, ohne dass sie in ihren Entwicklungsfortschritten zurückfiel. Sehr viel später habe ich ihr eine Kinderdorfmutter ausgesucht, bei der sie wohnen sollte; denn es stand fest, dass ich ihre schöne Heimat am Tanganjikasee eines Tages verlassen würde, um weiterhin in verschiedenen Ländern tätig zu sein.

Durch Insektenstiche hatte ich mir in Kairo an den Beinen kleinere Infektionen zugezogen, die aufgrund des feucht-warmen Klimas nicht recht heilen wollten, sodass ich die meiste Zeit einen Verband trug. Die eine halbe Stunde Autofahrt entfernt wohnende deutsche Krankenschwester, die unsere Kinder gegen Cholera geimpft hatte, riet mir, diese Wunden in heißer Schmierseifenlauge zu baden. Also musste ich heißes Wasser haben. Doch der kleine Herd in der Küche mit seinen Maßen von etwa einem Meter mal einem Meter fünfzig war ständig vollgestellt mit Töpfen und Tiegeln zum Kochen für unser Essen. Was war nun wichtiger? Essen kochen oder meine Füße baden? Zum Eincremen erhielt ich von ihr die schwarze Ichthyol-Salbe.

Was ist nun eine Küche? Unsere Möglichkeit hier, mit Schneebesen aus selbst gedrehtem Draht – oder eine moderne Einbauküche? Beides ist eine Küche, doch die Bilder, die sich hinter dem Wort verbergen, werden entsprechend den Erfahrungen des Betrachters völlig verschieden sein. Was verbirgt sich dahinter, wenn jemand sagt: „Ich führe ein einfaches Leben?" Vielleicht sagt es der wirklich einfach lebende Mensch gar nicht, weil er kein anderes Leben kennt?

Aus meinen alltäglichen praktischen Überlegungen wurden bei mir oft nachdenkliche Betrachtungen. Was ist zum Leben eigentlich nötig? Bei meiner Arbeit und den damit einhergehenden Änderungen habe ich stets versucht zu ändern, was nötig ist, sowie Gepflogenheiten, die beibehalten werden können und sollen, unbedingt zu belassen. Eines Tages würde ich ohnehin nicht mehr hier sein. Ich stellte es mir als sehr ungut vor, wenn nach meinem Fortgang von mir geänderte Abläufe oder Erneuerungen sofort wieder rückgängig gemacht werden würden. Bei von mir zu treffenden Entscheidungen konnten natürlich Fehler passieren. Doch lieber würde ich Fehler riskieren oder machen, als aus lauter Vorsicht oder Angst gar nichts zu tun. Bei diesen Gedanken macht zweifellos einen Unterschied, ob ich eine Situation aus einer Distanz heraus betrachte und beurteile oder ob ich selbst direkt von ihr betroffen bin oder gar in ihr lebe.

Neulich meinte jemand zu mir: „Heidi, solange du überhaupt noch über diese Dinge nachdenkst, ist es in Ordnung." Und ein anderes Mal: „Für die Größenordnung deiner Entscheidungen bräuchte ich in meiner Firma die Genehmigung von mindestens drei Vorgesetzten."

Die Arbeit war vorgegeben. Hielt ich mich bei Teilaufgaben zu sehr auf? Es gab viele Fragen, doch da es noch mehr zu tun gab, haben wir einfach angefangen. Wir führten auch viele Dinge ein, die die Kinder und auch zum Teil Erwachsenen noch nie getan hatten oder gar nicht kannten. Ich spreche nicht von Luxus. Keines der Kinder hatte je ein Bettlaken oder ein Handtuch besessen. Wenn dann die Haut entsprechend aussieht, sollte man das vielleicht ändern ... Die Möglichkeiten im Land setzten allerdings automatisch Grenzen.

Ebenso versuchte ich, mir immer wieder bewusst zu machen, dass ich etwas Bestehendes veränderte, als Folge auch die Menschen, die damit lebten. „In welche Richtung verändere ich sie, wie weit darf ich sie verändern?" Den Erfordernissen der Entwicklung gerecht werden, ohne die bisher gelebte, natürliche Menschlichkeit zu verlieren – das ist die zu bewältigende Aufgabe für die Zukunft. Andererseits lebt auch kein Land mehr isoliert vom anderen.

Die Einbindung dieses SOS-Kinderdorfes in die große SOS-Familie und damit deren Aufbau und Unterhalt durch finanzielle Abdeckung war gesichert.

Meine Ideen und Arbeiten konnte ich so durchführen, wie ich es mir vorgenommen hatte – ein toller Aspekt meiner Tätigkeit! Wobei ich betonen möchte, dass wir zwar wirklich genügend hatten, aber im Grunde einfach lebten und vor allem die Sachen optimal genutzt haben.

Eines Tages sprach mich jemand auf der Straße an, ob ich die Person wäre, die im angehenden Kinderdorf arbeitete. Er sei Lehrer, und die Kinder zeigten sich seit einiger Zeit viel fröhlicher und offener. Ich war ganz erfreut darüber und lud ihn ein doch mitzukommen, um sich unser Dorf anzusehen.

Ein anderes Mal fragte mich der Sekretär um Rat: „Frau Totz, ich möchte mir ein Haus bauen. Können Sie mir Tipps geben, wie ich das machen soll?" Nachdem ich meinte, dass ein Bett mit zwei Metern kalkuliert werden müsse, wenn er dann noch einen Stuhl oder ein Regal in das Zimmer stellen wolle, müsste es wohl entsprechend groß sein, war seine Antwort: „Ach, Frau Totz, Sie machen das aber kompliziert."

Einfacher hatte ich nicht denken können, oder hatte er etwas ganz anderes wissen wollen?

Danach fragte er: „Darf ich heute früher nach Hause gehen? Wir bekommen eine Identitätskarte."

„Ja sicher, wenn sie abgelaufen ist."

Verwundert schaute er mich an. Gorette klärte mich mal wieder auf: Alle Bewohner des Landes erhielten ab diesem Tag zum ersten Mal dieses Papier, vergleichbar mit unserem Personalausweis.

Vielleicht klingt es unverständlich, doch bei manchen Gegebenheiten habe ich einfach nicht weiter hinterfragt, weil ich sehr viel mit naheliegenden Aufgaben beschäftigt war. So wusste ich ohnehin, dass die Erwachsenen keine Papiere hatten. Zum anderen sagte ich mir öfter, dass sie jahrhundertelang bisher auch gelebt hatten. Und wo gingen sie auf die Toilette? Ich weiß es nicht. Hatte ich ihnen nun die einzige weggenommen? Gab es noch eine neben ihrer Dusche?

Während eines Besuches unserer großen Jungen aus Mugera erinnerte ich mich, dass auch ich mal diesen 25-Kilometer-Spaziergang dorthin unternommen hatte. Sie erzählten mir, dass diese Entfernung bis zu fünfzig Kilometern als normales Tagespensum galt. Eine von uns vieren war 1972 als Neunzehnjährige während der blutigen Unruhen in kürzester Zeit zweihundertzwanzig Kilometer nach Ruanda gelaufen, um bei Verwandten Zuflucht zu suchen. Unterwegs wies man mich auf ein entfernt gelegenes Massengrab als Folge der vergangenen Differenzen hin; das einzige Mal, dass das Vorhandensein verschiedener Stämme erwähnt wurde. Für uns war es nicht wichtig.

Wir überquerten den Ruvubu, einen der Quellflüsse, die den Weißen Nil speisen. Die Brücke aus schmalen Holzbrettern, über die gerade ein Auto fahren konnte, klapperte recht bedenklich; unter uns floss das Wasser in reißenden Strömen. Wie glaubten doch die Einheimischen? Es gebe die Flussgötter, und bei bestimmten Ereignissen könnten sie auch heute noch aktiv werden und zeigten ihr Dasein durch bestimmte, nicht zu erklärende Geschehnisse …

Die Ursache meines lauten Aufschreis, nachdem ich mich etwas ins Gebüsch zurückgezogen hatte, war ein „harmloser" Ameisenhaufen gewesen, in den ich mich gesetzt hatte, und keine Schlange, die mich gebissen hatte. Erleichtert lachten wir daraufhin, nach einem kurzen Schrecken, gemeinsam. Gegen Schlangenbisse trug ich stets in meiner Tasche einen kleinen „Schwarzen Stein" aus porösem Lavagestein, den mein Chef uns Mitarbeitern aus Zimbabwe mitgebracht hatte. Nach dem Schlangenbiss auf die Wunde gelegt, wird das Gift durch den Stein aufgesaugt und gibt dem Gepeinigten somit eine gewisse Zeit für eine spätere richtige Behandlung. Den Stein danach in eine Flüssigkeit gelegt, am besten Milch, gibt er das Serum wieder ab. Doch zum Glück war ich nie in der Situation, auf seine Wirksamkeit angewiesen sein zu müssen.

Anlässlich des stattfindenden Wallfahrtfestes in Mugera sahen wir unterwegs, wie von allen Seiten, von allen Hügeln Menschen die vielen Kilometer zu Fuß von ihrem Zuhause kamen. Viele waren mehrere Tage unterwegs. In ihren farbigen Gewändern folgte einer dem anderen auf den schmalen, ausgetretenen

Pfaden, ihre Verpflegung auf dem Kopf balancierend. Hin und wieder verschwand dieser Zug in einer Talsenke, um wenig später erneut aufzutauchen und den nächsten Hügel hinaufzumarschieren. Diese Züge von Menschen schlängelten sich wie bunte, endlos lange Raupen ihrem Ziel entgegen. Ein wunderschönes Bild.

Zurück fuhren wir in unserem Camionette.

Zur großen Freude hatten sich Ursels Eltern und eine Tante vier Wochen zu einem Besuch eingefunden. Geplant war eine Bustour durch Ruanda, unser nördliches Nachbarland, zu der ich eingeladen wurde, mitzukommen. Die Reise bis an die Vulkanberge der Virunga war ein großartiges Erlebnis, wie auch die Übernachtungen in Missionsstationen mit ihren Gotteshäusern in einem beeindruckend einfachen, aber sehr gelungenen Baustil. Das helle Holz der Decke wölbte sich wie ein auf dem Kopf stehender Schiffskörper; die kleinen Lampenschirme für die Glühbirnen in der Kirche waren schwarz angemalte Blechdosen.

In Pater Knoll mit seinem VW-Bus hatten wir auf diesen rumpeligen Wegen einen ausgezeichneten Reiseführer. Er schien nicht nur Land und Leute zu kennen, sondern auch jede Piste; denn wie bereits in Burundi stellte sich die Ausschilderung oft als eine Glückssache heraus. Was uns auffiel: Die Hügel waren bis zu größeren Höhen als in Burundi mit lokalen Nahrungsmitteln bebaut, wohl, weil dem „Gegenstamm" des Landes (die prozentuale Zugehörigkeit war genau umgekehrt wie in Burundi) mehr Toleranz entgegengebracht wurde. Damit schien sich mehr Eigeninitiative entwickelt zu haben.

Trotz mit Tüchern zugestopfter Ritzen im Bus sahen wir jeden Abend wie vom leichten Mehlstaub überzogen aus.

Kurz vor der Ankunft in Gitega höre ich noch Ursels Mutter nachdenklich sagen: „Was haben wir zu Hause nicht alles für Krempel, den wir gar nicht brauchen." (Dabei lebten sie nicht feudal.)

Als ich nach fünf Tagen an der Pforte klingelte, hörte man nur noch das Freudengeschrei der Kinder. „Heidi!" Ursel registrierte es bewusster als ich. Die Begrüßung wollte kein Ende nehmen. Es war unbändige Freude!

Alle Mütter arbeiteten fleißig an den Häusern, die Kindergärtnerinnen entdeckten weitere Möglichkeiten einer Beschäftigung mit meinen mitgebrachten Bastelheften, die ja in deutscher Sprache waren, und Holzreste aus der Tischlerei, in Würfel zersägt, malten sie in fröhlicher Runde mit Farbresten vom Bau alle Holzklötze an. An einem Nachmittag in der Woche wurde einigen Schülern Nachhilfe erteilt, an einem anderen durften die größeren Mädchen hier basteln.

Inzwischen fanden kriegerische Auseinandersetzungen zwischen Uganda und Tansania statt, wodurch der einzige Transportweg für Waren aus Daressalam, eine Eisenbahnlinie, nach Burundi unterbrochen war. Im dortigen Hafen sollten sich bereits neunzigtausend Tonnen Güter für Burundi stapeln, unter denen sich zweifellos auch unser Container befand, mit wenig Aussicht auf einen Weitertransport.

Nach einer Aussprache mit den „Weißen Vätern" der Diözese hatte ich mich fast entschieden, nach Nairobi zu fliegen, was ich normalerweise nicht ohne Genehmigung aus München hätte tun dürfen. In Tansania gab es damals noch kein Kinderdorf. Der letztlich erteilte Ratschlag der Pater lautete, dass ich den Container nur über ihre Brüder in Nairobi, die wiederum Kontakte zu ihren Brüdern in Daressalam hätten, aus dem Zoll bekommen könnte, um ihn dann weiter nach Kigoma am Tangajikasee und bis Bujumbura expedieren zu lassen. Was tun? Statt in dieser kritischen Situation eine Entscheidung treffen zu müssen, erhielt ich am nächsten Tag zu meiner Überraschung und größten Erleichterung ein Telegramm von meinem Chef mit der kaum fassbaren Nachricht, dass er es terminlich nicht einrichten könne, nach Burundi zu kommen, und ich ihn im Kinderdorf in Nairobi treffen sollte.

Die Zeit drängte. Zwei Tage später saß ich im Flugzeug, mit den nötigen Unterlagen für den Container, etlichen Bögen meines frisch gedruckten SOS-Papiers für erforderliche Vollmachten und einem Stempel des Dorfes. Meinen Chef sah ich tatsächlich noch für zwei Stunden, während derer als Datum für die Eröffnung der 21. April des kommenden Jahres festgelegt wurde. Auf meine Bitte hin hatte er für mich privat von meinem Monatsverdienst eine erneute Rate mitgebracht.

Am nächsten Tag kamen zwei Missionare zu uns. Sie sagten mir alle erdenkliche Hilfe für unsere unschätzbare wertvolle Fracht zu. Aufrichtig bedankte ich mich und konnte nur noch warten und auf einen guten Ausgang hoffen. Meine Entscheidung, nach Nairobi zu fliegen, sollte sich als sehr richtig erweisen. Wenig später wäre ein Weitertransport nicht mehr möglich gewesen.

Kurz vor Weihnachten kehrte Nestor nach fast acht Monaten Abwesenheit zurück. Sie hatte ungefähr mein Alter und meine Größe, war etwas kräftiger gebaut; ihr Gesicht prägten feine Züge. Sehr wahrscheinlich hatten wir beide einen großen Respekt und eine Hochachtung voreinander. Heimlich fragte ich mich, wie ich wohl reagieren würde, sollte mein Waisenhaus in meiner Abwesenheit „umgekrempelt" werden. Bei den Schwestern spürte ich eine leichte Beklommenheit, zumal ich noch kürzlich die Mauer am Eingang fast vier Meter breit hatte niederreißen lassen, um einen offenen Zugang zwischen Waisenhaus und Kinderdorf zu erhalten.

Unser Container war noch nicht angekommen, Heiligabend stand vor der Tür, ohne Geschenke für unsere Kinder. Etwas schmunzeln musste ich, als Nestor für den Abend für alle ein wenig Käse kaufte – Relikt von ihrem Aufenthalt in Frankreich? – und damit das Geschäft für die kommende Zeit leer gekauft hatte. Zwei Tage später servierte sie mir sogar frischen grünen Salat. Unbewusst näherten wir uns einander an.

„So ist es also", sinnierten Nestor und ich unausgesprochen in unseren Gedanken. Doch dann zogen wir beide in letzter Minute durch Gitega, um vielleicht doch noch einige Präsente für unsere

Kinder zu finden, auch wenn es nur ein paar Tüten mit Bonbons wären. Wir gingen durch die Geschäfte und fanden außer wenigen viel zu dicken Unterhosen keine Sachen, die wir irgendwie gebrauchen konnten. Die Regale waren leer, es gab einfach nichts. Gemeinsam stellten wir daraufhin humorvoll fest, dass wir eben nicht in Paris oder Hamburg, sondern in Gitega waren. Wir kauften uns dann ein Bund Bananen, das wir auf dem Nachhauseweg aufaßen. Damit war der Bann zwischen uns gebrochen und es konnte Weihnachten werden.

Am Nachmittag des Heiligen Abend gingen wir alle in die Kathedrale. Für jedes Kind hatte sich etwas Hübsches und Passendes zum Anziehen gefunden. Genau wie die Mütter trug auch ich ein langes Kleid in Landestracht. Nestor hatte rechtzeitig eine Kuh schlachten lassen, von der wir alle unser köstliches Festmenü genossen, serviert auf großen Platten von den älteren Mädchen. Unsere Jungen waren bereits vor zwei Tagen gekommen. Irgendwo im Innenhof auf den Kanten der Gehwege, unseren Bänken und Stühlen fand ein jeder mit seinem gefüllten Teller Platz. Das kinderdorfeigene Gebet hatte mir Abbé Tuhabonye übersetzt und konnte nun in ihrer Sprache gebetet werden. Nach anfänglichem Gewusel und viel Erzählen erhellten im Kindergarten vor den Fensterbänken viele kleine Kerzen unseren in der Ecke stehenden Nadelbaum. Unsere farbigen Dekorationen glitzerten sogar ein wenig – oder waren es die Augen der Kinder? Bei Nestors Erklärung, warum wir Weihnachten feiern, ausdrucksvoll und kindgerecht, lauschten alle andächtig. Anschließend sang unser wunderbarer Chor. Von Freude und Rhythmus getragen, wurde er durch Trommelmusik von den größeren Jungen begleitet.

Es war schon seltsam bewegend, als ich in dieser Atmosphäre bei sommerlichen Temperaturen mir bekannte Weihnachtsmelodien in Englisch, Französisch oder Kirundi hörte. Das deutsche „Stille Nacht, Heilige Nacht" klang feierlich in ihrer Sprache in die Nacht hinein.

Über uns hing ein Himmel voller Sterne. Sie waren unermesslich fern, und doch standen sie in aller Farbenpracht direkt über uns, nicht wie ferne Objekte, sondern fast wesenhaft. Mal erschienen die einzelnen Sterne mehr grün, mal rot oder gold, einmal blau. Sie wirkten viel intensiver und unmittelbarer als in Europa. Wollten sie uns etwas von der Größe, der Unendlichkeit vermitteln, unsere täglichen Sorgen und Unzulänglichkeiten auf der Erde mit ihrer Schönheit überstrahlen?

Nach diesen weihnachtlichen Feierlichkeiten führten einige Erwachsene ein Theaterstück auf, wie es wohl afrikanischer dargestellt nicht hätte sein können. In traditioneller Kleidung spielten sie vor zwei schnell aufgebauten Rundhütten aus Zweigen und Buschwerk gestenreich und lautstark Geschichten aus ihrem früheren Dasein. Lag es vielleicht nur einige Stunden Fußmarsch entfernt? Für zwei Stunden kehrten sie in ihre Vergangenheit zurück und lebten dabei voll auf. Die Hauptrolle spielte die Mutter, zu der ich später Maria geben sollte.

Nun war es an mir, ruhig dazusitzen und mit den anderen als begeistertes Publikum unter viel Lachen und Klatschen den wohlverdienten Beifall zu spenden. Auch wenn ich kein Wort verstanden hatte – es war einfach toll gemacht!

Nach wenigen Minuten kehrten sie wieder in das Hier und Jetzt zurück. Spät klang der Abend fröhlich bei Tanz und Musik aus unserem kleinen Radio aus. Am Weihnachtstag selbst gab es in unablässiger Folge ein Kommen und Gehen von Besuchern, die auf natürliche Weise in ungezwungener Fröhlichkeit Glückwünsche und Wohlergehen mit uns austauschten. Die Wochen mit Regen waren vorüber, wir hatten herrlichsten Sonnenschein.

Es war mein erstes Weihnachten in Afrika, doch irgendwie wollte es mir scheinen, als hätte ich ein afrikanisches Weihnachtsfest in seiner Einmaligkeit und ein großes buntes Sommerfest auf einmal erlebt. War das Weihnachtsfest im Verlaufe des Jahres ein absoluter Höhepunkt, so ist mir Jahre später bewusst geworden, dass mir nicht ein einziger Silvestertag während meiner Zeit in Übersee in Erinnerung geblieben ist. Die Wichtigkeiten in unserem Dasein richten sich wohl nicht nach der Notiz in einem Kalender.

Nur wenige Tage später, das war also Anfang 1979, erzählte mir Nestor die schier unglaubliche Geschichte, dass ihr vor wenigen Jahren, die genaue Jahreszahl weiß ich nicht, doch es kann höchstens vor acht oder neun Jahren gewesen sein, am Beginn ihrer Aufnahme von Kindern in Mugera ein im Dschungel entdeckter etwas älterer Junge gebracht worden war. Er konnte nicht sprechen, sondern gab nur tierähnliche Laute von sich. Ebenso ging er nicht wie wir auf zwei Beinen, sondern benutzte zur Fortbewegung gleichzeitig Hände und Arme. Die Nahrung war offensichtlich die gleiche wie die der Tiere gewesen – mit eventueller Säugung am Beginn? Wie zu vermuten, war er ausgesetzt worden, doch in welchem Alter?

Von einheimischen Ärzten waren amerikanische Forscher informiert worden, die nach Burundi kamen; letztendlich das Kind zu weiteren Forschungszwecken mitnahmen. Wie Nestor informiert wurde, sei der Junge nach nicht langer Zeit verstorben. Er soll elf, höchsten zwölf Jahre alt gewesen sein. Oder sollte ich sagen: Er soll bereits elf oder zwölf Jahre alt gewesen sein. Ein wirkliches Wolfskind.

Nun folgte ein ganz besonderer Nachmittag, dessen vorhandene Spannung und Freude sich kaum mehr unterdrücken ließen. Nestor, die zehn Mütter und ich stellten uns mit Perpetue und Gorette mitten ins neue Dorf zwischen die zehn nummerierten Häuser. Ich hielt meine zehn geschriebenen Lose in den Händen. Auf den neuen Schaukeln wippten einige Kinder, im gebauten Sandkasten spielten die ganz Kleinen. Jede Mutter zog nun eines meiner verdeckt gehaltenen Lose und hatte damit ihr zukünftiges neues Zuhause gewählt. Das Begehrteste war das mit dem breiten grünen Streifen unter dem Dach, doch letztendlich war die Farbe auch egal. Jubelnde Glückwünsche und Umarmungen folgten nach jedem Losziehen an die betreffende Mutter! Ich höre noch eine von ihnen sagen: „Nun können wir auch verstehen, was Sie uns am Anfang sagten: ‚Jede Mutter bekommt ihr eigenes Haus.'" Anschließend teilten wir gemeinsam die Kinder für die Familien auf. Welche Mutter bekommt welches? Es war schon eine aufregende Angelegenheit an diesem Nachmittag. Erst das Haus und nun die Kinder!

Entsprechend der drei Schlafzimmer bekam jede Mutter bis zu sechs Jungen und drei Mädchen – oder umgekehrt, wobei leibliche Geschwister in einer Familie aufwachsen sollten, ebenfalls sollte eine gewisse Altersstaffelung berücksichtigt werden wie auch die bei einigen aufgebaute Erwachsenen-Kind-Beziehung. Irgendwann war dann alles zur vollen Zufriedenheit aller abgeschlossen. Hatten wir nun Frauen zu Müttern gemacht?

Später schlug ich ihnen vor, als Erinnerung eine Art Tagebuch zu schreiben. Niemand würde es lesen, es sei nur für sie bestimmt ...

Am 23. Januar gelangte ich nach drei langen Tagen Zollformalitäten mit unserem Container im Kinderdorf an. Es war tatsächlich geschafft!

Nach siebenundzwanzig Bürogängen hatte ich aufgehört zu zählen. Und einige Angestellte wollten mit dem neu erhaltenen Gerät, einem kleinen Taschenrechner, den Wert unserer Waren berechnen ... trotz Zollfreiheit! Dann konnte die Umladung auf dem Hafengelände erfolgen; denn die Eisenbahnlinie ging bis Kigoma am Tanganjikasee. Von dort kam unsere Lieferung wie die meisten per Schiff. An eine Plombierung kann ich mich nicht erinnern ...

Für den Transport nach Gitega fuhr ein stabiler Laster mit zuverlässigem Fahrer voraus, ich in unserem Käfer hinterher. Beides hatte ich mir nach prüfender Ansicht kurzerhand in einem Geschäft bei einem Pakistani ausgeliehen. Unter jubelndem Gekreische aller fuhr der Laster bis zur Einfahrt unseres Grundstückes.

Nestor übernahm die Beaufsichtigung des Abladens mit etwa fünfzehn Personen; Sack für Sack, Kiste für Kiste trugen die Leute in den Lagerraum. Einige der Kisten wurden sogleich an die Bauleitung weitergegeben; denn auch sie erwartete ihre Inhalte so sehnlichst wie wir. Noch am selben Tag begannen wir mit dem Auspacken – die Spannung war einfach zu groß! Mir fielen einige auffällig rot gekennzeichnete Pakete auf: „SOS-Kinderdorf Harksheide", das Dorf, in dem ich einmal begonnen hatte, weswegen ich nun neben Spenden auch persönliche Erinnerungen auspacken konnte.

Es herrschte eine unglaubliche Freude über das, was da zum Vorschein kam und wir nun bewundern konnten! Selbst mir erschienen all diese Waren wie aus einer anderen Welt. Wie muss erst der Anblick und der Gebrauch den Müttern vorgekommen sein?

Ballen verschiedenartigster Stoffe, von unifarben über Gemüsedruck bis zur Dschungelszene, Bettwäsche und Bekleidung. Wir hatten ein Mädchen von zwölf Jahren, das erst kürzlich als Älteste einer Geschwistergruppe von uns aufgenommen worden war. Es hatte noch nie Schuhe getragen. Wir fanden für es ein Paar extra breite Sandalen mit nur einem Riemen; mit den beiden Schuhen machte es ganz stolz seine ersten Gehversuche.

Weiter gab es Büromaterial, wie die ersehnten Aktenordner, Messer, die auch schnitten, Geschirr, für jedes Haus in einer anderen Farbe, Küchenutensilien wie Fleischwölfe, dann SOS-Kinderdorf-T-Shirts – und sogar ein wunderhübsches Hochzeitskleid! (Es wollte doch etwa niemand eine unserer Mütter verheiraten?) Es war einfach unglaublich, mit wie viel Liebe die ganze Sendung zusammengestellt war! Bei dem erfüllten heimlichen Wunsch der Mütter nach kleinen Radios weinten sie fast. Und wir konnten Wecker auspacken; in Zukunft würde also jede Familie nach eigenem Ermessen aufstehen. Plötzlich standen alle um mich herum und wir übten Weckeraufziehen …

Als ich endlich einige große bunte Bälle mit einem „Kick" durch die Gegend schoss, nahm das Jubeln der Kinder kein Ende!

Alle Mütter halfen beim Auspacken und Sortieren, eine hier, eine dort. Irgendwo in dieser Festtagsstimmung stand auf dem Rasen zwischen diesen tausenden Sachen zum Aufteilen für die Familien die obligatorische Kalebasse mit Pombe. Auch das nun ehemalige Waisenhaus war mit etwas komfortabler Ausstattung bedacht worden. Neben den großen Jungen, die demnächst hier einziehen würden, gab es nun Platz für aufzunehmende Notfälle. Diese Kinder würde es sicher auch weiterhin geben.

Schmunzeln musste ich, als ich eines Vormittags nach dem Einsortieren und Erklären der neuen Utensilien die Kindergärtnerinnen beobachtete, wie sie gedankenverloren mit diesen

Sachen selbst spielten. Ihre Kinder in der Gruppe hatten sie völlig vergessen.

Ich hatte die Nachricht erhalten, mit welcher Maschine die nachträglich geschickte Luftfracht ankommen sollte. Nach Landung des Flugzeuges durfte ich meinen Camionette neben der Maschine parken, um die bereits ausgeladenen großen Pakete mit meinen beiden Helfern auf unser Auto zu verladen. Wegen Platzmangels sah ich mich gezwungen, einige von ihnen auszupacken, um die Ladung auf einmal transportieren zu können. Zwei uniformierte Beamte des Flughafens neben mir bat ich, mit aufzupassen, damit nichts gestohlen werden würde.

Alles klappte, wir kamen gut im Kinderdorf an.

Nur noch einmal nahmen wir Kinder auf. Ein mir ärmlich und alt erscheinender Mann hockte in einem verschlissenen Mantel vor unserem Eingang und fütterte sein Baby mit Stücken einer Avocado. Seine Frau sei gestorben, er wisse nicht mehr weiter. Die Strecke von fast fünfzig Kilometern sei er zu uns gelaufen, nun täten ihm auch noch die Füße weh. Seine drei anderen Kinder seien zu Hause geblieben. Wenigstens sein Baby wollte er zu uns bringen.

Da stand ich nun mit meiner Weisheit; denn ich hatte Nestor die Bedingungen für die Kinderaufnahme gut erklärt: Bitte möglichst ohne Eltern. Wir entschieden dann, uns gemeinsam die Situation anzusehen.

Die Hütte des Mannes war selbst für einheimische Verhältnisse äußerst primitiv. Viel schlimmer wirkte auf mich jedoch die Hoffnungslosigkeit. Die drei Jungen trugen nur einen schmutzigen, zerrissenen Umhang, ähnlich einem Kartoffelsack. Im Alter zwischen vier und acht Jahren hatten sie als Zeichen der Trauer ihre Haare geschoren bekommen; denn etwas anderes hatten sie nicht mehr zu geben. Der Jüngste hatte ganz dünne Beine, aber den typisch dicken Bauch als Erkennungszeichen von Kwaschiorkor, einer Eiweißmangelerscheinung, die im Lande weit verbreitet war. Nestor erhielt vorhandene Geburtsscheine und als

Einverständnis zur Aufnahme im Dorf den Fingerabdruck des Vaters unter ein mitgenommenes Schreiben.

Um die Geschwister nicht zu trennen, nahmen wir alle vier mit. Sachen zu packen gab es nicht; denn sie hatten nichts. Der Vater zeigte sich glücklich und erleichtert, Tränen rannten über sein Gesicht. Den Vater mussten wir natürlich zurücklassen ... „Doch selbstverständlich dürfen Sie Ihre Kinder besuchen." Wir fuhren schnell ab.

Für die Jungen war ihre erste Autofahrt eine perfekte Ablenkung. Vor und zurück gingen ihre Blicke vor den Autoscheiben, um vorbeihuschende Bäume und Büsche erfassen zu können ... und wieder zur Schaltung und nach vorne.

Nach einer gründlichen Wäsche und dem Einkleiden gab es zu essen. An der Handhaltung konnte ich erkennen, dass sie sicher noch nie einen Löffel in der Hand gehalten hatten. Ich empfand sie wie hineingestellt in eine ihnen völlig fremde Welt. Die Funjas – kleine Sandflöhe –, die sich in Finger- und Zehenkuppen eingefressen hatten, wurden von zwei Erwachsenen, die dies sehr geschickt konnten, rausgedrückt oder mit Rasierklingen herausgeschnitten, was bei diesen Kindern mehr als zwei Stunden dauerte. Es tat offensichtlich nicht weh – oder zeigte hier das Schmerzempfinden eine andere Wertigkeit? Jedenfalls habe ich nie ein Kind dabei schreien hören. Auf erneuten Fotos nach sechs Wochen war kaum zu glauben, dass es die gleichen Kinder waren. Besonders der Jüngste hatte sich bereits zu einem ganz goldigen Kerlchen entwickelt.

Bei unserem elfjährigen Bonaventure waren fast alle Kuppen der Hände bei seiner Aufnahme abgefressen gewesen. Er soll mal unter besonders schlimmen Umständen und in einem schrecklichen Zustand ins Waisenhaus gekommen sein. Immer noch zierlich und recht schüchtern, hat er sich dennoch prima entwickelt. So sehe ich ihn noch vor seinem Nähertreten hinter einer Hausecke stehen, um mir zunächst von dort aus vorsichtig, aber dennoch zuversichtlich und heiter zuzulächeln, als wollte er fragen: „Kann ich wohl zu der weißen Frau gehen?"

Nestor leitete neben dem Unterhalt des Waisenhauses einige Vorbereitungen zur Fertigstellung des Dorfes, die mir als Fremde unbekannt waren. So beaufsichtigte sie Leute, die tagelang auf größeren Blechdosen saßen, um nach Landessitte Gras zu pflanzen, Halm für Halm. Dazwischen pflanzten wir einige Büsche und Bäume, sodass auch unser Dorf bald zu einer grünenden und blühenden Oase werden und bei des Tages Hitze den nötigen Schatten spenden würde.

Backsteine eines abgerissenen simplen Anbaus für bisherige Besucher, die man nach einigen Stunden Fußmarsch nicht gleich hätte zurückschicken können, dienten als Einfassungen der neuen Gehwege. Für künftige Besucher wäre dann im ehemaligen Waisenhaus sicher noch ein Zimmerchen neben den Unterkünften der anderen Mitarbeiter frei. Getränke gab es normalerweise nur bei Leergutrückgabe; sie kontaktierte die beste Trommelgruppe des Landes und ließ sie zum Üben abholen, von der örtlichen Militärstation borgte sie sich für die Ehrengäste eine Überdachung und vieles mehr.

Nachdem ich mit viel Bettelei in einem Geschäft in Bujumbura zwei Säcke Zement für das Aufstellen unserer beiden Fahnenstangen erhalten hatte, konnten wir sogar das Probe-Hissen unserer Flagge bejubeln. Als Dank lud ich den Besitzer des Geschäftes zur Eröffnung ein. „Ich komme gerne, wenn Sie mir Benzin besorgen."

Ich war ebenfalls mit der Fertigstellung des Dorfes beschäftigt: Klappte es mit der Lieferung von zehn JUNO-Kohleherden, sogar mit einem eingebauten Wasserkessel? Bei dieser Großbestellung sollten wir einen gratis erhalten. Würden wir die bestellten Matratzen erhalten, mit meinem eigenen Nähen der Kinderdorfflagge, meinem Bemalen der von der Tischlerei zugeschnittenen Straßenschilder mit SOS-Symbol, den Einladungen an einige Minister und Botschafter, die von Kindern und Müttern mit Motiven aus unserem Dorf bemalt werden sollten? Mit den Müttern übte ich das Lied: „Danke für diesen guten Morgen …" Die Melodie spielte ich ihnen auf meiner mitgebrachten Flöte vor.

Einhundert und mehr Kleinigkeiten und Wichtigkeiten wollten erledigt werden. Unsere beiden Autos waren inzwischen mit „Village d'Enfants SOS" und dem Symbol der beiden Kinder bemalt worden. Meine Idee, einen Waschkessel bauen zu lassen, wurde wieder verworfen.

Eine dieser kleinen Nebenarbeiten: Wir bauten eine Sandkiste – sogar mit einem Strohdach. Wofür ein Loch in die Erde gegraben werden sollte – völlig unverständlich. Dass ich dafür den Tischler bemühte wegen Brettern, die um das Loch herumgelegt werden sollten, und wir zusätzlich Bretter brauchten, um darauf sitzen zu können, und ich deswegen zweimal fragen musste, da sie von den Möbeln genommen werden mussten, dass ich die Bretter dann wegen Ungeziefer mit Schmieröl streichen ließ, die Sitzfläche selbst mit Farbresten vom Bau rot anstrich, dann den Mann, der das Grundstück anlegte, beauftragte, das Dach zu bauen – und das alles, damit ein paar kleine Kinder ihre Sandförmchen oder Hände mit Sand füllen und hier spielen könnten! Sand gab es genug.

Kein Wunder, dass sich Kinder und Erwachsene zunächst köstlich amüsierten. Später spielten aber die Kinder sehr gerne hier und Nestor hätte gerne eine weitere Sandkiste gehabt.

Zu Weihnachten erhielten alle Paten einen besonderen Gruß, ebenso wurden alle über unsere offizielle Eröffnung informiert. Zu dieser Einladung an SOS-Kinderdorf International malten alle Kinder besonders hübsche Bilder, die von ganz großen Häusern und Kindern auf den Wegen dazwischen erzählten. Und überall blühte mindestens eine Blume.

Wachte ich nachts auf, schrieb ich meine Gedanken auf den neben mir liegenden großen Zettel und schlief weiter.

Im Praktikum in Freiburg hatte die Leiterin mir mal gesagt: „Heidi, deine vielen und manchmal auch krausen Gedanken im Kopf müsste man ordnen können." Diese nötige Ordnung hatte ich inzwischen wohl gelernt, sogar mit der erforderlichen Unterscheidung, welche Erledigungen zuerst ausgeführt werden müssen und welche warten können. Wohl, weil ich meine Arbeit gerne tat.

Was uns allerdings mehr und mehr zu schaffen machte, war die immer knapper bemessene Rationierung von Benzin. Selbst hohe Beamte sah ich eines Tages in der langen Warteschlange stehen. Und Nestor erbettelte sich beim Gouverneur zweimal eine Sonderzuteilung.

Als ich eines Tages wirklich etwas vor mich hinschimpfte, meinte Nestor zu den anderen, die völlig irritiert dreinblickten: „Das ist nicht so schlimm bei Heidi. Nach zehn Minuten lacht sie bestimmt wieder."

Trotz dieses gedrängten Programms hatte ich mir zuvor den absolut einzigartigen Ausflug in den Nationalpark von Kahuzi-Bièga in Zaire, drei Autostunden hinter der Grenze von Ruanda, gegönnt. Deutsche in Bujumbura hatten mich eingeladen, mitzukommen. „Heidi, du brauchst mal eine Abwechslung, wir nehmen dich mit in den Kongo auf Gorilla-Pirsch."

In Ursels Spendenlager entdeckten wir sogar ein paar passende Bergschuhe für mich.

Wir fuhren in zwei Landrovern und hofften natürlich, dass auch wir Gorillas in freier Wildbahn beobachten könnten, wie es uns angekündigt wurde. Erst seit drei oder vier Jahren waren diese Touren möglich. Die Gorillas sollten sich an Menschen gewöhnt haben … Die letzten Grenzposten standen verloren in ihren beiden kleinen Wachhäusern an der Grenze zwischen Ruanda und dem Kongo: „Folgen Sie dieser Piste durch die Savanne, eine andere gibt es ohnehin nicht, immer geradeaus. Nach etwa drei Stunden haben Sie den Park erreicht."

Einschließlich sieben Personen der Parkleitung, bestehend aus Führern und Helfern, die uns mit ihren großen Pangas, den Buschmessern, den Dschungelpfad freischlugen, stapften wir, etwa zwanzig Personen, bei Tagesanbruch einige Stunden bergan durch Buschsavanne und Dschungel, bis wir nach wiederholtem lautem Dröhnen der sich auf die Brust schlagenden Tiere tatsächlich einer Gruppe von fünf bis acht Gorillas auf einer kleinen Lichtung direkt gegenüberstanden. In nur höchstens acht Metern Entfernung. Alle konnten wir nicht auf einmal sehen; denn einige Gorillas hüpften vor, andere kamen hinzu oder verschwanden wieder hinter Buschwerk und Bäumen. Unter ihnen war ein sogenannter Silberrücken, ein kräftiger Gorilla-Mann von schätzungsweise sechs Zentnern. Sein silbriges Fell gab ihm ein prächtiges Aussehen und uns den nötigen Respekt; denn eine „Umarmung" von ihm wäre ganz sicher gleichzeitig unsere letzte gewesen. Nur wenige Unerschrockene waren noch dazu fähig, ein Foto zu machen. Ich gehörte nicht zu ihnen; denn bei jedem Vorhüpfen der Tiere gingen wir langsam einen Schritt zurück, wagten uns wieder vor, aber kaum noch zu atmen, unter ständiger Beobachtung. Das Erlebnis war zu einmalig. Nach zehn bis fünfzehn Minuten, als die Tiere uns einzukreisen begannen, zogen wir uns auf Geheiß der Wärter auf dem noch offenen Weg hinter uns zurück.

In tiefem Respekt vor der Natur traten wir fast lautlos den Rückweg an. Der Dschungel mit seiner feucht-warmen, samtigen Luft und den verschiedenen zirpenden Geräuschen ging allmählich wieder in Buschsavanne über. Nur wenige Minuten dauerte es, und der Zauber der untergehenden, glutroten Sonne wurde von der Dunkelheit einer afrikanischen Nacht verschluckt.

Abends saßen wir noch lange vor unserem kleinen Buschhotel auf der wackeligen Holzterrasse, genossen unsere Drinks und überließen uns ganz der Faszination dieses Tages zwischen der gewaltigen Schwärze der Nacht und der doppelten Leuchtkraft der Sterne. Auch die Tiere der Wildnis hatten sich von ihrem trüben Wassertümpel an ihre Schlafstätten zurückgezogen.

Frieden war in uns und über uns.
Die Zeit?
Sie war gerade stehengeblieben.

Nestor hatte ihren Bruder nach Tansania geschickt, um dort Matratzen zu kaufen, doch wegen Benzinmangels und Kriegsgefahr kehrte er um. Eine Woche vor der Eröffnung konnten wir tatsächlich in Bujumbura eine Lieferung abholen.

Wir feierten Nestors Geburtstag, draußen auf unserem Rasen die feierliche Taufe von vier Kindern und am 18. März holte ich ein Telegramm in der Post in Gitega ab. Ganz in meinen Gedanken der Eröffnung hielt ich es für sehr wichtig. Es waren Glückwünsche von der Zentrale in München zu meinem Geburtstag – eine freudige Überraschung war gelungen!

Bis Mitte April, einem Ostersonntag, waren dann nach und nach alle Mütter mit ganz großer Freude, einer gewissen Spannung und vielleicht auch leichten Beklommenheit samt ihren Kindern in die Häuser eingezogen, als neue Familien. Die Kleinsten zeigten sich hingegen sehr amüsiert über das ganze Geschehen. Oft standen sie auf den niedrigen Fenstersimsen und guckten durch die Fenster: „Die Häuser sind doch schon fertig. Warum dürfen wir denn noch nicht einziehen?"

Gemeinsam hatten wir alles eingeräumt, im neuen Radio spielte Musik, und Holz zum Heizen wurde eifrig in der Schubkarre die neuen Dorfwege entlanggeschoben. Nur noch sehr wenige Möbel fehlten.

Dazwischen meinten zwei Jungen, fest umarmt in dicker Freundschaft, zu ihrer neuen Geschwistergruppe: „Das ist meine kleine Schwester, der darfst du gar nichts tun, sonst verprügel ich dich", und andere: „Was, so viele Geschwister sind wir dann? Das ist zu viel, die Mädchen brauchen wir bestimmt nicht."

Vom Kindergarten beobachteten wir unseren vierjährigen Elie, der fröhlich pfeifend kleine Kieselsteine mit einem langen Stock durch die Luft fliegen ließ, und der dreijährige Salvator, unser kleiner „Dorfkasper", machte seiner Mutter den ganzen ersten Nachmittag großartige Geständnisse: „Mama, ich hab dich so lieb, Mama, ich hab dich so lieb …"

Mehrere Kinder aßen seit der Aufteilung nur noch, wenn sie bei ihrer Mama sitzen durften.

Die ersten paar Tage dachte ich irritiert, viele Kinder hätten auch noch Durchfall. Verständlicherweise musste einmal mehr die Toilettenspülung ausprobiert werden …

In der Frühe am Tag der Eröffnung stand ich zum dritten Mal mit zwei Kindern, einem Jungen und einem Mädchen, im SOS-T-Shirt am Flughafen, um jemanden Verantwortlichen des Kinderdorfes abzuholen. Das Flugzeug hatte fünfzig Minuten Verspätung. Ein mit mir wartender Bischof der Diözese meinte: „Haben Sie nun für den Notfall eine Rede vorbereitet?" Ich schaute ihn nicht an, denn zum Umkippen hat bei mir nicht mehr viel gefehlt.

Als ich dann meinen Chef von der Gangway des Flugzeuges herabsteigen sah, fragte er als Erstes: „Findet die Eröffnung eigentlich statt? Wir haben von vermeintlichen Schwierigkeiten gehört, von denen auch Sie sicherlich betroffen sind. Haben Sie unsere Telegramme zwecks Verschiebung nicht erhalten?"

Ich hatte keine Telegramme erhalten. Wie konnte so ein Gerücht kursieren? Auf der Post in Bujumbura sollen mal einige Säcke mit Post draußen gestanden haben. Fallender Regen hatte sie durchnässt. Zum Trocknen wurden die Postsachen draußen im Freien auf Tischen verteilt. Aufkommender Wind hatte offensichtlich einige davon getragen …

Mein Chef übernahm das Steuer. Um mich abzulenken, unterhielt er mich unterwegs mit diversen Geschichten. Mit etwas mehr Geschwindigkeit als üblich kamen wir mit unserem letzten Tropfen Benzin zehn Minuten vor Beginn der Feier im Kinderdorf an. In der Hand hielt er die Eröffnungsplakette. Mein Festtagskleid lag frisch gebügelt auf meinem Bett.

Letztendlich hatte alles geklappt. Sogar die über Burundis Grenzen hinaus bekannte Trommelgruppe beteiligte sich an den Darbietungen. Niemand hatte sie uns nehmen können – auch nicht der Staatspräsident.

Denn wir hatten vor wenigen Tagen erfahren, dass wegen eines gleichzeitig anberaumten Staatsbesuchs aus Europa nicht alle geladenen Minister und Botschafter kommen konnten. Nestor und ich hatten unseren Termin auf Anfrage des Sozialministers nicht verschoben. Dieses Zusammentreffen vermochten wir nicht mehr zu verhindern. Waren für unsere Kinder nicht die vielen Kleinigkeiten des Lebens ohnehin viel bedeutsamer als die großen wehenden Flaggen? Wir hatten unsere Feier, die ohne allzu umfangreiches oder gar pompöses Protokoll zweifellos in unvergessener Erinnerung verhaftet bleiben würde.

Über eines war ich mir ganz sicher: Nur dank unserer vorbildlichen Zusammenarbeit hatte die Fertigstellung unseres Dorfes geklappt.

Den Auftakt bildete die Gruppe schlanker Tutsi-Tänzer in ihren rot-weiß gerafften Umhängen mit traditionellem Kopfschmuck, die in ihrer dunklen Hautfarbe vor dem azurblauen Himmel einen markanten Farbkontrast bildeten. Ihre Darbietung von mitreißenden Bewegungen in Verbindung mit hohen Sprüngen stand in einzigartiger Symbiose mit dem stetig von Neuem anschwellenden Trommelwirbel. Einhelliger Beifall begleitete den dumpfen, vibrierenden Ton dieser einstmalig königlichen Instrumente, die weit über Berge und Täler hallte.

Als Anerkennung für unser Dorf tanzten und trommelten diese Tänzer gemeinsam mit unseren Jungen die geprobte Präsentation. Jubelnder Beifall!

Nach verschiedenen Dankesreden mit besten Wünschen folgten als Abschluss die Lieder und Tänze unserer Mütter, grazil und in einer ausdrucksvollen und gleichzeitig harmonischen Darbietung, die ihrer Kultur eigen ist. Ihr Feingefühl und ihre verhaltene Würde drückten sich in jeder ihrer Bewegungen aus. Anhaltendes Klatschen …

Das Band konnte durchgeschnitten werden – SOS-Kinderdorf Gitega ist eröffnet und kann besichtigt werden. Anschließend war für alle Besucher ein Büfett vorbereitet.

Das Festzelt mit Girlanden war wieder abgebaut, ebenso der große Willkommensgruß über dem Eingang. Die Zufahrt wurde nicht mehr von Besuchern gesäumt, doch die zusätzlichen Hinweisschilder zu unserem Dorf luden auch weiterhin zu einem Besuch ein.

Das dorfeigene Geschäft wurde weiter ausgebaut, in dem Mütter von ihrem Haushaltsgeld Lebensmittel und andere nötige Artikel einkaufen konnten. Vielleicht war es noch ein bisschen früh, um von „Familien" zu sprechen, doch die Atmosphäre hatte sich sehr geändert. Und mit ihr war ein neuer Alltag eingekehrt. Meine besten Wünsche auf diesem Weg begleiteten sie.

Nach Klärung von letzten Fragen und Übergabe meiner Abrechnungen gönnten Nestor und ich uns als Abschied ein zweitägiges Aus in einer abgelegenen Missionsstation im Norden des Landes. Nur Maria durfte mitkommen. Diesmal lenkte Nestor das Auto auf den schmalen, ausgefahrenen Spuren der graswachsenen Wege ohne Hinweisschild. Entspannt und fernab von jeglichem Trubel saßen wir an einem einsamen See und genossen frisch gegrillten Fisch, den uns irgendwelche herumstromernden Jungen gefangen und zubereitet hatten. Besteck? Brauchte man das, um glücklich zu sein? Meine französischen Sätze plapperte Maria fehlerfrei nach und das, obwohl sie im Kindergarten und in ihrer Familie nur kirundi sprach. Wenn ich mich darüber freute, strahlte sie mich verschmitzt an, wobei sie mit Daumen und Zeigefinger in einer gewohnten Geste an ihrer kleinen Nase drehte.

Die letzte Nacht schlief ich auf Bitten der Mütter im Hause von Maria. Bei einem abendlichen Rundgang schickte die untergehende Sonne ihre letzten goldenen Strahlen auf unser kleines Dorf; ein unscheinbares und doch ganz wichtiges Pünktchen im großen Weltgetriebe.

Ursel war bereits vor der Eröffnung nach Deutschland geflogen; denn wegen Benzinmangels sollten einige Flüge ausfallen.
Dann fuhren wir mit beiden Autos Richtung Flughafen. Bevor meines startete, drehte ich mich noch einmal um und sah vier kleine Kinder, die barfuß etwas abseits im Matsch standen und mir unter einem für sie viel zu großen schwarzen Regenschirm ein letztes *Au-Revoir* zuwinkten. Da standen sie nun alle eng beieinander, meine lieb gewonnenen Erwachsenen und Kinder, in ihrer braunen Haut, farbigen Kleidung, und winkten mir mit ihren weißen Handinnenflächen ein letztes Mal zu.
Auf dem Weg zum Flughafen blieb uns noch Zeit für ein kurzes Picknick am Tanganjikasee sowie für anschließendes Kaffeetrinken, zu dem Inge uns als fröhliche Runde zu sich eingeladen hatte.

Dann sah ich durch das Flugzeugfenster meine Kinderdörfler immer kleiner werden. Das Motorengeräusch vor dem Abheben verkündete den endgültigen Abschied. Mir war bewusst, in diesen Momenten etwas Prägendes und Kostbares zu verlassen, doch jede Erinnerung ewig zu bewahren.

In meinem Gepäck lagen die Geschenke; das mir gewidmete Lied, die gestrickten Decken und eine Musikkassette mit Liedern von den Müttern, die sie oft gesungen und nun für mich aufgenommen hatten. Ich spürte eine ganz stille Freude und Dankbarkeit, dass einfach alles so gut geklappt hatte. Es war alles abgerundet und gut so.

Ich hatte die Mütter mal gebeten zu schreiben, ob sich seit der Zeit, da ich dort gewirkt hatte, etwas für sie geändert habe. Eine hatte notiert: „Vorher mochte ich niemanden, doch nun liebe ich die Menschen und auch mich selbst."

Und wie konnte man in einem meiner Berichte lesen? „Ich danke allen, die unsere Arbeit möglich machen."

Nach Kairo und einem Jahr und neun Tagen in Burundi war ich wieder in Deutschland angekommen und wohnte bei meiner Schwester. Nicht nur ihren vier Kindern war ich die interessante Tante aus Afrika. Ich selbst hatte mir eine wunderhübsche Tischdecke mit afrikanischen Motiven bestickt mitgebracht sowie zwei Bilder in knapper Koffergröße, die mit jeweils einem afrikanischen Motiv aus Schnipseln von der Rinde des Bananenbaumes kunstvoll beklebt waren.

Beim Auspacken meiner kleinen geschnitzten Elefanten meinte der jüngste Neffe: „Und warum hast du mir kein lebendes Äffchen mitgebracht?"

Noch voller Aktivität begleitete ich Edelgard am ersten Urlaubstag zu ihren Besorgungen in ein großes Einkaufszentrum. Meine lange Hose war schnell gefunden. Dann sah ich lange Regale, gefüllt nur mit Toilettenpapier, in Weiß oder Rosa, mit gelben und blauen Blümchen oder Figuren bedruckt.

An der Brottheke hörte ich eine Kundin: „Ach, haben Sie heute gar nicht meine Sorte? Ob ich wohl so schnell eine andere finde? Wie viel Körner sind denn in diesem Brot?"
Ich zählte kurz durch. Da lagen mindestens zwanzig Sorten vor uns, duftend und frisch. Reichte das nicht? Ich war wohl kein Maßstab mehr nach einem Jahr in Burundi, in dem es, recht betrachtet, ums Überleben gegangen war. Die Einkaufswagen zogen wie Requisiten in einem Schattenspiel an mir vorüber. Spielten die Leute Einkaufen oder brauchten sie die Sachen wirklich? Mir schien, als verhüllten die Menschen mit jedem Kleidungsstück, das sie trugen, einen Teil ihrer Seele, ihres Ichs; trauten sie sich nicht, sich so zu geben, wie sie wirklich waren? Würde ich eines Tages meinen jetzigen Blick auf die Dinge wieder verlieren?
Nicht umhin kam ich, hier und auch später hin und wieder zu denken: „Die Leute würde ich gerne mal nach Burundi schicken – nur für ein paar Tage."
„Brauchst du noch etwas?"
„Ich möchte nach Hause."

Am Ausgang stand ein großer Karton mit Bügeln „zum Mitnehmen". In Gitega hatten wir uns diese selbst hergestellt. In ein dickes Holzbrett schlugen wir für die Form drei Nägel, wickelten Draht drum herum und formten ihn oben als Schlaufe zum Aufhängen. Fertig waren unsere von mir getauften „Burundi-Bügel".
Die nächsten zehn Tage konnte ich nicht in diese Stadt mit ihren etwa fünfunddreißigtausend Einwohnern gehen. Die vielen Eindrücke und Angebote machten mich schwindelig. Als ich auf dem stattfindenden Jahrmarkt „ganz mutig" Kettenkarussell fuhr, musste ich mich anschließend tatsächlich übergeben.
„Was möchtest du essen?"
„Kaufe das Billige. Für mich ist alles neu und schmecken tut es mir sowieso."
Ich ließ mich verwöhnen, genoss es und ließ alle teilhaben an meinen Erlebnissen eines unvergesslichen, erfüllenden Jahres. Oft habe ich allerdings den Eindruck, dass meine lebensfroh und lebendig erzählten Geschichten in Deutschland wie ein „High-

light" in meinem Dasein angesehen wurden, nicht aber als gelebter Alltag. Des Öfteren endeten meine Berichte unter schallendem Gelächter und der Aufforderung: „Schreib das alles doch mal auf!"

Als mir allerdings einmal berichtet wurde, dass zur Sozialhilfe in Deutschland auch ein Betrag von 50 DM für Kondome gezahlt würde, um Wohlbefinden zu garantieren, war ich diejenige, der dazu kein Kommentar einfiel. In jedem Fall bereicherte mich der Austausch von Gedanken und schaffte in mir Freiraum für Neues. Doch es blieben letztendlich die Schaumkronen auf dem Wasser. Die Tiefen des Sees vermochten sie nicht zu erreichen.

Die Zentrale in München hatte für mich ein mehrtägiges Checkup im Tropeninstitut reserviert, bei dem auch meine Leishmaniose (Orientbeule) am Fuß behandelt wurde, damals noch unter Begutachtung mehrerer Ärzte. Den Aufenthalt in dieser Atmosphäre mit Rekonvaleszenten, die wie ich aus aller Herren Länder kamen, empfand ich als wohltuenden Übergang zu einer Urlaubszeit in Deutschland. Hier waren es nicht wir, die machten, sondern es wurde mit uns gemacht. Langsam und ruhig fanden unsere Behandlungen statt. Mir schien, als lebten wir unseren Tag in einer neutralen Zone zwischen zwei Welten.

Als gesund und tropentauglich entlassen, stand einer erneuten Ausreise nichts mehr im Wege.

Im Hermann-Gmeiner-Fonds konnte ich dem sehr interessierten Geschäftsführer und weiteren Mitarbeitern von meinem gelungenen Aufbau berichten. „Ja, die Lieferung mit den beiden Containern hat uns mit viel Bemühungen gut erreicht. Eine besonders glückliche Fügung war, dass ich meinen Chef in Nairobi treffen sollte und so ‚Weiße Väter' beauftragen konnte, sich um unsere Waren zu kümmern. Es war eine sehr kritische Situation. Die nachträglich gelieferte Luftfracht kam planmäßig an. Alles klappte."… „Nein, nachdem die ersten neun Wochen neun Säuglinge gestorben waren, ist dann, Gott sei Dank, niemand mehr gestorben."… „Die Cholera-Epidemie mit vielen Toten an der Grenze zu Zaire war ohne Folgen für uns."

Ich bedankte mich nochmals für umgehend geschicktes Serum sowie alle sonstige Hilfe. „Für die Möbel in den zehn Familienhäusern und im ersten Kindergarten des Landes wurde acht Monate lang alles im Lande vorhandene Holz für uns reserviert." Wir schmunzelten. „Und das Wichtigste ist: Allen Kindern und Müttern geht es gut."

Nicht zu unterschätzen war die Anerkennung unserer Arbeit durch die Regierung. Hohe Beamte des Sozialministeriums hatten uns mit einem Journalisten und Fotografen besucht. Anschließend erschien ein gut geschriebener Artikel mit großem Foto. Bei einem meiner Bittgesuche fragte mich übrigens der Sozialminister: „Können Sie nicht dafür sorgen, dass es nicht so viele arme Kinder bei uns gibt? Oder wenigstens das Waisenhaus in Bujumbura entsprechend Ihren Richtlinien ebenfalls reformieren?"

Dann hieß es: „Nach dieser tollen Arbeit haben wir nun ein schönes Projekt ausersehen, nämlich Mombasa in Kenia. Weiterhin so viel Freude und gutes Gelingen bei Ihrer Arbeit!"

Eine Sekretärin flüsterte mir hinter vorgehaltener Hand zu: „Wir waren alle erleichtert, Sie wieder heil in Deutschland zu wissen."

Meine verlorenen Kilos hatte ich fast wieder angefuttert; denn die gekaufte lange Hose passte mir bereits nach einer Woche nicht mehr. Man hätte auch fragen können: Hast du die mal für dich gekauft? Es gab hier so viel einzukaufen. Alle Geschäfte waren immer gefüllt. Und das jeden Tag!

Mein Gesicht zeigte nach meiner Rückkehr nicht den erwarteten hübschen Afrika-Braun-Ton, sondern meine Haut war seltsam grau. Langsam erhielt sie wieder den gewohnten Ton.

Den 70. Geburtstag meiner Mutter am 14. Juni feierten wir drei Geschwister mit Freunden und Verwandten als großes Familienfest bei ihr in Lensahn.

Bei herrlichstem Sommerwetter trug ich wie selbstverständlich zu ihrem Ehrentag mein langes Kleid aus Burundi. Als Blickfang und Verbindung zu meinem geliebten letzten Jahr.

Mein Bruder hatte inzwischen zwei Kinder, der ältere Sohn wurde mein Patenkind. Ein weiteres Patenkind ist die Tochter meiner Cousine Lisa. Mit der Tochter von Tante Adelheid hatten wir Geschwister uns in einem nahe gelegenen Freizeitpark verabredet. Ich würde sozusagen als Überraschung dabei sein.

Als mich meine Cousine von Weitem erblickte, rief sie nur: „Heidi!" Ihre kleine, dralle, strohblonde Tochter neben ihr guckte sie mit staunenden Augen an und sagte voller Verwunderung: „Mama, es gibt ja doch eine Heidi!"

Wieso? Nach dem Lesen des gleichnamigen Buches war die Familie nach Italien über die Alpen gefahren, wo die kleine Tochter nun darauf bestanden hatte, Heidi besuchen zu wollen. In Erklärungsnöten musste die Mutter gestehen, dass es lediglich eine Geschichte war und es keine Heidi gab. Hatte ich nun ganz unbeabsichtigt ihren Seelenfrieden wieder hergestellt?

Die Stunden und Tage gingen voll ausgefüllt schnell vorüber.

Mit Edelgard fuhr ich zurück zu ihr, denn es standen noch Termine beim Notar und auf der Bank für zu übertragende Vollmachten an sie an. Ich hatte mir eine kleine Wohnung gekauft, die sie für mich verwalten wollte.

In Kenia – im Touristenzentrum

Nach sechs Wochen Aufenthalt in Deutschland landete mein Flugzeug pünktlich am 23. Juni 1979 in Nairobi. Ein herzliches Wiedersehen gab es mit Herrn und Frau Herrnegger, die ich ja bereits kannte. Er war Projektleiter in Kenia und später auch in

Tansania. Seine Frau engagierte sich weiter im Dorf, zwischenzeitlich für ein Projekt für Slum-Bewohner.

Tags drauf fuhren wir die vierhundertneunzig Kilometer vom Kinderdorf in Nairobi zum Kinderdorf in Mombasa, davon vierhundert Kilometer durch bekannte Wildparks. Immer geradeaus führte die einspurige Teerstraße durch eine imposante Landschaft. In der Ferne tauchte der Kilimandscharo mit seinem weißen Schneekegel auf, zwei Giraffen reckten ihre langen Hälse zu den Blättern einer Schirmakazie. Dahinter erkannte ich einen „Leberwurstbaum" mit seinen entsprechend geformten und getönten Früchten. Schlichen da nicht schlanke Massai wie im Gänsemarsch durch ihr Revier?

„Dreht lieber die Fensterscheiben hoch, wenn wir anhalten – nicht, dass uns ein Affe ins Auto springt", so der wohlweisliche Ratschlag. In ihrem grauen Fell hopsten sie dann tatsächlich auf unserer Kühlerhaube herum und guckten uns frech an, als wollten sie fragen: „Schaut her, hier sind wir, habt ihr nichts zu fressen?"

Langsam stiegen die Temperaturen, wir fuhren der Küste entgegen. Ein letztes, beidseitig der Straße angebrachtes Erinnerungsschild an den Tsavo-Park: „Beware of elephants" – dann fuhren wir durch die weit geöffnete Pforte ins Kinderdorf Mombasa.

Herr Folkmar und Frau Jutta Neuert waren deutsche Mitglieder im bereits gegründeten lokalen SOS-Kinderdorf-Verein. Sie warteten auf uns; ein reizendes Ehepaar, wenn nötig mit viel Engagement, ohne dominieren zu wollen. Ich wurde offen mit strahlenden Augen und viel weißem Zähneblitzen von Simon Njuguna Karanja begrüßt, dem neuen einheimischen und einzuarbeitenden Dorfleiter, einem schlanken, jungen Mann. Mit überschränkten Armen, wie es bereits die Geste der Begrüßung in Burundi gewesen war, streckte er mir seine schmale Hand entgegen: „Happy Welcome and Karibu."

Nach der Ankündigung von Herrn Herrnegger vor drei Jahren, auch in Mombasa ein Kinderdorf zu bauen, zeigte es inzwischen erste Fortschritte. Ich erhielt eines der noch leer stehenden Personalgebäude, in dem ein Schrank und ein Bett, im Wohnzimmer ein Tisch und einfachste Plastikstühle auf dem Zementboden standen. Genauso viel, wie in Burundi in meinem kleinen Zimmerchen Platz gefunden hatte. Aber hier besaß ich nun eine eigene Dusche und eine Küche. Brauchte man mehr?

Nach drei Jahren und drei Monaten war ich im sechsten Land angekommen. „Welch ein lustiges Zahlenspiel", hat mir mal jemand geschrieben. Im Nebenhaus wohnte Simon mit seiner Frau Sarah und ihren beiden kleinen Mädchen Finah und Mukami. Die ersten Wochen war mir allerdings nicht danach, ein Bild oder andere persönliche Verschönerungen aufzuhängen. Würde es sich lohnen, dass ich mich hier ein wenig heimisch einrichtete?

Nach den üblichen Einführungen zeigte mir Simon sein Dorf. Ganz stolz war er. Im flachen Buschland wenige Kilometer vor Mombasa lag das umzäunte, leicht abfallende Gelände vor uns, umrankt von blühenden, zarten lachs- sowie tief lilafarbenen Bougainvillea. Links gruppierten sich in strahlendem Weiß ein großer Kindergarten mit überdachtem Laubengang, eine Werkstatt, zwei Räume für Freizeitgestaltungen und Schulungen sowie unser dorfeigenes Geschäft mit Spendenlager aneinander. Alle Wege sowie eine niedrige Mauer als Begrenzung am oberen sowie Einfassungen an den anderen Wegen waren aus Korallenstein. Im rechten Winkel dazu standen die Familienhäuser, zwölf insgesamt.

Zum Spielen und Feiern gab es zwischen den beiden Hausreihen Platz genug. Kleine Solaranlagen sorgten für heißes Wasser. Der dazu gehörende Wasserturm stand am oberen Ende. An der gegenüber liegenden Seite standen vier Personalhäuser, das Bürogebäude mit einem Raum als medizinischem Behandlungszimmer natürlich gleich am Eingang.

Nun war die Geduld der bereits aufgenommenen Kinder aber am Ende. Barfuß oder in leichten *Pad-o-Pads* kamen sie mir lachend entgegengelaufen. „Jambo Jambo" – die kenianische Begrüßung. Keines war älter als acht Jahre. „Ist das aber niedlich hier", entfuhr es mir, an Simon gerichtet, der meinen heimlichen

Vergleich mit der Hauruckarbeit in Burundi natürlich nicht erraten konnte. Dann begrüßten wir die Mütter, drei junge Frauen, die im seit Jahren bestehenden Kinderdorf in Nairobi ausgebildet worden waren. Es war für uns der Beginn eines geordneten und wunderschönen Aufbaus.

Im Büro hatte sich Susan Ochoa bereits an den ersten Briefen versucht, eine engagierte und einfühlsame Sekretärin, die täglich gern ihre neue Aufgabe erledigte. Wie sie mir erzählte, war sie verheiratet gewesen, ihr Mann aber nach Tansania zurückgekehrt. Da er bei der Scheidung das entrichtete Brautgeld nicht zurückgezahlt hatte, durfte sie die fünf mittlerweile etwas älteren Kinder behalten. Sie war fünfunddreißig Jahre alt und strahlte eine gewinnende Menschlichkeit aus.

Zwei Arbeiter hatten begonnen, das riesige Grundstück mit ihrer Machete von reichlich Gestrüpp zu befreien.

Und dann gab es noch Margret, unsere Putzfrau.

Regelmäßig an zwei Abenden in der Woche traf ich mich mit den Müttern reihum in einem Familienhaus, um Fragen zu neuen Kindern, zur Haushaltsführung, der Krankheit eines Kindes, dem geplanten Ausflug an den Strand oder zu erwartetem Besuch zu besprechen. Es gab vieles zu fragen und zu beantworten. Manchmal veranstalteten wir auch Rate- oder andere Spiele, um einen Zusammenhalt in dieser neuen Dorfgemeinschaft wachsen zu lassen. Wir arbeiteten uns Schritt für Schritt in eine Zukunft hinein.

Und natürlich erzählte ich die vielen Geschichten vom Kinderdorf, von den Ländern, aus denen die Paten für ihre Kinder kamen, wo „Papa Gmeiner" und ich herkamen. Werkarbeiten verschiedenster Art wie auch Wandteppiche und Malereien oder größere Makramee- und Näharbeiten fertigten wir am Nachmittag im Gemeinschaftsraum. Einschneidende Themen wie der bevorstehende Schulanfang von einigen Kindern oder Ausflüge wurden selbstverständlich mit Simon und Susan besprochen.

Beim morgendlichen Milchholen von einer nahe gelegenen Farm hatte ich mich an den Linksverkehr gewöhnt. Dabei kroch gleich zu Beginn nach Rückkehr ins Dorf ein etwa zwei Meter langes dickes Reptil vor meinem Auto ins Gebüsch. Ich erschrak: „Was war das denn? Doch kein Krokodil?" Es war ein Waran, ähnlich im Aussehen, aber nicht gefährlich. Doch er suchte uns nie wieder auf.

Verschiedene Schulen hatte ich besucht. Hauptsächlich von Indern geführt, versprach ich mir als Weiße mehr Erfolg bei einer Anfrage: „Wie viele Plätze können Sie uns reservieren, Mr. Prem Shah? Und auch für den achtjährigen Mwema ist es kein Problem, er hat noch nie eine Schule besucht?" „Nein, wir helfen Ihnen gerne bei Ihrer Aufgabe. Und wenn Sie bis zur Einschulung noch weitere Kinder aufnehmen sollten, können Sie sich auch kurzfristig melden. Im Notfall empfehlen wir Sie gern weiter." „Haben Sie vielen Dank. Und wenn Sie uns besuchen möchten, Sie sind willkommen." „Bestimmt mal."

Simon hatte erreicht, dass ein Schulbus vor unserem Dorfeingang halten würde. In diesem von England geprägten Land gehörten Schuluniformen dazu. Die zu besorgen, gehörte zu Simons Aufgaben, gemeinsam mit den Müttern.

Ich sprach englisch, doch weder das von den meisten Kenianern gesprochene Kiswahili als verbindende gemeinsame Sprache, geschweige denn eine der vielen Sprachen – nicht Dialekte –, die jedem Stamm eigen ist. Die Mütter sprachen zu meiner Erleichterung alle ebenfalls recht gut englisch. An einem unserer Nachmittage malten wir an Bildern in verschiedenen Techniken, als ich Mama Kanini fragte, ob es ihren beiden Kleinen bei uns gefalle. Alle Mütter nannten sich nach einem ihrer Kinder; Kanini war ihr ältestes Mädchen. Ihre Antwort: „Frau Totz, Sie haben etwas vergessen. Die Kinder kommen doch aus einem Stamm, den wir bisher im Dorf nicht hatten. Bis jetzt können wir uns noch nicht richtig unterhalten. Aber ich denke schon. Sie spielen mit den Kindern, leben fröhlich im Alltag mit." Mit der Zeit sollten wir Kinder aus zwölf verschiedenen Stämmen mit ihren Sprachen im Dorf haben.

Als absolute Ausnahme nahmen wir über das Sozialamt zwei kleine, bildhübsche Massaimädchen auf, deren Leben nach Verheiratung durch Stammesschwierigkeiten in akute Gefahr geraten waren. Hin und wieder sah ich, wie auf der neben unserem Dorf vorbeiführenden Straße schlanke Massai mit Speeren in ihren traditionellen Umhängen und mit ihrem Perlenschmuck in federndem, aber dennoch stolzem Gang vorbeischritten, als hätten sie den leicht sprunghaften Rhythmus einiger Wildtiere angenommen.

Welch eine Umstellung für diese und andere Kinder, nun bei uns zu wohnen!

Gleichzeitig mit dem Schulbeginn eröffneten wir auch unseren Kindergarten, für den uns eine Fachkraft aus Nairobi als Leiterin geschickt wurde. Mit einer Inderin aus Mombasa teilte sie sich den Dienst für zunächst wenige Kinder. Strohblonde und fremde, dunkle Kinder zeigten an, dass sie aus umliegenden Privatfamilien kamen. Gegen eine Gebühr wurden sie gerne gebracht und von uns aufgenommen. Von Beginn an versuchten wir somit, unsere Kinder nicht zu isolieren.

Unsere Leiterin trug eine typische afrikanische, wunderhübsche Frisur mit Rastazöpfen. „Deine Frisur sieht aber toll aus. Wie lange dauert denn das kunstvolle Flechten und Aufstecken?" „So zwischen sechs und acht Stunden, je nach Machart. Wenn ich mit einer Nackenrolle schlafe, hält es auch bis zu vierzehn Tagen, ohne dass ich mich kämmen muss." Und unsere Inderin? Sie trug jeden Tag einen von mir immer wieder von Neuem bewunderten Sari. Irgendwann fragte ich auch sie: „Sie tragen jeden Tag einen anderen Sari, einer ist in der Pracht seiner Farben mit entsprechenden Musterungen hübscher als der andere. Darf ich Sie fragen, wie viele Sie eigentlich besitzen?" „Vor meiner Hochzeit besaß ich einhundertfünfzig, zur Hochzeit erhielt ich noch mal die gleiche Anzahl – und die passenden Schränke dazu."

Nur zehn Minuten Fußweg entfernt wohnte im Reef-Hotel die Crew der LTU-Fluglinie, die uns bei Aufenthalten oft mit mitgebrachten Spenden bedachte. Gern schauten verschiedene Mitglieder dieser Fluglinie nach „ihren" Kindern. Einige hatten sogar eine Patenschaft übernommen. Als besondere Spende an die Organisation schenkte mir der Direktor des Düsseldorfer Flughafens den Flug für meinen nächsten Heimaturlaub. Er und seine Frau hatten uns im Dorf besucht. Eine große, braune Reisetasche mit Textilien wanderte fortan mehr oder weniger regelmäßig von Düsseldorf zu uns, gebracht von Stewardessen oder Piloten. Als wir beim Probieren feststellten, dass diese mir selbst gut passten, wollten die Mütter abnehmen. Doch das legte sich schnell, denn eigentlich waren alle recht schlank.

Doch auch private Kenia-Urlauber kehrten gerne bei uns ein und informierten sich über das Tagesgeschehen und den Werdegang. Inder schauten interessiert vorbei oder auch mal eine ganze Schulklasse.

Unser Dorf wuchs. Wenn auch sparsam damit umgegangen wurde, so war unser Budget gut durchkalkuliert. Neuanschaffungen wurden aufgrund weiterer Aufnahme von Kindern berücksichtigt. Wir begannen mit dem Allernötigsten; denn Verschönerungen und Wachstum sollten auch in späteren Jahren noch möglich sein und Freude bringen.

In einem Meeting des lokalen Vereins zum Thema Mittelbeschaffung, die meisten waren *Round-Tabler* und alle aktiv am Wohlergehen des Dorfes interessiert, trug ich meine Idee vor: „Wenn jeder Tourist einen Kenia-Schilling (damals etwa 70 Pfennig) spenden würde … So ähnlich hat Hermann Gmeiner doch einmal begonnen", meinte ich. Alle stimmten zu. Daraufhin hatte ich zum einjährigen Bestehen unseres Dorfes als Werbung Plakate für umliegende Hotels gemalt, die wir aufhängen und somit auf unser Dorf aufmerksam machen durften. Auch wir wollten versuchen, durch Eigeninitiative und ohne Sonderzuwendungen unseren Unterhalt zu bestreiten.

Mit den neuen Müttern putzten wir die Häuser und bereiteten alles vor. Einige neue Kinder holten wir aus Nairobi ab, denn dort gab es keine freien Plätze mehr. Weitere Akten von Fällen, die in den kommenden Tagen noch genauer geklärt werden würden, lagen beim Sozialamt oder bei uns. Wir wollten nur die allerbedürftigsten Fälle aufnehmen.

Es waren zuweilen schwere Entscheidungen, die wir uns auch nicht einfach gemacht haben; denn mit oder gegen eine Aufnahme eines oder mehrerer Kinder entschieden wir mit über deren zukünftiges Leben, ihr Schicksal. Zudem konnte eine Kinderdorfmutter keine unbegrenzte Anzahl von Kindern bekommen. Noch gab es genügend Platz bei uns oder eine neue Mutter hatte ihre Ausbildung beendet und wir brauchten nicht zwei oder drei Plätze in unseren Familien als absolute Notreserve zu berücksichtigen. In einer Familie hatten sich die Kinder vielleicht noch nicht richtig eingewöhnt, während sie in den anderen lebten, als sei es die natürlichste Sache der Welt.

Nach einigen Monaten im Land fuhr ich zum ersten Mal selbst im Bus die lange Strecke, allerdings nicht alleine. Mama Mwema und Mama Muchoki begleiteten mich. Meist war es in Nairobi merklich kühler als in unserer heißen Küstenregion. Es war genau umgekehrt wie in Burundi. In jedem Fall war eine Strickjacke angebracht. Mama Muchoki fuhr von Nairobi aus für ein paar Tage weiter Richtung Nanjuki nach Hause, mit Mama Mwema fuhr ich mit den neuen Kindern nach Mombasa zurück.

Unsere neue Ärztin Dr. D'Souza kam einmal pro Woche unentgeltlich ins Dorf. „Habt ihr wieder neue Kinder? Sie sehen gesünder aus als die vor drei Wochen. Wir werden gleich mal sehen." Ich saß mit dem kleinen Marcello auf dem Schoß auf einer niedrigen Mauer, als ich plötzlich aufsprang und der kleine Knirps ganz erschrocken hinfiel, zum Glück ohne Schramme. Ein ekliger schwarzer Tausendfüßler hatte mich in den Bauch gestochen. Die Einheimischen nannten sie Skorpione. Ihr Biss war zwar nicht lebensgefährlich, hatte aber stechende, rote Schwellungen zur Folge. „Ich gebe dir sofort eine Salbe." Bei Ndunge wurde eine Mangofliege entfernt, die sich unter der Haut eingenistet hatte. „Malaria ist dieses Jahr wieder besonders schlimm. Zur Sicherheit bekommen alle Kinder ihren Saft, genügend haben wir ja."

Ich selbst hatte Resochin eingenommen, aber seit einiger Zeit nur noch, wenn ich glaubte, eine Malaria zu bekommen. Dann aber nahm ich sofort eine erhöhte Dosis. Mit dieser Handlungsweise schien ich gut zurechtzukommen.

Oft erhielten wir auch von Touristen Medikamente. Für uns ungeeignete oder von der Ärztin dringend benötigte durfte sie sich mitnehmen, die sie manchmal an ein Krankenhaus weitergab, das im Bedarfsfall unsere Kinder gratis behandelte. In jedem Fall waren unsere Medikamente echt und nicht gefälscht, wie es in Gerüchten über einige örtlich gehandelte hieß.

Ich saß mit zwei Kindern bei ihr in der Praxis und blätterte die soeben aus unserem Postfach abgeholte Korrespondenz durch. Plötzlich ein jubelnder Aufschrei von mir. Unter den Briefen befand sich ein ganz dicker von meinen Freunden aus Burundi, voll geklebt mit SOS-Sondermarken! Es hatte mit dem Druck also doch noch geklappt. Meine von mir herausgegebenen Briefmarken waren tatsächlich erschienen. Drei von ihnen zeigten meine Fotos, die ich vor Monaten auf dem Postministerium in Bujumbura zum gewünschten Druck abgegeben hatte. Auf einer der Sondermarken war eine unserer Mütter mit einem Kind auf dem Rücken zu sehen, auf der anderen Oscar mit einer Puppe auf dem Rücken – er spielte Mutter.

Für Sonntag stand ein Ausflug mit Müttern und Kindern an den Strand des Indischen Ozeans auf dem Programm. Durch das vorgelagerte Riff aus Korallengestein war das Wasser flach wie eine riesige Badewanne und somit ohne Gefahr. Mütter und Kinder genossen ihr erstes Bad und die Spiele im Sand, etwas abseits vom Touristengetümmel. Ohne Badesachen zu besitzen, gingen sie zunächst nur in Unterwäsche ins Wasser. Eine Touristin des nahe gelegenen Hotels kam auf mich zu: „Was sind Sie denn für eine Gruppe?" Nach meiner Erklärung besuchte sie uns am nächsten Tag – und war begeistert. Bei späteren Wiederholungen, mit mindestens immer zwei Familien, besaßen alle dann sogar schon Badeanzüge.

Bei etwa 29° Celsius genoss auch ich ein warmes Bad, doch weit weniger Grade während der kühleren Jahreszeit empfand ich als zu erfrischend. Der Mensch ist doch ein Gewohnheitstier und somit wenig anpassungsfähig, ging es mir durch den Kopf.

Mama Muchoki wollte nicht mitkommen; denn ihre neu aufgenommenen Zwillinge von knapp drei Wochen waren Frühgeburten und immer noch winzig klein. Sie war verheiratet gewesen, hatte aber keine eigenen Kinder bekommen. Ihr Mann hatte sich daraufhin von ihr getrennt, denn in den Familien wurde sie als Ursache dieser Tragödie angesehen. Sie kümmerte sich nun rührend und aufopfernd um ihre neun Kinder, die sie um nichts auf der Welt wieder hergeben würde.

Wie andere Mütter auch, durfte sie nach einem Jahr Tätigkeit als Kinderdorfmutter mit all ihren Kindern für drei bis vier Wochen während der Sommerferien ihre eigene Familie besuchen. Dieses Jahr sahen wir als bewährte gegenseitige Vertrauenszeit an.

Vorher durften sie aus dem Spendenlager von der wenigen Männerbekleidung und auch von anderen Textilien besonders günstig von ihrem eigenen Gehalt für ihre leiblichen Familien einkaufen. Weniger gute Sachen verschenkte ich. Natürlich erhielten sie von uns für diese Zeit ihr übliches Haushaltsgeld ausgezahlt.

Mit ihren neun Kindern stand sie voller Stolz und Freude abfahrbereit, alle hielten Gepäck in ihren Händen, elf Teile insgesamt. Bewundernswert, denn kein Kind war älter als zwölf Jahre. Für sie und eine andere Familie hatte Simon Platz in einem Überlandbus reserviert und bezahlt, der sie die vielen hundert Kilometer bis zu ihrem Zuhause bringen würde. „Meine Eltern werden ganz aus dem Häuschen sein, wenn wir alle ankommen, denn nun bin ich wieder anerkannt."

Eine Kinderdorfmutter hatte sogar mal für ein paar Tage ihren eigenen Vater zu Gast im Haus, sodass unsere Kinder nun einen richtigen Opa bekommen hatten.

Mein Mittagessen nahm ich seit Beginn für jeweils eine Woche in den Familien ein. Dafür erhielten sie von mir einen Zuschuss zu ihrem Haushaltsgeld, das sich nach der Personenzahl richtete. Frühstück und Abendessen bereitete ich mir selbst zu. Meine Wäsche und das nötige Putzen erledigte ein stundenweise von mir privat eingestelltes Hausmädchen, woran ich mich zunächst gewöhnen musste. Doch es gehörte dazu – und dann tat es auch gut. Die schwüle Hitze zwang uns alle zu größter Sauberkeit, sodass ich bei den Müttern nie darauf zu achten brauchte. Lange Kolonnen von Ameisen stürzten sich sofort auf eventuell liegen gebliebene Essensreste – und sei es nur etwas Fett an einer Messerspitze.

Das bei einfachen Familien und vor allem bei der Landesbevölkerung gegessene Ugali, ein dick eingekochter Maisbrei, der hin und wieder in Scheiben geschnitten angebraten wurde, war Hauptbestandteil fast jeder Mahlzeit, bei uns nur im Wechsel mit anderen Gerichten.

Das Essen in den Familien schmeckte sehr gut, ohne dass es gewöhnungsbedürftig gewesen wäre; allerdings stellte es sich als nicht besonders abwechslungsreich heraus. Chapatis, die dünnen Wasserpfannkuchen, vergleichbar mit denen im Libanon, aß ich am liebsten frisch und knusprig aus der Eisenpfanne – und ganz besonders gerne bei einer Mutter. Häufig gab es einen Gemüseeintopf, zwischendurch Ugali und natürlich Reis; Fisch und Fleisch seltener. Gern wurde Obst gegessen.

Mombasa als Touristenzentrum mit seinen Geschäften bot auch für mich privat die nötige Abwechslung. Ich muss allerdings gestehen, dass ich bei einigen Gemüse- und Obstsorten in ihrer üppigen Vielfalt auf den Märkten oft rätseln musste, wie sie hießen oder zubereitet wurden. Wasser trank ich wie in Burundi aus der Leitung, nachdem sich mein Magen nach einmaliger kleinerer Rebellion daran gewöhnt hatte. Und mein benötigter Quark für einen Kuchen hing wie in Kindertagen in einem Tülltuch vor dem Fenster. Das Mehl siebte ich wie immer mehrmals durch, damit nicht allzu viele Mehlwürmer drinblieben.

Neuerdings stand als Notration stets ein Eimer Wasser bereit, nachdem ich zweimal mit eingeseiftem Haarschopf ohne Spülung dagestanden hatte.

Als ich meinen Zementfußboden im Wohnzimmer zur gründlichen Reinigung mal wieder mithilfe eines Gartenschlauches halb unter Wasser setzte, meinte eine überraschend gekommene

deutsche Besucherin: „So putzen wir zu Hause unsere Garage …"
Die Besucherin stellte sich als Patentante eines unserer Mädchen heraus und wir gingen zu den Familienhäusern, wo es wohnte. Voller Erwartung und mit großen, dunklen Augen schaute die kleine Ndunge ihre Tante an und gespannt und entgeistert zugleich auf die große Puppe, die da als Geschenk für sie ausgewickelt wurde – aber die war ja ganz dunkelbraun! Leise hatte mir die Patin zugeflüstert: „Die Kleine scheint sich gar nicht über die Puppe zu freuen und dabei habe ich doch extra eine braune ausgesucht, mit rot-weißer Kleidung." Meine kleine Notlüge war sicher nötig: „Die Kleine freut sich so sehr, dass sie noch gar nicht wagt, sie überhaupt anzufassen." Unsere Kinder kannten nämlich nur helle importierte Puppen, eine braune hatten sie noch nie gesehen. Doch schnell stellten Ndunge und die anderen Mädchen fest, dass sie genauso gut oder noch viel besser mit dieser dunklen und besonders hübschen Puppe spielen konnten. Es war eine wie sie.

Wenig später schickte ich ein Foto mit einem lächelnden Patenkind und der Puppe im Arm an die Patin.

Die vielen schräg einkippbaren, sehr schmalen Fensterscheiben, die *Loovers*, ließen stets etwas Zugluft durch; denn die Scheiben griffen nur mit kleiner, offener Rille ineinander. Seitlich waren sie in Metall eingefasst. In jedem Fall drang frische Luft in einige in die Mauer eingebauten Röhren ein, deren dichter Maschendraht keine Mücke mehr durchlassen sollte. Dennoch schaute ich jeden Morgen in meine Sandalen, ob auch kein Tausendfüßler oder anderes Getier sie als Versteck oder Ruheplatz genutzt hatten. Auch dicker Schimmel bildete sich schnell bei versehentlich komplett geschlossenen Schranktüren.

Einmal hatte eine Mutter in ihrem Haus eine grüne Schlange entdeckt, die sich sicher durch unsere tagsüber schräg gekippten *Loover* eingeschlängelt hatte und nun eingeringelt im Regal lag. Nicht wissend, ob sie nun giftig war oder nicht, schickten wir sofort alle Kinder in sichere Entfernung, um das Reptil dann mit Stöcken und Steinen zu töten. Auf einem eigens errichteten Scheiterhaufen fand im Kreis von uns allen eine feierliche Verbrennung statt. Als mich bei dieser Zeremonie ein im Arm gehaltenes Kleinkind von oben bis unten nass machte, meinte eine Mutter ganz trocken zu mir: „Nun riechen Sie endlich auch mal nach Mutter!"

Und sie erzählten mir weiter, dass, als sie an der Bushaltestelle standen und alle Kinder „Mama!" riefen, andere Wartende an den Fingern heimlich abzählten oder sich gefragt haben, wer denn wohl alles Zwillinge seien. Zunächst beschämt belustigt gaben sie später selbst Erklärungen.

Auch mir ging es mal ähnlich. Beim Einkauf in einem größeren Geschäft unterhielt ich mich mit einer Bekannten, als ich mit Blick auf meine Uhr sagte: „Ich muss ja los und meine Mütter abholen." Die neben mir stehende Verkäuferin fragte mich völlig irritiert: „Wie viele Mütter haben Sie denn?"

Zu ihren Einkaufsfahrten fuhr ich die Mütter wöchentlich die etwa sieben Kilometer nach Mombasa auf den Markt, den wir damals im Urlaub als „igitt, igitt" bezeichnet hatten. Nach ihren Einkäufen vom jeweiligen Haushaltsgeld und meinen Erledigungen würde ich sie wieder abholen. „Ist euch 16 Uhr recht?" Alle stimmten zu. Die größeren Kinder passten inzwischen mit Susan oder Simon im Dorf auf.

Bei der Rückkehr warteten die Kleinen bereits quietschvergnügt auf uns, nachdem ich unsere Ankunft gewohnheitsgemäß vor der Pforte mit einem kräftigen Hupen angekündigt hatte. Jedes Kind erhielt aus dem voll bepackten Bus von den Müttern wenigstens ein Teil, um es die wenigen Stufen und den kurzen Fußweg zu ihrem Haus zu tragen. Die kleine Esther konnte gerade laufen und trug vorsichtig eine Mango in ihren patschigen Händchen, der vierjährige John schleppte schwer an einer Ananas und Muchoki balancierte gekonnt das Paket Toilettenpapier auf dem Kopf. Alle schön im Gänsemarsch hintereinander.

Eine Idylle? Vielleicht.

Aber auch wir hatten zu regeln, zu planen, Probleme zu lösen, damit sie immer kleiner würden und die Freude einen beständig größer werdenden Raum einnehmen konnte. Manchmal drängte sich auf diesem Weg auch viel Mühe dazwischen. Waren es die notwendigen Schritte der Entwicklung?

Nach vielem Überlegen und einigen Beratungen hatten wir gemeinsam entschieden: Wir mussten eine Mutter rauswerfen. Nicht, dass sie nicht gut zu den Kindern gewesen wäre, sondern weil sie unser Wohlergehen und unsere Kontakte ausnutzte und durch Mauscheleien außerhalb des Kinderdorfes uns allen schadete. Eine neue Mutter füllte ihren Platz zum Glück hervorragend aus. Sie verstand es, die Kinder aufzufangen; andere Mütter und die Kinder trugen viel dazu bei.

Wie hatte mal ein Architekt gesagt: „Ich kann Ihnen wunderschöne Häuser bauen, doch diese Häuser dann mit wunderbaren Menschen zu füllen, das wäre für mich ein Problem."

Eines Mittags wurde Mujumbe von der Polizei gebracht. Was war geschehen? „Er wurde beim Diebstahl erwischt." Gern hörten sich alle die Geschichte unseres Achtjährigen von ihm selbst an, in einem etwas gebrabbelten Tonfall und mit gesenktem Kopf: „Ihr sagt immer, dass wir brav sein sollen, weil es uns gut geht und wir auch immer genug zu essen haben. Das wollte ich prüfen und so bin ich nach der Schule in ein Haus eingestiegen, um von den dortigen Speisen aus dem Kühlschrank zu essen. Sie haben mir geschmeckt, aber unsere sind auch nicht schlecht. Gerade beim Essen bin ich erwischt worden."

Nach seinem Fortgehen prusteten Simon und die beiden Polizisten los. „Es ist schade, Heidi, dass du ihn nicht verstanden hast; denn es war köstlich, wie er die Geschichte in seiner Version wiedergegeben hat." Und seine Mutter: „Er denkt sich viele Lausbubenstreiche aus, doch er ist derjenige in meiner Familie, der absolut nicht schwindeln kann. So hat jeder etwas Gutes."

Eine andere Geschichte sollte sich als leider gar nicht so heiter-humorvoll erweisen. Ein etwa gleichaltriger Junge einer anderen Familie wohnte erst seit wenigen Wochen bei uns. Wie uns andere Kinder erzählt hatten, träumte er von einer langen Reise mit dem Zug. Jedenfalls war er ausgerissen; er tauchte nicht wieder auf, auch nicht nach einigen Stunden. In brütender Hitze, die wir dort so oft hatten, rumpelte ich daraufhin mit seiner Mutter auf der Suche nach unserem verloren gegangenen Kind auf den löchrigen und staubigen Straßen in unserem Auto über sechs Stunden lang von Polizeistation zu Polizeistation.

Auf meine Fragen nach ihm merkte ich, dass die jeweiligen diensthabenden Polizisten keine Ahnung hatten, wen wir suchten. „Wenn Sie den Namen nicht kennen und es keine Listen über Ihre Insassen gibt, können Sie uns dann alle Jungen in seinem Alter zeigen?" Sie taten es, mit einer Miene, die ausdrückte: Na, was die Frau alles für wichtig hält. Völlig verstört, mit gesenktem Kopf und in khakifarbener Einheitskleidung stand dann jedes Mal eine Gruppe von zehn bis fünfundzwanzig Jugendlichen unter Bewachung vor uns – wie zum Aussuchen …

Am liebsten hätte ich gesagt: „Die Tür vom Bus steht offen. Steigt alle ein, ich nehme euch mit."

Als ich diese verlorenen Jugendlichen – ja fast noch Kinder – da stehen sah, kam mir plötzlich der Name „Kunta Kinte" in den Sinn und es tauchten Bilder von einer Sklavenverschiffung vor mir auf. Erschütternde Fotos aus dieser Zeit hatte ich einmal in einem Museum gesehen.

Am nächsten Morgen hoffte ich mit seiner Mutter bei wiederholten mehrstündigen Nachfragen auf einen Erfolg. Oder doch nicht? Denn insgeheim fuhr ich die Strecke wohl nicht mehr in dem Glauben ab, das Kind dort zu finden, sondern mehr, um den Müttern und anderen Kindern zu zeigen, dass wir auch bei auftretenden Schwierigkeiten zusammenhielten und nicht so schnell aufgaben. In unserer Gemeinschaft lebten wir ein bewusstes „Wir" zu dem ein jeder entsprechend seiner Aufgabe beitrug. Doch in diesem Fall war es vergebens.

Wir alle waren traurig und die Mutter nach diesem Vorfall verständlicherweise sehr verunsichert. Wir alle halfen ihr, ihren gewohnten Alltagsrhythmus wiederzufinden. Vielleicht hatte der Junge vor seiner Aufnahme wirklich auf der Straße gelebt und konnte sich nur schwer eingliedern? Die von mir an die Mutter verabreichten (Vitamin-)Tabletten aus unserem Krankenzimmer als „beste Medizin" taten ihr Übriges für ihr Wohlbefinden.

Simon brachte durch weitere mühevolle Nachforschungen heraus, dass der Junge von der Polizei aufgegriffen und dadurch in deren Hände geraten war, folglich in Polizeigewahrsam gesteckt wurde, auch er als Kind. So würde er in dieser Art Kindergefängnis mit Umzäunung weit außerhalb Mombasas seinen Arrest absitzen. Zum Glück war es tatsächlich möglich geworden, ihn nach weiteren Wochen wieder im Dorf aufzunehmen. In einer anderen Familie fand er Platz und Geborgenheit.

Heiligabend feierten wir draußen vor dem Bürogebäude auf unseren Kindergartenmöbeln im Laubengang sitzend. Voller Bewunderung staunten unsere Kleinen den riesigen, mit selbst gebastelten Dekorationen geschmückten Tannenbaum an. Elektrische Kerzen beleuchteten ihn, denn echte hätten sich in der Hitze sofort verbogen. Genügend Getränke und Kekse hatten zwei Mitglieder des Vereins rechtzeitig gebracht. Mit Geschichten, Liedern und kleinen Geschenken für alle genossen unsere Kinder ihr erstes Weihnachtsfest. Zum Abend gab es dann zu den von Müttern vorbereiteten Speisen die von Simon mit den größeren Jungen gegrillte Ziege, deren Duft und Rauch vom Holzkohlefeuer durchs ganze Dorf zog. Natürlich feierte auch Simons Familie mit.

Am Weihnachtsmorgen noch vor 6 Uhr weckte mich ein Nachtwächter: „Missis, kommen Sie schnell, es beginnt zu regnen. Sie müssen Ihre Dekorationen vom Baum abnehmen. Eine Leiter habe ich schon angestellt."

Bald danach kam auch Simon, um am Weihnachtsmorgen die Feuerstelle aufzuräumen und den Platz mit einem von den Jungen gehaltenen Wasserschlauch zu reinigen.

Auch die beiden Arbeiter hatten rechtzeitig ein Geschenk aus unserem Spendenlager erhalten. Am darauffolgenden Tag kamen dann ihre beiden Frauen zum Arbeitsschluss, um es auf dem Kopf nach Hause zu tragen. Ihre Männer gingen in zwei Metern Abstand hinterher.

Zwischendurch kamen Herrneggers nach Kilifi, wo sie in einem einfachen Strandhaus von Freunden ein paar Tage entspannen konnten. Agnes und ich bummelten am Strand entlang, besprachen unsere Arbeiten und hoben hervor, dass wir auf keinen Fall weitere Mütter aus dem Stamm der Kikuyu einstellen dürften; denn sonst würde die zahlenmäßig starke Gruppe im Land auch bei uns überproportional vertreten sein. Auch Simon war ja Kikuyu, klar zu erkennen an seinem Namen. Ein späterer Assistent müsste als Gegengewicht ein Luo sein.

Das zurückgewichene Wasser gab Sandflächen frei, auf denen wir bei unserem Strandspaziergang fein ziselierte hübsche Kauri-Muscheln in vielen Formen und allen Erdtönen fanden. Früher einmal galten sie als Zahlungsmittel, heute waren diese nicht immer zu findenden kleinen Schönheiten für uns eine Kostbarkeit, angespült vom Wellenschlag des Lebens. Zufrieden und dankbar in unserem Dasein stiegen wir wieder in unser Auto.

Eine besondere Freude war, als meine kleine Maria aus Gitega mit einer gemeinsamen Bekannten meine Einladung und damit mein privates Geschenk an sie beide annahm und sie mich für eine Woche besuchten. Leider laborierte ich gerade an einer leichteren Malaria und fühlte mich nicht besonders fit; dennoch genossen wir diese unvergesslichen Stunden. Auf meine zum Ende des Aufenthalts gestellte Frage: „Möchtest du wieder nach Hause?", kam ihre Antwort: „Ja, ich möchte wieder zu meiner Mama." Das Kinderdorf war ihr Zuhause geworden.

Im Büro klingelte das Telefon: „Frau Totz, in vierzehn Tagen werden für drei Tage eine Reporterin und ein Fotograf von der Zeitschrift ‚Brigitte' nach Mombasa kommen, um eine Reportage über Sie und das Kinderdorf zu schreiben. Bei uns in München wurde nach einer geeigneten Mitarbeiterin angefragt, wir haben Sie vorgeschlagen. Einverstanden?" „Ja." „Prima. Sie wissen dann Bescheid. Alles Gute."

Für die Serie „Frauen, die ihre Träume verwirklichen" wurde ich dann von einer Reporterin und einem Fotografen während ihres Aufenthaltes von morgens bis abends auf Schritt und Tritt

„verfolgt", meine Arbeit wurde in Wort und Bild festgehalten. Ich muss gestehen, dass mir dieser Besuch eine willkommene und abwechslungsreiche Freude bereitete. Es war nichts Aufgesetztes, der Alltag bot genügend Inhalt. Etwas bedauernd hörte ich dann von den Journalisten: „Bei jedem Kochrezept in unserer Illustrierten ist die passende dekorative Petersilie farbig abgebildet. Wir fliegen bis nach Kenia, doch die Fotos dieser Reportage werden nur in schwarz-weiß gedruckt."

Zum Schluss blieb uns sogar noch Zeit für einen kurzen Abstecher in den Tsavo-Park. Beantwortete dieser Kurztrip ihre an mich gerichtete Frage: „Und was machen Sie in Ihrer Freizeit?"? Denn darauf hatte ich keine rechte Antwort gewusst, da ich Freizeit eigentlich stets mit Urlaubszeit gleichsetzte. Natürlich konnte ich zwischendurch, wenn wir es für machbar hielten, für einige Stunden oder sogar mal einen ganzen Tag wegfahren, genau wie mir abends niemand sagte: „Nun ist aber Schluss mit der Arbeit für dich!" Wobei bei Einladungen ohnehin sehr viel über meine Arbeit gesprochen wurde. Nie hatte ich ein Zuviel an Arbeit empfunden, wohl aber in späteren Projekten, dass ein paar Tage Urlaub – einfach mal raus müssen, um Abstand zu gewinnen – guttun.

Als Wohlwollen des Schicksals sah ich es an, dass auf dieser Kurzsafari ein Reifen platzte, den der Fotograf in kürzester Zeit auswechselte. Während all meiner Jahre in Übersee war dieses das einzige Mal, dass ich in so eine missliche Lage geraten war – und das auch noch mit einem „Experten" neben mir!

Wenige Wochen später erschien ein sehr gelungener Fotobericht, was wir auch daran merkten, dass sich für einige Monate mehr deutschsprachige Touristen als üblich während ihrer Kenia-Reise für unser Dorf interessierten – ohne dass wir zu einem „Museum" wurden. Dennoch führte ich daraufhin unser wöchentlich wechselndes Besuchshaus ein. Die SOS-Organisation lebt von Spenden. Folglich möchten viele dieser Spender sehen, was mit ihren Spenden getan wird, und besuchen die Einrichtungen. Manchmal kommen vereinzelte, manchmal sehr viele Besucher. Oft wurde es so gehandhabt, dass ein Haus mit den Kindern für Besucher vorgesehen war – das sogenannte Besuchshaus, für eine Woche. Das normale Leben spielte sich natürlich im Haus ab. Die kommende Woche wurde Besuchern turnusmäßig das nächste Haus gezeigt.

Hin und wieder luden mich Urlauber zum Abendessen ein. Die Einladungen englischer Clubs galten natürlich dem Interesse der Organisation.

Nach einer Spendenübergabe von Jugendlichen einer einheimischen Schulklasse bat ein sechzehnjähriger Junge um etwas Wasser aus dem Kühlschrank. Als die Mutter ihm davon reichte, winkte er ab. „Nein, danke, ich bin nicht durstig. Ich wollte nur mal sehen, ob es bei Ihnen überall so sauber ist, auch im Kühlschrank. Sie haben doch neun Kinder. Wie machen Sie das?" Der Kühlschrank war sauber.

Als besonderen Besucher erlebte ich einen jungen deutschen Mann, der völlig gedankenverloren vor dem Bürogebäude stand und zu den Häusern mit den spielenden Kindern schaute. „Sie haben hier also nur Waisenkinder …" „Ja, Kinder, die keine Eltern oder Verwandte haben, die für sie sorgen können. In allen Fällen wurde die Herkunft durch das Sozialamt überprüft." „Keine Eltern?" Wo waren seine Gedanken? Ich wiederholte: „Auch keine Mutter …" Ich konnte nicht umhin zu denken: „Ist er auf der Suche nach einem eventuell vermuteten eigenen Kind?" Nach einer langen Zeit ging er wie in Trance davon.

Einen anderen Besucher, ebenfalls einen jüngeren Mann, baten wir umgehend, das Dorf zu verlassen; denn er trug als einziges Bekleidungsstück lediglich einen Tanga. Er hatte an diesem heißen Urlaubstag tatsächlich alle Hüllen fallen gelassen.

Simon staunte oft: „Es kommen so viele Touristen, manche auch nur, um sich die Elefanten in den Parks anzugucken. Ihr seid lustige Leute." Ich versuchte, ihm zu erklären, dass nicht alle

Europäer das Geld für eine Reise nach Kenia haben. „Du siehst nicht den Kleinverdiener oder andere Leute, die sich eine Reise hierher nie leisten können. Und ein Kellner oder Handwerker geht ja nicht zu einer Arbeit nach Afrika. Du kennst nur Weiße in verantwortlichen Positionen."

Einmal sah er auf einem Foto von Paten, dass ein Kind eine Mütze, Winterstiefel, einen dicken Mantel und Handschuhe trug. „Und so was hast du auch an in eurem Winter? Da musst du aber lustig aussehen." Er kannte mich ja nur in Hochsommerbekleidung. Wieder einmal versuchte ich ihm unser Leben mit verschiedenen Jahreszeiten, unseren Winter mit Eis und Schnee, aber ohne Wachstum mit darauffolgender Erntezeit, zu erklären und daraus folgernd, dass wir für die Zeit vorausplanen müssen.

Er zeigte sich sehr offen für alles, aber eine U-Bahn mit Geschäften unter der Erde, weil wir über der Erde keinen Platz mehr hatten, vermochte er sich beim besten Willen nicht vorzustellen. Ich versprach, ihm und auch den Müttern Fotos von meinem Zuhause und Deutschland allgemein aus dem Urlaub mitzubringen.

Mit achtzehn Kindern fuhr ich in unserem VW-Bus, als wir bei einer Abzweigung von einem größeren Fahrzeug geschnitten wurden. Alle Kinder blieben ruhig, nichts war ihnen passiert. Nur der Bus hatte zwei kleinere Schrammen erhalten, der Außenspiegel lag abgerissen am Boden. Auf meine Bitte hin erhielt ich bereitwillig von den beiden Unfallbeteiligten, die Uniformen trugen, alle gewünschten Daten laut einem Papier mit Stempel. Zuhause zeigte ich Simon stolz meine Notizen für die gegnerische Versicherung; denn es war ihr Fehler gewesen. Er fing laut zu lachen an: „Heidi, vergiss es. Das war ein Regierungsfahrzeug, die sind sowieso nicht versichert."

Alle älteren Kinder des Dorfes waren zu Kuchen und Getränken auf ein englisches Schiff eingeladen, pünktlich abgeholt von zwei größeren Safari-Bussen. Was für eine tolle Sache! Ein älteres Mädchen wohnte erst seit wenigen Wochen bei uns. Es, das bisher in den althergebrachten Traditionen der Savanne gelebt hatte, erschrak immer noch bei neuen Eindrücken; Wasser aus dem Wasserhahn, Gasherden, Fensterscheiben, vielleicht auch wegen mir als Weiße, vorbeifahrendem Autoverkehr ... Doch es wollte gerne mitkommen, wir wollten es ihm auch nicht vorenthalten. Alle sollten mit aufpassen. Die Mutter hielt es fest an der Hand, bis es tatsächlich in einem unbeachteten Moment plötzlich die freistehenden Stufen einer größeren Wendeltreppe rückseitig hinaufkletterte ...

Um die ersten Tage so einer Umstellung aus Kindermund festzuhalten, bat ich unsere Schulkinder, einen Aufsatz zu schreiben: „Mein erster Tag im Kinderdorf."

Ein achtjähriges Mädchen schilderte es so: „Diesen Tag sah ich eine Frau. Sie war freundlich, obwohl es mein erstes Mal war, dass ich sie sah. Sie nahm mich bei der Hand und zeigte mir das Haus. Das Haus war sauber und ordentlich. Diese Frau gab mir einen Stuhl zum Hinsetzen und kurze Zeit später führte sie mich zum Bad, wo ich eine Dusche nahm. Sie gab mir neue Sachen zum Anziehen. Ich weiß nicht, wo diese Kleider herkamen, aber ich war sicher, diese nette Frau hat sie für mich gekauft. Meine Kleider, die ich angehabt hatte, waren schmutzig und zerrissen. Ich konnte mir gar nicht vorstellen, nun in einem so sauberen Kleid zu sein, außerdem hatte ich noch nie Schuhe getragen. Oh, wie aufgeregt ich war! Nach einiger Zeit wurde ich den anderen Kindern vorgestellt. Sie sagte, diese sind deine neuen Brüder und Schwestern und ich bin deine neue Mutter. Ich war ganz glücklich, nun eine Mutter, Brüder und Schwestern zu haben und ein Zuhause, wo ich für immer leben kann!"

Alle unsere Aufgaben erledigten oder besprachen wir gemeinsam. „Du, Heidi, hast du die Lampenschirme gesehen? Fast überall im Sisalgeflecht der Schirme haben sich durch das Klima Maden eingefressen. Die müssen wir jetzt schon komplett austauschen, sechzig Stück insgesamt. Ich ruf mal Toni in Nairobi an, er kann uns sicher neue besorgen. James kann mit dem Ölen der Türen beginnen, dann helfe ich ihm, die Schirme abzunehmen." „Und Susan kontrolliert heute die Haushaltsabrechnungen der Mütter, die *minutes* (Protokolle) vom letzten Meeting schreibt sie danach, okay? Die deutsche Patenkorrespondenz beginne ich morgen früh. Die Grüße von den Kindern hat Susan schon ins Englische übersetzt; einige Zeichnungen liegen im Ordner." Auf den Computerlisten vom Patenbüro mit den Adressen von Paten, die eine Extraspende als Geschenk überwiesen hatten, oder auch von Spendern allgemein, fand ich tatsächlich bekannte Adressen, so auch die meiner Mutter. Im Urlaub hatte ich nämlich behauptet, dass ihre Spende mich mit entsprechendem Zusatz in unserem Dorf erreichen würde. Nun erhielten sie die ersehnte Post von mir.

„Nächste Woche möchte Frau Weck vom Goethe-Institut kommen, um uns einen Film zu zeigen. Ich traf sie gestern in der Stadt. Sarah, Finah und Mukami kommen doch auch?" „Ich sag's ihnen." „Am Sonntag möchte sich wieder eine Schulklasse unser Dorf ansehen. Getränke für alle bringen sie mit." „Du, Heidi, ich habe gehört, dass der Reis und andere Lebensmittel im Land wegen Knappheit rationiert werden sollen." „Am Besten, wir rechnen gleich mal durch, wie viel Reis wir pro Woche brauchen. Ich werde beim Gouverneur der Küstenprovinz vorsprechen. Findest du nicht auch?" Wöchentlich erhielt ich daraufhin in seinem Büro unsere gewünschte und jede Woche neu genehmigte Zuteilung. Mit diesem Papier konnte ich mir dann unsere Reisration über etliche Monate jede Woche nach der Genehmigung in einer Lagerhalle abholen, wie viele andere Leute auch.

Im Büro des Gouverneurs fragte ich, wo man eventuell lange, dicke Holzbalken für eine Schaukel bekommen könnte. „Das weiß ich auch nicht. Fahren Sie doch mal in die Umgebung, vielleicht finden Sie unterwegs umgeknickte Telefonmasten …" Auf meinen vorgebrachten Kommentar, dass ich nicht die Absicht hatte zu stehlen, haben wir beide humorvoll gelacht.

Mehl, das ebenfalls kaum verfügbar war, spendete uns regelmäßig eine lokale Firma, genügend für uns alle.

Eine willkommene und ganz liebe Abwechslung war der Besuch von Rita aus Burundi, die auf ihrer Heimreise bei mir Station machte. Erinnerungen und Bilder aus dem „Land der tausend

Hügel" kamen intensiv und lebendig aus ihrem Schlummer an die Oberfläche, als lebte ich noch in ihnen. Bei unseren Erzählungen wurde mir bewusst, wie einfach das Leben dort gewesen war und wie sehr es uns beide geprägt hatte. Unbewusst drehte ich mich plötzlich um. Was war das? Ihr dreijähriger Sohn hatte deutsch gesprochen. Verstand ich doch sonst niemals das „Gebäbbele" der Kleinen in ihren vielen Sprachen.

Bei einem Dorfrundgang gegen Abend hörten wir aus einem Haus, wie Mütter und Kinder rhythmische afrikanische Lieder sangen. Mehr noch als diesen melodischen Gesang nahm ich die dadurch gezeigte Harmonie und Fröhlichkeit in unserem gelebten Alltag in mich auf.

Wieder zurück auf meiner Terrasse bei einem erfrischenden Trunk, entdeckte sie den Fernsehempfänger auf dem Dach von Simons Haus. „Was ist das denn? Gibt es hier etwa Fernseher?" „Ja, das gehört hier in Kenia bei vielen Familien zum Leben dazu." „Und was gibt es für Sendungen?" „Das steht hier in einem Programm." „Braucht man das?" „Das weiß ich auch nicht. Ich selbst besitze keinen und habe auch nicht den Wunsch, mir einen zu kaufen. Ich vermisse das nicht." „Aber vielleicht ist es ja nicht verkehrt, wenn man hin und wieder, wenigstens für kurze Zeit, nach Deutschland kommt." „Meinst du? Ich bin hier von vielen Menschen umgeben, die mich fordern und in Anspruch nehmen, aber mir ungleich mehr zurückgeben. Und ich habe festgestellt: Je mehr ich gebraucht werde und gebe, umso mehr erhalte ich zurück." „Du hast Glück mit deiner Arbeit. Ein Techniker ohne Familie kann sich in seinen Gefühlen nicht so zeigen oder ausleben."

Auch Rita hatte früher gedacht, dass Afrika ein in sich geschlossener Kontinent sei. Die Wirklichkeit war wie so oft ein guter Lehrmeister. Wir hielten kurz inne, denn unbewusst hatten wir uns bekannte Takte einer Tanzmusik wahrgenommen. „Ja, hier kann ich manchmal am Abend diese Musik bei entsprechendem Wind auf meiner Terrasse hören. Von den Touristenhotels am Strand des Indischen Ozeans weht sie dann in meine kleine Welt, von Buschland umgeben, zu mir herüber. Eine Verbindung zu einem anderen Leben."

Bei weiteren offenen und verschiedensten Gedanken spülten wir den Rest unseres inzwischen warm gewordenen Getränks herunter. Und hofften, dass uns niemals diese Zufriedenheit oder das Mit-sich-im-Reinen-Sein verlassen würde beziehungsweise dass wir uns immer daran erinnern könnten.

Abends um 18 Uhr begannen unsere beiden Nachtwächter James und Osembo ihren Dienst mit dem Abschließen der breiten eisernen Pforte am Eingang. Dann begannen sie mit ihren zwei langen Eisenstöcken zu unserer aller Sicherheit ihre unermüdlichen Runden ums Dorf; denn eine zumeist tiefschwarze Nacht senkte sich in nur wenigen Minuten auf uns herab.

Nach unserer abendlichen Mütterrunde hing ich auf dem längeren Weg durchs Dorf noch ein wenig meinen Gedanken nach, als plötzlich in der Schwärze dieser Nacht wie aus dem Nichts der riesengroße James mit seiner Eisenstange vor mir stand – und mich mit seinen weißen Zähnen anstrahlte, als er mein Erschrecken sah. Ich erteilte ihm die – humorvolle – Verwarnung, mich nie wieder auf diese Weise zu erschrecken!

Irgendwann im Frühsommer fragte ich eines Tages: „Du, Simon, wann kommt eigentlich die Regenzeit, müsste es nicht bald so weit sein?" „Ja, Heidi, du hast recht. Es ist bald so weit. Die Wolken sind bereits in Uganda. In etwa vier Wochen können sie hier sein, dann wird es regnen." „Langsam" heißt auf Kiswahili *Pole Pole*. Den Tag merkte ich mir genau. Und tatsächlich: Etwa vier Wochen später fielen die ersten Tropfen. Doch oft noch während der Nacht, sodass tagsüber dennoch häufig die Sonne schien. Die kleine Regenzeit hatte uns erreicht. Unser Rasen blieb grün.

Von unserer Leine hinter den Häusern wurden eines Mittags Wäschestücke gestohlen. Für die Bewohner umliegender Hütten galten wir natürlich als reich. Wir wohnten in hübsch anzusehenden, festen Häusern, hatten täglich satt zu essen und unsere Kinder durften die Schule besuchen.

Einmal war auf dem Deckblatt einer Tageszeitung das Foto eines Inders abgebildet, der in seiner Blutlache lag. Unweit von unserem Dorf war er trotz Bewachung und Alarmanlage in seinem Haus erstochen worden. Erschüttert über dieses Geschehen meinte ich zu einer neben mir stehenden Mutter: „Der war aber dick", ohne meiner Bemerkung eine Bedeutung beizumessen. „Miss Heidi, der war doch reich und konnte sich deshalb auch jeden Tag richtig satt essen!"

Als kurz nach unserem Wäschediebstahl auch noch in ein Familienhaus eingebrochen wurde, fuhr ich auf die nächste Polizeistation, um die Vorfälle zu melden, mit der Bitte, sich im Dorf umzusehen. Nichts passierte. War es zu unwichtig? Simon klärte mich mal wieder auf: „Heidi, das Budget wird halbjährlich zugeteilt. Also haben sie im Juni mit Sicherheit kein Geld mehr, auch nicht für Benzin, um herkommen zu können." Hatte er aus diesem Grund lieber mich fahren lassen?

Wir Erwachsenen schliefen seit dem Einbruch für einige Monate mit einer kleinen Handsirene am Bett, die Simon irgendwo aufgetrieben hatte. Einmal glaubte jemand, verdächtige Geräusche zu hören, sodass ich in Windeseile bei dem ersten Tuten – noch im Nachthemd – die sicher hundert Meter zu den Familienhäusern rannte. Doch es passierte zum Glück danach nichts mehr.

Allerdings setzte sich nun Osembo, der kleine, schwarze Nachtwächter, die nächsten Wochen zur Schlafenszeit unter mein ebenerdiges Schlafzimmerfenster und begann laut zu singen, damit ich beruhigt einschlafen konnte. Aber er hat auch gut gesungen …

Im Oktober nahm ich Jahresurlaub – und bekam in Deutschland als spürbare Umstellung von der herbstlichen Kühle völlig abgestorbene Hände. Mit einem Mietauto nahm ich Besuche und Termine wahr.

Meinen Müttern in Mombasa wollte ich die erbetenen Armbanduhren zu günstigen Preisen mitbringen (Sonderangebote wie heute gab es noch nicht). Gewohnt, mit nur einem spürbaren Rabatt einzukaufen, erhielt ich auf meine Anfragen und Erklärungen auch hier meine geforderten mindestens zwanzig Prozent. Für andere konnte ich mit vorgetragener Selbstverständlichkeit prima überzeugen – nicht aber für mich selbst.

In den Nachrichten wurde vieles als dramatisch dargestellt – für zwei Tage. Dann wurden neue Dramen geboren. Und zwar in einer Form und mit einer Wichtigkeit, dass man meinen könnte: Habe ich möglicherweise etwas verpasst? Doch muss ich es wirklich wissen, wenn beispielsweise in Indien ein Bus umkippt? – So traurig es für die Angehörigen sein muss. Gleichzeitig wurden Kinder geboren, haben andere geheiratet, andere wurden verraten, eine gewagte Expedition begann, neue Forschungsergebnisse kristallisierten sich heraus oder es wurde ganz unspektakulär eine besondere Mahlzeit zubereitet, die ein Leben lang in unvergessener Erinnerung bleiben würde.

Ein Bürgersteig ist mit Baugerüsten verbarrikadiert. Angebracht wird ein Bauschild: „Sie können hier nicht weitergehen." Sehen die Leute das Baugerüst nicht? Dann müssten sie eigentlich zu Hause bleiben. Weltweit agierende Medien und technische Möglichkeiten lassen uns so vieles machbar erscheinen. Manchmal zu viel? Das natürliche Mitdenken und überlegte menschliche Handeln im täglichen Alltag erscheint mir oft durch vorgegebene Anweisungen verdrängt und in den Hintergrund gestellt zu werden.

Es gibt so viele wunderbare, großartige Dinge in der Natur und auch in der Technik, und doch kraxeln und wuseln wir Menschen irgendwo auf der Erde herum und erfreuen uns auch gerade an den vielen kleinen und scheinbar unwichtigen Dingen, die aber unserem Dasein einen Wert geben.

Auf dem Rückflug suchte ich in Düsseldorf mit einer Kabinenchefin der LTU-Fluglinie aus einem von mir aus München mitgebrachten Katalog verschiedene Spielplatzgeräte aus, die die Fluglinie uns spenden wollte. Neben bunten „Wackelenten" auf dicken Spiralfedern für unsere Kleinsten waren es vor allem bis zu sechs Meter lange, schwere Balken, an denen eine Schaukel und Schwingseile befestigt werden sollten. Mit dem letzten Großraumflugzeug sollte die Sendung in Mombasa ankommen.

Mit Simon saß ich im Büro und strahlte ihn an: „Ich habe uns etwas Tolles mitgebracht!", und ich erzählte ihm von der bevorstehenden Spende. „Heidi, du bist ja verrückt. Wie soll ich denn in Nairobi die dafür notwendigen Zollformalitäten erledigen? Aber toll ist es trotzdem. Weißt du, was? Ich wollte sowieso ein paar Tage Urlaub nehmen. Hier im Dorf steht nichts Besonderes an. Auf meiner Heimfahrt nach Nakuru werde ich dann in Nairobi alles erledigen. Sarah und die Mädchen nehme ich mit. Einverstanden?" „Ja!"

Ich kann nicht sagen, dass ich während seiner Abwesenheit als Alleinverantwortliche direkt Angst gehabt hätte, doch eine gewisse Unbehaglichkeit konnte ich nicht verleugnen. Die Nacht war lang, Simons Haus war leer, die Mütter wohnten ein wenig entfernt. Zwar versprachen James und Osembo, besonders gut aufzupassen, doch die Handsirenen standen sicherheitshalber noch am Bett. Erleichtert begrüßte ich Simon bei seiner Rückkehr und hieß ihn willkommen.

Mit dem Aufstellen der Spielgeräte pflanzten wir gleichzeitig für jedes Kind einen jungen Sprössling, der einmal zu einem blühenden Busch oder Baum heranwachsen sollte – mit jeweiligem Namensschild. Sorgsam achteten die Kinder auf deren gutes Gedeihen. So hofften wir, dass sie eines Tages mit ihren Bäumen hier verwurzelt sein und ihre Heimat finden würden. Am hinteren Ende des Grundstückes säuberten die Arbeiter genügend große Flächen von unserem umliegenden Buschland für die geplanten Shambas, die einheimischen Gemüsegärten für die Mütter.

Ich bekomme Besuch

Irgendwann besuchten mich Edelgard und Tante Hilde, die im nahe gelegenen Reef-Hotel gebucht hatten. Tante Hilde übernahm alle Kosten.

Edelgard fühlte sich ohne Arbeit und Kinder am Ende der Welt angekommen. Umso perplexer reagierte sie, als nach dem Kofferauspacken auf dem kurzen Fußweg ins Kinderdorf ein Auto neben ihnen hielt mit der Frage: „Sind Sie Heidis Schwester? Sie rennen genauso schnell wie Heidi selbst." Unvergessen blieb es. Es war die deutsche Sekretärin des Hotels. Als Mitbringsel erhielt ich neben anderem zwei kostbare Pakete richtiges Schwarzbrot; das Einzige, was ich hier wirklich vermisste. Englisches Toastbrot schmeckte zwar, doch immer?

Für meine Besucher brachte schon das alltägliche Anderssein Staunen und Überraschungen: eine Bananenplantage, die Matatus, die einheimischen, vorbeiflitzenden Taxi-Kleinbusse im Linksverkehr oder die tausenden zerschundenen und aufgerissenen Fußsohlen von Wartenden im Gewühle vor der Likoni-Fähre. Ich hatte zwar keinen Urlaub, konnte aber dennoch hin und wieder mit im Hotel frühstücken oder zu Abend essen. Mit dem deutschen General-Manager hatte ich diese Vereinbarung getroffen.

Gleich beim ersten Frühstück habe ich mich köstlich amüsiert, als mir Edelgard erzählte, dass sie vom lauten Ruf Tante Hildes „Willst du wohl raus!" aus dem Schlaf gerissen wurde. Tante Hilde hatte nicht einen Kellner gemeint, sondern einen Affen, der gerade durchs geöffnete Fenster sprang, um sich eine Banane aus dem Obstkorb zu klauen.

Verwandte und Freunde hatten stets an meinem Werdegang Anteil genommen, Edelgard war besonders interessiert und belesen. Nun konnten meine Besucher in der Wirklichkeit überprüfen, ob meine Geschichten wahr waren oder so, wie sie es sich vorstellten. Die Umstellung des Klimas hatten sie ja schon hinter sich. „Was machst du morgen?" „Wir könnten Marie-Thérèse mit ihren sechs Kindern besuchen. Sie wohnen nicht weit entfernt. Wirklich ärmlich, aber es gibt in ihrem Dorf eine Dusche."

Wir überqueren die schwankende Ponton-Brücke, die Nyali-Bridge und fuhren an der Maut-Station weiter. Wenn sich auf der engen Brücke zwei Busse begegneten, war nur höchstens zehn Zentimeter Spielraum an jeder Seite. Die Behausung von Marie-Thérèse bestürzte, obwohl sie immer noch eine gewisse, wenn auch verhaltene Heiterkeit ausstrahlte. Oder war dies nur vordergründig? „Und wo ist nun die Dusche?" „Da, in der Mitte des Dorfes auf dem Platz hinter dem Vorhang steht ein Eimer mit Kelle. Und wenn man sich Wasser mitbringt, kann man es hier über sich rüberschütten."

Diese Antwort hatte meine Besucher nun wirklich sprachlos gemacht. Meine Lebens- und Denkweise war mein Alltag geworden. Und kein einzelnes Erlebnis, wie es so oft vermutet worden war.

Abends im Hotel erklärte ich, dass viele Angestellte mit ihren großen Familien sicher auch nicht besser als Marie-Thérèse lebten. Sie müssten hier in absolutem Überfluss servieren, gingen nach Hause und hätten in ihrer Hütte vielleicht nicht einmal elektrisches Licht. „Heidi, hör auf, sonst schmeckt mir mein Essen nicht mehr." „Aber wenn du nichts isst, wäre dem Kellner auch nicht geholfen." „Aber Trinkgeld kann ich ihm doch geben, oder?" „Ja, aber wirklich nur immer etwas. Ist es zu üppig, kann er sich Essen für zwei oder drei Tage kaufen, dann braucht er ja morgen nicht arbeiten und kommt nicht."

Auf meiner Terrasse genossen wir am folgenden Tag mit Sarah das frische Fruchtfleisch der Papaya, gewürzt mit wenigen Spritzern Zitronensaft. Ihre beiden Mädchen kuschelten sich bei Tante und Schwester ein. Vom anderen Ende des Dorfes kam der kleine Andrew über den etwas holprigen Korallenweg halb stolpernd angerannt, um sich wie gewohnt seinen Saft und ein paar Kekse abzuholen. „Asante sana", strahlte er. Danke. Und ich erzählte, dass ich mich die erste Zeit voller Bewunderung nach hübschen kleinen Korallensteinen auf unserem Grundstück gebückt hatte. Die Mütter amüsierte es. „Heidi sammelt wieder Steine."

Die in der glutroten Abendsonne glitzernden und funkelnden Blüten der Bougainvilleasträucher wurden durch eine leichte Brise vom Meer hin- und hergeschaukelt, als wollten sie einen Tanz aufführen. „Guckt mal, neben unserem Büro steht auch ein kleiner Papaya-Baum. Mindestens zwei Früchte hängen bereits das ganze Jahr dran."

Ich brühte uns Tee, der hier mit heißer Milch aufgegossen und stark zubereitet wurde. Nach der Tagesarbeit, wenn die Hitze langsam erträglich und es angenehm wird, ist er eine hervorragende Erfrischung und Stärkung.

Simon und Sarah hatten uns zum Essen eingeladen. Zu dem obligatorischen Ugali, dem Maisbrei, und den Chapatis gab es Fleischstückchen in einer gut gewürzten Soße. Sarah hatte extra, ganz vornehm, ein weißes Tischtuch aufgedeckt. Doch das Fleisch hatte viele Knochen und die wurden dann wie gewohnt auf den Tisch oder eben das Tischtuch gelegt oder gespuckt. Danach servierte Sarah uns *Pudding*, was allgemein Nachtisch bedeutet und in diesem Fall frischer Obstsalat war.

Im Büro fragte Susan meine Schwester: „Heidi hat erzählt, Sie haben vier Kinder und arbeiten noch in Teilzeit als Lehrerin? Wie viele Hausmädchen haben Sie denn?" Die Antwort von Edelgard: „Keines. So etwas können wir uns nicht leisten", brachte Susan nun völlig aus der Fassung und zum Nachdenken. Aber ..." Weiter kam sie nicht. Die zusätzliche Erklärung, dass auch der Jüngste bereits einen nahe gelegenen Kindergarten besuchte, wo sie im Nebengebäude unterrichtete, änderte an ihrer Sprachlosigkeit auch nicht mehr viel.

„Morgen muss ich Eier fürs Dorf holen, ihr könnt mitkommen." „Und wo holst du die?" „Auf einer nahen, aber etwas versteckt gelegenen Lepra-Station, die hauptsächlich von Hühnerhaltung und vom Verkauf der Eier ihr Dasein fristet."

Auf der unter Bäumen hindurchführenden, schmalen Zufahrt überquerten Lepröse ohne Beine auf ihren gewohnten Brettern auf

Rollen vor uns den Weg. „Heidi, bitte fahre langsam." „Ich bin vorsichtig. Außerdem fahre ich hier öfter, sie kennen mich. Und guck mal, rechts sind die Ställe, recht primitiv." Edelgard: „Aber unsere Ställe nach dem Krieg in Koselau waren doch eigentlich auch nicht besser." „Nein, das stimmt. Aber hier wohnen nicht Hühner, sondern die Menschen drin." Sah ich da irgendwo im Augenwinkel eine Träne?

Als wir zurückfahren wollten, schaute ich auf die Uhr: „Wisst ihr, der Zug nach Nairobi fährt bald ab. Dies ist die berühmte Eisenbahnstrecke, die durch den Tsavo-Park bis zum Viktoriasee führt, gebaut um 1900 unter großen Strapazen von einem Kerntrupp indischer Kulis. Denn nicht nur die Arbeit in großer Hitze war in diesem Gebiet schwer, sondern es war das Revier von verschiedenen Wildtieren. Als die ersten drei Monate immer wieder Arbeiter von Löwen angegriffen und neunundzwanzig von ihnen gefressen wurden, erfolgte ein erster Baustopp."

Heute faszinierte uns das Treiben als letzte Vorbereitung für die stundenlange Fahrt während der Nacht. Ziemlich elegante Leute stiegen ein, aber auch einfache Passagiere mit ihrem Alltagsgepäck, einschließlich lokalem Gemüse, suchten sich ihren Platz in einem anderen Abteil. Doch am meisten amüsierten sich meine Besucher über die Kontrolleure von Bahnsteigkarten hinter den Absperrungen, die es ja früher auch mal bei uns gegeben hatte – das Ticket für 20 Pfennig –, denn sie traten in ihren schneeweißen Anzügen mit angesteckten Ausweisen fast wie Kapitäne einer Schiffsflotte auf.

Eine Mutter lud uns noch einmal in ihr Haus ein. Nüchtern betrachtet war es sparsam eingerichtet, mit nacktem Zementfußboden, doch wie alle anderen sehr sauber. Im Wohnzimmer hatten eigentlich nur der große Esstisch mit langer Bank und Stühlen sowie ein einfacher Schrank Platz. Auf jeder Stuhllehne lag eine kleine, weiße, selbst gestickte oder gehäkelte Decke, genau wie bei Sarah. Das gehörte dazu, auch mit neun Kindern. Durch unsere selbst gebastelten Dekorationen an den Wänden wirkte es trotz Sparsamkeit gemütlich. Das meiste Leben spielte sich ohnehin bei gutem Wetter draußen zwischen den Häusern oder auf der Terrasse ab; überdacht bot sie auch bei leichterem Regen einen gewissen Schutz.

Ein achtjähriger Junge versuchte sich am Bügeln und die größeren Mädchen mit elf am Zubereiten des Mittagessens. Begonnen hatte die Mutter mit fünf Kindern, nun waren alle Betten belegt. Die Familie vollzählig und auch vom Haushaltsgeld blieb noch etwas übrig für einen kleinen Ausflug. Ein Besucher hatte es mal so ausgedrückt: „Die Kinder sitzen alle brav am Tisch, ohne herumzuhampeln und ständig aufzuspringen. Natürlich erzählen sie auch dabei, doch ohne Ermahnung wird jeder Teller leer gegessen. Und gerne. Es ist eine wirkliche Mahlzeit."

Sonntag würde der Geburtstag eines ihrer Kinder gefeiert werden, mit selbst gebackenem Kuchen. Alle Bewohner waren Christen. Die Kirche zu besuchen und die Häufigkeit des Gottesdienstbesuches wählten sie selbst.

Schnell hatten sich die Kinder zusammengefunden, um stolz zu zeigen, dass sie singen und tanzen konnten. Voller Freude präsentierten sie ihre Künste vor uns als begeistertem Publikum. In einem nur wenige Jahre später stattfindenden Wettbewerb sollten sie den dritten Preis in Kenia und den ersten Preis für die Küstenprovinz gewinnen können. Es war wirklich einfach toll!

Als Abschied lud ich Tante Hilde und Edelgard zu einem besonderen Abendessen ein. Nicht in ein Luxusrestaurant, aber einmalig.

Wenige Kilometer nördlich von Mombasa bogen wir in einen schmalen Sandweg ein, bis zur Überraschung meiner Besucher wie aus dem Nichts zwei riesengroße schwarze Gestalten in karierten Umhängen und mit Perlenschmuck vor uns standen und uns mit ihren weißen Handinnenflächen Halt geboten. Es waren Massai, die Parkplatz- und Nachtwächter. Wir wurden eingewiesen. Im Eingang des Restaurants war eine Fensterscheibe kaputt, zur anderen Seite brachen sich am Strand leicht plätschernd die Wellen.

Das relativ kleine Restaurant erschien uns wie ein Relikt aus vorgestriger Zeit, war jedoch urgemütlich und wirkte mit seiner seit Generationen angesammelten Atmosphäre fast so, als könnten jeden Moment Kolonialherren in Uniform erscheinen und neben uns Platz nehmen. Ohne Reservierungen zu akzeptieren, war es bis zum letzten Platz gefüllt.

Bei einer ersten Flasche Rotwein fanden wir in der Halle in tief liegenden, bequemen Ledersesseln Platz. Für Tante Hilde, die es gewohnt war, um 20 Uhr müde zu werden, war hier alles anders. „Tante Hilde, wir müssen noch essen." Ab 22 Uhr konnten wir dann endlich genießen, was wir vor nahezu drei Stunden von einer herumgereichten großen Schiefertafel bestellt hatten. Beginnend mit Muscheln, für uns drei neu und in ihrer Einmaligkeit passend zu diesem Abend. Das Wissen, welcher Hauptgang folgen würde, hatten wir inzwischen mit unseren Gläsern Rotwein runtergespült. Geschmeckt hat es jedoch ausgezeichnet.

Am Ausgang empfingen uns wieder die Massai, die uns zu unserem gut bewachten Bus mit dem SOS-Emblem geleiteten. Es war 1 Uhr, als wir zurückfuhren.

Angereichert durch eine mehrtägige Safari mit weiteren Touristen sowie einem Ausflug nach Malindi, dem wir einen kurzen Tauchgang anschlossen, blieb der Urlaub sicher unvergessen.

Auf einer meiner Erledigungen hatte ich im Grünen ein sehr verborgen gelegenes Kleinod, ein wunderhübsch angemaltes Haus, entdeckt. Sofort stellte ich mir unseren Kindergarten ähnlich farbig angemalt vor, mit afrikanischen Motiven.

Ich fragte mich zu dem Urheber durch. „Können Sie morgen zu uns kommen, die Fahrt bezahlen wir Ihnen. Ich werde mit unserem Direktor sprechen." Die Idee fand Simon gut. „Heidi, ich verstehe nicht so viel von Dekorationen, das überlasse ich lieber dir. Aber wenn du meinst …" „Du kannst ihn ja morgen zurückfahren und dir das Haus dann anschauen. Aber den Preis für die Malerei vereinbarst du, bitte; denn davon verstehe ich wiederum nichts. Einverstanden?"

Wunderhübsche, farbige, große Tiere, von Tigern über Giraffen bis zu Strandmotiven mit Palmen, zierten allmählich unsere meterlangen, bisher weißen Wände. Nur ein kleiner afrikanischer Junge, der gar nicht so klein war, erschien mir etwas zu wohlgenährt geraten. Ich taufte ihn heimlich Cassius Clay. Viele Stunden stand unser dreijähriger Moses fortan, ohne sich zu rühren, neben dem Künstler und beobachtete fasziniert, wie der bunte Pinsel immer neue Beine und Augen aus der weißen Wand hervorzauberte.

Als herzerfrischend empfand ich die in Kenia durchgeführte Volkszählung, denn es sollten die neuesten Zahlen der Bevölkerung ermittelt werden. Auch in unserem Büro im Kinderdorf erschienen zwei Beamte mit ihren Unterlagen, um Kinder und Erwachsene zu erfassen. Ich legte unsere kompletten Listen vor, fügte jedoch hinzu, dass zwar die Kinder hier beheimatet seien, die Mütter aber wohl zu Hause erfasst werden müssten. „Sind alle im Dorf?" „Nein, einige sind zum Strand gegangen." „Gut, wir kommen dann später wieder, wenn alle im Dorf sind, und zählen genau durch." Meine Listen hatten sie gar nicht angesehen, aber wiedergekommen sind sie auch nicht.

Wie ich danach hörte, wurden selbst alle Passagiere am Flughafen zunächst mitgezählt, später aber „irgendwie" wieder abgezogen.

Mit den Monaten machte sich ganz allmählich eine spürbare Unsicherheit im Lande bemerkbar. Am Strand vor den Hotels patrouillierte neuerdings Polizei in zivil. Und es empfahl sich für mich oder auch zu zweit nicht, den direkten Weg zum Strand mit nur dreiminütigem „Buschweg" zu gehen, sondern es war sicherheitshalber besser, den Hauptweg durch das Reef-Hotel zu wählen. Dass vor Bankeingängen und anderen öffentlichen Gebäuden Polizisten mit Schlagstöcken Sicherheit garantieren sollten, gehörte mittlerweile dazu, doch irgendwann fuhren Simon und ich mit unseren beiden Autos, um Geld abzuheben. Im ersten Auto fuhr ich mit dem Geld, dicht hinter mir folgte Simon in unserem VW-Bus. Sicher war sicher.

Doch nun stand als wichtiges Ereignis die offizielle Eröffnung unseres Kinderdorfes bevor. Das Gelände mit unseren Gebäuden wurde Wochen vorher gründlich von Sicherheitsbeamten der Regierung inspiziert – wo befanden sich die Toiletten? –, da der Staatspräsident Moi mit entsprechender Begleitung persönlich anwesend sein würde. Vonseiten des Kinderdorfes würden in jedem Fall Hermann Gmeiner und Helmut Kutin kommen. Für die vielen Vorbereitungen hatten wir die Hilfe aus Nairobi und von unserer Seite natürlich die Mitglieder des Vereins, die unter der Leitung des anpackenden Chairmans durchaus schon mal selbst zum Spaten griffen. Jutta half, wie immer, mit Rat und Tat.

Einige Gäste der SOS-Organisation würden im Kinderdorf übernachten, alle in meinem Haus frühstücken.

Neben dem Bürogebäude grub ein Arbeiter zwei tiefe Löcher für unsere Fahnenstangen, an der die Kinderdorf- und die Landesfahne wehen sollten. Mit einem Schritt kalkulierte ich den Abstand. Der dürfte zu knapp sein. Im Büro begann ich vorsichtig: „Simon, hast du die Fahnen abgemessen, wie lang die sind? Mir kommt der Abstand zwischen den Löchern sehr eng vor; denn wenn sich die Fahnen berühren, sieht es ja nicht so gut aus. Vielleicht sollten wir noch mal nachmessen." „Heidi, ich befestige doch die Schnur für die rechte Fahne an der rechten Seite der Stange und die für die linke Fahne links. Dann können sie sich doch nicht berühren." „Komisch, bei uns in Deutschland weht der Wind alles in eine Richtung." Ich suchte ein Stück leichten Stoff und wir beobachteten, in welche Richtung der Wind es wehte. „Das kann ich ja schließlich nicht wissen, ich habe doch noch nie eine Fahnenstange aufgestellt."

Doch die Angelegenheit ließ ihm keine Ruhe; denn den ganzen Nachmittag fuhr er durch Mombasa, um an wehenden Flaggen unsere soeben herausgefundenen Erkenntnisse zu überprüfen.

In letzter Minute entdeckte Simon, dass Termiten im Gästehaus die Fensterrahmen von innen völlig ausgehöhlt hatten. Schnell schmierte er die Löcher und die Gänge dieser kleinen Krabbeltiere bis zum Erdboden mit Öl und Farbe zu. War er gar ein wenig stolz, dass er es vor mir entdeckt hatte?

Quietschvergnügt und aufgeregt sangen und hopsten unsere kleinen Kinder im Dorf herum. „Papa Gmeiner und der Präsident besuchen uns!" Die Kindergärtnerinnen hatten mit den meisten Kindern wunderbare Lieder und Tänze einstudiert, in ihren ureigenen Rhythmen. Unsere Jungen schlugen die Trommeln dazu. Die Mütter hatten ihre Häuser noch hübscher als sonst hergerichtet und ein Büfett vorbereitet.

Auf dem Weg zur Gangway des ankommenden Flugzeugs kam mir Hermann Gmeiner mitten auf dem Rollfeld mit ausgebreiteten Armen entgegen: „Das ist also unsere liebe Frau Totz!" Es war unser erstes Zusammentreffen. Hinter ihm kamen Helmut Kutin und weitere Personen.

Die Feier mit vielen Freunden bei strahlendem Sonnenschein auf unserem großen, offenen Gelände war würdig und feierlich, ohne einen angemessenen Rahmen zu sprengen. Der rote Teppich war ausgelegt. Ich denke, auch der Staatspräsident Moi mit seiner Entourage genoss diese wunderbare und entspannte Eröffnungsfeier, doch die Kinder und Mütter standen im Mittelpunkt. Verschiedenen Ansprachen mit Dankesworten und besten Wünschen wurde mucksmäuschenstill gelauscht, um danach mit Tanz und Trommelmusik den festlichen Teil abzuschließen.

Nach dem Kinderdorf in Nairobi konnten unsere Gäste nun auch unser Dorf besichtigen und bestaunen. Auf langen, aneinandergereihten Tischen lud das von den Müttern angerichtete kalte Büfett zur Stärkung ein.

Verbliebene Stunden wurden zum Austausch genutzt, um Erreichtes und Geplantes zu besprechen. Ein Lob für geleistete Arbeit blieb nicht aus.

Als letzter Gast reiste drei Tage später die Präsidentin des holländischen SOS-Fördervereins ab. Es war ein sehr lieber Besuch gewesen. Dennoch war ich erleichtert über ihre Abreise; denn am nächsten Morgen begann mein vierwöchiger Urlaub. Ich konnte sie noch persönlich verabschieden. Mein Rundreiseticket nach Westafrika lag bereit. Erste Station würde Lagos in Nigeria sein.

Unsere Westafrika-Rundreise

Während meines Aufenthaltes vor gut drei Jahren in Kairo hatten Ursula und ich die Idee: Wir müssten in unseren Urlaubszeiten mal gemeinsam andere Kinderdörfer kennenlernen. Gerne wäre ich nach Asien geflogen, doch mein Einsatzgebiet war Afrika. Hier wusste ich einiges über die Länder und kannte auch Kolleginnen; denn wir hatten den gleichen Vorgesetzten. Zudem lagen die Länder nahe beieinander, die Flugstrecken waren somit kürzer.

Für unsere Planung standen wir bereits seit Monaten in Kontakt; denn die Post benötigte etwa vierzehn Tage. Unsere Urlaubszeiten mussten mit der Zentrale in München abgesprochen werden. Vier Wochen würde die Reise dauern. Letztendlich sollten wir uns mit nur vier Stunden Zeitdifferenz in Lagos treffen. Die Kinderdörfer in Nigeria und Togo informierte ich über unsere Ankunftszeit; den Stellen in Ghana, der Elfenbeinküste, in Sierra Leone und im Senegal konnte ich nur Circa-Termine über unsere Anreise mitteilen.

Während meiner Wartezeit von einigen Stunden auf dem Flughafen in Lagos beobachtete ich zunächst fasziniert das afrikanische Treiben, das sich hier so völlig anders zeigte, als ich es von dem englisch geprägten Kenia mit seinen weit zahlreicheren Touristen kannte. Mit Sicherheit hatte ich noch nie so intensiv und voller Bewunderung den Männern hinterhergeschaut; denn die meisten von ihnen sah ich wie selbstverständlich wunderhübsche farbige Spitzenanzüge tragen – in Rosa, Hellgrün oder verschiedenfarbigen Lila- oder Gelbtönen. Für Frauen sicher toll – aber für Männer? Genau solche hatte ich mal im Spätdienst im Atlantic-Hotel Gästen einer afrikanischen Delegation als Schlafanzüge beziehungsweise Nachthemden auf ihre Betten drapiert. „Bitte nicht laut lachen", ermahnte ich mich.

Vor der Absperrung warteten Mr. Ewu, der Dorfleiter, und seine Frau: er im roten Anzug mit eingearbeiteten Goldfäden, dazu ein passendes Käppchen und Schnabelschuhe; sie als „afrikanische Mami" in wallenden bunten Gewändern. An der Information hieß es: „Nein, Sie dürfen heute den Flughafen nicht ohne Visum verlassen, auch wenn man es Ihnen in Kenia für einen Tag zugesagt hat." Mit meinem schweren Koffer suchte ich wie leicht beschwingt einen Geheimweg – und stand plötzlich vor dem Ausgang. Sicherheitshalber wiederholte ich meinen Test. Nun warteten wir gemeinsam.

Nach endlich geglückter Landung von Egyptair und vielen Begrüßungen von uns allen lagen Ursel und ich dann um Mitternacht todmüde und hungrig im Doppelbett in irgendeinem Mütterzimmer des Dorfes. „Heia, Safari", dachte ich noch und war bereits eingeschlafen.

Nach einem extra für uns zwei weißen Frauen besorgten Frühstück mit Kaffee und Brot, für das ich sehr dankbar war, überreichten wir erste Geschenke und waren mit viel Winken auf einer von Löchern übersäten Straße auf dem Weg zum Flughafen. „Wenn diese Straße den Zustand des Landes widerspiegelt, gibt es hier viel zu tun", dachte ich.

Über meinen Geheimweg konnte ich wieder in die Abflughalle spazieren und damit befanden wir uns auf dem Weg nach Lomé, der Hauptstadt Togos.

Wir freuten uns, dass wir in allen Ländern das gleiche Geld benutzen konnten, große, bunte Scheine, jeder Betrag mit einigen Nullen versehen. Geeinigt hatten wir uns darauf, dass Ursula mehr in den englischsprachigen Ländern das Wort ergreifen sollte, ich wäre dann für die französischen Länder zuständig. Zwischendurch konnten wir auch mal deutsch sprechen. So auch in Lomé, wo unsere Kollegin mit einem Togolesen verheiratet war und uns am Flughafen begrüßte.

Als Erstes erklärte uns der einheimische Dorfleiter bei dem obligatorischen Dorfrundgang Besonderheiten und Interessantes in seiner Einrichtung. Dann besuchten wir den im Stadtzentrum gelegenen großen und belebten Fetischmarkt, der weit über die Landesgrenze hinaus Bedeutung hat. Endlos breiteten sich über diesem magisch wirkenden Platz auf nicht enden wollenden Holztischen diverse symbolhafte Puppen, Knochen, Häute, Federn und Schädel von verschiedenen Tieren in allen möglichen Formen und Größen vor uns aus.

Am nächsten Morgen fuhren wir mit einem normalen Reisebus nach Lama-Kara in den Norden des Landes, allerdings als einzige Weiße. Da es keine gemeinsame Sprache im Land gab, mussten deshalb gleich zwei Kinderdörfer gebaut werden, um die vermeintliche Bevorzugung eines Stammes auszuschließen.

Bei zwei elsässischen Schwestern als Verantwortlichen, die vorher bereits etliche Jahre als Sozialarbeiterinnen im Lande tätig gewesen waren, genossen wir französische Küche, schauten uns Schnitz- und Flechtwerkstätten an, die uns zu ersten Mitbringseln animierten, und passierten auf dem Rückweg eine „Schule", eine etwas größere Rundhütte, abseits gelegen, mit einem Strohdach, das der Wind gerade abgetragen hatte.

Am kommenden Morgen packten wir einige Kleidungsstücke sowie Trockenmilch und kleine Schachteln mit Medikamenten ein. Wir besuchten einen Mann mittleren Alters, der auf der zweiten Stufe zu seinem Eingang saß. Die Hütte hatte zwar keine Tür, sie war jedoch halbwegs solide gebaut. Seine zwei zwischen acht und zehn Jahre alten Söhne standen nackt in der Nähe herum. Sie hatten wirklich nichts. Es war dies wieder einmal eine direkte Begegnung mit dem Elend. Das hervorgezauberte strahlende Lächeln nach Überreichen unserer kleinen Aufmerksamkeiten auf dem Gesicht des Vaters verströmte ein Dankeschön an uns. Ein Danke für wenige Tage der Überbrückung. Sollten wir uns nun freuen oder noch elender vorkommen?

Irgendwie befiel Ursel und mich bald eine ermattende Trägheit; die überaus schwüle und erdrückende Hitze machte uns müde. Oder brauchten wir einfach etwas richtigen Urlaub? Doch immerhin genoss ich den großen Vorzug, unter dem einzigen Moskitonetz schlafen zu dürfen; denn die vielen kleinen Tierchen schienen mich mehr zu zwicken als Ursula.

Neben dem Kinderdorf gab es bereits eine Mutter-Kind-Krankenstation sowie einen Landwirtschaftsbetrieb, auf dem auch große Kinder des Dorfes arbeiteten. Den eigenen Unterhalt durch ehrliche Arbeit zu verdienen, ob als einfacher Arbeiter oder Hochschulabsolvent, bedeutet einen unschätzbaren Wert und ist das eigentliche Ziel der Kinderdorf-Idee. Ist es nicht so, dass eine sinnvolle Tätigkeit mit eigener Hände Arbeit, mit der ich mir und meinen Angehörigen ein lebenswertes Auskommen sichern kann, ein überaus zufriedenstellendes Dasein schaffen kann? Wer wusste, wo die Kleinsten aus dem Kindergarten einmal arbeiten würden …

Für die Rückfahrt hieß es: noch im Dunkeln ab 5 Uhr morgens an der Bushaltestelle bereitstehen. In dem aufkommenden Wahnsinnsgedrängel mit nahezu wohl einhundert Personen öffnen sich eine halbe Stunde später die Türen. Zwei Jungen hielten uns auf ihrer Bank einen Platz frei. Wir waren mal wieder die einzigen Weißen. Ich wurde mit der Menge in den Bus gezwängt. Ursel stand noch draußen. Doch nach kurzer, bei mir aufkommender Panik wurden die Türen zum Glück wieder geöffnet und Ursels Koffer wurde durch das Fenster geschoben, sie durfte einsteigen. „So könnt ihr doch nicht fahren, das geht doch nicht!", rief uns Sr. Müller noch durch das geöffnete Fenster des Busses zu. Aber es musste gehen; denn wie hätten wir sonst zurückkommen sollen?

Mit Yamswurzeln und Töpfen in einem provisorischen Gepäcknetz über uns, unseren beiden Koffern im Gang neben uns und einem noch gackernden Huhn zwischen unseren Füßen – so saßen wir eingeengt auf unserer Bank, die beiden schmalen, irgendetwas kauenden Jungen neben uns.

Pünktlich um 6 Uhr mussten alle Stehenden den Bus verlassen, die Türen schlossen sich und los ging die Fahrt wieder an die Küste zurück nach Lomé, vierhundertzwanzig Kilometer, meist bergab.

Unterwegs wurden auf „Zwischenstopps" geköpfte Orangen zum Auslutschen, Bananen oder anderes Essbares durch das Busfenster feilgeboten. Ein Strom von Leuten lief herum, Händlerinnen mit schwankenden, aber gut gefüllten Blechschüsseln auf ihren

Köpfen nutzten die Möglichkeit zu kleinen Verkäufen. Wir zwei Weißen erhielten unaufgefordert in diesem bunten Treiben vom Busfahrer eine Sondervergünstigung: einen „Toilettenbesuch" in irgendeinem kleinen, privaten Hinterhof ohne jegliche Andeutung von einer Toilette.

Erleichtert und glücklich hatten wir am späteren Nachmittag unsere einmalige Busfahrt mit einem guten Fahrer prima geschafft!

Im Kinderdorf gab es zum Frühstück gekochte Nudeln mit Bohnen und geraffelten Wurzeln, dazu ein Glas Milch. Wie erfreut war ich, beim Stadtbummel mit Ursula Kaffee und sogar Schinkenbrötchen zu entdecken! Ich bin eben doch recht konservativ.

„Heute ist Sonntag, wir wollen einen Gottesdienst besuchen." Zu unserer größten Überraschung fand unter einem großen Zelt neben der Kirche ein Erntedankgottesdienst statt, wie er wohl fröhlicher und farbenprächtiger nicht hätte sein können, gehalten von verschiedenen Stammespriestern in den jeweiligen Sprachen. Eine Familienhelferin des Dorfes konnte uns begleiten. Dadurch bekamen wir die vielen verschiedenen Zeremonien der einzelnen Stämme des Landes erklärt. Jede Gruppe in ihrer Tracht brachte Hasen und Hühner, Früchte und Fertiggerichte in bunten Schüsseln im Rhythmus zu Trommelklängen singend und tanzend zum Altar. Einfach herrlich! Vor mir saß eine Mami, die mindestens sechsmal so dicke Oberarme hatte wie ich. In ähnlicher Fröhlichkeit und einem Eingebettetsein in den Alltag hatte ich Gottesdienste auch in Burundi und Kenia erlebt, allerdings ohne diese zusätzlichen Zeremonien eines Erntedankfestes.

Nach drei Stunden dieser religiösen und dennoch ausgelassenen Festlichkeit schlenderten wir weiter, als wir plötzlich an einem einfachen Restaurant am Strand auf Deutsch lasen: „Alt München. Seemannsheim". Daneben wehte halb zerrissen in Blau-Weiß etwas Ähnliches wie eine bayerische Flagge. Eine geniale Einladung an uns! Kann sich jemand vorstellen, wie gut eine richtige deutsche Käse-Sahne-Torte nach vielen Monaten schmeckt? Bis in diese ehemals deutsche Kolonie hatte der bayerische Minister Franz-Josef Strauß seine Geschäftsaktivitäten ausgeweitet.

Am Nebentisch wurde gerade ein Mann zu einer angemessenen Spende an das Kinderdorf „verdonnert" – die Wiedergutmachung eines Seemanns für seine Trunksucht. Den „Richter" erkannten wir als Pastor vom Vormittag wieder.

Nachdem es kurzfristig zu unserer Erleichterung noch mit Ursels Visum für Ghana geklappt hatte, wurden wir die einhundertsechzig Kilometer lange Accra-Strecke im dorfeigenen VW-Bus in die dortige Hauptstadt gefahren. Unsere Reise nutzte man als Anlass, um den Bus wieder einmal mit diversen dringend benötigten Lebensmitteln zu beladen, die es in Ghana nicht zu kaufen gab: Reis, Kaffee, Zucker, Trockenmilch und vieles mehr. Die faktisch offene, unkontrollierte Grenze lag noch im Stadtgebiet von Lomé, gleich neben dem Fetischmarkt. Es herrschte ein gedrängtes und geschäftiges Kommen und Gehen, fast alle mit ihren Lasten auf dem Kopf – vorbei an den Grenzposten in oder vor ihren beiden Wachhäuschen.

Stürmisch wurden wir in einem der ersten Kinderdörfer in Afrika begrüßt, darunter zwei deutsche Kollegen. Vor wenigen Tagen hatte der Dorfleiter endlich wegen einer medizinischen Behandlung in ein Nachbarland fliegen können, die Maschine war stets überbucht, sodass er nun leider nicht anwesend war. In unserer Unterkunft lachten uns von der Bettwäsche und von den Gardinen kleine SOS-Kinder entgegen: Das Motiv hatte man verschiedenfarbig auf Stoffe gedruckt und daraus dann diverse benötigte Utensilien genäht. Auf meine fragenden Blicke hieß es: „Ihr dürft euch natürlich gerne Stoffmuster und Stoffe mitnehmen."

Bei der Grandma des Dorfes, die seit vielen Jahren hier verantwortlich tätig war und mit ihrem Alter von Mitte oder Ende siebzig bereits zur Legende im Lande zählte, nahmen wir unsere Mahlzeiten ein. Ihre Spezialität: gestampftes Maniok-Platanen-Fufu mit Erdnussoße. Na ja.

Auf ihren Vorschlag hin besuchten wir mit ihr als Reiseleiterin einen alten, mit ihr befreundeten Stammeshäuptling, den

„Chief" eines kleineren Clans des berühmten Ashanti-Stammes. Irgendwo in den Bergen bewohnte er ein großes, altes Holzhaus, in dem auch der viele abgelagerte Staub vom Alter der Treppen und Räume zeugte. Von seinen drei oder mehr Frauen mit ihren Kindern sahen wir vor einem der angrenzenden Nebengebäuden oder verwinkelten Hinterhöfe zwei beim Essenzubereiten.

Respektvoll saßen wir diesem altehrwürdigen Ältesten eines so bekannten Stammes in seinem traditionsreichen, geschnitzten Sessel gegenüber und lauschten fasziniert seinen ruhigen, abgeklärten Erzählungen in melodischem Stammessingsang, vermischt mit Englisch. Den Kaffee genossen wir anschließend bei seiner Nichte in einer modernen und fast feudal eingerichteten Wohnung, wo ich auf dem bequemen Sessel fast eingeschlafen wäre.

Auf der Rückfahrt nahmen riesige Mammutbäume in einem gepflegten Park unsere ganze Aufmerksamkeit in Anspruch, deren zwei bis drei Meter hohe, tief eingekerbte Einschnitte vom Boden aus wie Ausläufer von Wurzeln den mächtigen Stamm bildeten. Umrankt waren sie von Lianen, blühenden Orchideen und Strelizien. Etwas Zeit konnten wir noch abzwacken zum Besuch einer Kakaorösterei. Mit ihren scharfen Pangan, den riesigen Buschmessern, zerteilten die Arbeiter die schweren, gelbbraunen Kakaofrüchte. Auf großen Flächen trockneten und rösteten die aus ihrem Fruchtfleisch entfernten, etwa zwei bis drei Zentimeter großen Kerne in einem Reifeprozess ihrer weiteren Behandlung entgegen.

Uns begegneten Bus- und Lasttransporter, die, mit Waren und Leuten auf den Dächern, völlig überladen, dafür aber mit bunten Papierblumen und der in riesigen Lettern aufgemalten Bitte über der Frontscheibe „God save us" (Gott beschütze uns) dekoriert, auf den kurvigen Bergstrecken durch die Gegend knatterten. Wie war unsere Fahrt in Togo doch ruhig gewesen!

Zur Kaffeezeit saßen wir am nächsten Tag im Ambassador-Hotel in Accra. Man wollte uns zeigen, dass es auch hier Weltoffenheit gab, doch in dem eher prunkvollen Bau herrschte kein Luxus mit seiner erwarteten Geschäftigkeit, sondern gähnende Leere. Die stereotype Antwort der Bedienung war einfach, aber unmissverständlich: „Wir haben keinen Tee, keinen Kaffee, keine Zigaretten, keine Cola, der Kuchen ist alle." Also tranken wir bei etwas dämmriger Beleuchtung ein Glas Pulvermilch und rührten ein wenig Zucker hinein. Dann gingen wir. Entsprach dieser Zustand dem neuen Afrika mit seinen ärmlichen Wohngegenden, die es überall zu geben schien? Wir konnten nur hoffen, dass es eine vorübergehende Wirtschaftslage war.

Abends genossen wir eine Einladung bei der Sekretärin der deutschen Botschaft mit Schwarzbrot, Schinken, vorzüglichem Käse, Rotwein und weiteren Köstlichkeiten.

In Abidjan, der damaligen Hauptstadt des Landes Elfenbeinküste – heute ist es Yamoussoukro –, rauschten wir bei einbrechender Dunkelheit über vierspurige Highways in Richtung Kinderdorf. Die Spiegelungen der Lichterketten im Wasser der Lagune versetzten mich zu meiner Überraschung an Hamburgs Binnenalster. „Bin ich überhaupt in Afrika? Gibt es hier gar keine Schlaglöcher?", wandte ich mich an den Chauffeur. „Aber Madame, Sie sind hier in der Elfenbeinküste."

Leiter des hiesigen Kinderdorfes war ein französischer Pater, den wir nach etwa einer Stunde Taxifahrt in seiner Ruhe zu stören schienen. Unsere Ziele mit unbestimmter Ankunft begannen. Mit dem Pater nahmen wir auch unsere Mahlzeiten ein: feine französische Küche.

Nach unseren vielen Landesausflügen schlenderten wir jetzt überrascht und noch mehr irritiert durch Geschäfte und Cafés, beides mit deutlich sicht- und spürbarem französischen Chic – mit entsprechend schicken Preisen.

Ebenso genossen wir zur Abwechslung eine Bootsfahrt auf der Lagune. Überall stellten sich die Hochhäuser des Zentrums in den Mittelpunkt. Selbst bei einem Landgang in einem fernen Einheimischenviertel ragten sie zwischen den Reihen der Buschhütten als schemenhafte, pastellfarbene Bauklötze über den Wassern in den Himmel.

An einer belebten, wie in den Berg geschnittenen Straße zogen sich zu beiden Seiten bewohnte Viertel aus Hütten an den Hängen empor. Doch was war das? Nicht weit entfernt lag ein riesiger grüner Abhang. Er schien bedeckt zu sein mit vielen, meist hellen Tüchern; es sah aus wie ein Flickenteppich. In einem davor bergab strömenden, sehr breiten Bach standen zwanzig oder mehr Männer in fest verankerten Gummireifen. Sie wuschen die Wäsche, die sie jeden Morgen aus den umliegenden Wohnungen abholten und die sie nach der Reinigung ausgebreitet auf dem Rasen des Berghanges in der Sonne trocknen lassen würden. In den vielen dicht gedrängten Lehmhütten der Umgebung gab es diese Möglichkeit einer Wäsche nicht. Korrekt und sauber wurde jeden Abend die gereinigte Kleidung, in Lagen auf dem Kopf gefaltet, gegen einen Obulus ihren Besitzern wieder abgeliefert. Als „Wäscher von Abidjan" verdienten sie sich auf diese Weise etwas Geld oder ein Zubrot.

Abends führten wir in großer Runde mit fast erwachsenen Jugendlichen, das heißt jungen Männern, sehr offene, interessante Gespräche – auch über den in manchen Glaubensrichtungen praktizierten Fetischismus. War er gar nicht so weit entfernt? Begann er doch nicht bereits auf unserer Fensterbank, wo für mich diverse kleine, aber undefinierbare seltsame Gegenstände lagen?

In Mombasa kehrte ich eines Tages bei großer Hitze gleich zu Beginn meiner Besorgungen wieder um. Ich hatte das nicht erklärbare Empfinden, nicht weiterfahren zu dürfen, obwohl die Atmosphäre klar und durchsichtig war. Wie ich auch öfter in Kenia mehr zu spüren schien, dass „etwas in der Luft" lag – wie unsichtbar gesponnene Fäden von einem zum anderen. „Geht es mir heute besonders gut oder warum halten die Autos alle an und lassen mich vor?"

Doch hier, so wollte es mir scheinen, gab es eine undefinierbare Spiritualität. War sie negativ besetzt? Spürte ich langsam afrikanische Geheimnisse? In jedem Fall war keine Klarheit vorhanden, sondern etwas Nicht-Greifbares. Für mich bedeutete dies ein bis dahin unbekanntes Empfinden; fast als würde ein unsichtbares Gegenüber real vorhanden sein. Die Gegensätze schienen sich in diesem Land überall zu berühren. Arm und reich, Modernes und uralte Traditionen, jedes – noch – an seinem Platz. Oder verwischten die Grenzen bereits völlig?

In Sierra Leone erwarteten uns Überraschungen, denn das Flugzeug landete erst gegen 23 Uhr in der Hauptstadt Freetown. Als mein Gepäck nicht erschien, erfuhr ich: „Es wurde durchgecheckt bis Paris, kommt aber sicher morgen Nachmittag mit der nächsten Maschine zurück. Ich habe bereits angerufen." Auf dem Rollfeld stand wenige Meter vor mir noch das Flugzeug mit dem Rollband zum offenen Gepäckraum der Maschine. Kurz entschlossen stieg ich im ersten Affekt hoch, konnte jedoch in der gebotenen Windeseile meinen Koffer im Flugzeug nicht entdecken. Draußen riefen Ursel und ein Mann: „Heidi, komm, sonst erreichen wir die letzte Fähre in die Stadt nicht mehr."

Unser Tragen von SOS-T-Shirts während der Reise hatte auch hier das Wunder bewirkt, dass uns Leute ansprachen. So nahm uns ein Nachbar des Kinderdorfes die vielen Kilometer in seinem Auto mit. Dazu gehörte eine halbe Stunde Fahrt mit einer Autofähre; denn Freetown selbst lag am anderen Ufer eines recht breiten Meeresarmes. Von dem Genuss dieser wunderschönen nächtlichen Fährfahrt bei tropischen Temperaturen ließen wir uns durch unsere Gedanken an die so verspätete Ankunft nur wenig nehmen.

In der Stadt reihten sich einstöckige, halb verfallene Holzhäuser mit Balkonen in langen Zeilen aneinander. Davor standen die zur Nachtzeit leeren Stände der Händler. Ich empfand mich wie in die – längst vergangene? – englische Kolonialzeit zurückversetzt. Ab und zu huschte noch eine Gestalt vorüber; manche hatten sich auf einer Matte in einem Hauseingang zum Schlafen hingelegt.

Wir nahmen unseren letzten Mut zusammen, denn wir gedachten nicht, die Nacht genauso im Freien zu verbringen, und klingelten an der Pforte. Der Nachtwächter: „Herr Huber ist nicht da, sondern auf Heimaturlaub." Ich hatte den Fehler begangen, an unseren österreichischen Kollegen zu schreiben und nicht an die Dorfleitung allgemein. Der einheimische Dorfleiter wurde geweckt. Was tun mit zwei so europäischen Weibsleuten? Um glaubhaft zu erscheinen, erzählten wir einiges über die Organisation und unsere Dörfer. Dann wurde schnell ein Bett gerichtet und geschlafen. Es war eh schon spät – oder früh.

Am nächsten Tag fanden wir meinen Brief ungeöffnet im Büro, holten mit Madame Bakara, der guten Seele des Dorfes, meinen Koffer und hörten gerne etwas über die lokalen Gegebenheiten und Traditionen innerhalb und außerhalb dieser Einrichtung.

Um Kinder zu retten, resultierend aus gewachsenen Traditionen mit seinem Stammeskult, hatte das Dorf bisher sieben Zwillingspärchen aufgenommen, die nicht in der Gesellschaft akzeptiert waren. Dennoch oder gerade im Empfinden für ein anderes Dasein dachte ich: „Irgendwie wirkt alles trotz der Ärmlichkeit gemütlich, eingeschlossen dem Bemühen um eben diese Kinder."

Einen wunderschönen Rundblick über Freetown und Umgebung genossen wir von der Aussichtsplattform eines nahe gelegenen Berges, dem Adam's Peak. Spiegel, um unwichtige europäische kleine Eitelkeiten zu befriedigen, schienen in allen Ländern, wie schon seinerzeit in Burundi, zu den Raritäten zu gehören.

Obwohl alle Stationen, die wir besucht hatten, am Wasser lagen, genossen wir hier zum ersten Mal nach nur einem fünfminütigen Fußweg des Meeres Wellen und des Strandes feinen Sand. Die Sonne schien sich tagsüber hinter ersten Wolkenbänken zu verstecken; dennoch oder gerade deshalb empfanden wir eine erdrückende Schwüle. Als sie uns abends auf unserem Balkon einen unerwartet glutroten Untergang schenkte, schwirrten in diesem Schein unzählige Mücken als kleine summende Irrlichter um unsere Köpfe; vergleichbar mit den Gedanken, die innerhalb unserer Köpfe herumkreisten.

Überall wurden wir herzlich aufgenommen und wir begegneten in den Dörfern gesunden und glücklichen Kindern. Jede Einrichtung war angepasst an das jeweilige Land und hatte dennoch oder gerade deshalb seine eigene Atmosphäre entwickelt und bewahrt. Sie alle wirkten im Bemühen um die ihnen anvertrauten

Kinder wie kleine Oasen des Friedens im manchmal chaotischen oder hoffnungslos erscheinenden Getümmel des Lebens ringsum. Als Ausstrahlung und Nachahmung, wie es gedacht ist.

In Dakar, der letzten Station unserer Reise, sollten wir zu unserer Erleichterung bereits gegen 17 Uhr eintreffen. Also nur Mut.
Dakar zeigte nicht die Verfallenheit von Freetown, auch nicht den Prunk Abidjans, sondern war geprägt von einer moslemischen Atmosphäre. Wir fühlten uns auch hier wie zu Hause.
„Wir sind doch eine große SOS-Familie! Auf einer langen Reise kann man Hunger bekommen und auch Schwierigkeiten beim Geldwechseln oder anderes Unvorhergesehenes kann eintreten." Das war Mr. Ly, der einheimische junge Dorfleiter. Natürlich und mit fähiger Ausstrahlung. Mit diesen tröstlichen Sätzen verflogen unsere gehabten Gedanken.
Sein noch junges Dorf präsentierte sich in einem sehr gelungenen Baustil. Zerbröselte Strandmuscheln lagen dicht gestreut auf allen Wegen. Ganz niedrige, in Naturstein zementierte Mauerabschnitte luden als Bänke zum Verweilen, zum „Palavern" ein. Etwas abseits gruppierten sich drei oder vier kleine Rundhütten mit Makuti, Strohdächern. So konnte jede Kindergartenklasse in ihr eigenes kleines Häuschen gehen; die Möbel hatten in jedem Haus einen anderen Farbanstrich erhalten.

Bei einem schnell organisierten Picknick mit den größeren Jungen am Strand und sich anschließendem Abendplausch unter einem Baobab stärkten wir uns mit gut gewürztem Fisch in Kokosöl mit Reis. Wir alle hockten im Kreis, in der Mitte stand die große bunte Blechschüssel mit dem Essen, aus der sich alle die mit der Hand geformten runden Portionen in den Mund schoben. Nur Ursel und ich erhielten einen Löffel. Von irgendwoher untermalten melodische Töne einer Ukulele unsere tiefsinnigen, aber auch heiteren und humorvollen Gespräche über Gott und die Welt.

Mit letzten Eindrücken angefüllt brachte uns Mr. Ly am letzten gültigen Tag meines Rundreisetickets zum Flughafen. Der Himmel weinte dicke afrikanische Tränen; wir hatten den Eindruck, durch Seen und nicht auf Straßen zu fahren. Der erste Regentag hatte uns erreicht.

„Au revoir – auf Wiedersehen." Werden wir uns wirklich einmal wiedersehen? Fünf Minuten bevor Ursel weiter nach Deutschland flog, hob meine Maschine ab.

Nach einem Zwischenstopp in Ghana hörte ich von einem nicht geplanten Halt in Entebbe in Uganda, währenddessen mir das allseits bekannte Spottlied über Idi Amin, diesen schrecklichen Despoten, in den Sinn kam. Zum Glück startete das Flugzeug bereits.

Dann ertönte eine weitere deutliche Ansage im Flugzeug: „Da wir nur wenige Passagiere nach Kenia, aber viele Mekkareisende an Bord haben, fliegen wir statt direkt nach Nairobi nach Addis Abeba in Äthiopien. Von dort gibt es Anschlussflüge."

Nun verstand ich auch die Handhabungen von zwei verschleierten Frauen in meinem Blickfeld: Die hatten sich doch nicht etwa auf ihrem mitgebrachten Henkeltopf im Flugzeug ihren Tee kochen wollen? Eine Stewardess war sofort zur Stelle gewesen.

An der Anzeigetafel in Addis Abeba: In acht Stunden geht ein Flugzeug nach Nairobi. Während dieser Wartezeit gedachte ich in Erinnerung an das Missgeschick in Sierra Leone, mich über mein Gepäck zu informieren, doch die neben mir wartende Mitreisende riet mir: „Bleiben Sie hier sitzen und ganz ruhig. Äthiopien hat doch eine Militärdiktatur."

Am nächsten Tag gegen Mittag stand ich endlich mit meinem Gepäck vor Simon, gerade noch rechtzeitig. Innerhalb einer Stunde erklärte er mir die nötigsten Sachen, dann befand er sich bereits auf dem Weg zu einer lange geplanten Familienfeier.

SOS Mombasa hatte mich wieder, mit Müttern und Kindern, Besuchern und einem Filmabend. Während unserer Treffen hatte ich den Müttern meine Reise erklärt, auch von einem Dorf auf Stelzen im Wasser gelesen. „Ein Foto davon bringen Sie uns dann bitte mit, wenn es möglich sein sollte." Zu meinem Bedauern hatte die Zeit zu diesem längeren Ausflug einfach nicht gereicht.

Spätabends erst kam ich dazu, meine Sachen auszupacken. Darunter war ein gesägtes Bild aus der Elfenbeinküste: Mutter und Kind, Anlass und stets gegenwärtiger Mittelpunkt unserer Reise.

Abschied von Mombasa

Während des Aufenthaltes meines Chefs anlässlich der Eröffnung hatten wir auch über meinen beruflichen Fortgang gesprochen. Die Mütter arbeiteten gut, alle zwölf Häuser waren belegt. Auch der Kindergarten lief ausgezeichnet. Simon kannte seine Arbeit.

Er ging und kam wenig später zurück: „Frau Totz, Sie haben doch Hauswirtschaft gelernt. Erstellen Sie bitte nach Ihrem Urlaub eine Studie mit genauer Ausarbeitung für den Bau einer Haushaltungsschule. Mit Anerkennung des entsprechenden Ministeriums in Nairobi. Das müssten Sie nebenbei schaffen. Dann sehen wir weiter."

Nach Simons Rückkehr besuchte ich in der näheren und weiteren Umgebung acht Schulen, die das Thema Hauswirtschaft im Lehrplan enthielten. Allerdings wurde dieses Fach in allen Schulen nur als Kurs oder als Fach im Lehrplan erteilt. Meine geplante Schule mit eigenständiger kompletter Ausbildung sollte die zu füllende Lücke einmal schließen. Die Berufsmöglichkeiten sollten von Hauswirtschafterin über Kinderpflegerin bis zur Lehrkraft in diesem Beruf reichen. Die Arbeitsplatzmöglichkeiten würden breit gefächert sein und vielen Mädchen zu einer anerkannten Arbeit verhelfen. Ich arbeitete eine Klassenstärke und -anzahl mit entsprechenden Räumlichkeiten aus; ebenso alle Lehrfächer, auch die, die die Allgemeinbildung erweiterten, sowie genaue Stundenpläne. Ebenso sollten Zusatzprogramme von Gartenbau bis zu Musikkursen dazugehören. Viele hergestellte Arbeiten könnten wir in der dorfeigenen Boutique verkaufen, gekochte Speisen als eigenen Mittagstisch verbrauchen oder in der nahe gelegenen Zementfabrik als Catering anbieten. Eventuelle Praktika wären auch in eigenen Kinderdörfern möglich. Einige Mädchen müssten voraussichtlich übernachten können. Lehrkräfte dürfte es genügend geben. Allein das Grundstück bot genügend Platz für alle Gebäude; denn es schloss sich daran eine bisher noch unbebaute Fläche an.

Diese und weitere Überlegungen und Fragen stellte ich persönlich dem Erziehungsminister in Nairobi vor, wofür ich zum ersten Mal allein durch diese Stadt fuhr. Sie äußerten sich sehr positiv und stellten auf meine Anfrage zu gegebener Zeit eine offizielle Anerkennung einer Schule in dieser Form in Aussicht. Für den Moment bedeutete es eine sogar lobende und positive Anerkennung für mich.

Nur wenige Wochen später klingelte das Telefon: „Ihre Arbeit in Mombasa ist ja abgeschlossen, Ihre gelungene Studie haben wir zur Kenntnis genommen. Sie werden in die Elfenbeinküste versetzt. Können Sie sich bitte informieren, wann der PAN AM fliegt, es ist die einzige Fluglinie, die einen Direktflug anbietet – möglichst innerhalb von ein bis zwei Wochen und uns dann hier in München Bescheid geben. Wir geben von hier aus die Nachricht weiter, dass man Sie am Flughafen abholen wird. Herrneggers in Nairobi informieren wir."
    Einige Informationen schafften Klarheit. Das war also entschieden. Der Kalender zeigte den 30. Dezember an; den gleichen Tag, als man mir damals in Hamburg mitteilte, dass ich in den Libanon fliegen sollte.

Eine geplante Trekking-Safari in den Norden des Landes war nicht mehr möglich, doch eine Flugsafari für einen Tag auf die wunderschöne Insel Lamu ließ ich noch arrangieren.
    Im Dorf wussten alle, dass ich bald versetzt werden würde. Doch nun ging es sehr schnell. Zu Simon sagte ich: „Und erinnerst du dich noch, dass ich in der ersten Zeit öfter von Burundi erzählt habe?" „Ja, zum Anfang hattest du öfter mal Vergleiche

gezogen." „Wahrscheinlich werde ich in der Elfenbeinküste bei ähnlichen Vorkommnissen von Mombasa und einem Dorfleiter Simon erzählen. Man lebt doch sehr in seiner Arbeit. Einfach Goodbye sagen und dann ist Schluss – das geht nicht. Aber ihr macht das schon."

Wieder einmal würde ich lieb gewonnene Menschen verlassen und neu beginnen. Ich würde damit zurechtkommen, so hoffte ich auch dieses Mal. Oder wird man in der Verausgabung seiner Gefühle zum eigenen Schutz unbewusst ein klein wenig vorsichtiger? Oder wurde mir dieser Schutz durch eine unsichtbare Klappe geschenkt, die ich in mir trug?

Als junges Mädchen hatte ich davon geträumt, mir später einmal alles sehr hübsch zu gestalten, mit passendem Geschirr; ein fröhlich-buntes zum Frühstück, ein schlichtes zum Mittagessen, ein besonders hübsches als Kaffeegedeck und natürlich ein chinesisches Teeservice. Und nun? Es wäre schön gewesen – aber nicht entscheidend. Allerdings hatte ich mir aus dem letzten Urlaub in Deutschland ein hübsches Kaffeeservice mitgebracht, mit kleinen lachsfarbenen Blüten bemalt. Doch meine Koffer waren bereits voll. Ohne groß zu überlegen, übergab ich es als Abschiedsgeschenk Susan, die sich sehr freute. Und ich mich mit ihr.

In der folgenden Woche gab es noch ein Abschieds-Meeting des Vereins und eine Feier im Dorf mit einer riesengroßen SOS-Torte und Geschenken. Und mit Herrneggers aus Nairobi. In dem hübsch eingewickelten Päckchen lagen zwei große Tischdecken für mich, die eine Mutter für mich gestickt hatte. Von Simon hatte sie für diese Arbeiten die letzten vierzehn Tage frei bekommen. Eine zeigte das Symbol der kenianischen Flagge, die andere das Kinderdorf-Symbol.

Am Flughafen: „Kwaherini – auf Wiedersehen euch allen!"

In der Elfenbeinküste – viele Gegensätze

Auf dem Flug nach Abidjan hatte ich keine Gedanken für großartige menschliche Zusammenhänge. Ich versuchte einfach, mit diesen vorbildlichen Müttern und Kindern in Mombasa abzuschließen, die stets feinfühlige Lebensweise hinter mir zu lassen, wenn natürlich auch nicht zu vergessen.

Die etwa neun Stunden im Flugzeug mussten für eine Umstellung reichen. Da half es, dass ich mich bereits während der vergangenen Wochen mit dem Gedanken eines wiederholten Neuanfangs vertraut machen konnte. Was würde mich im neuen Projekt erwarten, von dem ich während meiner Reise einen kurzen, aber dennoch signifikanten Eindruck gewinnen konnte? Sollte ich wie damals auf meinem Flug nach Burundi Ideen notieren? Überflüssig. Ich ließ die Arbeit, die ich mir bereits mehr als umfangreich vorstellte, auf mich zukommen und nahm mir vor, lieber aus der Situation zu agieren.

Meine beiden Koffer trugen SOS-Aufkleber, in der Hand würde ich eine Broschüre halten. Erkennen dürfte man mich also. Das tat dann auch ein jüngerer, relativ kleiner Mann, der sich im Getümmel am Flughafen aus den vielen Wartenden und Angekommenen herausschälte und sich als Francois, Chauffeur im SOS-Kinderdorf in Abbo Gare, vorstellte. Sprachlich „switchte" ich also um auf Französisch. Hoffentlich funktionierte der Schalter.

Wir stiegen in seinen kastenförmigen, etwas klapprigen Renault 4 mit Lenkradschaltung. Bewusst registrierte ich die vierspurige Schnellstraße in beide Richtungen vom etwas außerhalb gelegenen Flughafen bis durch die ersten Vororte Abidjans. Überholt wurde mit Tempo achtzig, rechts oder links, weiße Straßenmarkierungen waren nicht vorhanden. Die entsprechenden Kreuzungen erschienen mir riesig. Sollte mir bei späteren Fahrten vor einer Ampel eines der vielen orangefarbenen Taxis folgen, so würde es sehr geboten erscheinen, lieber noch schnell die Kreuzung zu überqueren; denn die Taxis rauschten durch. Nebenstraßen führten in überaus belebte Wohngegenden, in denen sich pulsierendes Leben und Treiben auf der Straße und den Bürgersteigen abzuspielen schienen. Ich habe mehr als Respekt vor diesen Fahrkünsten der Einheimischen, zudem herrschte hier wieder Rechtsverkehr. Dann ließen wir die an den Lagunen gelegenen Stadtteile mit vielgeschossigen modernen Hochhäusern und gepflegten Außenanlagen hinter uns.

Der erste riesige *Roundabout* (Kreisverkehr) mit seinen sechs Ausfahrten begrüßte uns in dem Stadtteil Abobe Gare, einem weithin bekannten Vorort mit damals etwa sechshunderttausend Einwohnern, fast ausschließlich Einheimischen. Auf dem großflächigen Mittelplatz dieses *Roundabouts* befand sich ein geschäftiger, typisch afrikanischer Markt mit unzähligen Händlern, die selbst zwischen den breiten Ausfahrten ihre Stände aufgebaut hatten, dicht an dicht. Es war ein pulsierendes Gewusel, besonders unangenehm während der teils heftigen Regenzeit mit dem dadurch entstandenen Matsch.

Zu zwei vorübergehenden großen und schlanken Männern hörte ich die Erklärung von Francois: „Die beiden sind vom Stamm der Fulbe aus Mali, klar zu erkennen an den langen, blauen Umhängen, die sie tragen. Es sind sozusagen unsere Gastarbeiter. Und die Frau an dem einfachen, wackeligen Holztisch auf dem Bürgersteig verkauft als Unterhalt Erdnüsse." Ihr kleines Kind spielte neben ihr im Sand.

Auf der löchrigen und ungepflegten kurzen Zufahrt zum Kinderdorf meinte er dann: „Diese Strecke sieht wirklich schlimm aus. Wir müssen eigentlich mal den Staatspräsidenten (damals noch den sehr respektierten Houphouèt-Boigny) einladen. Das ist die einzige Möglichkeit, dass die Straße erneuert wird oder wenigstes komplett ausgebessert wird. Sonst wird nichts getan."

Die Pforte am Eingang war geöffnet; denn auch tagsüber hatte mindestens ein Pförtner in diesem sehr belebten und bis an die Kinderdorfgrenze reichenden Viertel seinen Dienst zu tun. Zur rechten Hand blickte mich von einem Mauersockel eine Steinskulptur an: Sich emporstreckende Arme hielten in ihren geöffneten Händen in berührender Geste den Kopf eines Kindes.

Diese Arbeit, so teilte mir Francois mit, hatte vor einigen Jahren ein nigerianischer Künstler als Dank für erwiesene Hilfe während eines Aufstandes des Ibo-Volkes in Nigeria gespendet.

Irgendwie wirkte das ganze Dorf wie im Dämmerzustand. Kein Wunder, denn ausgewachsene Ölpalmen standen gut verteilt auf dem gesamten Grundstück mit seinen sechzehn Familienhäusern zuzüglich nötiger Zusatzgebäude. Dadurch konnte die Sonne mit all ihrer ihr innewohnenden Kraft nicht recht durchdringen, sodass ab 16 Uhr bereits das Tageslicht ganz allmählich in leichte Dämmerung überzugehen schien – das ganze Jahr hindurch. So hätte ich für Fotos mit einem normal belichteten Film in meiner Kamera ab dieser Zeit bereits ein Blitzlicht benötigt. Als positiver Aspekt jedoch resultierte daraus, dass uns diese riesigen, leicht wedelnden Zweige der Palmen die meiste Zeit etwas Frischluft zufächelten. Unserem Dasein in dieser schwülen Hitze tat es überaus gut. Es war unser afrikanisches Palmendorf.

Begrüßt wurde ich neben vielen anderen Leuten von einem elsässischen Projektleiter, der vor wenigen Wochen bereits aus Ruanda hierher versetzt worden war und mich nun als tatkräftige Unterstützung herzlich willkommen hieß. Kennengelernt hatte ich ihn bereits, als mein Chef mich wegen eines Fortschritts in Burundi aufgesucht und er mich zu einem Arbeitsbesuch nach Kigali in Ruanda im Auto mitgenommen hatte. Der Zufall wollte es, dass im dortigen Kinderdorf an dem Tag unserer Ankunft ein Findelkind abgegeben wurde. Bei der Namensgebung hatte sich die Mutter entschieden, dem kleinen Mädchen als zweiten Vornamen „Heidi" zu geben – nach mir. So gibt es nun irgendwo in Ruanda eine Heidi.

Der französische Pater, den ich noch während meiner Reise kennengelernt hatte, hatte unerwartet ohne Übergangszeit aufgehört, nachdem er vor Jahren privat mit der Aufnahme von Kindern begonnen hatte. Wenige Tage ohne geordnete Leitung bei so vielen Personen hatten genügt, um zu zeigen, dass eine liebevolle, aber auch konsequente Führung vonnöten war.

Als Erstes fiel mir auf, dass in unserem Haus das gemeinsam genutzte Wohnzimmer mit sechs verschiedenen afrikanischen, bunt gemusterten Stoffen dekoriert war. Von Gardinen, mit Stoff bespannten Wänden, Stuhlkissen, Polstern und Teppichvorlagen sprangen mir Ranken- und grafische Muster, von einigen Stoffen sogar wilde Tiere entgegen. Sessellehnen waren Geweihe von Büffeln oder Gnus.

War hier im Innern jemand nicht aufgeräumt, um auch im Äußeren keine Harmonie entstehen zu lassen? Genau wie manche Leute mit sehr viel Arbeit dennoch stets Zeit für plötzlich auftretende andere Notwendigkeiten finden. Doch unsere Ordnung konzentrierte sich entsprechend den Gegebenheiten zunächst auf andere Bereiche, auch wenn ich bisher stets versucht hatte, meine Arbeit als Erstes mit eigenem Wohlfühlen zu beginnen, das heißt, das eigene Zimmer aufzuräumen und dann meine Tätigkeit weiter und weiter auszudehnen, wie bei einem ins Wasser geworfenen Stein, der seine konzentrischen Kreise zieht.

Die in die Wände eingebauten Ventilatorenkästen, die außerhalb der Mauer ständig unser Schwitzwasser als relativ gleichmäßige Tropfen abgaben, zeigten sich als sehr gewöhnungsbedürftig; denn auch in meinem Schlafzimmer knatterte dieser Apparat von der Größe eines Fernsehers die ganze Nacht vor sich hin. Als er jedoch wegen eines Stromausfalls mal nicht arbeitete, erkannte ich seinen wahren Wert. Nicht nur wegen der gespeicherten Hitze im Zimmer, sondern nun drangen aus der nicht enden wollenden Geschäftigkeit der direkten Umgebung laut und vernehmlich bis morgens um 2 Uhr täglich die Geräusche, sprich der Lärmpegel, in unsere Zimmer. Erst um diese Zeit beendeten die letzten einheimischen Händler ihre Geschäftsaktivitäten in ihren Buden oder kleinen Läden – „Hökerläden" hätten wir sie früher genannt – mit entsprechender Musik und es kehrte Ruhe ein. So arrangierte ich mich irgendwie mit dem gleichmäßigen Knattern des Ventilators als beruhigende „Einschlafmelodie".

Kaum zu glauben: In unserem Wohnzimmer stand sogar ein Fernseher, der erste in meinen bisherigen Projekten. Die Elfenbeinküste war ja ein fortschrittliches Land. Ich schaltete ihn zur Zeit der Nachrichten ein. Nach einer kurzen, sehr guten Ansprache des Staatspräsidenten sah ich Bilder aus Deutschland von Demonstrationen wegen Lagerung von Atommüll. Es sah aus wie ein Volksaufstand. Und ein Autounfall auf der Autobahn erweckte den Eindruck, als ob sämtliche Autos zusammengefahren wären. Auf Deutschlands Straßen schien es sehr gefährlich zu sein. Musste ich das sehen?

Aber vorerst hatten wir ohnehin so viel zu tun, dass an keinem Tag vor 22 Uhr ans Aufhören zu denken war. Und an Mombasa auch nicht. Ohne meine Arbeit beschreiben zu wollen und zu können, nahmen wir mit unserer direkten Leitung eine ziemlich umfangreiche Reorganisation und Verschönerung des gesamten Projektes vor, in dem mehr als einhundertsechzig Kinder in allen Altersgruppen und fast vierzig Erwachsene zu Hause waren. Die größeren Jungen wohnten in ihren vier Bubenhäusern etwas separat im Dorf, die großen Mädchen noch in den Familien. Alle Pläne waren selbstverständlich mit einem weiteren Verantwortlichen des Kinderdorfes während kurzer Aufenthalte genau besprochen worden.

Neben diesen Häusern für die Kinder standen auf dem Grundstück unser Haus mit zwei angebauten Büroräumen, eine Werkstatt mit nötigster Einrichtung und einem Mitarbeiter, eine Schneiderei, eine Dorfboutique als Rundbau in der Mitte des Dorfes sowie eine Krankenstation, in der auch schon mal Kinder aus der Umgebung behandelt wurden. Tätig war hier eine halbtags angestellte ältere Französin, die mit ihrem Bruder, einem Missionar, seit vielen Jahren im Land lebte. Ein älteres Gebäude am Rande des Dorfes begannen wir sehr bald vollständig zu renovieren. Hier richtete ich dann einen Kindergarten ein.

Für die Betreuung unserer Familien stellten wir wieder eine Mitarbeiterin ein, die bereits das Dorf gut kannte. Es war eine jüngere Schweizerin, auch eine Heidi – nun Heidi II, obwohl wir beide mit unserem Familiennamen angeredet wurden –, die mit einem Ivorer (Elfenbeinküste heißt auf Französisch „Côte d'Ivoire") verheiratet war und seit einigen Jahren mehr als bescheiden in der Nähe des Kinderdorfes wohnte. Als ihr kleiner Sohn Serge eines Tages im Dorf mit einem Pudel herumtollte, dachte ich: „Das sieht aber lustig aus. Bei dem Fell des Hundes und den hellbraunen krausen Haaren von Serge weiß man beim Spielen gar nicht, was nun zu wem gehört."

Die gesamte Korrespondenz und sonstige Büroarbeit war mir zugeteilt worden. Mit der neu eingestellten Sekretärin, Philippine Traoré, arbeitete ich sehr eng und intensiv zusammen. Über unsere Akten und Briefe gebeugt erhielten wir langsam einen Überblick. Viel deutsche Korrespondenz gehörte zu meinen Aufgaben, Philippine erledigte primär die französischen Briefe. Wir hatten sehr viel zu tun.

Die ersten sechs Wochen begnügten wir uns mit einem einfachen Mittagessen aus den Familienhäusern. Statt Maniok gab es Reis mit Fisch in Kokosöl – oder umgekehrt: Fisch in Kokosöl mit Reis, dem Fast-Standardgericht des Landes. Ich esse zwar gerne Fisch, doch dann war eine nötige Abwechslung wirklich fällig und der von uns eingestellte feingliedrige Lazare als fähiger und lieber „Boy" sorgte fortan neben unserer Wäsche und dem nötigen Putzen auch für unsere Mahlzeiten. Wir entlohnten ihn privat. Auch die Ausgaben für unsere Lebensmittel bezahlten wir privat. Er war zuvor bereits Koch bei Europäern gewesen. Er kam aus Ouagadougou, der Hauptstadt des damaligen Obervolta, heute Burkina Faso. In der seinerzeit prosperierenden Elfenbeinküste nutzten viele Leute aus umliegenden Ländern die Möglichkeit zu einer Arbeit, um sich und ihre Familie zu ernähren.

Die Einkäufe für unser Mittagessen gehörten teilweise auch zu seinen Aufgaben, wenn wir auch hin und wieder unsere Mahlzeiten durch eigene kleine Extras, vor allem mit Fleisch aus Supermärkten aus dem Zentrum der Hauptstadt, bereicherten. Teilweise oder zumeist kamen sie frisch eingeflogen aus Frankreich. Zum Beispiel ein Blumenkohl für 19 DM. Ein köstlicher Joghurt für 2,70 DM kostete genauso viel wie damals ein Liter Benzin. Einen gegrillten Maiskolben genoss ich durchaus auch irgendwo unterwegs von einem lokalen Holzkohlefeuer, genau wie ein gekühltes Getränk auf einfachen Holzbänken an der Straße oder in einem spartanischen, etablierten Hinterhofrestaurant den Durst ebenso gut löschte. An Haken aufgespießtes Fleisch auf dem Markt kauften wir allerdings nie.

Die Scheine unserer CFA-Franc-Währung waren bunt und hübsch, vor allem jedoch sehr groß, sodass ich mir recht bald ein anderes Portemonnaie kaufen musste. In jedem Fall trugen alle Zahlen auf den Scheinen, wie schon im Urlaub, mehr oder weniger viele Nullen, sodass ich die Beträge ab vier Nullen aufzuschreiben begann.

Lazare arbeitete sehr sauber und verlässlich, bereitete geschmackvolles Essen zu, doch hin und wieder gewann ich den Eindruck, als stelle er statt eines einfachen Tellergerichtes mit Gemüse vom Markt ein Hochzeitsmenü zusammen. So wirkte die Küche. Zu einem Gurkensalat pulte er beispielsweise die Kerne aus jeder Scheibe einzeln heraus. Doch irgendwie war es dann immer wieder aufgeräumt und blitzblank! Korrekt waren Gläser und Bestecke angeordnet; dazu gehörten ein Stückchen Käse oder Obst als Dessert, ab und zu ein Gläschen Rotwein. „Für mich bitte lieber Wasser, Lazare."

Diese stilvolle, meistens entspannte kurze Mittagszeit im sonst sehr afrikanischen Dasein mit täglich über zweihundert Personen um uns herum und immer arbeitsreichen Tagen tat gut und musste sein. Nur wenige Stufen führten zu unserem Eingang und damit Wohnzimmer, von dem wir selbst bei unseren Mahlzeiten den breiten Fußweg sehen konnten, der zum Eingang des Dorfes führte. Unsere Haustüren standen meistens offen. Eine Mauer umgab auf unserer Rückseite das Dorf, sodass unser Kühlschrank aus Platzgründen auf der dortigen kleinen Terrasse stand. Er blieb unentdeckt und daher zu meiner Erleichterung auch stets gefüllt.

Meine längeren Halsketten fand ich hin und wieder zu fantasievollen Blütenformen dekoriert. War er nicht ausgelastet oder fand er natürliches Gefallen an Schmuck, mit einem Gedenken an seine

Frau daheim? Und die schmalen Fensterscheiben, wie in Kenia die *Loover*, nahm er zum Putzen aus ihren Metallfassungen und trocknete sie draußen geordnet auf dem Rasen vorm Haus. Einmal hatte ich sogar nach der Rückkehr aus der Stadt meine Lockenwickler draußen als bunte Farbflecke im Gras entdeckt. Nachdem er sie gewaschen hatte, mussten sie nun dort trocknen … Wobei es durchaus schon mal passieren konnte, dass Wäsche, bedingt durch das überaus feuchte Klima während der meisten Monate des Jahres, drei Tage zum Trocknen benötigte. Aber unser guter Lazare war ein Schatz und unverzichtbar. Durch seine heitere Art und sehr saubere Arbeit waren die für uns „überflüssigen" Tätigkeiten in unserem Privatbereich abgedeckt. Darum brauchten wir uns zu unserer Entlastung kaum mehr zu kümmern.

Jeden Abend fuhr ein laut pfeifender Zug pünktlich um 18 Uhr nach Ouagadougou ab, was wir bei entsprechendem Wind gut hören konnten. Zu besonderen Anlässen benutzte auch unser Lazare diesen Zug, um seine Frau im fernen Obervolta zu besuchen. Als er jemanden zuvor anrief, war sein Gesprochenes ein einziges Melodienkarussell für mich. Während wir uns in einem Gespräch mit ihm und weiteren Erwachsenen über die Anwesenheit von verantwortlichen Europäern im Lande unterhielten, hörten wir von ihm sogar: „Es ist doch gar nicht so schlecht, dass Ihr hier seid. Es geht voran und vor allem stehen die Europäer den einzelnen Stämmen doch viel neutraler gegenüber, als wir es je könnten." Die anderen nickten zustimmend. „Das ist richtig."

Das Zentrum Abidjans lag etwa zwanzig Kilometer entfernt, die Autofahrt dauerte entsprechend. Nach anfänglichem Zögern wagte ich mich selbst ans Steuer; denn meine Erledigungen musste ich auch ohne Chauffeur ausführen können. Langsam fand ich mich in der großen Stadt mit ihren Kreuzungen und verwirrenden *Roundabouts* zurecht. Besonders zwei von ihnen ähnelten einander teuflisch …

Bedingt durch die schwüle Hitze – wir hatten meist über dreißig Grad mit mehr als neunzig Prozent Luftfeuchtigkeit –

fuhren wir ständig mit offenen Autofenstern, sodass wir entsprechend durchgeschwitzt waren und uns durchaus schon mal erkälten konnten.

Im Dorf sahen wir uns genötigt, uns den dortigen Bedingungen anzupassen, also nicht immer vier Dinge auf einmal erledigen zu wollen. Wie vor einem Hochsommergewitter in Deutschland zeigte sich hier unter Umständen einige Wochen lang keine Sonne. Sollte es gar zu drückend sein und ich angesichts meiner eigentlich robusten Gesundheit dennoch schlappmachen, so galt für mich oder uns, sich einfach mal kurz hinzulegen.

Nach wenigen Monaten wurde ein zweiter Projektleiter eingesetzt, da der erste nach Ruanda zurückkehrte. Es war ein Schweizer, mit dem ich in seinem gewollt einfachen, aber stilvoll geführten Alltag nun weiter an der Neugestaltung arbeitete.

Im neuen Kindergarten entstanden zwei Klassen mit grün- und orangefarbenen Möbeln. Es waren dies die Landesfarben. Ich hatte die Idee, mit den aus Ghana mitgebrachten Stoffmustern – das Symbol der SOS-Kinder war etwa drei Zentimeter groß – Stoffe drucken zu lassen. Allerdings gab man mir in der Fabrik eine Mindestabnahme von zehntausend Metern vor. Ich versuchte, mir eine Stoffbahn von zehn Kilometern vorzustellen! Nach einigem Überlegen und vor allem aufgrund der Zustimmung meines Kollegen sagte ich der Fabrik zu. Nun konnte das Kinderdorf-Symbol in vier verschiedenen Farbtönen auf weißem Grund mit winzigen farbigen Pünktchen gedruckt werden. Es waren etliche Baumwollballen, die wir nach und nach abholen konnten.

In unserer Schneiderei probten unsere beiden Schneider an ersten von mir entworfenen Kleidern aus diesem Stoff für die Mädchen. Für die Jungen nähten sie kurze Jeanshosen und Hemden in passenden Tönen aus diesem SOS-Stoff. Alle Teile entwarf ich ohne Knöpfe und Reißverschlüsse. Es wurde unsere Kindergartenuniform. Mütter und Kinder waren hellauf begeistert. Unsere Kleinen, die Mädchen mit noch teilweise geflochtenen Zöpfchen oder bunten Spangen, sahen in diesem Kindergarten-Outfit einfach süß aus!

Heidi II als Mütterberaterin kümmerte sich intensiv und verständnisvoll um die Familien, wofür sie als halbe Ivoverin gut geeignet war. Alltägliche Erledigungen für den Haushalt spielten sich oft vor den Häusern ab, wo der Boden mit großen Scherben von Kacheln fest verlegt war und ein Wasserhahn nötiges Wasser lieferte. So wurden hier des Öfteren Gemüse oder auch Geschirr sowie Wäsche von Hand gewaschen oder auch die kleinen Kinder unter Palmen sauber gespült oder geschrubbt. Für den Sonntag wurden die Kleinen schon mal besonders fein gemacht. So sah ich als Ausnahme tatsächlich mal zwei kleine Knirpse in bunten Spitzenanzügen und mit geflochtenen Mini-Bastsandalen stolz und ein wenig ungewohnt durch unser Dorf marschieren.

Am heitersten zeigte sich das Leben bei gemeinsamen Arbeiten wie dem Maniokschälen. Dicke, braune, mindestens zwanzig Zentimeter lange Wurzeln lagen für diese Tätigkeit in großen Körben und Bastkiepen bereit. In Würfeln geschnitten und gekocht, bildeten sie neben Reis und Süßkartoffeln mit verschiedenen scharfen Saucen, Fisch oder Fleisch – hauptsächlich vom Huhn – das Grundnahrungsmittel.

Eines Abends waren wir als wirklich besonderes Highlight bei Heidi II und ihrem Mann Aka eingeladen, dessen Familie in der Nähe Plantagen besaß. Er selbst arbeitete beim Bodenpersonal einer Fluglinie. Der Termin war gut gewählt, der Tag versprach mit einer herrlichen Vollmondnacht auszuklingen. Mit meinem Schweizer Kollegen, der seinerzeit in den USA mal ein Mitglied der berühmten Kennedy-Familie im Skilaufen trainiert hatte, und Heidi fuhr ich die unbekannte Strecke, bis wir nach der schmalen Zufahrt auf ihr extra blank gefegtes Grundstück kamen.

Hinter uns ein altes Haus, saßen wir auf einfachen Holzbänken an dem langen und sauber geschrubbten Tisch. Schwägerinnen und Kinder servierten Fufu, zubereiteten Maniok, der nun als länglicher Kloß auf unserem Teller von gekochtem Hühnerfleisch in einer sehr pikant gewürzten Soße zugedeckt wurde. Maniok besitzt keinen Eigengeschmack, doch durch die dazu gereichten kräftig abgeschmeckten Soßen wurde es stets ein pikantes Gericht.

Vor uns schwankten die langen Stiele der Maispflanzen mit leisem Rascheln in der aufkommenden Brise des Abendwindes. Rechts führte zwischen diesen langen Blättern ein Lehmpfad zu einem Erdnussacker. Über allem strahlte in der sich niedersenkenden Dunkelheit der Mond in all seiner Helligkeit auf uns herab und zauberte eine einfache, aber romantische und unvergessene Schönheit in dieser afrikanischen Ländlichkeit – fernab von unserem gewohnten Trubel.

Mein Kollege streckte seine Beine unter den Tisch aus – und stieß gegen etwas. Was war das? Voller Spannung schaute er unter den Tisch. Und erschrak. Lag da etwas oder gar jemand, zusammengerollt in alten Umhängen auf dem Lehmboden? Heidi klärte die Situation: „Ja, das ist meine Schwiegermutter, die schläft aus alter Gewohnheit immer da." In tiefer Betroffenheit bat mein Kollege sie, seine ehrliche Entschuldigung doch bitte anzunehmen. „Das ist nicht so schlimm, wie Sie meinen. Es ist ihr Leben. Doch vor allem kann ich es ihr gar nicht sagen; denn ich spreche nicht ihre Sprache. Und Französisch kann sie nicht. Noch nie haben wir uns unterhalten."

Inzwischen hatten wir einen infrage kommenden jungen einheimischen Assistenten eingestellt, Mr. Constant, der gründlich in sein umfangreiches Aufgabengebiet als zukünftiger Dorfleiter eingearbeitet werden sollte. Im Dorf gab es natürlich täglich etwas Neues. So suchten wir auch die Schulen auf, in die unsere Kinder gingen, wobei sich eine Klassenstärke von bis zu achtzig Kindern als keine Seltenheit herausstellte. „Dafür" besaß das Land die zweitgrößte Kathedrale der Welt nach dem Petersdom. Würden wir eines Tages auch Schulen, wie in anderen Ländern bereits geschehen, für unsere Kinder bauen müssen?

Nach kurzer Zeit erwies es sich als erforderlich, für unsere vielen Kinder jemand Verantwortlichen für sämtliche Fragen der Schule einzustellen. Sie alle hatten zwar Schulplätze erhalten, doch ein Schulwechsel nach den dreimonatigen Sommerferien wäre sicher in manchen Fällen empfehlenswert gewesen.

Der bevorstehende Schulbeginn musste nach dieser langen Ferienzeit unerwartet um zwei bis drei Wochen verschoben werden, denn das Schulmaterial war noch nicht vorhanden, ebenso waren erforderliche Schulbücher für die höheren Klassen noch nicht aus Frankreich, wo sie gedruckt wurden, eingetroffen.

Zunächst musste der normale Bürger sich aber selbst um einen Schulplatz bemühen, was praktisch hieß, dass Leute ab Mitternacht in der beginnenden Schlange auf eine Einschreibung warteten. Und dann konnte man die Bücher für eben diese Schule kaufen. Vor den Schulen und wohl auch Buchhandlungen sorgten in diesem Andrang Wächter mit Stöcken – wie in Kenia vor den Eingängen der Banken – für einen halbwegs geordneten Ablauf.

Seit Tagen ertönten im Radio in verschiedenen Programmen die Durchsagen, welches Geschäft die Bücher für welche Schule oder Klasse bereits erhalten habe. Damit konnten die ersten Schulen mit dem Unterricht beginnen. Auch dieses wurde wieder angesagt.

Während ein paar Wochen war dieses Thema mit vielen Kindern im Land so in jedem Jahr ein recht zentraler Punkt im Tagesgeschehen. Und unser neu eingestellter Mr. Bouaké in seinem traditionellen Umhang mit all seiner posierenden Wichtigkeit war entsprechend beschäftigt, vor allem auch später durch die fortlaufenden Programme der Schulaufgabenbetreuung und Ausstattung mit Material.

In anderen Arbeitsbereichen waren Erledigungen mit vergleichbar umfangreichen, für uns Europäer nicht immer gleich ersichtlichen Schritten verbunden.

Wir gönnten uns zwei freie Tage und fuhren nach Yamoussoukro, das, wie es damals schon hieß, einmal neue Hauptstadt werden sollte. Und es heute noch ist. Ein mehrspuriger, mit markanter Straßenbeleuchtung ausgestatteter Prachtboulevard führte zum Präsidentenpalast. In dem riesigen gemauerten Wasserbecken davor tummelten sich aus Ghana importierte Alligatoren. Das sich anschließende Restaurant eines Hotels war vornehm hell erleuchtet, alle Tische stilvoll gedeckt, Kellner in Livree standen dienstbeflissen bereit. Leider konnten wir nur wenige Gäste ausmachen und fuhren um den Gesamtkomplex herum, acht oder neun Kilometer. Wir übernachteten in einem kleinen, einfachen Hotel, das mich irgendwie an unsere Unterkunft im Kongo erinnerte.

Ein Mittelmaß schien es hier, wie in Abidjan, noch nicht zu geben. Unsere beiden Kellner fragten wir nach ihrer Meinung zu diesem Luxus, der in sehr sichtbarem Kontrast zur Umgebung stand. Sehr respektvoll, fast ein wenig devot, fanden sie es toll und bewundernswert. Meinten sie es wirklich oder gebot es die Anerkennung dem Staatsoberhaupt gegenüber?

Mein Schweizer Kollege hörte leider bald auf und kehrte zu seiner Familie einschließlich einer behinderten Tochter zurück. An seine Stelle trat ein deutscher Mitarbeiter, ein absoluter Praktiker, gelernter Autotechniker, mit sozusagen aufgekrempelten Ärmeln. Im Verlaufe der Zeit war es für mich köstlich, wenn ich hin und wieder in diesem afrikanischen Lebensalltag ostpreußische Wörter oder Redensarten aus seinem Mund hörte; denn seine frühe Kindheit hatte er noch in Ostpreußen verbracht.

Aus Nairobi hatte ich mir die Kopie einer detailliert ausformulierten Mütteranzeige im DIN-A4-Format mitgebracht. Denn wir benötigten weitere Mütter für dieses sowie ein im Plan befindliches zweites Kinderdorf im Lande, ebenso Familienhelferinnen für beide Dörfer.

Voller Spannung hofften wir, dass sich geeignete Kandidatinnen auf unsere Anzeige melden würden. In der größten Tageszeitung des Landes war sie vor wenigen Tagen korrekt in Französisch gedruckt worden. Völlig überrascht, ja fast überrumpelt, stellten wir ein reges Interesse fest, das weit über den Großraum Abidjans hinausging. Innerhalb von etwa drei Monaten meldeten sich bei uns nahezu vierhundert Frauen. Heidi und ich hatten zwar wohlweislich nach den Monaten der ersten Anfänge im Dorf genügend Zeit für diese Aktion eingeplant, doch an manchen Tagen waren wir bis zu fünf Stunden oder sogar mehr nur mit diesen Interviews beschäftigt. Schriftliche Bewerbungen gab es natürlich nicht, alle kamen persönlich zu uns.

„Du, Heidi, unter dem Apatame auf der Bank sitzen schon wieder so viele Leute. Das sind doch sicher zwei oder drei Gruppen, die auf uns warten. Heute sind wir aber beschäftigt." Dennoch wurden alle angehört und unsere Arbeit in fast allen Fällen erklärt; denn gleichzeitig bot diese Aktion eine willkommene Werbung für die Organisation. Hinzu kam, dass die Bewerberinnen nicht alleine kamen. Fast immer wurden sie von Tanten, Müttern und Geschwistern, auch mal von Onkeln oder Freundinnen oder gar den eigenen Kindern begleitet. So kamen ganze Gruppen afrikanischer Familien. Oder sie erschienen „nur" mit ihren schweren Einkäufen vom Markt.

Entweder Mr. Constant oder Mme. Philippine als Einheimische standen uns für nötige Übersetzungen, für nicht ersichtliche Einschätzungen dieser Frauen mit entsprechenden Beratungen stets hilfreich zur Seite. Constant hatte ein paar Monate zuvor einige Zeit in Frankreich verbracht, wobei ihm bei einem Besuch im Kinderdorf die Mutterrolle sehr imponiert hatte. In den meisten Ländern konnte ich voraussetzen, dass die Kandidatinnen einige Jahre Schulbildung erhalten und sogar eine weitere Ausbildung genossen hatten; Erfahrungen im Umgang mit Kindern hatten alle. Etliche waren verheiratet, suchten einen „normalen" Arbeitsplatz oder kamen aus verschiedensten Gründen auch sonst nicht infrage.

Plötzlich erinnerte ich mich während dieses Interviews an ein Gespräch, das ich nach meiner Rückkehr aus dem Libanon mit dem Geschäftsführer in München geführt hatte: „Frau Totz, nun haben Sie einige Erfahrungen gesammelt und wissen, wie eine gute Kinderdorfmutter sein sollte. Feststehende Regeln können wir dafür nicht aufstellen." Wie wahr!

Ich fand, dass wir für unsere Kinder lebensbejahende, in sich gefestigte und damit seelisch gesunde Frauen brauchten – Eigenschaften, die unabhängig von jeder Kultur, Religion und Sprache sind. Zusätzliche Eigenschaften, Fähigkeiten oder Kenntnisse sollten vorhanden sein oder konnten erworben werden.

Sollte eine Kandidatin ein, eventuell zwei eigene Kinder haben, waren wir gegebenenfalls wie in Kenia bereit, diese mit ihr in ihrer eigenen Familie aufzunehmen, erfahrungsgemäß verlief

das ohne besondere Probleme. Einmal hatte ich es erlebt, dass eine Kinderdorfmutter, die keine eigenen Kinder bekommen hatte, ihr nur wenige Wochen altes, aufgenommenes Baby mit entblößter Brust durchs Dorf trug, bis sie es zu stillen vermochte.
Von uns ausgearbeitete detaillierte Fragebögen erleichterten die weitere Auslese, ein zweiter Termin schaffte dann zusätzliche Klarheit. Sollten wir uns selbst nicht sicher sein, so hofften wir auf eine Entscheidung innerhalb einer gewährten und geforderten Probezeit, die alle Kandidatinnen zu durchlaufen hatten. Natürlich kam es schon mal vor, dass wir meinten: „Die wäre genau die richtige Kinderdorfmutter. Hoffentlich sagt sie zu."

Mit zwölf jüngeren Frauen begannen wir unsere erste praktische und parallel dazu laufende theoretische Ausbildung. Weitere Kurse folgten. Die Elfenbeinküste war wie Kenia ein aufgeschlossenes Land und so erteilte der von uns engagierte Arzt für Hygiene- und Gesundheitsfragen für die Mütter auch unseren Jugendlichen, getrennt nach Jungen und Mädchen, Unterricht in Sexualkunde.
Zunächst beschämt von ihnen belächelt, fanden die draußen unter dem Apatame sehr anschaulich erteilten Erklärungen doch nachhaltige Wirkung. Zusätzlich wurden in dem erweiterten Kurs für die Mütter dann Erziehungsfragen in Verbindung mit der Entwicklung von Kindern thematisiert.
Als die ersten angehenden Mütter bereits in den Familien arbeiteten, konnten wir einigen ihre wohlverdienten freien Tage gewähren. Auch eine Kandidatin erhielt frei, doch sie kehrte nach ihren wenigen Urlaubstagen nicht zurück zu uns. Ihr von uns geöffnetes Zimmer war leer. Wie wir herausfanden, war ihr während dieser Zeit der Dorffetisch übertragen worden, da der bisherige Träger desselben zuvor gestorben war. Mit diesem Fetisch hatte sie Einfluss auf die Krankheiten und das Verhalten von Menschen übertragen bekommen. Eine einfache Version des Fetischismus konnte sich darin zeigen, dass jemand einen Fetisch vor die Tür einer bestimmten Person legte, um ihr damit Böses zu wollen. Für uns kam sie damit nicht mehr infrage, da unsere Arbeit nicht von afrikanischem Geisterglauben abhängig sein konnte. Sie hatte

sich gegen uns entschieden oder es wurde von dem Dorfältesten ein anderer Lebensweg für sie vorgesehen. Wir waren froh, dass es diese Trennung bereits gab, als sie noch nicht als Mutter tätig war.

Später erinnerte ich mich, dass ich sie mal gefragt hatte, wie sie die Erziehung von jungen Mädchen sehe, beziehungsweise welche Vorschläge sie habe. Ihre zögernde Antwort: „Das hängt von dem jeweiligen Stamm ab …", ließ mich damals zwar aufmerken, nicht jedoch hochschnellen. Andere Arbeit hatte mich gerufen, unsere Unterhaltung war abgebrochen.

Mit meinem Kollegen Siegfried saß ich beim Mittagessen und beobachtete ein wenig gedankenverloren eine kleine Echse, die sich gerade schwer atmend aufpumpen wollte, um von unserer geöffneten Gartenpforte von Tür zu Tür zu springen. In Mombasa waren abends öfter Geckos im Schein der Abendbeleuchtung die Wände in meinem Wohnzimmer hochgelaufen. Durch die Beleuchtung wurden ihre Körper ganz durchsichtig, was ich stets fasziniert beobachtete. Diese ein wenig sentimentalen Erinnerungen mit kleiner Träumerei an Vergangenes endeten abrupt.

Denn unerwartet platzte plötzlich eine Kinderdorfmutter völlig außer Atem herein: „Vor drei Stunden bin ich nun mit meiner Odile ins Krankenhaus zu einer Behandlung gefahren, wo man mir aufgetragen hat, diese drei Medikamente selbst in der Stadt zu kaufen, weil sie die nicht hatten." Sie reichte uns die Verschreibung. „Zwei habe ich finden können, das dritte nicht. Außerdem ist mir mein Geld ausgegangen." Unsere Teller ließen wir halb leer gegessen stehen, bezahlten ihr Taxi, sprangen in unser Auto und Siegfried raste – mit eingeschaltetem Warnblinker – zwischen den Autokolonnen hindurch zu nächsten Apotheken auf unserem Weg, um das fehlende Medikament selbst zu kaufen und damit das Mädchen versorgen zu können – im Krankenhaus.

In ganz extremen Fällen wäre eine Behandlung in Europa möglich gewesen. Dieses schien mal in Burundi nötig zu werden, woraufhin man mir auf meine Bitte hin von einer Fluggesellschaft bereits einen kostenlosen Flug zusagte. Doch zum Glück stellte es sich als nicht erforderlich heraus.

Wie bereits in den von mir bekannten Ländern, gab es auch hier keine Krankenversicherung. Wir sorgten selbst für Behandlungen, entweder im Dorf oder eben im Krankenhaus, möglichst unentgeltlich.

So kam mal als absolute Ausnahme ein Krankenwagen zu uns ins Dorf, um bei allen Kindern und Erwachsenen eine Röntgenuntersuchung durchzuführen. Gratis, vom Staat aus.

Eines Abends weckten mich zu später Stunde die großen Jungen, da es einem von ihnen nicht gut ging, er hatte sich böse geschnitten. Unverzüglich fuhren wir in die Klinik. Nachts in ein Krankenhaus fahren zu müssen, ist keine heitere Angelegenheit, doch als weitaus schlimmer empfand ich in unserer Situation die schwarz gekleideten Klageweiber, die uns in Gruppen laut lamentierend und sogar schreiend oder trällernd entgegenkamen. Später trafen wir noch eine weitere Gruppe auf einem anderen Gang – es war jemand verstorben. Einige Betten mit Patienten standen daneben auf dem Flur.

Unser Junge wurde behandelt und irgendwann konnten wir zu unserer Erleichterung gemeinsam zurückfahren. Weitere Verbände waren bei uns im Dorf möglich.

Nach Besorgungen sahen wir, dass Mr. Constant mit einem gepflegten Mann verhandelte – neben ihnen parkte ein schickes Auto. Er wollte uns ein Baby, ein Waisenkind bringen. Wie er behauptete, sei die Mutter verstorben, der Vater nun auch. Auch die Sterbeurkunde des Vaters legte er vor. Constant als ausgebildeter Sozialarbeiter kam die Angelegenheit sehr suspekt vor. Mit unserer Unterstützung fand er dann in wochenlangen Recherchen, wozu er bis zu sechshundert Kilometer fahren musste, heraus, dass es der eigene Vater gewesen war, der seine Tochter abgeben wollte. Die Papiere waren gefälscht gewesen. Ein trauriger Fall, aber dennoch keiner für unser Kinderdorf.

Einmal hatten unsere Nachtwächter tatsächlich ein Findelkind, ein kleines, wimmerndes Bündel, ein Mädchen, eingewickelt in Tüchern, abends an der Pforte unseres Eingangs gefunden. Die Verhandlungen mit der gerufenen Polizei dauerten bis nach

Mitternacht, hauptsächlich, weil die meiste Zeit zwischen den Sprachen der einzelnen Stämme übersetzt werden musste. Die zunächst aufgefundene Mutter konnte entkommen, ein Einschreiten der zuständigen Botschaft – sie war eine Ausländerin – wurde damit hinfällig. Jedenfalls war das Mädchen nun bei uns, erhielt von seiner stolzen Kinderdorfmutter einen Namen und entwickelte sich zu einem hübschen und aufgeweckten Kind.

Zwei unserer Babys wurden als Zwillinge geboren. Dieses war Grund genug, um sie entsprechend der Tradition eines bestimmten Stammes aussetzen zu müssen. Erschwerend kam hinzu, dass sie das zehnte und elfte Kind waren, und deswegen, so sahen es diese manchmal nur sehr schwer zu verändernden Traditionen, zusätzliches Unglück für die Dorfgemeinschaft bringen würden. Constant hatte ich mal gefragt, ob diese zehn oder elf Kinder alle von einer Frau geboren sein mussten; doch darauf erhielt ich keine Antwort. Nach mehreren Gesprächen hatte sich die Mutter letztendlich entschieden, beide Babys im Kinderdorf aufwachsen zu lassen, um sie nicht zu trennen. Bei ihrer Ankunft bei uns trugen sie sehr viele kleine Perlenkettchen, um sie damit für immer vor dem Bösen zu schützen.

Als Siegfried eines Tages aus der Stadt zurückkehrte, begrüßte ich ihn mit: „Du, Siegfried, wir haben gerade ein Kind bekommen!" „Was haben wir? Wie viele haben wir denn schon?" Auch unser Ausdruck gehörte manchmal zu unserer Lebensweise.

Später sollten wir als absolute Ausnahme sogar ein einjähriges Kleinkind mit einem Wasserkopf aufnehmen. Es war eigentlich kein Fall für eine Kinderdorfmutter, die noch acht oder neun andere Kinder zu versorgen hatte, doch es gab im Land keine staatlichen Einrichtungen für Kinder mit Behinderungen, weder geistigen noch körperlichen. Diese Behinderungen wurden ganz allgemein bösen Geistern oder Kräften zugeschrieben – die Kinder oft ausgesetzt. Nachdem es soweit zu Kräften gekommen war, wurde es operiert. Bald danach konnte es zu unser aller Freude als erste Folge dieser Behandlung die Hände bewegen, bald danach auch die Beine. Gerade dieses Mädchen wurde gerne mal von dem einen, mal von dem anderen Kind gut verpackt in seiner Kinderkarre durchs Dorf geschoben. Mit der Zeit nahm der Umfang seines Kopfes ganz langsam ab.

Ich kann mich nicht mehr erinnern, wann es war. Eines Abends öffnete ich die Tür zu meinem Schlafzimmer – der ganze Raum war angefüllt mit etwas Dunklem, Undurchdringlichem. Im selben Moment legte ich, wie geführt, meine Hand auf das neben dem Kopfende liegende Neue Testament. Das nicht zu beschreibende im Raum war verschwunden.

Mit Siegfried war ich zu verschiedenen Terminen unterwegs gewesen, als wir am späten Nachmittag völlig überrascht einen neu erbauten, wunderhübschen Hotelkomplex entdeckten, ganz und gar auf weitläufigen Stelzen in die Lagune hineingebaut. Die allgemeinen Einrichtungen wie Büro und Restaurant spiegelten einen maurischen Baustil wider, waren ockerfarben verschlemmt, alles war abgerundet, keine Ecke zeigte sich. Auf Holzstegen über dem Wasser erreichten Gäste ihre Unterkünfte – jede als kleine Rundhütte mit Makutidach. Bauchige Tontöpfe, in denen tropische Pflanzen mit ihren großblumigen Blütenständen in Gelb, Lila oder Rot prächtig gediehen, setzten farbliche Akzente. Alles wirkte sehr neu.

Constant war im Dorf, daher fragten wir uns: „Können wir hier wohl zu Abend essen?" Wir zählten unser Geld durch. Es müsste reichen. Abidjan war ja sehr teuer. In einem normalen Restaurant kostete eine Flasche Bier bereits 9 Mark. Wir traten in das Restaurant ein. Stilvoll gedeckte Tische erwarteten uns in einem großen Raum, vergleichbar mit einer kuppelgewölbten Zirkusarena. Für mich unerwartet füllte sich der Raum, die Hautevolee von Abidjan hatte sich eingefunden.

Mehr noch als ein gutes Essen überraschte uns die anschließende Darbietung von Tänzern. Wie jemand einführend erklärte, kam auch eine Gruppe aus dem Senegal. Wie in Trance absolvierten diese zu afrikanischen Masken geschminkten und entsprechend kostümierten Tänzer ihre charismatische Show. Um jegliche

Ablenkung oder Störung in dieser absoluten Seelenverbindung zwischen den verantwortlichen Erwachsenen und den Noch-Kindern für die einmaligen Sprünge mit scharfen Riesenmessern, in die die in die Höhe geworfenen kleinen Kinder beim Fallen eben nicht fallen durften, und weiteren Künsten zu vermeiden, besuchten diese Kinder auch keine Schulen. Sie wurden privat unterrichtet. Zwei dieser Messerklingen wurden als Beweis herumgereicht.

Es war atemberaubend.

Danach haben wir den Hotelkomplex noch öfter im Vorbeifahren gesehen, eingekehrt sind wir aber nicht mehr.

Irgendwann fühlte ich mich urlaubsreif, ich benötigte eine Veränderung. Während des zuvor empfohlenen Besuches in einer französischen Privatklinik verschrieb mir der diensthabende Arzt verschiedene Medikamente, bis ich meinte: „Mir geht es wirklich nicht gut, ich möchte hierbleiben." Eine erneute Untersuchung folgte: „Neben Ihrer absolut erforderlichen Behandlung haben Sie ja auch noch Malaria." Nach einer dreitägigen Infusion konnte ich dann den von Siegfried arrangierten Urlaub in einem kleinen Schwarzwaldort antreten.

Als wir wieder einmal ungeplant zwischenlandeten, dachte ich, wir hielten mitten in der Wüste, doch die wenigen flachen Gebäude waren eingetaucht in eine traumhafte Märchenlandschaft voll grauer, zarter Nebelschleier, aus der malerisch die Spitzen einiger Büsche und Baumkronen herausschauten. Wie eine chinesische Tuschezeichnung. Ein mir völlig fremd gewordenes Bild. Es war in Naoukchott.

Langsam erholte ich mich, ging etwas spazieren, dann ein wenig länger, genoss ein Butterbrot und sogar eine kleine Fahrradtour, die mich einige Kilometer Richtung Schauinsland brachte. Meine Vermieterin sah mich immer noch ein wenig verwundert an; denn aus Afrika hatte sie eine Schwarze erwartet … Gern folgte ich ihrer Einladung zu einem Abendessen. Sie bot als Delikatesse Froschschenkel an. Die Soße schmeckte vorzüglich, doch bei den Schenkeln sah ich immer die quakenden Frösche aus dem Koselauer Teich vor mir … Ähnlich hatte es sich bei einem fünf Stunden währenden Mittagessen verhalten, zu dem mich Franzosen in Abidjan eingeladen hatten. Als Krönung waren Schnecken aufgereiht worden. Ich bin zwar keine Vegetarierin, doch diese Gerichte mussten nicht ein zweites Mal unbedingt auf meinem Speiseplan stehen.

Eigentlich gedachte ich das Alleinsein zu genießen, rief aber doch etwas später meine Schwester an, die mich hocherfreut mit ihrem Mann für ein paar Tage abholte. Während dieser Zeit äußerte ihre Tochter Kristina den Wunsch, mich nur allzu gerne einmal in Afrika zu besuchen. „Eine tolle Idee", fand ich auch. Und nach einer kurzen Pause: „Ich habe einen Vorschlag: Den Flug müsst ihr selbst bezahlen, alle anderen Kosten im Lande übernehme ich. Überlegt es euch."

Bei einem Spaziergang durch die Stadt passierten wir eine Demonstration, bei der lauthals zu einer halben Stunde weniger Arbeit pro Woche aufgerufen wurde. Wie viele Stunden pro Woche arbeitete ich eigentlich? Ich habe es verständlicherweise nie versucht nachzurechnen. Meine Frage: „Und wofür brauchen Sie die halbe Stunde?" „Für alles Mögliche, wir möchten eben weniger arbeiten." Während einer anderen Unterhaltung meinte ich: „Ich war im Ausland." „Oh, wir waren auch schon des Öfteren im Ausland, dort ist wirklich alles ganz anders." „Und wo waren Sie?" „In Dänemark in einem Ferienhaus." „Hatten Sie einen anderen Pullover mitgenommen oder was war anders?" Ich spürte einen ganz leichten Knuff meiner Schwester. Es waren ohnehin keine weiteren Erklärungen nötig.

Wieder in meinem gemütlichen Schwarzwaldort, wurde im Kurzentrum ein Kurs in Stoffmalerei gegeben. Interessiert, aber zunächst ohne besondere Ambitionen wurden mir wie den anderen Teilnehmerinnen Finessen für ein gutes Gelingen beigebracht. „Nächste Woche geht es dann weiter." „Aber dann bin ich bereits wieder fort." Netterweise lud mich die Leiterin zu sich nach

Hause ein. Ein Zug fuhr dorthin. Auf ihre Erklärung bei einer gemütlichen Tasse Kaffee: „Schauen Sie, Frau Totz, dies ist die beige Farbe als Teint für die Gesichter", kam prompt meine logische Folgerung: „Wieso – die Gesichter sind doch alle braun!" Bei einer weiteren Bestellung von Malfarben zwei Jahre später stellte sie mir die Frage: „Sind Sie die Frau, bei der alle Gesichter braun sind?"

Gut erholt und mit gewohnter Energie landete ich wieder in Abidjan. Mit der Sekretärin stand ich in engem Kontakt, ihre kleine Tochter kam gerne mal ins Dorf. „Philippine, darf ich dich mal etwas Lustiges fragen?" „Natürlich, gerne." „Ich habe unseren Kindern in Deutschland erzählt, dass hier alle Menschen braun sind, auch alle im Kinderdorf. Ein Junge sagte:,Tante Heide, frag doch mal deine Sekretärin, wenn sie und andere Pipi machen, ob das auch braun ist.'" Wir haben schrecklich gelacht. „Kinder auf der ganzen Welt sind doch alle gleich, oder?"

Sie trug stets ein langes, zweiteiliges, afrikanisch gemustertes Kleid. Ihr passender, sieben Meter langer Schal wurde jeden Tag kunstvoll zu der üblichen Kopfbedeckung zurechtgewickelt. Zu ihrer etwas üppigen Figur sah es schick aus. Bei mir hingegen wirkte so ein Schal zu meiner Enttäuschung völlig deplaziert, bestenfalls noch lustig.

Wieder einmal standen die dreimonatigen Sommerferien vor der Tür. Die meisten Mütter durften bis zu vier Wochen auch hier mit ihren Kindern zu den eigenen Eltern fahren, damit diese das Leben der Großfamilien kennenlernten. Ebenso war gerade für unsere Großstadtkinder mit den Luxus bietenden Geschäften in Abidjan – „Warum können wir keine guten Bally-Schuhe bekommen?" – ein Aufenthalt in ländlicher Natürlichkeit ein guter Lehrmeister. Durch Constant und Freunde des Dorfes hatten wir offizielle Einrichtungen dort kontaktiert, an die sich unsere Familien gegebenenfalls wenden konnten. Zwischendurch, so sah es unsere Planung vor, sollten sie von einem von uns Verantwortlichen wenigstens einmal besucht werden.

So fuhr ich mit Heidi im Auto zu solch einem Ort, als uns nach bereits wenigen Kilometern ein Umleitungsschild einen anderen Weg wies. Was tun? Brav folgten wir dem Hinweis. Kilometerweit fuhren wir auf den ocker bis rostrot gefärbten Lehm- und Schotterstraßen hügelauf und hügelab wie durch ein Dschungelgebiet, aber auch durch offenes Savannengelände. Nur hin und wieder passierten wir verstreut liegende Ansiedlungen von Hütten. Um uns zu beruhigen, erwähnte ich: „Benzin haben wir genügend, ich habe gestern vollgetankt." Irgendwann kamen wir gegen Mittag mithilfe unserer Karte endlich ans Ziel – mit über einhundert Kilometern Umweg.

Freudig begrüßt, konnten wir uns dann alle zur bevorstehenden Mahlzeit einfinden. Draußen. Dort war das Essen auf offenen Feuerstellen zubereitet worden; denn im neu errichteten Gebäude hatten sie bei der Planung eine Küche ganz vergessen. Aber war eine Innenküche zum Leben in diesem Klima notwendig?

Der vierjährigen Célestine war das Gesicht mit weißem Puder bestrichen worden, das half gegen Böses. Drei Mädchen frisierten sich unter viel fröhlichem Kichern gegenseitig. Das dicke, krause Haar ließ sich mit den handgeschnitzten und breitgezinkten Holzkämmen wunderbar scheiteln und frisieren. In manchen Kämmen waren Ornamente eingeschnitten und machten sie zu wahren Kunstwerken. Als Halt für die geflochtenen Rastazöpfe lagen Bänder aus schwarzem Bast bereit, die mit eingearbeitet wurden, wodurch am Ende dieser stundenlangen Freizeitbeschäftigung eine kunstvolle, prämienreife Frisur bewundert werden konnte.

Als letzte Vorbereitung für die Mahlzeit zerdrückte eine Verwandte in gerader Haltung bis zum Boden hinabgebeugt zwischen zwei Steinen Tomaten und weitere Gemüse zu Mus. Humorvoll dachte ich: „Ketchup-Herstellung in Afrika." Vom Nachbarhaus klang das gleichmäßige Tacktack der dicken Holzstäbe zu uns herüber. Zwei Frauen stampften in gekonntem Rhythmus in dem großen Holzmörser Mais, Hirse oder gekochten Maniok.

Wir genossen unser Mahl im Schatten eines dicht belaubten Avocadobaumes, von dem uns Kinder einige dieser birnenförmigen Früchte als Nachtisch pflückten. Andere Mädchen holten uns

Mangos von einem etwas entfernt stehenden Baum. Allen schien es gut zu gehen, sie wirkten rundum zufrieden. Ich saß neben unserer Kinderdorfmutter, die öfter übersetzen musste. Noch ein paar Dankesworte von uns und an uns und ich wurde von ihr, die in Frankreich zur technischen Zeichnerin ausgebildet worden und nun zu einer sehr guten Kinderdorfmutter geworden war, dem Dorfältesten vorgestellt. Da er in der Nähe wohnte, gingen wir zu Fuß. Er hob besonders diese Ferienmaßnahme als bemerkenswertes Mittel zur Integration unserer aufgenommenen Kinder hervor.

Die Rückfahrt schafften wir dann in vorgesehener Zeit noch vor Anbruch der Dunkelheit.

Zu einer ähnlichen Tour hatte mich Constant animiert. Auch diesmal nahmen wir das Mittagessen draußen ein, in ländlicher Umgebung. Alles schien mir sehr traditionell geprägt zu sein. In einem großen gusseisernen Kessel über starker Glut köchelte eine Fleischsuppe vor sich hin, von der sich jeder etwas zu dem verteilten Fufu schöpfen durfte. Ich hatte die Ehre, neben dem Ältesten Platz nehmen zu dürfen. Als dieser Älteste in dem Topf herumrührte und ich einen Blick hineinwarf, erschienen mir die Fleischstücke in dem Kessel sehr verschieden und, wenn ich ganz ehrlich war, auch ein klein wenig rätselhaften Ursprungs zu sein. Doch ich musste ja nicht gleich alles probieren, tröstete ich mich. Constant saß auf meiner anderen Seite und half bei der Auswahl, indem er mir ein Stück Fleisch, fast ohne Knochen, aber auch ohne Namensgebung herausfischte: „Das kannst du essen." Es schmeckte nicht schlecht.

Allen Kindern ging es auch hier gut.

Auf der Rückfahrt hielt Constant an, als am Straßenrand barfüßige Jungen strahlend ihre frisch gefangene Baumratte an einem Stock aufgespießt zum Kauf feilboten. Deshalb befand sich also die Kiste aus Maschendraht hinten im Auto. Ich jedoch redete mir ein, dass ich diesen für ihn so außergewöhnlichen Leckerbissen soeben ganz sicher nicht verspeist hatte.

Bei dieser Maschendrahtkiste als sehr simplem Beispiel dachte ich wie so oft: „Es erscheinen einem Handlungen oder Gesagtes von Einheimischen erst logisch oder verständlich, wenn man die Ursachen oder Lebensumstände für dieses Handeln besser kennt."

Für unsere Großen ab etwa vierzehn Jahren – Jungen wie Mädchen – hatten wir versucht, in der verbleibenden Ferienzeit irgendeine Arbeit oder Beschäftigung zu finden, in einer Firma, auf einer Plantage, in einem Haushalt oder im Krankenhaus. Ziel waren erste Schritte zu einem späteren selbstständigen Leben und nicht der Verdienst. Dennoch zeigten sich die Jugendlichen natürlich stolz auf ihr erstes verdientes Taschengeld, ein Geschenk oder eine Spende für das Dorf. Vielleicht erhielten sie sogar einen Arbeits- oder späteren Ausbildungsplatz. So stand nun ein von zwei unserer großen Jungen während dieser Ferienarbeit „verdienter" Ochse vor seiner Schlachtung bei uns angebunden an einer Palme.

Als ich später unsere Jugendlichen fragte, was sie mit den vielen in zwei Kisten gehaltenen Meerschweinchen zu tun gedächten, erhielt ich die für sie selbstverständliche Antwort: „Die grillen wir, die schmecken sehr gut."

Meine Nichte besucht mich

Viel Freude bereitete mir, und ich bin mir sicher auch ihr, der Besuch meiner Nichte Kristina. Sie hatte ihren Wunsch wahr gemacht und mich tatsächlich besucht. Mit ihren damals gerade achtzehn Jahren absolvierte sie in einem Pflegeheim ein vorbereitendes Jahr zur Ausbildung als Krankenschwester. Ähnlich wie Edelgard in Mombasa, doch vermutlich intensiver, erlebte sie meinen so ganz anderen und abwechslungsreichen Alltag; denn sie wohnte mit in unserem Haus.

Ganz verliebt hatte sie sich in den kleinen Toussaint. Gern kam er angerannt und ließ sich von ihr voller Genuss in seiner verschmitzt-schüchternen Art auf dem Arm spazieren tragen.

Der Bau unseres zweiten Kinderdorfes war gut vorangekommen, Siegfried verbrachte mittlerweile viel Zeit dort. Es lag etwa zwei Stunden Autofahrt in östlicher Richtung. Die letzten Ausläufer des Dschungels breiteten sich bis zur Grundstücksgrenze aus. Bei diesem Projekt war ich durch die Mütterausbildung an der sporadischen Einrichtung für die Häuser sowie Kleinigkeiten mitbeteiligt; meine Haupttätigkeit lag jedoch in Abobo Gare.

Das Dorf wurde inzwischen von ersten Müttern voller Stolz und liebevoller Energie bewohnt; ein heiteres neues Dorf mit spielenden Kindern, die neben blühenden Pflanzen die Dorfwege entlangrannten. Einige Kinder von auswärts hatten sich bereits zu einem Besuch in unserem Kindergarten eingeschrieben. Sie alle würden unsere „Kinder-Uniform" tragen. Zwei zusätzliche Bushaltestellen waren eingerichtet.

Zu einem Besuchstermin des „Chiefs" der Region im Dorf fuhr ich mit Kristina zu der vereinbarten Uhrzeit nach Aboisso ins Dorf. Auf dem Weg dorthin reihten wir uns auf der Ausfallstraße in den Großstadtverkehr ein, bis wir nach nur wenigen Kilometern an der Küste eine Einheimischen-Siedlung in einem Palmenhain, dicht bebaut mit Hütten und festen Häusern, Restaurants und einigen recht komfortablen Hotels am Strand, erreichten. Ebenso gehörten aber auch die üblichen Krämerläden am Straßenrand dazu; Buden oder einfache Holzstände, von denen aus Händler Tag und Nacht ihre kleinen Geschäfte betreiben: ein Stand mit Erdnüssen, ein anderer mit gekochten Maiskolben oder gegrilltem Fisch. Feuchte Schwüle, verschiedenste Düfte im Halbdunkel der Schatten spendenden Palmen, vermischt mit einer salzigen Brise vom nahen Ozean, und alles dies geschwängert von den Rauchschwaden der schwelenden Holzkohlefeuer – Afrika.

Irgendwo in dem stimmungsvollen Gewimmel diese Siedlung mit ihren tausenden palavernden Fußgängern, die anmutig balancierend ihre Waren auf dem Kopf transportierten, klingelnden Radfahrern und hupenden Autos. Vor einem der Lehmhäuser unter den Palmen wehte eine weiße Flagge – wie ein „Halt inne". Ein Zeichen, das auch weiterhin die Traditionen und Werte der Vergangenheit in die Gegenwart eingebunden waren, ihre Gültigkeit bewahrt hatten. Sie zeigte nämlich das Zuhause eines Schamanen an. Auch er gehörte somit weiterhin zu diesem Leben.

Fragen nach Erklärungen wurden von Einheimischen meist ausweichend beantwortet.

Vielleicht ist dies auch nicht anders möglich.

Wäre es hier oder in anderen sehr belebten Gegenden zu einem Autounfall gekommen, so galt das ungeschriebene Gesetz für uns Weiße, möglichst sofort weiterzufahren und sich selbst dann bei der nächsten Polizeistation zu melden. Eventuelle fatale Folgen, wenn man stehen blieb, um selbst etwas zu regeln oder gar zu warten, bis die Polizei eintraf, sollte man tunlichst vermeiden.

Bei diesem Besuch konnte ich feststellen, dass die Mütter in absehbarer Zeit in ihren eigenen Gemüsegärten neben lokalen Früchten bereits Erdnüsse und Maniok ernten können würden.

Mit dem Chief wanderten wir durchs Dorf. Über seinen blau gemusterten Umhängen mit passender Kappe trug er eine lange, in dicken Ösen gearbeitete Goldkette mit einem etwa fünf Zentimeter großen, dickbauchigen Elefanten als Anhänger. Ein überdimensionaler Ring als Statussymbol prangte nicht weniger auffällig an seinem Finger. Nach meinem bewundernden Blick: „Madame, Sie dürfen den Schmuck gerne anfassen und halten." Das Gewicht war nicht zu leugnen: Der Schmuck bestand aus purem Gold!

Die Kinder sangen ihm ein Lied vor, das die dortige Sekretärin mit ihnen eingeübt hatte; wunderhübsch in melodischen Tönen und selbst verfasst: „Ein Kind, eine Mutter, ein Haus und ein Dorf …" Es waren die vier Prinzipien des Kinderdorfes. Wenn die Kinder das Lied sangen, bekam nicht nur ich eine Gänsehaut. So war es wohl auch dem Chief ergangen. Die Sekretärin war früher Moderatorin eines Kinderprogramms eines kanadischen Radiosenders gewesen.

Nach großem Dank wieder zu Hause in seinem Dorf, soll er sich über den Besuch geäußert haben: „Ich bin soeben aus Paris zurückgekehrt."

Eines der unzähligen Beispiele, an denen sich im Land die Gegensätzlichkeiten nur allzu klar zeigen.

Nach einem kurzen Abendessen animierte uns Siegfried zu einer kleinen Spritztour. „Warum nicht?", meinten wir.

Nach einigen Kilometern begann der Motor zu stocken, das Auto blieb stehen und der Motor sprang nicht mehr an. Da standen wir nun irgendwo auf einer wirklich völlig verlassenen Straße. Rechts lag ein Feld, links und auch neben dem Feld begrenzte der bis an unseren Wagen herangewachsene Dschungel jede weitere Sicht. Siegfried schaute unter die Motorhaube. „Das Auto hat einen Defekt." Und probierte herum. „Das war's dann wohl." „Das gibt es doch nicht, das hast du manipuliert." „Wie denn? Du kannst ja selbst nachsehen." „Du weißt ganz genau, dass ich davon nun wirklich nichts verstehe." Er probierte noch mal – oder tat so, als ob er das Auto starten wollte. Vergeblich.

Was tun? Kristina hatte zugehört, ohne Kommentar. Siegfried: „Ich denke, wir haben zwei Möglichkeiten: Entweder ihr beide bleibt hier im Auto alleine sitzen und ich gehe zurück und hole Hilfe oder wir lassen das Auto hier stehen und gehen zusammen zu Fuß zurück." Alleine im Auto bleiben? Nirgendwo war das Licht einer Hütte zu sehen gewesen, aber es könnten ja vielleicht doch irgendwelche Schwarzen mit Speeren auftauchen. Also ließen wir das Auto Auto sein und machten uns auf den Weg, den wir gut erkennen konnten; denn die Nacht war zum Glück nicht kohlrabenschwarz. Helle Sterne funkelten am Himmel und so wanderten wir Kilometer um Kilometer, ich in meinen so geliebten Berkemann-Sandalen mit höherem Absatz.

Etwas seltsam, aber originell war es schon. Und auch geheimnisvoll-spannend. Eigentlich versäumten wir ja nichts; dennoch: Zunächst plauderten wir ganz leise, dann lachten und genossen wir zunehmend diese nächtliche Dschungeltour in absoluter Stille und Wärme, die nur von uns selbst oder einem hin und wieder leisen, aber entfernten Tierlaut unterbrochen wurde. Aufmerksam lauschten wir den piependen oder leicht kreischenden Tönen, blieben kurz stehen, wanderten dann beruhigt weiter. Wir begegneten niemandem, weder Mensch noch Tier.

Irgendwann um Mitternacht kamen wir nach mindestens vier Stunden Fußmarsch zu Hause an. Durstig öffneten wir den Kühlschrank – und entdeckten eine herrlich kühle Flasche Sekt! So etwas hatte noch nie in unserem Kühlschrank gestanden. Mit diesem köstlichen „Prickelwasser" stießen wir auf unser absolut gelungenes Erlebnis an.

Am kommenden Morgen holte Siegfried mit einem Freund des Dorfes das Auto wieder ab. Es fuhr wieder. Vor allem hatte es keine fremde Person entdeckt und entführt.

Als Urlaubstrip buchte ich für Kristina und mich eine viertägige Busreise in den Norden des Landes. Ich spielte Tourist. Zunächst führte uns die Route an der Küste mit ihrem breiten, feinsandigen Strand und dem zart türkisfarbenen Meer entlang. Nur vereinzelt konnte ich jemanden inmitten dieser Weite von Sand und Wasser als dunkle Tupfer spazieren gehen sehen. Leicht gebeugte Palmen standen als Markierung zum Hinterland. Staunend durchschritten wir letzte Überreste von riesigen Hallen eines wohl einstmals prachtvollen Gebäudes, dessen mächtige hohe Säulen die Zeit überdauert hatten. Einsam und verlassen zeugten diese Relikte noch vom Prunk der untergegangenen französischen Kolonialzeit. Heute zeigte das Zwitschern der Vögel an, dass sie es waren, die in versteckten Winkeln ein neues Zuhause gefunden hatten.

Nach einigen für Touristen in sehr traditionellen Masken und Kostümen aufgeführten Tänzen, etwas aufgesetzt, aber dennoch gut inszeniert, waren wir alle tief beeindruckt von einer ganz anderen Besichtigung hoch im Norden, unweit der Grenze zum südlichen Mali.

Wir besuchten ein an der Straße gelegenes Fetischdorf, das wohl niemand von uns ohne einheimische Reiseleiter hätte betreten können oder wollen. Ich denke, wir alle spürten diese ganz eigenartige Atmosphäre, die es nicht gestattete, in irgendeiner Form etwas zu bewerten. Geprägt von unserer europäischen Denkweise, die kaum Raum für Nicht-zu-Verstehendes lässt, versuchten wir einfach nur zu schauen, zu erfahren und aufzunehmen, um anderes sein zu lassen, wie es ist. Einfach – so völlig anders. Ein Verstehen liegt uns wohl zu fern. Schwebte hier tatsächlich ein allumfassender Geist als geglaubte Gegenwart wiedergeborener Ahnen umher?

Links stand der nach allen Seiten offene, auf knorrigen ypsilon-förmigen Baumstämmen als Gerüst errichtete und überdachte große Palaverplatz, eine Stätte für Diskussionen und Entscheidungen in Dorfangelegenheiten. Vor einigen strohgedeckten Hütten hockten in erdfarbener Bekleidung schmale Frauen, die uns aus ausdruckslosen, ja fast stumpfsinnigen Gesichtern nachschauten – wie entrückte Seelen. Halb nackte kleine Kinder spielten unbedarft, wie überall in diesem Alter, in heiterer Arglosigkeit im Sand.

Dazwischen standen die aus Lehm gebauten Getreidespeicher für Hirse oder Mais als Rundbauten in Form einer höheren Tonne. Das darin gelagerte Getreide wurde durch etwa zwanzig Zentimeter hohe Sockel, wie allgemein in Westafrika üblich, vor Nässe während der beiden Regenzeiten im Jahr geschützt.

Vor uns, mitten in diesem Dorf, saß vor einer Tür eines größeren Rundhauses ein älterer Mann in ebenfalls erdfarbener Bekleidung, mit einem Gesichtsausdruck, als läge ein tief verborgenes Wissen ganzer Zeitepochen zwischen uns. Es war das Fetischhaus. Auf halber Höhe zog sich um die mit Lehm verputzte Mauer eine mehrere Zentimeter breite, dann schmaler werdende modellierte Schlange in schwarzen Tönen mit hellen Flecken herum. Kleine Kröten, Vögel, ja sogar menschliche Babys waren beidseitig dieser Schlange als Lehmfiguren aufgearbeitet. Als Einziger hatte dieser Mann Zutritt zu dem Innern des Hauses.

Bedächtig und nachdenklich setzten wir in Gedanken verloren unsere Schritte auf diesem frei liegenden Platz des weitläufig gebauten Dorfes, umfangen von diesem Nicht-Begreifbaren. Zu welchem Anlass der Älteste die Tür öffnen würde, fragte von uns niemand mehr.

Als starken Kontrast, nicht weit entfernt, sahen wir in einem anderen Dorf zwischen den hellen, erdfarbenen Lehmhütten wunderhübsche bunte Tücher oder Stoffe flattern. Sie waren an Schnüre angeklammert, die zwischen den Hütten oder um diese herum gut befestigt waren. Von kleineren Exemplaren und großen Wandbehängen schaute uns eine dezent eingefärbte Giraffenherde oder eine bunte Szene, wie sie in einem afrikanischen Dorf gelebt wird, an. Auch wir erstanden unser Lieblingsstück, in einem Separathaus selbst gearbeitet und wunderbar dargestellt.

Von ganz vielen so völlig anderen Eindrücken angefüllt, von unseren Touren über Lazare und die Einkäufe im Supermarkt, wo immer ein Boy zum Einpacken oder Tragen für ein kleines Taschengeld dazugehörte, flog Kristina wieder nach Deutschland. Mit sicherlich unvergesslichen Erinnerungen.

Und nun schaute mir seit einiger Zeit beim Zähneputzen eine dicke Kröte zu, die jeden Morgen, sobald ich den Wasserhahn aufdrehte, aus dem Abflussrohr bis ins Waschbecken gekrochen kam – von der aber immer nur der dicke Kopf zu sehen war. Bis sie nach sechs Wochen endlich in dem unterirdischen Rohrsystem verschwunden war. Hatte sie mich vermisst?

Der Alltag geht weiter

Es ist schwer, als Europäerin an einem traditionellen Fest der Einheimischen teilzunehmen. Einmal ergab sich über Bekannte die Möglichkeit. Ich kann nicht mehr sagen, was der Anlass der Feier war, doch auch hier gab es eine Atmosphäre, die mir intensiv im Gedächtnis geblieben ist. So, als wäre mit dem Eintreten in diese Gemeinschaft eine Verbindung zu jeglichem anderen Dasein durchtrennt worden. Nur das absolute Hier und Jetzt zählte.

Es war nicht beklemmend oder gar finster, sondern ich hatte vielmehr das Empfinden, mich auf einer größeren, erhöhten Ebene, vergleichbar mit einer Lichtung, zu befinden. Von alten, lachenden und weiß gekleideten Frauen wurde auch mir das Gesicht weiß bepudert – um mich ihnen gleichzumachen? Denn zufällig trug auch ich mein weißes Kleid. Wir alle haben getanzt. Nackte Füße stampften mit dumpfem und hartem Auftreten im Rhythmus zu ihrem Singsang und lautem Händeklatschen den trockenen Lehmboden.

Wie entrückt sah ich in diese alten, vom Leben zerfurchten Gesichter, die nicht nur von ihren eigenen Leben erzählten, sondern, wie mir schien, von einer ganzen Menschheitsgeschichte; so, als lebten wir irgendwo weit verstreut und gleichzeitig nebeneinander auf dieser Erde. Und dennoch hatte jedes Dasein sein ganz Eigenes. Sie selbst wirkten auf mich wie Ruhe und Entspannung, ja fast ein – ihnen unbewusstes? – Ausgeliefertsein an ihr Schicksal, ein Verharren in dem, was war, nicht vergleichbar mit unserem ständig im weiteren Aufbruch befindlichen Dasein, das mitgeprägt ist durch unsere geschenkte Freiheit.

Ein Eintritt in unsere Welt würde ein Verlassen der ihrigen bedeuten, ein mir erscheinendes Ausgeliefertsein mit seiner Passivität durch ein aktives Mitgestalten ersetzt.

Doch sind wir nicht letztendlich alle irgendwo ausgeliefert – ausgeliefert und doch durch diese Freiheit für Entscheidungen in der Gestaltung unseres täglichen Lebens, die gleichzeitig aber auch ein bewusstes Anvertrauen und Überlassen unseres Daseins mit seinen Freuden und ebenso Problemen an eine Allmacht, unseren Gott, einschließt, beschenkt?

Stunden waren vergangen …

Zum Schluss standen sie um mich herum, klatschten, sangen und lachten.

Doch nun wollte Siegfried nach Hause, um seine Familie aus Deutschland nachzuholen. „Bei den laufenden Renovierungsarbeiten ist alles geklärt, den Zaun um das Dorf werden wir nach meiner Rückkehr fertigstellen. Sonst weißt du ohnehin Bescheid. In vierzehn Tagen, spätestens drei Wochen bin ich wieder zurück. Mach's gut."

Früher als erwartet setzte jedoch leider die Regenzeit ein, mit extrem heftigen Güssen. Nach nur einem Tag schlossen bereits die ersten Schulen. Für mich bedeutete das wiederum eine völlig neue Situation. Das unweit unseres Dorfes gelegene riesige und mindestens dreieinhalb Meter tiefe Wasserauffangbecken unseres Stadtteils füllte sich mehr und mehr. Den geplanten Zaun zu unserer Dorfseite wollte Siegfried ja nach seiner Rückkehr fertigstellen. Wir ordneten umgehend an, dass kein kleineres Kind mehr ein Haus verlassen dürfe, denn Gullideckel waren innerhalb und außerhalb unseres Dorfes entfernt worden, um Wasser in Strömen fließen zu lassen, solange es noch möglich war. Ein Teil der Backsteinmauer hinter unserem Dorf war eingedrückt worden, die Sockel standen zum Glück noch.

Wo erforderlich, gruben die großen Jungen im Dorf kleine Abwassergräben und stützten diese mit Ziegeln und Steinen vom Bau. Wir beiden Heidis stapften bis über die Waden im Wasser in Gummistiefeln umher; ich mit den gerne geborgten der Jugendlichen – gleich mit zwei Paar Socken drin. Im Notfall hätte ich ein einfach zu handhabendes Funkgerät aktivieren können, um nötigenfalls unsere Baufirma zu kontaktieren und um Hilfe zu bitten. Strom und Telefon waren ausgefallen.

Irgendwie hatte meine gute Philippine es geschafft zu kommen und sortierte den Schriftverkehr. Auch ein Mitglied unseres nicht immer aktiven Vereins schaute vorbei, doch die Situation erschien ihr so, dass sie in ihren Stöckelschuhen nichts ausrichten könnte. Sie fuhr auch gleich wieder ab.

Nach mehreren Tagen Ausnahmezustand hörten die Regenfälle auf, das Wasser floss ab und der Alltag kehrte wieder ein.

… Und Siegfried mit seiner Familie zurück. Seine drei Kinder fühlten sich in dieser Umgebung wohl, doch für seine Frau bedeutete es eine zunächst recht gewöhnungsbedürftige Umstellung, obwohl sie bereits auf dem afrikanischen Kontinent gelebt hatte.

Die Neugestaltung unseres Dorfes zeigte mehr und mehr Fortschritte. In unserem Kindergarten mit zwei Klassen in den Landesfarben Grün und Orange arbeiteten mittlerweile drei Kindergärtnerinnen und eine Hilfe. Mit einigen Kindern von auswärts spielten und lernten dort etwa fünfundvierzig Kinder, alle in unserer „Uniform".

Als schwierig und langwierig stellte sich das Auffinden von Ausbildungs- und Arbeitsplätzen für unsere Großen heraus. Erste Anfänge hatten sich durch die Ferienzeiten ergeben, in denen einige von ihnen sozusagen „jobbten". Darauf versuchten wir aufzubauen. Zusätzlich bewirtschafteten wir später ein nicht allzu entfernt liegendes Grundstück zur Budgetentlastung und Arbeitsbeschaffung.

Die eigene Werkstatt wurde weiter mit Einrichtung und nötigsten Maschinen ausgebaut, ein Meister zur Leitung eingestellt. Mit einer weiteren Fachkraft, aber auch mit den ersten Jungen aus unserem Dorf, wurde an der endgültigen Fertigstellung sowie ersten Aufträgen von auswärts gearbeitet.

Die vor Jahren eingerichteten neun Zimmerchen – wir nannten sie schon mal „Schlafkojen" – wurden zu drei richtigen Schlafzimmern umgebaut. Später erhielten dann alle Häuser von unseren eigenen Handwerkern einen Anstrich in fein abgestuften Beige-Braun-Tönen. Die Dorfboutique als Rundbau in der Mitte des Dorfes erhielt als nicht zu übersehenden Blickfang weiß gerahmte Bullaugenfenster und einen rostroten Anstrich. Hier verkauften wir an Besucher selbst gearbeitete Artikel verschiedenster Art.

In flachen Planschbecken daneben spielten immer Kinder oder sie ließen vom rot-weiß gekachelten Rand ihre winzigen Füße gern im warmen Wasser baumeln. Durch die grünen Palmen und den die meiste Zeit des Jahres grünen Rasens bot sich dem ankommenden Besucher ein hübsches, ja fast idyllisches Bild, das durch das sehr quirlige und meist nicht gepflegte andere Treiben außerhalb unseres Dorfes verstärkt wurde. Es wirkte tatsächlich auf alle wie eine farbige Oase des Friedens. Die beiden Apatames mit ihren Holzbänken zum Verweilen rundeten diesen Eindruck ab.

Bei einem ausführlichen Gespräch mit einem jüngeren Besucher meinte dieser während unserer Unterhaltung: „Bei so viel Fürsorge müssten Ihre Kinder doch immer nur brav sein." Meine an ihn zurückgegebene Frage, ob er früher auch immer nur brav gewesen sei, quittierte er mit einem vielsagenden Lächeln.

Ein anderer Besucher, ein Richter, hatte sich mal so geäußert: „Madame, Sie sind so begeistert und positiv bei der Erfüllung Ihrer Aufgabe, dass man den Eindruck gewinnt, diese doch eigentlich ‚künstlichen' Familien seien ganz normal. Sind das nicht eigentlich Familien mit Eltern?" „Das stimmt natürlich. Aber wenn diese normalen Familien, bestehend aus Eltern und ihren Kindern, alle intakt wären, wären wir wohl auch nicht hier – wie in so vielen anderen Ländern." „Da haben Sie wiederum recht."

Und eine Mütterkandidatin hatte mir mal auf die Frage, ob sie nicht heiraten wollte, geantwortet: „Es gibt doch auch das Wort ‚ledig'. Also gibt es auch ledige Frauen."

Die bevorstehende offizielle Eröffnung – meine dritte in Afrika – wurde entsprechend der Gepflogenheiten des Landes als kleines Staatsereignis begangen, der natürlich auch Hermann Gmeiner mit Begleitung auf seiner Westafrika-Reise beiwohnen würde sowie bekannte Persönlichkeiten der Regierung des Landes.

Seit Wochen war das Programm von zwei Personen unseres Vereins, der sehr netten Präsidentin und einer weiteren engagierten Person, gestaltet worden. Ich hatte ihnen bei der Hotelreservierung, der Freizeitgestaltung mit einer Lagunenfahrt, den nötigen Autofahrten und natürlich der im Mittelpunkt stehenden Eröffnungsfeier in Aboisso geholfen. Siegfried traf lokale Vorbereitungen. Eine Schule wollte das kalt-warme Büfett spenden. Etliche Schulklassen standen in langen Reihen und in Einheitskleidung zu Ehren der anreisenden Gäste Spalier. Ein Hubschrauberlandeplatz war vorbereitet, falls der Staatspräsident eintreffen sollte. Er schickte dann aber doch Vertreter. Anwesend waren jedoch sogar Reporter und Fotografen des Zweiten Deutschen Fernsehens.

So war unsere Zufahrtsstraße ein einziger Willkommensgruß!
Das Programm begann mit dem Lied unserer kleinen Kinder:
„Ein Kind …"

Anhaltender Beifall hallte weit über unsere Köpfe hinweg.

Hier in der Elfenbeinküste oder vielleicht in Westafrika allgemein griffen traditionell durchzuführende Riten oder Vorkommnisse, die uns Europäern absolut rätselhaft erscheinen, oft in das alltägliche Leben ein. Es prallten dann Gegensätze aufeinander, wie ich es von Kenia her nicht kannte oder gar je erlebt hatte.

So stand nur wenige Meter vor dem Eingang unseres Dorfes mal an der Zufahrtsstraße ein großes, breites Himmelbett mit Baldachin, verhüllt mit Tüllstoffen. Nach dem Ableben einer bestimmten Person musste es nach vorgegebenen Traditionen oder Riten vierzehn Tage dort draußen stehen.

Und dann fuhr man in die Stadt, in der alles modern, schick und frei von jeglichem Althergebrachten oder gar Aberglauben zu sein schien. In dem Stadtteil Cocody mit dem sehr luxuriösen Hotel „Ivoire" mit zwei wunderhübsch angelegten Außenschwimmbädern zogen in einer Eishalle Schlittschuhläufer ihre Bahnen, wurden im eigenen Kino die neuesten und renommiertesten Filme gezeigt, genossen Heidi I und Heidi II schon mal nach einer besonders anstrengenden Zeit eine köstliche große Kugel Eis in der dazugehörenden gut frequentierten Eisdiele.

Ein Stromausfall bei uns war zwar unangenehm, aber durchaus zu überbrücken. Doch in diesem modernen Stadtteil mit seinen vielgeschossigen Hochhäusern fielen dann die Ventilatoren aus und Fenster ließen sich, wohl wegen der Sicherheit, nicht öffnen.

Aufgrund ausfallender Fahrstühle tappten die Leute im dunklen Flur Etage für Etage hinauf oder hinab …

„Du, Heidi, auf der Rücktour möchte ich noch bei unserem Schneider in der Seitengasse vorbeifahren. Von meinem aus Kenia mitgebrachten Sari-Stoff soll er mir endlich ein langes Kleid nähen, der Coupon hat fünf Meter. Aufgezeichnet habe ich ihm das Modell schon. Es ist ja nicht das erste Kleid, das er nähen wird. Mit günstig erworbenem Stoff ist es billiger als ein gekauftes Kleid."

Am Nebentisch saßen zwei recht gut aussehende Franzosen. Doch obwohl ich immer gepflegt und nicht nachlässig gekleidet war, nicht „verbuscht", wie ich es nannte, schienen zwischen uns tiefe Gräben zu liegen. Ich hatte sie zwar bemerkt und ein wenig begutachtet, doch eher wie aus einer Distanz, aus einer anderen Welt heraus. Unsere wirklichen Gedanken wurden von der Arbeit bestimmt. Hier in jedem Fall. Die Herren im schwarzen Anzug ließen wir lieber hinter uns. Wir gingen.

Unser neu eingestellter Buchhalter musste nach relativ kurzer Zeit in das Dorf seiner Familie in den Norden des Landes reisen; denn eine seiner drei Frauen sei verstorben. Entsprechend der Tradition sei er in diesem Fall die Ursache des Todes. Warum kann ich nicht sagen; für uns Europäer wären Gründe ohnehin unbegreiflich, das wussten auch Einheimische. Doch er selbst wusste, dass es für sein Haus als Beherbergungsort, vor allem aber für ihn persönlich während seines Aufenthaltes zu Hause anlässlich der „Todesriten" schlimm zugehen würde. Mehrere unserer einheimischen Mitarbeiter bestätigten uns diese Wahrscheinlichkeit. Doch er musste fahren.

Nach gut einer Woche kehrte er zurück. Ich und wir alle waren zutiefst betroffen, als wir ihn sahen; denn er wirkte wie völlig „neben sich", war nicht mehr er selbst. Seine Voraussagen hatten sich erfüllt, waren durchgeführt worden. Einige Spuren im Gesicht ließen sich nicht verbergen. Um ihn nicht auch noch bei uns „zu bestrafen", ließen wir ihn zunächst weiter beschäftigt sein, doch eine Wende zur Normalität wollte sich nicht einstellen. Nach kurzer Zeit bat er selbst darum, aufzuhören.

In einem größeren Ort im Landesinneren, der durch einen breiten Wasserlauf geteilt war, waren an einer Seite alle Bewohner über genau vierzehn Jahren an einer schweren Magen-Darm-Grippe erkrankt und einige von ihnen auch verstorben, auf der anderen Seite war niemand betroffen. Einheimische Ärzte, die nach ihren

Untersuchungen keine Erklärung fanden, ließen Wissenschaftler und Ärzte aus Frankreich kommen, die diverse, mehrfach entnommene Proben auch in Frankreich untersuchten, um die Ursache dieses Phänomens zu ermitteln.

Viele Wochen kursierte diese Geschichte in der größten Tageszeitung des Landes. Eine Klärung konnte nie gefunden werden.

Zu unserer vielen Korrespondenz erledigten wir auch die übergeordnete Buchhaltung. Inzwischen arbeitete eine weitere Sekretärin bei uns in ihrem kleinen Koordinationsbüro. Es war Madame N'Deye. Sie kam aus dem Senegal, war jung, schick und kompetent. Und ein wenig selbstbewusst. Meine ihr gekaufte elektrische Schreibmaschine kommentierte sie mit: „Wieso eine elektrische, Madame Totz? Es gibt doch schon elektronische. Glauben Sie, wir sind hier nicht auf dem neuesten Entwicklungsstand?"

Ich dachte: „In Burundi war ich froh, überhaupt eine Schreibmaschine zu haben, wenn auch eine alte, mechanische. In Kenia kaufte ich uns eine elektrische, das war guter Standard. Und hier? Symbolisieren diese drei verschiedenen Schreibmaschinen den Entwicklungsstand des jeweiligen Landes?" Verstanden habe ich mich mit der Sekretärin sehr gut.

Die von mir viel bewunderten Spitzenstoffe trug sie, zu wunderhübschen zweiteiligen langen Kleidern verarbeitet, sehr oft während ihrer Bürotätigkeit. Zu Hause hatte sie für ihre zweijährige Tochter zwei Hilfen engagiert – eine zur Betreuung des Kindes, die andere zum Putzen. Es war dies eine Gepflogenheit, die in diesem Land wie auch in vielen anderen Ländern absolut nichts Außergewöhnliches war. Ihr Mann hatte seinen guten Beruf.

Nach Mombasa hatte ich mal ein besonderes Schreiben des Dankes aus Innsbruck erhalten, dass ein Spender nach längerer Beobachtung der Organisation und abschließendem Besuch in unserem Dorf die finanziellen Mittel für ein komplettes Kinderdorf gespendet hatte. Nun wollten auch wir in Abidjan versuchen, durch gezielte eigene Werbung zum Unterhalt in diesem teuren Land spürbar beizutragen. Unter Mithilfe einiger Vereinsmitglieder planten wir Aktionen, die in einem größeren Rahmen durchgeführt werden sollten.

In einem Rundschreiben von mir an neunhundertzwanzig Firmen im Lande – die meisten wurden von französischen oder belgischen Verantwortlichen geführt – fügte ich als Symbol für unsere Arbeit die im Eingang auf einem Mauersockel stehende Steinskulptur als Hintergrundskizze mit in den Text ein. In den adressierten Umschlägen lagen unsere in Farbe auf einem Handzettel gedruckten vier verschiedenen Motive der angebotenen Weihnachtskarten sowie ein Anschreiben mit abzutrennendem Bestellzettel. Die Motive zum Aussuchen und die daraufhin zugesandte Lieferung erhielten wir aus Deutschland. Eine gratis vom Ministerium zur Verfügung gestellte „Sekretärin" schrieb alleine an den Adressen für die Umschläge einige Wochen. Doch wir hatten ja frühzeitig begonnen und so gingen unsere neuen Briefe wie geplant vor der Adventszeit auf den Weg.

Parallel dazu unterhielten wir zur Vorweihnachtszeit verschiedene Verkaufsstände in Hotels wie dem „Ivoire" und dem „Hilton" sowie an weiteren, sehr frequentierten Plätzen, auch in Aboisso. Seit Monaten hatten wir für diese Ausstellungen mit beiden Schneidern gearbeitet, vor allem jedoch mit den größeren und großen Mädchen. Sie lernten Stoffe abzumessen sowie den Einzel- als auch bei mehreren gewünschten Teilen den Endpreis zu berechnen. So konnten wir nun Stickereien, genähte größere Puppen, die Kleider unserer bedruckten Stoffe trugen, Einkaufstaschen und viele weitere Artikel verkaufen.

Aus München hatten wir den Vorschlag mit dem feststehenden Text des Rundschreibens zu der „Stille-Gast-Aktion" erhalten. In diesem Schreiben, das wir in jedem Jahr in einer anderen Farbe drucken ließen, baten wir im übertragenen Sinne, uns den Gegenwert einer Mahlzeit für ein eingeladenes Kind als jemandes „stillen Gastes" zu überweisen oder einen Betrag, den man für angemessen hielt. Das Postministerium schenkte mir die Genehmigung für diese Aktion als Spende. Für alle Haushalte im Lande mit einem Postfach – es waren fünfzigtausend – ließ ich die Mandatskarten zur Einzahlung bei der Post drucken und dem Schreiben beifügen; denn wir wollten nicht riskieren, dass sie bei Wünschen nach einer Spende nicht vorrätig sein würden. Einfachere Leute besaßen kein Bankkonto, Postämter waren dagegen überall verbreitet. Die belgische Druckerei war mit diesem weiteren Großauftrag von Mandatskarten, Anschreiben und passenden Umschlägen mit Symbol einige Wochen beschäftigt. Sie arbeitete sehr gut, wir erhielten einen tollen Sonderrabatt!

Nach Abholen der ersten druckfrischen Pakete saßen dann einige große Mädchen täglich an langen Tischen zum Eintüten. Ein oder zwei Mütter achteten stets auf korrekten Ablauf. Die bereits fertigen Kartons stapelten sich … Mit Chantale, einem zwölfjährigen Mädchen, fuhr ich wenige Tage vor der Auslieferung zur Fernsehstation. Sie durfte nach wenigen Sätzen der Einführung durch einen Moderator den Text des Anschreibens vorlesen. Kurz vor den Nachrichten abends in der Hauptsendezeit wurde die Aufnahme im Fernsehen übertragen. Wir warteten gespannt.

Durch diese diversen Aktionen waren uns natürlich auch Auslagen entstanden, beginnend bei Druck- und Materialkosten bis zum Benzingeld. Groß war unsere Freude, als diese nach relativ kurzer Zeit durch erste in Briefen „eintrudelnde" Schecks gedeckt waren. „Du, guck mal, Philippine, den letzten acht Umschlägen unserer heutigen Post waren Schecks beigefügt. Ist das nicht toll? Und einige mit recht ansehnlichen Summen!" Doch nicht nur Schecks erhielten wir, sondern bei Besuchen und Ausstellungen auch viele kleine Barbeträge, die als Spenden unser bereitstehendes Sparschwein fütterten.

In der Summe wuchsen diese nur auf den ersten Blick manchmal geringen Beträge zu einer großen Hilfe heran, sodass jeder Betrag, gleich wie hoch, zum bedeutenden Erfolg seinen Anteil beitrug. Immer wieder hob ich diesen Aspekt in Dankesreden hervor, manchmal im kleinen Rahmen, manchmal auch vor sehr vielen geladenen Gästen. Aufpassen musste ich immer sehr, dass ich die für mich recht langen Titel der Spender oder Ehrengäste richtig nannte, wobei ich mich einmal wirklich total verhaspelte. Aber sie nahmen es mit verzeihendem Humor.

Viele bestellte Weihnachtskarten mussten wir ausliefern, ein in dem sich weit ausdehnenden Abidjan mit mehr als zwei Millionen Einwohnern gut zu organisierendes Unterfangen. Gleichzeitig wurden Sachspenden gebracht, die uns manchmal doch sehr in ungläubiges Staunen und natürlich große Dankbarkeit versetzten. So spendete uns eine Firma zweihundert Toilettendeckel für Aboisso; denn der Chef dieser Firma hatte bei einer Dorfbesichtigung festgestellt, dass die dortigen von einer anderen Firma gelieferten Toiletten ohne Deckel geliefert und aus Zeitgründen auch so installiert worden waren.

Von einer Lebensmittelfirma durften wir in gewissen Abständen kurz vor dem Verfallsdatum stehende Produkte abholen, wobei ich die ersten Male noch unterschreiben musste, dass wir die Daten zum Verzehr beachten würden. In den kommenden Tagen bereicherten dann alle möglichen Varianten von Puddings, Quarkspeisen und weitere Eiweißprodukte unseren Speiseplan. Als wir das erste Mal aus unseren beiden voll beladenen Autos die vielen Stiegen mit diesen Lebensmitteln ausluden, waren die Kinder höchst amüsiert. Nun kannten sie es ja schon. „Heute gibt es wieder Pudding!", riefen sie fröhlich herumhopsend. Selbst unsere Handwerker, Kindergärtnerinnen, Nachtwächter und wer sonst als dienstbarer Geist beschäftigt war, nahm ein wenig amüsiert und dankbar seine Tüte mit der Essensration entgegen.

Seit Beginn unseres Hierseins waren zwei Chauffeure im Dienst, von denen einer gar nicht lesen konnte, sich aber bewundernswert auskannte und absolut sicher fuhr. Das war auch nötig; denn die vielen kleineren Gassen schienen keine Straßennamen zu tragen. Es war Francois, der mich bei meiner Anreise abgeholt hatte. Gleich nach Feststellung dieses Mankos gedachte ich, ihm Lesen und Schreiben beizubringen. Und nun? Mein Tag hatte einfach nicht genug Stunden! Inzwischen hatte er eine Tochter bekommen. Und welchen weiteren Namen gab er ihr? Heidi. Heidi I und Heidi II waren ganz gerührt.

Doch hin und wieder fuhren Constant oder ich, um eine Spende abzuholen. „Dieser Betrieb scheint mir aber sehr in Ordnung zu sein", war mein Eindruck, als ich auf das Firmengelände fuhr. Vor dem Büro bemerkte ich zwei aufmerksame Männer mit Schlagstöcken, denen ich aber keine längere Beachtung schenkte; denn „Aufpasser" war ich ja gewöhnt.

Ich trat ins Büro ein. Vor mir, diagonal zur Wandecke, saß hinter einem schweren dunkelbraunen Schreibtisch ein recht korpulenter, lächelnder Asiate mit dem Wohlwollen einer Buddha-Figur. Seine Blicke auf mich gerichtet, versuchte ich, mir meine völlige Überraschung nicht allzu sehr anmerken zu lassen. Auf dem Boden links und vor mir standen nämlich etwa zwanzig größere und große Emailleschüsseln, die mit roten und grünen Blütenranken angemalt und mit Geld in Münzen und Scheinen gefüllt waren! Heute war Monatsende und somit Zahltag.

Die Erklärung meines edlen Spenders: „Mein Betrieb läuft gut und so sollen Sie nun für Ihre Kinder etwas davon abbekommen." Er stand auf und reichte mir eine der Schüsseln. Nach meinem aufrichtigen Dank und Überreichen einer ein wenig dickeren SOS-Broschüre sagte er: „Sie machen doch die Arbeit, ich gebe nur von meinem Überfluss. Meine Flasche Bier trinke ich auch weiterhin. Ihnen alles Gute."

Die Höhe der Spende? Ganz ausnahmsweise war sie mir nicht wichtig. Er hatte zweifellos gerne gegeben.

Dann wiederum meldete sich ein bekannter Angelverein, der uns als Beitrag zum Unterhalt die Krönung seines soeben beendeten Tiefsee-Wettbewerbs schenken wollte: einen bald drei Meter großen Schwertfisch. Mit diesem großen Fisch wollten wir unseren Kindern eine wirkliche Überraschung bieten, sodass wir ihn nicht vor Ort zerteilten.

Siegfried und ich waren mit unserem kleinen Renault gefahren, in dem für diverse Kleintransporte die Sitze ausgebaut waren. Und so schaute ein Teil des breit gefächerten Schwanzes aus dem Autofenster, als wir durch Abidjan und ganz langsam unter Hupen in unser Dorf einfuhren, in dem uns Kinder lautstark begrüßten und noch mehr bestaunten. Auf einem danach geschossenen Foto ritten zwei achtjährige Jungen auf diesem Fisch.

Hin und wieder meldete sich eine Firma wegen einer infrage kommenden Arbeitsstelle; denn im ersten Rundschreiben hatte ich diesen für uns so bedeutsamen Punkt besonders hervorgehoben.

Zu unserer weiteren Überraschung meldete sich die amerikanische Filmgesellschaft „Warner Brothers", die in einem Hotel residierte und uns offerierte, dass wir ihren gesamten bis zu ihrer Abreise übrig bleibenden Lebensmittelvorrat abholen dürften. In zwei Fahrten mit beiden Autos bewerkstelligten wir den Transport und konnten einige Monate von diesen überaus abwechslungsreichen und teilweise auch für uns selbst kaum bekannten Nahrungsmitteln profitieren. Denn auch für uns privat war die Versorgung in Abidjan sehr teuer.

Als ganz besonderen Beitrag und willkommene Erweiterung des Dorfes erreichten uns eines Tages die Frachtpapiere über zwei Fertighäuser. In mehreren Containern verpackt, wurde diese einmalige Spende aufgrund unseres Rundschreibens per Schiff aus Kanada angeliefert, bis sie nun bei uns im Dorf abgeladen werden konnte. Auch für uns Erwachsene war diese Zuwendung einfach überwältigend! Nicht begreifen konnten es die Kinder; denn sie rätselten aufgeregt, was denn bloß in den riesigen, rot markierten Kisten enthalten sein könnte, die da nun aufgereiht neben den Wegen mitten im Dorf standen. Insgeheim waren jedoch schon Standplätze für die Häuser gefunden worden. Dass da zwei Häuser drin sein sollten – das amüsierte die Kinder noch viel mehr als der große dicke Fisch, den wir erhalten hatten. Ihre vielen Fragen begannen mit: „Kann man da auch richtig reingehen? ... und ein Bett passt da auch noch rein?"

Meine privaten Zuwendungen waren völlig anderer Art. Zu Weihnachten kam ein dicker Umschlag mit bayrisch-österreichischen Wachsmodellen, kleinen bunten Wachsfigürchen, als Dekoration – eine liebe und ein wenig sentimentale Erinnerung. Die Tochter einer Cousine schickte mir ein Päckchen mit genau einhundertvierzig Keksen. So viele Kinder hatten wir im Dorf, hatte ich ihr mal erzählt. Ich hoffe, sie verzeiht mir, wenn ich ihr jetzt schreibe, dass ich sie zusammen mit der Sekretärin aufgegessen habe, denn sie schmeckten sehr gut, außer es kamen unsere Kleinen ins Büro, denen dann ihre Hände mit Krümeln gefüllt wurden.

Zum Geburtstag erhielt ich schon mal einen besonderen Telex-Gruß. Und Wiebke schickte mir aus Deutschland zu diesem Gedenktag einen dicken Strauß Schneeglöckchen aus ihrem Garten. In feuchte Tücher und Alufolie eingewickelt, hielten sie tatsächlich einige Tage. Telefongespräche nach Hause hatte ich während meiner Auslandseinsätze nur zwei oder drei geführt.

Mein Versuch, Radieschen zu ernten, misslang. Aus den mitgebrachten Samen schossen die Pflanzen in die Höhe, bleistiftdünn und mit großen Blättern, doch praktisch ohne Knollen.

Wie in allen afrikanischen Ländern, so wurde auch bei uns ein neues System nach einem einheitlichen Kontenplan für die Buchhaltung und damit eine übersichtliche Finanzenkontrolle implementiert, durchgeführt von einem Kollegen der SOS-Geschäftsstelle. In den jeweiligen Ländern arbeitete er während der erforderlichen Zeit, um vorhandene Mitarbeiter einzuarbeiten. Mit diesen Kollegen fuhr ich abends zu einer als herausragend angekündigten Musikvorstellung in die Stadt. Auch hier galt beim Warten an einer roten Ampel, dass in jedem Fall Fenster und Türknöpfe zu schließen waren, oder noch ratsamer, wenn kein Auto kam, weiterzufahren. Blitzampeln gab es nicht. Wir hatten nur wenige Meter bis zum „Odeon" zu gehen. Meinen Kollegen fest eingehakt, hatte ich die Handtasche vorm Bauch, den Riemen zweimal eng um den Arm gewickelt, als ein Auto blitzschnell ausscherte und ein Mann durch sein geöffnetes Autofenster an meiner Tasche riss – ohne Erfolg. Ich fiel lediglich hin. Um einen spontan aufgehobenen Stein zu werfen, war ich natürlich eine halbe Sekunde zu spät gewesen – das Auto war fort.

Nach vielen Aussprachen stand es letztendlich fest: Ich würde nach Europa zurückkehren. Einige Überlegungen brauchte es schon, doch im Voraus zu wissen, was richtig und gut ist, ist manchmal nicht einfach zu sagen. Letztendlich fand ich eine neue

Tätigkeit in der Hermann-Gmeiner-Akademie als Sekretärin des Geschäftsführers. Doch bis dahin sollten noch einige Monate in Afrika vergehen.

Zum Ende dieser Auslandstätigkeit bot mir unsere Krankenschwester an, als Abschluss im Land Urlaub zu machen, um in Ruhe Abstand zu gewinnen. Auf ihrer entfernt gelegenen Plantage im Landesinnern könnte ich sozusagen die Zeit Revue passieren lassen und meine Gedanken auf ein unbeschriebenes Blatt Papier bringen. Wobei ein Blatt mit Sicherheit nicht gereicht hätte ... Räumlichkeiten seien vorhanden, sogar ein Kühlschrank.
Und zwei einheimische Wächter.
Bei diesem Punkt stutzte ich allerdings. Ich bin zwar nicht gerade ängstlich, dennoch hatte ich stets versucht, unnötige und zu riskante Aktionen oder Handlungen zu vermeiden. Ich alleine fernab von dichter besiedeltem Gebiet mit zwei schwarzen Wächtern, die mit Machete ihrer Aufsichtspflicht nachgingen ... Bedauernd lehnte ich das Angebot ab.

Gerne hätte ich damals meine Gedanken festgehalten und so Abschied von Afrika genommen. Meine Überzeugung: „Hätte ich tatsächlich vor Jahren statt in Afrika in Asien eine Arbeit erhalten, ich wäre nie wieder nach Deutschland zurückgekehrt", das war für mich eine Tatsache.
Bei meinen vielen Überlegungen hatte ich unter anderem mit Gedanken gespielt, selbst eine kleine Einrichtung für behinderte Kinder im Lande aufzubauen. Doch die dafür notwendigen Anforderungen hielt ich für zu wichtig, als dass ich es mir mit meinen nur sehr laienhaften Kenntnissen in der Krankenpflege zugetraut hätte.

Aber noch ergaben sich neben den gewohnten Arbeiten allgemein gern gesehene Feiern mit allen Bewohnern des Dorfes, wobei das Weihnachtsfest mit Christen und Moslems bei uns nicht im Mittelpunkt stand. Zu unserer vielfältigen Beschäftigung gehörten wie selbstverständlich auch die Feiern dazu. Zu größeren

Veranstaltungen wurden der Bürgermeister und weitere Würdenträger geladen. Selbst in der dichten Menge der vielen Personen waren diese Gäste klar an ihrer stattlichen Haltung und ihrem Respekt gebietenden Gebaren zu erkennen. Einem Imbiss mit erfrischenden Getränken und Kaffee war man natürlich nicht abgeneigt. Daneben schlugen maskierte Trommler einer geladenen Musikgruppe mit aufgesetzten dicken Holzmasken ihre Stöcke im Einklang zu überdimensionalen Balafonen, Xylophonen und weiteren afrikanischen Instrumenten.

Neben langen Dankesreden, viel Austausch von Gesprächen und Bewunderung für die Arbeit standen stets die Kinder mit Musik und Tanz im Mittelpunkt.

Den Muttertag begingen wir als ganz privates, internes Dorffest, zu dem Kinder sangen und tanzten. Es war das, was es sein sollte: ein Dankes- und Freudenfest für unsere Mütter von ihren Kindern veranstaltet. Die dreijährige Blandine konnte es am allerbesten. Ihr kleiner Popo wackelte im Rhythmus zu ihren anderen Gliedmaßen und ihrer Hüfte. Oder war ihr Körper tatsächlich aus Gummi, biegsam in alle Richtungen? Niemand vermochte es ihr gleichzutun. Alle standen um sie herum und klatschten; alle Mädchen hatten ihren Bastschurz umgelegt, traditionell wie bei großen Festen.

Als sogenannte „Obermutter" erhielt auch ich mein Geschenk: ein zweiteiliges afrikanisches Kleid mit engem Rock, figurbetont und nicht zu übersehen. Wie bei Afrikanerinnen. Als Dank und Anerkennung erhielt ich von den Sekretärinnen ein wunderhübsches Spitzenkleid, das sie hatten für mich nähen lassen, „in der besten Schneiderei des Landes."

Nach einem Abschiedsfest für mich übergab ich als eine der letzten Handlungen im Dorf einige meiner Ketten an Lazare, eigentlich direkt an seine Frau; denn sie hatte ihn zu diesem Anlass besucht – mit ihren vor wenigen Wochen geborenen Zwillingen. Eine ganz liebe Familie, der ich nur Glück wünschen konnte. Siegfried blieb vorerst noch im Dorf, später hörte er ebenfalls auf.

Mein Kollege hatte zwei echte Masken erstehen können, die Händler nicht an Touristen verkaufen würden. Er gab sie mir mit, damit ich sie in Deutschland an eine mir gegebene Adresse schickte. Als Test hänge ich sie nach Ankunft bei meiner Schwester anstelle von vorhandenen Bildern im Flur auf. Von ihnen ging jedoch eine unerklärliche mystische Ausstrahlung aus, sodass diese Stelle uns als auch Besuchern, ohne die Masken zu erwähnen, unheimlich erschien und wir unbewusst bei jedem Vorbeigehen einen kleinen Bogen um sie machten. Nach ein paar Tagen nahm ich sie wieder ab und verschickte sie. Hatte in ihnen tatsächlich mehr gesteckt als das geschnitzte Holz und die paar Federn als Schmuck?

Etwas nicht erklärbar Dagewesenes war wieder fort und damit der letzte sichtbare und spürbare Rest Afrikas verschwunden – nicht jedoch die vielen Erinnerungen, die auszulöschen wohl niemandem gelingen würde.

In Innsbruck – die Hermann-Gmeiner-Akademie

Dieser Übergang von einer Auslands- zur Inlandstätigkeit galt als Ausnahme, die ich durchaus zu schätzen wusste. So versah ich nun meine vor mir liegende Arbeit als Sekretärin in der Hermann-Gmeiner-Akademie in einem geordneten Dasein und in einem so ganz anderen Alltag, der jedoch in der Substanz mit gleichem Inhalt gefüllt war. Allerdings war ich nicht mehr diejenige, von der täglich eine geforderte Präsenz mit neuen Impulsen und Aktivitäten ausging, sondern ich lebte, als Sekretärin des Geschäftsführers, als Teilchen in dem wohlwollenden Umfeld, das vorhanden war.

Etwas ungewohnt zunächst erkannte ich sehr bald den durchaus erholsamen Effekt, der mir auch guttat. Nach meinem Dienst nach 17 Uhr dachte ich anfangs schon mal: „Und was arbeite ich jetzt? Ach, ich muss ja gar nichts mehr tun, ich kann mir jetzt meine Freizeit gestalten." Und normalerweise hatte ich jeden Samstag und Sonntag frei – wie es wohl so üblich ist. Zum ersten Mal in meinem Leben; denn von den Dienstzeiten vor Jahren im Hotelfach kannte ich diese Arbeitszeiten ebenfalls nicht.

Ich muss gestehen, dass ich genau wie zu einer geregelten Arbeitszeit auch eine direkte Verbindung zu einem ausgezahlten Gehalt für geleistete Arbeit verloren hatte. Eine pünktliche Überweisung, um Miete und sonstige Zahlungen zu begleichen, kannte ich seit Langem nicht mehr. Ich war dankbar für die Tätigkeit, die ich in Übersee hatte ausüben dürfen, sie entsprach mir. Überspitzt formuliert dachte ich damals schon mal: „Die Arbeit ist toll – und dafür bekomme ich auch noch Geld." Das erhielt ich als Teilsumme im Ausland, der restliche Betrag wurde in Deutschland überwiesen.

Als ich allerdings – und nicht nur einmal – während einer Unterhaltung hörte: „Ach, ich dachte, Sie machen Ihre Arbeit ehrenamtlich", erstaunte meine Erklärung: „Wie dachten Sie sich das? Jahrelang ohne Gehalt? Auch ich muss versichert sein, mir meine Lebensmittel kaufen, ebenso Bekleidung und vieles mehr. Gleichfalls entstehende Kosten im Urlaub in Deutschland. Und später einmal?"

Bei der Erwähnung meiner zwei mehr als gut gepackten Koffer mit reichlich Übergepäck (für das ich jedoch nie bezahlte) und einer Reisetasche hörte ich sogar einmal: „Und ich dachte, in Afrika laufen die Leute fast alle barfuß herum." „Mit Sicherheit nicht. Die meisten sind ordentlich gekleidet, in ihren farbigen, engen Kleidern sehen sie richtig schick aus. Allerdings ist es weder von aktuellen Modetrends beeinflusst noch eine Frage des Alters, wobei gerade älteren Menschen besondere Achtung entgegengebracht wird."

Wie es wiederholt in Urlauben passierte, verriet man mir, fast ein wenig neidisch: „So etwas, was Sie tun, hätte ich auch gerne getan. Doch was ist mit der Auflösung des Haushaltes in Deutschland, wenn einem die Arbeit doch nicht entspricht oder man gar krank wird, nach zwei Jahren wieder zurückkehren sollte, wenn …" „Dann bleiben Sie lieber in Deutschland." Und unter ein wenig Lachen: „… und fallen in Ihrer Küche vom Hocker – oder lieber nicht. Denn eine Versicherung für getane oder eben nicht getane Schritte im Leben gibt es nicht, weder in Deutschland noch irgendwo anders. Obwohl man gerade hier schon mal den Eindruck gewinnen kann, dass alles doch irgendwie machbar oder kaufbar sein müsste …

Und ich glaube vor allem auch nicht, dass Gott in seiner Betreuung nun gerade an der deutschen oder irgendeiner anderen Grenze haltmacht."

Und fast jedes Mal hörte ich: „Dazu haben Sie aber Mut gebraucht!"
Brauchte ich ihn wirklich oder hatte ich ihn? Vielleicht hätte ich sogar die Rückfrage stellen können: „Und was ist das?" Was allerdings meine Entscheidung, besser die Durchführung, erleichterte: Ich war allein und nicht für eine Familie verantwortlich. Andererseits war ich dankbar, wenn Verwandte und Freunde mir bei dem späteren Schritt der Wiedereingliederung in Deutschland Hilfe leisteten.

Wurde ich mein ganzes Leben – und das noch kommende – an einem dicken Seil entlanggeführt, an dem mich die einzelnen Stationen wie fest verschlungene Knoten hielten und meine Richtung wiesen? Nur an Weggabelungen hatte ich mich als mir geschenkte Freiheit zwischendurch zu entscheiden. Wirkte der ganze Weg auf Außenstehende vielleicht wie ein „Vorsichhinleben", ohne ein sich selbst gegebenes Ziel mit sachlichem Durchdenken zu verfolgen? Was ist in unserem Leben vorherbestimmt, was von uns tatsächlich mitentschieden? Ich war risikofreudig und damit glücklich, vor allem wollte ich mir selbst nicht im späteren Leben einmal sagen müssen: „Hättest du das damals doch getan …" In die Zukunft konnte ich sowieso nicht blicken, also versuchte ich so zu leben, wie es mir entsprach. Fortgezogen hatte es mich stets.

Mein Wohlbefinden setzte ich nicht vermeintlich geschaffener Sicherheit im Alltag gleich.

In der vor einigen Jahren erbauten Hermann-Gmeiner-Akademie waren weitere Büros für die Betreuung der Auslandsprojekte untergebracht, ihr primärer Gründungszweck war die „geistige Beheimatung" der SOS-Organisation mit vielen Besuchern, Tagungen und die meiste Zeit mit Fortbildungskursen. In der Akademie erhielt ich wie andere Mitarbeiter auch eine Anwesenheitskost, beziehen durfte ich nach kurzer Überbrückung eine frei gewordene kleine Wohnung.

Hin und wieder konnte ich an gemeinsamen Essen und sich anschließenden gemütlichen Abenden teilnehmen oder mich an privaten Gesprächen durch eigene Erfahrungen und Sprachkenntnisse mit Mitarbeitern aus dem In- und Ausland unterhalten, im Allgemeinen nach dem Dienst. So saßen wir eines Abends mit sechs Personen aus fünf Ländern in meiner Wohnung und „fachsimpelten" privat mit erforderlichen Übersetzungen in vier Sprachen. Herrlich!

Die österreichische Küche war überaus gut, unser Küchenchef auch, der andererseits durchaus schon mal selbst einen ganzen Tag lang „Schwammerln" suchen ging. So sehr ich ein schmackhaftes Essen genoss, so wenig gut tat es meiner Figur. Als ich dann das mir völlig ungewohnte „Du siehst aber wohl aus" hörte, begann ich etwas mehr „Obacht" zu geben. Ich aß weniger.

Bei einer Zusammenkunft deutscher Kinderdorf-Leiter traf ich zu unser beider Freude Herrn Pütt wieder, den ich bereits zuvor während eines Urlaubs in seinem Kinderdorf besucht hatte und mit dem ich eine neu gegründete Behinderteneinrichtung besichtigte.

Bei dieser Fahrt übernahm ich das Steuer, da Herr Pütt mit weiteren Insassen durch vielstimmige Gesänge zur Unterhaltung beitragen wollte. Ein neben mir sitzender Journalist hatte mal lakonisch zu meinen Fahrkünsten gemeint: „Sie sind sicher eine fantastische Autofahrerin, aber wenn Sie wenigstens halbwegs noch unsere Verkehrsregeln einhalten könnten, wäre es auch nicht schlecht." Das blieb mir unvergessen. Ich war kurz zuvor von meinem Aufenthalt aus dem Libanon zurückgekehrt.

Ein anderer Dorfleiter erzählte mir von seiner mehrwöchigen Fahrradtour mit Jugendlichen, nur Jungen, bis in den hohen Norden Finnlands. Als im Voraus nicht erahntes Manko hatte sich ergeben, dass er sich eigentlich während dieser Zeit mit niemandem über ganz persönliche Sachen hatte unterhalten können, auch wenn ein Jugendlicher bereits recht erwachsen war. „Wie haben Sie das Thema gelöst, Frau Totz; denn Sie waren doch auch meist alleine und nicht nur für ein paar Wochen?"

Zunächst dankte ich ihm überhaupt für die Frage, die mir nur dieses eine Mal bewusst gestellt worden ist. „Gerade in Burundi waren gedankliche Vorstellungen weit vom Alltag entfernt. Ich musste mir selbst beantworten, ob ich mich bei einer Teilaufgabe zu sehr aufhielt oder ich meine Kräfte lieber für andere Erledigungen einsetzen sollte. Ich hätte niemandem erklären können, was ein Frühlingsstrauß ist, gab es dort weder einen Frühling noch einen Blumenstrauß, geschweige denn aus Veilchen. Allgemein vermisste ich manchmal etwas Hübsches, eine Schaufensterauslage oder ein Blumenbeet. Auch ein normaler Spaziergang war dort nicht relevant. Aber auch alltägliche Sachen wie ein Haarschnitt – den hatten Ursel oder Inge stets für mich erledigt – waren kein zu erörterndes Thema. Einmal allerdings hatte ich mir einen Frisörbesuch gegönnt, im einzigen Geschäft dieser Art im Land – im Hotel ‚Source de Nil'. Und ebenso hatte ich als Ausnahme bei einem Rundgang mit zwei Müttern in Bujumbura in einer Tiefkühltruhe Eis am Stiel entdeckt. Es war sehr teuer gewesen. Wir genossen diese kühle Köstlichkeit, doch paradoxerweise schien sie mir fremd und gar nicht dorthin zu gehören.

So freute ich mich, hin und wieder mit Bekannten deutsch zu reden. Zudem füllte mich meine Arbeit jeden Tag voll aus, sodass mir dieser Aspekt erst Jahre später bewusst wurde oder wie jetzt als aufgeworfenes Thema. Vor allem war ich es nicht mehr gewohnt, vor mich hin zu erzählen, meine vielen Gedanken auszusprechen. Wem hätte ich sie erzählen sollen? Wie man damit zurechtkommt? Vielleicht braucht man in sich einfach so etwas Ähnliches wie eine Substanz, von der man zehren kann?"

So redeten wir weiter – uns unsere vielschichtigen Gedanken von der Seele. Solche geselligen und besinnlichen Stunden bereicherten.

Ich traf eine Sr. Müller aus Lama-Kara in Togo wieder, die uns damals um 5 Uhr zu unserem Bus gebracht hatte, lernte bei abendlichen Treffen mit Psychologen einige „winkelzügige" Gedankenspiele kennen und konnte hocherfreut die Leiterin des Mädchenhauses in Klagenfurt begrüßen. Mit ihr und den Leiterinnen aus weiteren Häusern saßen wir beim Kaffee. „Trinken Sie ebenfalls einen ‚kleinen Braunen'?" „Das weiß ich nicht. Ich trinke Kaffee mit ein wenig Milch drin." „Und was sagen Sie in Deutschland, wenn Sie mehr Milch in den Kaffee möchten?" „Dann sage ich es genau so, aber es steht immer genug Kaffeesahne bereit." „Mh." „Aber als mir das erste Mal bei euch in Deutschland Blechkuchen angeboten wurde, war ich schon etwas zögerlich …!" Wir lachten.

Und ich machte neben anderen Bekanntschaften die von Friederike, die nach fünf Jahren Tätigkeit in Lateinamerika wieder in Österreich war. Bei ihr hatte es mit einer Inlandstätigkeit nicht wie geplant geklappt, sodass sie wieder in ihren alten Beruf zurückkehrte.

Voller Überraschung kamen mir eines Tages auf dem Flur junge arabische Männer entgegen – einige große Jungen, die damals im Jugendhaus in Beirut gewohnt hatten. Auch hier folgten herzliche Umarmungen! Mir war bisher gar nicht bewusst gewesen, dass ich so viele Leute kannte und sie mich auch.

Am Wochenende schaffte ich es, hin und wieder zu Edelgard zu fahren, natürlich auch bei einer längeren Aufenthaltsdauer bis Norddeutschland. Oder ich erhielt Besuch von ihnen, sodass wir Ausflugsfahrten in die Umgebung und sogar bis Venedig unternahmen und genossen.

Des Öfteren traf ich mich mit einer Sekretärin der Afrika-Abteilung oder der des österreichischen Vereins, deren Büros sich ebenfalls in Innsbruck befanden. Durch die kurvenreichen Bergstrecken gewöhnte ich es mir für hier und die kommende Zeit an, prinzipiell keine Kurven zu schneiden.

Ein etwas schwieriger Jugendlicher verbrachte als Auszeit für seine Familie und Ausnahme für uns ein verlängertes Wochenende in der Akademie. Mit ihm stand weniger meinem Chef als jahrelang gewesenem Jugendhausleiter, sondern primär mir eine recht „fordernde" Bergtour an; denn er schien voll unerschöpflicher Power zu sein.

Anlässlich eines internationalen Treffens, das in der Akademie stattfand, hingen vor dem Gebäude mehr als sechzig Flaggen, die als weltweit verbindende Symbole des Friedens im Wind flatterten. Selbst an den Torpfosten des Fußballplatzes, der zum neben der Akademie gelegenen Jugendhaus gehörte, waren sie befestigt worden. Amüsiert beobachtete ich, wie vorbeifahrende Autos bremsten und diesen bunten Ausdruck einer privaten Weltorganisation bestaunten.

Am Vormittag hatten sich im großen Konferenzraum die international Verantwortlichen getroffen. Der Geist von Zusammenhalt und Schaffensfreude im Sinne der Kinderdörfer würde auch vom abendlichen geselligen Beisammensein von jedem Teilnehmer als Fundament mit in sein Land getragen werden. Ich freute mich über das Angebot, teilnehmen zu können. Irgendwo auf einer Bank fand ich ein schmales Plätzchen.

„Ich bin der Präsident des israelischen Kinderdorfes." „Ich bin Mr. Kaul. Der Präsident des indischen Vereins." Dann setzte sich ein Japaner: „Ich bin gestern spätabends angereist, nach vierzig Stunden Flug." Unsere Unterhaltung wurde unterbrochen; denn alle lauschten der Rede des Generalsekretärs, der nun seine vielen, auf die Schnelle gereimten Verse, die die Anwesenden und die Situation betrafen, kunstvoll und feierlich vortrug, heiter, mit passend gewürzten Worten; den Sahnetupfer bildete sein eigenes Motto: Alles reimt sich. Wunderbar gemacht! Eine einmalige Atmosphäre lag über diesem unkonventionellen Treffen mit seinem jedem Teilnehmer bewussten Hintergrund.

Mit eingeladen wurde ich auch zum 25-jährigen Bestehen des Kinderdorfes im Saarland. Nicht ursächlich wegen dieser Feier, sondern weil gleichzeitig eine große Spendenaktion für ein zweites Kinderdorf in Burundi, nämlich in Bujumbura, stattfand. Hauptsponsor war das Saarland. Mit den Familienhäusern zugleich würden auch eine Schule und ein Kindergarten gebaut werden, danach eine Krankenstation sowie weitere Einrichtungen im Lande. Übersetzen durfte ich die Rede des burundischen Botschafters. So wuchsen die Projekte im hilfsbedürftigen Burundi weiter.

Übernachtet hatte ich mit einigen anderen Gästen im Gästehaus der Familie von Boch als große Förderer.

Als beeindruckende Wallfahrt wurde eine mehrere Tage währende Busreise mit mehreren Bussen nach Assisi organisiert, zu der sich Mitarbeiter aus verschiedenen Einrichtungen gegen Selbstkosten anmelden konnten. Jeder Gruppe wurde ein Geistlicher als Leiter zugeteilt.

Ein anderes Mal unterhielt ich mich abends mit einem Mitglied des Schweizer SOS-Fördervereins. Begeistert von meinen Schilderungen lud mich die Dame ein, anlässlich der bevorstehenden Generalversammlung dieses Vereins einen Vortrag von etwa einer Stunde über meine Arbeit zu halten. Sie würde in einem Café in Interlaken stattfinden. Übernachten könnte ich bei ihr, die in der Nähe wohnte. Nach einiger Erklärung stimmte mein Chef zu, denn diese Tätigkeit fiel eigentlich nicht in meinen Aufgabenbereich. Sie hatte sich einfach ergeben. Mit einer Mitarbeiterin der Presseabteilung schaute ich meine Dias durch und erhielt einen passenden Zeitrahmen.

Als ich in Interlaken sozusagen auf den Gongschlag für meinen Einsatz wartete, rollten unten auf der Straße die attraktivsten Oldtimer anlässlich eines Treffens vorüber. Der große Raum im Café war bis zum letzten Platz gefüllt. Die von mir in einem afrikanischen Kleid gezeigten Dias und dazu geschilderten Alltagsgeschichten aus „meinen" drei Dörfern fanden ganz großen Beifall.

Der mir privat zu diesem Anlass gekaufte Projektor sollte noch viele Jahre für Vorträge in ähnlicher Form beste Dienste leisten.

Heimweh nach Afrika

Im Spätherbst hatte ich mich entschieden, über Weihnachten und Neujahr meinen Urlaub in Mombasa zu verbringen. Allein. Ich hatte Heimweh.

Rechtzeitig hatte ich Simon geschrieben, dass ich in einem etwas entfernt gelegenen Hotel wohnen würde. Ob sie eventuell Wünsche hätten, die ich erfüllen könnte. Sicherheitshalber fügte ich hinzu, dass ich nicht reich sei und natürlich die Menge des Gepäcks zu beachten hätte.

Wenige Wochen später las ich mittags im Büro in einem Brief von ihm die darin fein säuberlich aufgelisteten Wünsche:

„House No. 1, Mama Wanjiru: 1 BH, 1 Petticoat
House No. 2, Mama Esther: 1 BH, 1 Handbag
House No. 3, Mama Kanini: 1 BH, 1 Handbag …"

… und so weiter, bis zu Haus Nummer 12. Ich begann laut zu lachen und sagte wohl ebenso laut zu mir: „Und nun brauche ich lauter BHs!" „Wieso, haben Sie keine?" Mein Chef stand in der Tür. Eigentlich war er äußerst diszipliniert und korrekt, jedoch mit feinsinnigem Humor. Ich reichte ihm Simons Brief. Nun lachten wir beide, zumal er die Bemerkung losließ: „Da stehen ja gar keine Größen …" Bei dieser seltsamen Sachlage kamen wir dann überein, um private Spenden bei den Sekretärinnen in Innsbruck und München nachzusuchen …

Ab und zu kam erwartungsgemäß und dennoch erleichtert der Bote mit einer Plastiktüte aus München zu mir: „Wie ich das so sehe, Frau Totz, ist die wohl wieder für Sie."

Simon hatte meinen ersten Brief gut verstanden; denn er informierte mich zusätzlich: Der Zoll wäre seit kurzer Zeit sehr streng!

So flog ich tatsächlich mit neunundzwanzig BHs und einundzwanzig Handtaschen als gesammelte Schätze im Gepäck nach Kenia, zusätzlich einige Hemden und Pullis für die Arbeiter, die ein Spender zwei Tage zuvor abgegeben hatte. Eine Kollegin der Afrika-Abteilung brachte mich privat zum Flughafen nach München. Übergepäck wurde auch dieses Mal nicht registriert.

In Mombasa am Flughafen drückten sich die Kinder in SOS-T-Shirts hinter den Fensterscheiben die Nasen platt und strahlten mich unter lebendigem Winken erwartungsvoll an. Mit zusätzlichem Hinweis auf meine SOS-Aufkleber auf dem Koffer hatte der Zollbeamte meine Verbindung schmunzelnd registriert; ich durfte ohne Kontrolle passieren. Simons Brief konnte in meiner Handtasche stecken bleiben.

Den Fahrer des Hotelbusses informierte ich; Jutta holte mich ab. Im Dorf kam mir Simon strahlend entgegen. Seine ersten Sätze waren: „Warum wohnst du nicht im Dorf? Schade, dass dein Flugzeug Verspätung hatte; denn das deutsche Konsulat hatte extra zu deiner Begrüßung eine Spendenübergabe arrangiert. Nun mussten sie leider fort." Ich umarmte Susan.

Bei einem Rundgang durchs Dorf musste ich in jedem Haus ein Glas Saft oder Tee trinken, wobei ich einige mir bekannte Mütter auf den nächsten Tag vertröstete: „… sonst platze ich." Und ich musste die Namen der Kinder erraten, die mich verstohlen anschauten, ob sie mich auch wiedererkennen oder ich sie? So war der kleine, pummelige Andrew von damals ein schlanker Junge von fast acht Jahren. Viele erkannte ich, einige waren neu. Aber alle Mütter von damals waren noch im Dorf. Ist das nicht wunderbar? Sie sahen alle richtig gut aus. Bei meiner Bemerkung, dass Mama Esther wohl etwas zugenommen habe, kam Simons logische Folgerung: „Heidi, das nächste aufzunehmende Baby bekommt sie; denn sie hat nur neun Kinder, alle anderen Mütter haben inzwischen zehn oder elf Kinder. Dann nimmt sie wieder ab." Die anderen Mütter stimmten dem zu und lachten. Aber auch sie fanden, dass meine paar mehr Kilos gut zu mir passten.

Mama Ndunge zeigte mir stolz nach unseren ersten Nähversuchen ihr selbst geschneidertes Kleid.

Unter den neugierigen Blicken einiger Angestellter des Hotels wurde ich von Simon mit meinem Gepäck in die Halle gebracht. Unser natürliches Verhalten miteinander erstaunte, doch die Verbindung zum Kinderdorf erklärte alles. Also war ich aus diesem Grunde ganz alleine hier, suchte demnach kein Abenteuer? Denn ich war gleich dem Küchenchef vorgestellt worden … Als „Stille Post" wanderte diese Nachricht blitzschnell von Kellner zu Kellner.

Ich registrierte, wie ich im Hotel auf den Treppen ständig auf der verkehrten Seite ging. Die deutschen Touristen gehen rechts, die wenigen englischen links, genau wie die Einheimischen.

Ich genoss ein Bad im Meer. Am Strand bettelten auch mich die Leute um ein T-Shirt oder Ähnliches an. Zettel und Kugelschreiber hielten sie mir entgegen, gedacht, um Schenkungsquittungen für die Polizei zu schreiben, die überall in zivil am Strand herumpatrouillierte.

Ich unterhielt mich mit deutschen Urlaubern. „Gestern haben wir dem Mann Geld gegeben, damit er nicht so wehleidig hier herumsitzt und wegen seiner Zahnschmerzen zum Arzt gehen kann. Und nun sitzt er immer noch so bemitleidenswert in seinem zerrissenen T-Shirt hier und wäscht Muscheln." Meine Meinung, dass er nie zum Arzt gehen werde, erstaunte sie. Und ist ein heiles T-Shirt zum Muschelnwaschen nötig? In vierzehn Tagen Ursachen und Zusammenhänge einheimischer Gepflogenheiten zu erkennen, ist nicht immer einfach. Ja, fast unmöglich.

Nach dem opulenten Frühstück mit acht Bestecken, die der Einfachheit halber zu jeder Mahlzeit eingedeckt wurden – abends brauchte man sie für die vier oder fünf Gänge –, holte mich Simon ab.

Im Büro verteilten Susan und ich unter viel Gelächter meine originellen Mitbringsel. Zuerst durfte Simon eine Handtasche für seine Frau aussuchen, dann war Susan dran – eine schwere Entscheidung –, dann alle Mütter … alle schön der Reihe nach. Auch die Putzfrau und die Arbeiter erhielten ihr Geschenk. Der Kindergarten hatte bereits geschlossen; nun zur Weihnachtszeit.

Der große Tisch lag voller BHs. Als ich dazu meinte, dass wir über seine Wunschliste sehr gelacht hätten, meinte er ganz trocken: „Heidi, du hast geschrieben, wir sollen zusammen entscheiden. Und da wir eine offene Atmosphäre haben, teilten mir alle ihren Wunsch mit, und den habe ich dir dann geschrieben." Susan und ich steckten diese nun in die Handtaschen – Tauschen war erlaubt. Aber da bemühte sich Simon bereits, ganz geflissentlich an seinem Tisch zu arbeiten …

Wir hatten die kleine Regenzeit. So war der Rasen auch nicht knochentrocken und braun wie in so manch anderen Monaten. Zu meinen Zeichnungen an den Wänden im Kindergarten waren neue hinzugekommen. An der Wand gegenüber vom Büro prangte ein mindestens drei Meter hoher, wunderhübsch gemalter *family tree* mit zwölf starken Ästen, getragen von kurzen, aber kräftigen Wurzeln. Jeweils ein Ast trug den Namen einer Kinderdorfmutter.

Zum Mittagessen schlenderten wir zu Sarah. Zwei Arbeiter lagen im Schatten und ruhten sich in der Mittagspause ein wenig aus. Essen gab es für sie erst wieder am Abend, wenn sie zu Hause waren. Das war normal.

Die damals gepflanzten Büsche und Bäume waren prächtig gediehen und blühten als weiße Frangipani oder rote Flamboyants. Mein einstiger Weg zum Haus war fast zu einem Laubengang zugewachsen. Im Hintergrund standen neben den Hausgärten einige Ställe für ein paar Ziegen und zwei Kühe. Ein Hausmädchen, das zu jeder normalen Familie gehörte, servierte. Finah und Mukami hatten sich prima entwickelt. Sarah hatte eine Arbeit in der nahe gelegenen Zementfabrik gefunden; Folkmar war ihr Chef. Dem teilnehmenden Assistenten fiel besonders unser offener und natürlicher Umgang miteinander als sehr positiv auf. Sie freuten sich, als ich Chapatis und ihr Kikuyu-Food aß statt der extra für mich gekochten Spaghetti.

Am Nachmittag schlenderte ich ins Reef-Hotel. In der Halle stutzte ich. Der deutsche Manager kam mir entgegen. Er stutzte ebenfalls. „Hallo, Madame SOS! Klappt es, dass die Kinder wieder zu Weihnachten bei uns singen?" „Ich bin vierzehn Tage hier auf Urlaub. Nach über vier Jahren!" „Na ja, klappt es nun?" Zögernd … „Ja sicher, denke ich." „Wusste ich doch, Sie sind doch da." Es klappte dann auch, allerdings mit dem feinen Unterschied, dass ich ihm persönlich die Schale zum Sammeln von Spenden übergab …

Rechtzeitig ging ich vor Einbruch der Dunkelheit ohne Tasche eine halbe Stunde zu Fuß am Strand entlang zu Jutta und Folkmar. Auf dem Weg sah ich Palmen und Hotels. Überall ragten die Wipfel der Palmen über den Dächern der Bauten ein wenig höher in den Himmel. Ein vorbildlicher Grundsatz: Kein Hotel durfte höher gebaut werden als die Palmen.

Doch dieser Grundsatz ließ sich damals schon nur noch in abgelegenen Gebieten oder Ländern durchführen.

Zu ihrem Pfännchenessen auf der Terrasse waren auch der Kapitän und der Ingenieur eines Schiffes der deutschen Ostafrikalinie eingeladen. Ich kannte sie noch von früheren Begegnungen her. Es war warm und wir saßen im Garten. Vor uns fielen Korallenklippen steil ins Meer ab. Leise brachen sich die auslaufenden und leicht hörbar rauschenden Wellen unter uns im Tang und auf den Steinen. Die von beiden Seemännern sehr lebendig erzählten Geschichten von Schiffen im Sturm auf hoher See waren bestimmt uralt, aber wohl aus echtem Garn gesponnen.

Sonntag durfte ich bei Susan Gast sein. Sie beschrieb mir genau die Busfahrt. Einige Kinder lachten laut, als ich beim Stehen im überfüllten Bus trotz Festhaltens bei den vielen Schlaglöchern genauso hin und her schwankte wie alle anderen. Ich war die einzige Weiße.

Ganz stolz war sie auf ihre neue Wohnung. Eine eigene Küche, das heißt, eine Petroleumstelle in einer winzigen Kammer auf dem Hof mit einem Lehmboden und innen notdürftig verputzten und gekalkten Wänden, „ist Goldes wert." Auf einem wackeligen Holzregal standen kaum mehr Utensilien als einige wenige Teller und angeschlagene Schüsseln. Und auch mit dem mit einer anderen

Familie zu teilenden Wohnzimmer – jeder Familie gehörte ohne Trennwand eine Hälfte – gab es keine Probleme. „Denn das ist unser Leben, Heidi. Außerdem werde ich als Älteste respektiert."

Ihre Mutter hatte mir zu Ehren ein rotes Hängerkleid angelegt, das ich Susan vor vier Jahren geschenkt hatte. Es war ein von mir getragenes.

Überwältigt von diesen und vielen weiteren Eindrücken brachte sie mich nach einem gemeinsam besuchten Gottesdienst, von dem ich leider durch das dort gesprochene Kiswahili nichts verstand, bei dem ich aber die Musik und die Atmosphäre sehr genoss, wieder zu meiner Bushaltestelle. Während des Wartens erzählte sie mir noch, etwas zögernd, dass in der Predigt von Europäern gesprochen worden war, die diesem Land mit seinen Traditionen und Gepflogenheiten verständnislos gegenüberstehen …

Bei einem Bummel durch Mombasa, wie es leibt und lebt, schaute ich mir alles genau an. Einige Bettler, meist Lepröse, strahlten mich an, als würden sie mich erkennen. Oder war es nur die erflehte Hoffnung auf ein paar Münzen? Schon damals hatte ich gedacht: „Jedem Bettler gebe ich heute einen Taler …" Doch niemals mehr wäre ich dann wohl wieder an ihnen vorbeigekommen, ohne auf die Bettelei reagieren zu müssen.

Ich trat in ein Fotogeschäft ein, die Besitzer waren Inder. Kaum zu glauben: Die Inhaberin stand wie früher in ihrem Sari hinter dem Ladentisch, schaute mich staunend an und sagte, ohne zu zögern: „Hallo Heidi!" Sie griff nach rechts. „Hier ist das Buch über SOS, das du mir damals geschenkt hast. Als Erinnerung an dich bleibt es immer hier liegen." Als könnten wir an Vergangenes ohne Unterbrechung anknüpfen, tauschten wir unsere Gedanken über Vergangenheit und die Gegenwart auf die natürlichste Weise aus. Ihr Mann kam hinzu. Die Zeit war im Gespräch mit diesen lieben Leuten einfach stehen geblieben. Langsam schlenderte ich weiter.

Irgendwie hatte ich stets das Empfinden gehabt, mit den Indern auf einer ähnlichen, von gegenseitigem Verständnis getragenen Ebene zu sprechen oder zu agieren.

Quer über die Straße war ein großes Spruchband gespannt, das darüber informierte, dass man das Kinderdorf anlässlich eines Basars besuchen könne. Vorgestern war der Termin abgelaufen, es war noch nicht abgenommen worden.

In einem größeren Souvenirgeschäft bat ich den Besitzer: „Ich hätte gerne einen Massai-Halsschmuck, aber die Ketten, die unterlegt sind." Er schaute mich prüfend an. Dann: „Wissen Sie, die von Ihnen gewünschten habe ich momentan nicht da, sondern nur die einfacheren für Touristen. Ich lasse Ihnen zwei in dem und dem Geschäft zurücklegen." Etwas stutzend bedankte ich mich. Kannte oder erkannte er mich? Ich ihn nicht. Auch in Basaren ist mir immer wieder die unglaubliche Beobachtungsgabe und Menschenkenntnis aufgefallen. Verhielt oder bewegte ich mich natürlicher, „wissender"?

Sarah, Simon und ich kamen uns vor wie kleine Kinder, denen ein ausgeheckter Streich gelungen ist, denn die Tage vergingen so schnell. Sarah erhielt einen Tag frei, die beiden Mädchen blieben bei einer Kinderdorfmutter. Ich übernahm die Benzinkosten. Samstag pünktlich morgens um 4 Uhr holten sie mich im Hotel ab. Wir waren auf dem Weg nach Nairobi, meinem heimlichen zusätzlichen Wunschbesuch. Glutrot ging vor uns die Sonne auf, als wir hungrig gegen 7 Uhr auf der Terrasse am Eingang zum Tsavo-Park unser *english breakfast* genossen. Um 10 Uhr kamen wir im Kinderdorf an. Wir besichtigten das neue Bubenhaus und die für sie errichtete Ausbildungsstätte, beides neben dem Dorf gelegen. Herrlich war es, sich über Erinnerungen und neue Erfahrungen auszutauschen.

Abends nutzten wir die Gelegenheit zu einem gemeinsamen Essen in einem indischen Restaurant, wie üblich beginnend gegen 22 Uhr.

Schon am nächsten Tag traten wir gegen 10 Uhr unsere Heimfahrt an, mit vier Kindern, die ein paar Tage Ferienzeit in Mombasa verbringen wollten. Unterwegs versuchte ich, mich an dieser imposanten Landschaft sattzusehen, als müsste ich für alle Zukunft auftanken. Für unsere körperliche Sättigung kauften wir in der größeren Ortschaft Voi schmackhafte Samozas, kross ausgebackene, dreieckige Teigtaschen, gefüllt mit einer scharfen Hackfleischmasse. Es war heiß, unsere Reden und Gesten wurden immer sparsamer. Und wir Frauen schläfrig. Doch Simon war hellwach. Zum Reifenwechseln mussten wir dann noch zweimal anhalten. Eine fast normale Tätigkeit auf dieser Strecke.

Heiligabend brachte mich Jutta ins Kinderdorf, wohin sonst? Insgesamt hatten sich wohl einhundertfünfzig Personen zusammengefunden, einschließlich einiger Mitglieder des Vereins, die bereits ab dem Nachmittag vorbeischauten. Zwischendurch kamen sogar vier Paten. Wir kannten uns bereits – eine freudige Begrüßung! Drei von ihnen hatten auch in „meinen" anderen Kinderdörfern Patenkinder. Einmal hatten wir von einem von ihnen Fotos seiner anderen Patenkinder erhalten, damit sich die „Halbgeschwister", wie er sie nannte, auch mal sehen könnten.

Durch ein Bingo-Spiel sammelten sie im Hotel weitere Spenden.

Die Stunden vergingen zwischen dem Gespanntsein der Kinder, großer Freude, dem Singen und einem ehrfurchtsvollen Dank für erhaltene Geschenke. Neben mir stand der einstmals kleine Moses. Bevor ich seinen aufgerufenen Namen verstanden hatte, stand er bereits vor Simon, um mit einem „Asanti, Papa" (Danke, Papa) sein Geschenk entgegenzunehmen.

In diesem Dasein lebte eine Begeisterung mit, die umgesetzt wurde in die Tatkraft für das Gute. Ein Eindruck, der mich früher und auch jetzt wieder begleitete. Nach diesen fröhlichen Stunden klang der Heiligabend bei Neuerts aus.

Angereichert mit einem Müttertreffen im Dorf, einem stilvollen Abendessen auf einem Schiff der deutschen Ostafrikalinie mit geschmücktem kleinem Tannenbäumchen als Verbundenheit an die Heimat auf großer Fahrt um die Welt, bei dem der Abschiedstrunk nicht fehlte, und abendlichen Massaitänzen im Hotel, traf ich bei Schnee am Neujahrsabend wieder in München ein. Abgeholt, wie vereinbart, mit meiner dicken Jacke.

Zwei große Zweige, vollgesteckt mit leuchtend roten Blüten einer Butea, erhielten einen besonderen Platz in meiner Wohnung – ein Souvenir des Kinderdorfes in Nairobi, wo sie auf dem dortigen Gelände wuchsen. In der Flughafenhalle in Nairobi wollte sie mir ein Mitreisender abkaufen – für 150 DM. Doch sie waren unverkäuflich.

Ich hatte zum Glück noch ein paar Tage frei, um mich ein wenig erholen zu können; ein Dreiergespann aus Hitze, etwas zu wenig Schlaf und ein weiterer Abschiedstrunk machten einfach müde.

Vor allem jedoch, um die Fülle dieser unvergessenen Tage nachwirken zu lassen, zusammengesetzt aus gespeicherten Erinnerungen und sich manifestierenden neuen Eindrücken.

Wieder in Innsbruck

Im Winter bei Eis und Schnee war ich zu einer abendlichen, recht romantisch anmutenden Schlittenfahrt ins Stubaital eingeladen. Ein Lift brachte uns an diesem besonderen späten Nachmittag auf den Berg, wo wir zunächst eine heiße Suppe im urgemütlichen Bergrestaurant zu uns nahmen. Die für diesen Tag extra präparierte und gut erleuchtete Piste lockte mit ihren sieben Kilometern Abfahrt.

Rechts und links glitzerte der Schnee. Nach nur kurzem Zögern ging es für jeden von uns auf seinem Schlitten bergab. Irgendwann hatten wir nach vielen Kurven auf nicht zu steiler Strecke dann jubelnd und jauchzend die Talstation erreicht. Nacheinander kamen wir alle eingetrudelt. Einfach fantastisch! „Einmal fahren wir noch, oder? Wir müssen ja nicht hochlaufen." „Klar doch."

Es war im April des Jahres, als ich am Samstag nach Einkäufen zurück in die Akademie fahren wollte und mein Autoradio einschaltete. „Hermann Gmeiner ist verstorben." Er war sehr krank gewesen. Vierzig Jahre seines Lebens hatte er für Kinder in aller Welt gelebt. Sein Leben hatte sich erfüllt. Nun durfte ich bei seiner Beerdigung anwesend sein, in seinem ersten Kinderdorf in Imst. Die Teilnehmer waren in Schwarz gekleidet, einige trugen als nun erwachsene Kinderdorfkinder seinen Sarg. Aber auch im roten Dirndl-Kleid legten Anwesende am Straßenrand gepflückte Gänseblümchen in sein Grab.

Eine milde, aber dennoch wärmende Sonne verklärte alles und machte es hell, nahm eventuell aufkommende Traurigkeit.

Es war, als stimmten alle Kinder dieser Welt als schwebende Engel ihm zu Ehren in einen himmlischen Gesang ein. So ähnlich hat es jemand ausgedrückt. Das traf vielleicht die Atmosphäre.

Seit dieser Zeit ist mein Wunsch: Wenn ich einmal sterbe, dürfen Teilnehmer auf meiner Beerdigung ihr Lieblingskleid tragen – gleich wie es aussieht.

Ich stand auf meinem Balkon und überlegte, ob mein am Waldrand entdeckter Bovist wohl heute Abend reif zum Pflücken wäre, als ich von den Nachrichten im Radio noch hörte: „Kinder sollen vorsichtshalber nicht mehr in Sandkästen spielen und Pilze nicht mehr gepflückt werden." War es ein böser Scherz oder ein Theaterstück? Nein, weder noch. Die ersten Wolken aus Tschernobyl zogen nach dem Reaktorunglück gen Westen.

Mit Edelgard war ich an einem Wochenende im Auto Richtung Südschwarzwald unterwegs. Ich wollte Siegfrieds Frau Uta besuchen; denn sie war mit ihren drei Kindern an ihren früheren Wohnort zurückgekehrt – ohne ihren Mann. Er hatte irgendwann nach meinem Fortgang in der Elfenbeinküste aufgehört und sich dann in einem nordafrikanischen Land ein neues Domizil aufgebaut, mit, wie ich nun hörte, einer Afrikanerin.

Ein paar Stunden der Gemütlichkeit konnten über ihre so unverständliche Situation nicht hinwegtäuschen, die doch einmal mit so großer Liebe begonnen hatte. Besonders die jüngste Tochter hatte sehr am Vater gehangen.

Im Hochsommer fragte mein Chef: „Kennen Sie Caldonazzo?" „Nein, ich war bisher nicht dort." „Was halten Sie davon, wenn wir an einem Wochenende nach Caldonazzo fahren, eventuell mit meinem Motorrad?" „Und was machen Sie, wenn ich Ja sage?" „Dann könnten Sie das passende Outfit meiner Tochter bekommen."

Caldonazzo war ein weitläufiges Ferienlager am gleichnamigen See in Norditalien, in dem Kinder aus allen europäischen Kinderdörfern eine Ferienzeit verbringen können. Wir fuhren dann doch mit dem Auto und fanden uns, mit viel Freude begrüßt, zur Kaffeezeit in der Unterkunft von Herrn und Frau Pütt aus Harksheide ein.

Ein Rundgang zeigte uns ein wirklich wunderschönes und passendes Riesen-Freizeitangebot für all die vielen Kinder; Ungarn neben Franzosen, Italiener neben Kindern aus Finnland …

Am nächsten Tag fuhren wir zurück.

Was würde einmal auf mich zukommen? Denn auf Dauer würde ich hier wahrscheinlich nicht bleiben. Einmal hörte ich, dass ein Ehemann seiner Frau wöchentlich einen Umschlag mit abgezähltem Haushaltsgeld zum Bestreiten der nötigen Kosten übergab. Und in einem anderen Fall rief mich der Mann aus dem Krankenhaus an, in das er unerwartet eingeliefert worden war. Ob ich bitte seiner Frau für ein paar Tage Überbrückung mit etwas Bargeld aushelfen könnte. Sie hätte keine Kontovollmacht.

Waren das nun glückliche Ehen? Für mein Leben konnte ich mir so ein Verhältnis nicht vorstellen.

In Bethlehem – via Israel

Irgendwann im Spätsommer 1986 fragte mich Helmut Kutin, ob ich die Leitung des Kinderdorfes in Bethlehem übernehmen wollte. Durch die besondere politische Situation wäre eine verantwortliche europäische Person auch weiterhin vonnöten. Ich erbat mir ein paar Tage Bedenkzeit. Dann sagte ich zu.

Von dem bevorstehenden Wechsel hatten auch Lehrer einer großen Schule im Rheinland erfahren, die in jedem Jahr einen Weihnachtsbasar zugunsten des Kinderdorfes in Bethlehem durchführten. Um mich als zukünftige Leiterin kennenzulernen, erhielt ich eine Einladung zu der bevorstehenden Veranstaltung. Es war kein Gottesdienst vorgesehen, doch beim Festakt in der Kirche sollte ich einige Sätze sprechen. Leider gelang es mir nicht, diesen wichtigen Programmpunkt ausgeklammert zu lassen, und so äußerte ich ein paar Gedanken mit Aussprüchen über Kinder, die wohl in allen Religionen und Kulturen mit einer besonderen Fürsorge bedacht werden.

Sehr freute ich mich über die anschließende lobende Äußerung eines Jugendlichen: „Das war toll! Wer sind Sie denn?"

Nicht viel später machte mich jemand in der katholischen Schule diskret aufmerksam: „Heidi, sei vorsichtig, der Lehrer ist nämlich evangelisch." Er hatte mich sprechen wollen. In dieser Situation schaute ich nur geradeaus, ich konnte und wollte vor allem nicht reagieren. Unter anderen Umständen wäre mir sicher eine passende Antwort eingefallen. Bedauernd stellte ich fest, dass sich mit dem Lehrer kein Gespräch mehr ergeben hatte.

Durch diesen Besuch verzögerte sich meine Abreise etwas. Doch dann waren alle Vorbereitungen abgeschlossen und die geforderten Unterlagen für die israelische Behörde komplett. Meine in Bethlehem nicht benötigten Sachen holte mein Bruder ab.

Am 6. Dezember reiste ich ins Kinderdorf in Amman in Jordanien, um von dort mit dem verantwortlichen Deutschen für den Nahen Osten gemeinsam nach Bethlehem weiterzufahren. Die Präsidentin des jordanischen Kinderdorf-Vereins war Königin Noor. Ein zweites Kinderdorf in Aquaba befand sich bereits im Bau.

Zu meinem Gepäck gehörten neben einem von einer bekannten Persönlichkeit gespendeten kleineren Tannenbaum für Bethlehem auch einige Tüten mit Zitronat und Orangeat. Sie waren für die dem Kinderdorf in Amman angeschlossene Bäckerei gedacht, die ein pensionierter Bäckermeister aus Österreich aufgebaut hatte. Gerade zur Weihnachtszeit waren viele Backwaren wie Stollen und Kleingebäck sehr beliebt, besonders bei europäischen Botschaftsangehörigen. Etwas irritiert hörte ich dazu die Erklärung des SOS-Repräsentanten: „Frau Totz, unsere Kekse in Form von Weihnachtssternen sehen viele Moslems außerhalb des Kinderdorfes als Judensterne an, die sollten wir wohl lieber nicht mehr backen. Wohl aber könnten es Halbmonde sein ..."

Nachdem die letzten Papiere für eine Einreise von Jordanien aus dann wenige Tage später ausgestellt worden waren, fuhren wir mit einem Touristenbus über die geschichtsträchtige Allenby-Brücke als Grenzstation, unweit von Jericho in der Jordan-Ebene gelegen, bis nach Jerusalem. In einem Taxi kamen wir am frühen Vormittag im Kinderdorf in Bethlehem an.

Meine beiden großen Koffer weckten Erstaunen: „Wer ist denn da angekommen?", denn die bisher Verantwortlichen, drei Caritas-Schwestern aus Österreich, die etliche Jahre hier tätig gewesen waren, hatten den bevorstehenden Wechsel nicht wie vereinbart erwähnt und damit vor allem nicht vorbereitet, somit auch ihren Fortgang den Müttern und Kindern verschwiegen.

Gewiss, ich kannte meine Arbeit durch einige Jahre an Erfahrung, doch drei Personen zu ersetzen, bedeutete eine neue Herausforderung im praktischen Bereich, vor allem jedoch im „Auffangen" der Kinder und auch der Mütter. Das Dorf selbst war mit etwa siebzig Kindern relativ klein, jedoch waren alle Altersklassen abgedeckt. Es besaß einen internen Kindergarten.

Außerdem breitete sich hier eine ganz spezielle Situation vor mir aus, die stark politisch geprägt war.

In einem Schnelldurchlauf erhielt ich alle nötigen Kenntnisse über die Räumlichkeiten und die aktuelle Situation, die Mütter und vor allem die Kinder durch die Kinderakten, die umfangreiche Korrespondenz sowie Einsicht in die Finanzlage.

Alle Kinder waren Moslems, zwei Drittel Findelkinder oder zumeist mit nicht offiziell zu benennenden oder sich verantwortlich fühlenden Familienangehörigen. Die Kindergärtnerin und „rechte Hand" der bisher Verantwortlichen suchte ich mit meinem Kollegen zu Hause auf, da sie während der vielen bevorstehenden Feiertage ihr Unwohlsein auszukurieren gedachte.

Ein Vorstellungsgespräch war beim Präsidenten des israelischen SOS-Kinderdorf-Vereins in seinem kleinen Büro in Jerusalem anberaumt. Ich hatte ihn bereits in Innsbruck kennengelernt; einen etwas älteren Herren, der ein hebräisch akzentuiertes Deutsch sprach. Er war ein höflicher, aber kein verantwortlicher Kontakt. In der Westbank hatten wir keinen eigenen Verein.

Ebenso wurde ich über weitere Einrichtungen, mit denen das Kinderdorf in engem Kontakt stand, informiert oder wir besuchten diese, beginnend bei den Schulen und anderen Sozialeinrichtungen. Einen weiteren Termin nahmen wir beim damals noch christlichen Bürgermeister von Bethlehem wahr. Als großer Freund des Kinderdorfes sicherte er alle erdenkliche oder benötigte Hilfe zu und auf unsere Bitte hin auch die Vermittlung einer guten Sekretärin. Sie begann ihre Arbeit tatsächlich am 2. Januar; ohne ihre Unterstützung hätte ich in vielen Fällen mit meinen drei Brocken Arabisch nicht einmal ein Telefongespräch führen können, denn meine drei Vorgängerinnen hatten geplant, die ersten Januartage abzureisen.

Die meisten Kinder waren bereits älter und alle sprachen englisch, doch zwei Mütter nur arabisch. Bei Mitteilungen an sie brauchte keine andere Mutter zu übersetzen, sondern dies übernahm Claude, so hieß die Sekretärin, als neutrale Person. Sie war Christin. Auch in ihr hatte ich eine sehr gute Mitarbeiterin gefunden, wenn ich sie auch gerne ein wenig älter gesehen hätte, doch sie wurde meine rechte und linke Hand zugleich. Mit Sekretärinnen schien ich stets besonderes Glück zu haben.

Auf der Bank erhielt ich eine Kontovollmacht. Die Bankauszüge waren teils in Hebräisch abgefasst, die Beträge also in israelischen Schekel notiert, da Banken und Post offiziell, sprich: israelisch waren. Außer wir führten dort ein zusätzliches US-Dollarkonto. Der Wert des Geldes, aber auch die Höhe der Zinsen schwankten beträchtlich. Die Gehälter basierten meist auf dem US-Dollar oder aber, noch besser für die Palästinenser, auf dem jordanischen Dollar. Der war im Vergleich zu den anderen beiden Währungen am stabilsten. So arbeiteten wir mit drei Währungen.

Das Schulsystem mit dazugehörenden Büchern war ein jordanisches. Die Zeugnisse waren im Allgemeinen in arabischer Sprache geschrieben. Die Noten konnte ich lesen, aber nicht die Fächer.

Ich arbeitete in der Westbank, einem besetzten Gebiet, genau wie der Gazastreifen. Doch das Land als solches gab es nicht. Deshalb lautete die postalische Adresse: Bethlehem via Israel. Als ich mir meine Visitenkarten in einer von Franziskanern geleiteten Druckerei machen ließ – meinen Namen „Totz" wiederholte ich dem palästinensischen Mitarbeiter mindestens achtmal –, wurde dieses kleine, aber bedeutsame Wörtchen „via" zunächst im arabischen Text vergessen – wie mir Palästinenser sagten. Natürlich habe ich die Karten noch einmal drucken lassen.

Mein Kollege reiste nach den wenigen Tagen dieser nötigen Einführungen vor Weihnachten wieder ab. Sobald als möglich wollte er wieder vorbeischauen.

Besucht hatte uns die deutsche Ärztin des lokalen Caritas-Baby-Hospitals, in dem auch eines unserer großen Mädchen den Beruf der Krankenschwester erlernte. Sie erinnerte mich an Kristina, die Tochter von Edelgard. Gern schaute die Ärztin nach ihrem Dienst hin und wieder zu einem Kurzbesuch vorbei.

Genau wie auch unser Hausarzt, ein älterer Herr und lieber Freund des Hauses mit welligem, weißem Haar und lachenden Augen, der einmal pro Woche vorbeischaute. Er hatte in Deutschland studiert. Seine Frau war Deutsche, sodass wir unsere Unterhaltungen gut in meiner Sprache führen konnten. In dringenden Fällen suchten wir ihn in seiner bescheidenen Praxis in der Altstadt von Bethlehem auf. Natürlich wurde auch ich mal eingeladen, aber nur als Ausnahme nahm ich Besuche wahr; denn als Verantwortliche hielt ich mich so viel wie möglich im Dorf auf.

Vom Fenster meiner Wohnung im ersten Stock über dem Büro sah ich auf die nur wenige hundert Meter entfernt auf einer kleinen Anhöhe liegende Geburtskirche – zunächst irgendwie unwirklich für mich. Das war also tatsächlich die in der ganzen Welt unter Christen verehrte Geburtsstätte unseres Herrn. Zur linken Hand breitete sich das hügelige und sehr steinige, mit teils uralten Olivenbäumen bewachsene Land Judäa aus. Das Hirtenfeld lag direkt vor meinen Augen.

Morgens läuteten die Glocken der Geburtskirche zu uns herüber – wenig später gefolgt vom gutturalen Gebet der Muezzins. Es liegt alles beieinander. Und da eben alles so dicht beieinanderliegt, ist die Atmosphäre dort auch meist inhaltsschwer angefüllt.

Am Nachmittag des Heiligabends ging ich mit meiner Vorgängerin zur Geburtskirche. Der große Vorplatz zwischen der Kirche und dem Rathaus sowie die neben diesem Gebäude liegende Moschee waren bevölkert mit Pilgergruppen, Reisenden und Einheimischen. Souvenirgeschäfte mit kleinen Andenken, wunderhübschen und prächtigen palästinensischen Stickereien sowie kostbaren handgeschnitzten Einzelfiguren oder natürlich kompletten Krippen aus Olivenholz, hatten geöffnet und luden zum Einkauf ein.

Als Erstes fiel mir auf, dass das Eingangsportal dieser religionsträchtigen Kirche zweimal durch Zumauern verkleinert worden war, weil, wie ich erfuhr, Reiter in früheren Jahrhunderten hoch zu Ross oder Kamel eingeritten waren. Heute müssen sich alle bei diesem nur noch einen Meter und zwanzig Zentimeter hohen Eingang in die Kirche bücken.

Links vom Eingang waren ein paar Absperrgitter aufgestellt. Dahinter standen Schaulustige, aber auch ein etwa achtjähriger Junge in der uralten schwarzen, farbig bestickten Tracht der Kopten. Neben ihm beugte sich ein junger israelischer Soldat mit geschultertem Gewehr etwas zu ihm herab. Ein Ordensbruder in seiner braunen Kutte aus dem nahe gelegenen Kloster versuchte, sich dem Gespräch anzuschließen. Ebenso achteten nur ein paar Schritte entfernt UNO-Truppen auf einen friedlichen Heiligabend-Verlauf. Die palästinensische Polizei stand gut verteilt auf dem Krippenplatz zwischen Pilgern und Besuchern.

Doch hoch über allem wachten auf dem Dach des neben uns gelegenen Polizeigebäudes als Oberhoheit israelische Soldaten – neben sich ein Zelt und davor zu ihrer eigenen Sicherheit einige Sandsäcke. Gut befestigt wehte weithin sichtbar die israelische Flagge.

Plötzlich hallte lauter Trommelwirbel einer farbig gekleideten Gruppe von Boy-Scouts aus einer Seitengasse über diese Szenerie. Es war die Ankündigung für den Patriarchen von Jerusalem, der kurz darauf, mit viel Spannung erwartet, in Begleitung weiterer Würdenträger in die Geburtskirche einzog. Einen Fotoapparat hatte ich nicht mitgenommen; denn ich wollte ja eigentlich nur in die Kirche gehen. Ich hätte auch fotografieren dürfen. Doch ich habe diese Szenen auch so nicht vergessen.

Langsam gingen wir weiter. Nach wenigen Minuten auf dem schmalen, steinigen Weg des Hirtenfeldes hatten wir die Milchgrotte erreicht; eine Höhle, umgestaltet zu einer niedrigen Kapelle. Seitenwände und die dicht über uns hängende Decke waren als Natursteinblöcke belassen. Wir lauschten einem gerade in italienischer Sprache beginnenden Gottesdienst. In Friedfertigkeit und Ruhe, einfach und angemessen.

Stille Nacht, Heilige Nacht.

Am 1. Januar reisten meine drei Vorgängerinnen tatsächlich ab. Als letzten „Gruß" erhielt ich von ihnen noch weitere dreißig Schlüssel. „Sie sind alle mit Schildern versehen, Frau Totz." In meinen beiden Händen, die nun gefüllt waren, fanden sie gerade noch Platz. Der schwere und gleichzeitig wohl auch erleichternde Schritt war für sie getan. Ihr Taxi bog um die Ecke. Ihre besten Wünsche würde ich sicher gut gebrauchen können.

Um mich herum einige Mütter und viele Kinder, denen einige nicht zu unterdrückende Tränen über die Wangen kullerten. Ich verteilte einige Kleenex-Tücher. „Wer möchte, darf mir beim Aufräumen helfen." So begann ich, mich mit einigen Mädchen in unserem Spendenlager zu beschäftigen. Dabei begannen sie zu erzählen, eines nach dem anderen …

Für wenige Sekunden wurde ich abgelenkt, denn meine Gedanken schweiften plötzlich in die Vergangenheit, bis nach Kenia. Dort hatte ich die Schulkinder mal schreiben lassen: „Mein erster Tag im Kinderdorf." Und wie war mein erster Tag in den jeweiligen Projekten gewesen? „Sehr verschieden", dachte ich. „Wie die Länder mit ihren Situationen."

Mary, die langjährige gute Fee und Putzfrau im Dorf, achtete am Neujahrsmorgen und -nachmittag im Büro auf das Telefon und vertröstete eventuelle Anrufer auf den kommenden Tag. Dann nahm die Sekretärin Claude tatsächlich ihre Arbeit auf.

Die Moslems haben als Feiertag den Freitag, die Juden den Samstag und die Christen den Sonntag. Die Armenier und die Griechisch-Orthodoxen feiern ihr Weihnachtsfest Anfang Januar. „Claude, weißt du, wann denn nun mein Fotogeschäft geöffnet hat? Am Namen kann ich die Religionszugehörigkeit und damit Öffnungszeiten nicht erkennen."

Die Kindergärtnerin kehrte wieder zurück und übernachtete am Wochenende im Dorf. Durch ihre Anwesenheit konnte ich an den mir manchmal selbst gegönnten freien Stunden am Sonntag in Jerusalem Einkäufe erledigen oder sogar mal den Gottesdienst in der evangelischen Erlöserkirche in der Altstadt von Jerusalem besuchen. Sie liegt nur eine Altstadtgasse von der Grabeskirche entfernt.

Und ich gönnte mir meine erste Ausflugsfahrt durch Ost-Jerusalem und weiter Richtung Jericho durch die gelb, ocker oder bräunlich getönten Sandberge der Wüste, wo ich neben der Null-Markierung der Meereshöhe an der Straße dann die weltbekannten Felsenhöhlen von Qumran passierte. Auf der weiteren Strecke wurde ein Zugang zum Toten Meer durch Maschendrahtzäune verhindert.

Ich fuhr nicht weiter, sondern lieber wieder in mein Dorf zurück. Die vielschichtigen Eindrücke und Gedanken auf diesen wenigen Kilometern ließen mich umkehren.

Durch meine Mittagessen in den Familien lernte ich sehr schnell alle Kinder kennen; Kinder, die in dieser Gesellschaft „nicht einfach sein dürfen". Manche zeigten durch ihre bräunliche Hautfärbung an, dass ihre Geburtsstätte vielleicht einmal ein Beduinenlager gewesen war. Als ich in unserem Büro eine große Zeichnung aufhängte, auf der eine Afrikanerin mit Kind zu sehen war, meinten zwei Mädchen: „Sie mögen also auch braune Menschen …" Symbolisierte diese Hautfärbung hier eventuell einen Makel, und wenn nicht, so doch einen „Schönheitsfleck"?

Mit den größeren Mädchen ab etwa dreizehn Jahren traf ich mich regelmäßig an einem Abend in der Woche zu Gesprächen. Khoulud fand ihre tatsächlich etwas vorstehenden oberen Zähne zu hässlich. „Hätte man das nicht vor Jahren korrigieren können?" Meine Idee und damit Bitte an alle: sich eine Person auszuwählen, die sie besonders hübsch finden, aber nicht nennen dürfen, und sich dann eine Person auszusuchen, die sie ganz prima finden und mit der sie gerne zusammen sind. „Sind es die gleichen Personen?" In den meisten Fällen waren sie es nicht. Und zu Khoulud: „Du hast eine wunderbare Haut und ausdrucksvolle braune Augen …"

Sehr lustig und toll fanden die Mädchen, als ich ihnen erzählte, dass meine Mutter mit ihren inzwischen Mitte siebzig immer noch mit dem Fahrrad ihre normalen Einkäufe erledigte. Für eine Araberin wäre so eine Handlungsweise unvorstellbar.

In einer anderen Diskussion ging es um die bedeutsame Frage der Vaterfigur. In einer streng patriarchalen Gesellschaft spielt diese eine herausragende, fast alles bestimmende Rolle. Meine an jedes einzelne der vierzehn Mädchen gerichtete Frage: „Kennst du deinen Vater?", wurde in jedem Fall mit Nein beantwortet. Bis die Reihe an mich kam.

Ein etwas spannendes Warten der Mädchen. „Ich auch nicht." Anhaltende Stille im Raum; denn diese Antwort hatten sie nicht erwartet. Dann ihr erstauntes: „Aber Sie sind doch ganz normal …!" Diese für mich nicht erwartete Reaktion der Mädchen sollte ich später mit einem engagierten Psychologen diskutieren.

„Mein Vater ist im Krieg erschossen worden, als ich noch ganz klein war."

Weitere Diskussionen folgten.

Sehr darauf achten musste ich, mich nicht den leicht ausfernden Palavern anzuschließen oder sie schlichten zu wollen, wobei mir schon mal die Märchen aus „Tausendundeiner Nacht" in den Sinn kamen. Oder war es dieses Mal tatsächlich wichtig? Meistens jedoch entstanden sie aus dem Nichts und führten zu nichts.

Die langjährige Kindergärtnerin hörte einige Wochen später endgültig auf. Eine neue, sehr gute Nachfolgerin aus einem Nachbarort begann ihren Dienst, mit nachmittäglicher Schulaufgabenbetreuung.

Die großen Jungen wohnten in zwei Häusern separat nahe des Dorfeingangs. Ein Erzieher für primär pädagogische Fragen arbeitete für sie stundenweise. Doch praktische Aufgaben waren wieder mein Ressort, was bereits bei der Zuteilung des Taschengeldes begann. Auch hier bahnte sich ein Wechsel in der Verantwortlichkeit an; vor allem Schulfragen mit entsprechenden Besuchen gehörten zu meinen Aufgaben.

Über Weihnachten und zu Jahresbeginn hatte es bei wenigen Minusgraden sogar ein wenig geschneit. In unseren Häusern spendeten die mir bekannten Kerosinöfchen vorübergehend die nötige Wärme. Innerhalb weniger Tage versuchte die Sonne dann mit aller Macht, sommerliche Temperaturen hervorzuzaubern und damit die letzten Schnee- und Eisreste fortzuschmelzen.

Auf unserem Grundstück wagten sich überall zwischen dem sonst mit grauen Steinen übersäten Boden die „Rosen von Sharon" hervor, leuchtend rot blühende, kurzstielige Anemonen, bis sie allmählich mit ihrer vollen Blütenpracht den grauen Boden überdeckten. Im leichten Wind zitterten sie der Sonne entgegen.

Der Frühling war da!

Und dann begannen einige Mandelbäume zu blühen. Die üppige Pracht hatte sich wie ein riesengroßer zartrosa Ball einen schlanken Stamm als Ruheplatz ausgesucht. Es war wunderhübsch. Unsere beiden Feigenbäume standen etwas weiter im Hintergrund.

Unsere kleine kraushaarige Noura – auch ein Findelkind – sammelte mal wieder in den Familienhäusern Brotkrümel, um mit diesen dann die Ameisen zu füttern, die nun, in einer langen Straße ihrem ausgestreuten Futter folgend, geschäftig durchs Dorf krabbelten. Und ihre noch kleinere Schwester kraxelte zu ihrem größten Vergnügen auf der großen, sehr breiten Steintreppe im Dorf herum; hoch und runter, mal rückwärts, mal vorwärts – doch gefallen ist sie nie. Sie lachte uns an und zeigte sich stets siegesgewiss mit verschmitztem Stolz. Und ich war erleichtert, denn zuschauen konnte ich nicht so gut dabei. Aber sie hat es immer geschafft!

Für unsere großen Jungen hatte ich nach intensiver Suche eine Köchin gefunden, eine ältere Frau. Sie verstand nicht nur gut zu kochen, sondern füllte eine Rolle als Ersatzmama oder Oma hervorragend aus. So war unsere gute Mary von dieser täglichen Arbeit entlastet. Es war zu viel geworden. In der Nähe des Krippenplatzes in der Altstadt hatte sie ihr bescheidenes Zuhause, wo sie mit ihrem alten Vater wohnte, den sie mitversorgte.

Und auch für die großen Mädchen hatte ich eine jüngere Erzieherin gewinnen können, Aishe, die in Amman studiert hatte und sich als Muslima, auch in Jeans, als absolute Fachkraft und liebe Person zeigte. Mit ihrem modernen Auftreten wirkte sie aufgeschlossener als unsere mehr traditionell geprägten Mütter. An einem Nachmittag war ich sogar privat bei ihr zu Hause in Jerusalem eingeladen; eine wunderbare Familie.

Als sie allerdings Monate später den allgemein nicht abwegigen Gedanken in den Raum stellte, wegen einer eventuellen Verheiratung unserer großen Mädchen einen moslemischen Geistlichen zu kontaktieren, betrachtete ich diese Möglichkeit wirklich nur als Gedanken, mit dem ich mich irgendwie nicht anzufreunden vermochte. Er tauchte auch nicht wieder auf. Sie selbst war übrigens nicht verheiratet.

Inzwischen hatte ich einen Allround-Fachmann als Gärtner, Fahrer und Handwerker eingestellt. Ein älterer Nachbar hatte bisher in Notfällen ausgeholfen. Einen festen Arbeitsplatz zu haben, war viel wert, doch die abwechslungsreiche Tätigkeit schien Anastaz wirklich Freude zu bereiten. Er war verheiratet und nicht allzu jung, zwei wichtige Kriterien.

Eine schmale Rabatte neben dem breiten Zugang ins Dorf bepflanzte er gerade mit bunten Mittagsblümchen. Seine Devise: „Frau Totz, ich mache fast alles für Sie. Nur zu den Juden auf das Hauptpostamt in Jerusalem, da fahre ich Sie nicht hin!" Von dort mussten wir nämlich kleine Päckchen abholen, die unsere Kinder hin und wieder von ihren Paten aus Europa als Geschenk erhielten.

Durch Vorzeigen einer ausgestellten Sondergenehmigung israelischer Behörden erhielten wir diese Zuwendungen meist ohne Zollgebühren. So fuhr ich zu diesem riesigen Zentrallager, wo ich der richtigen Person meine Papiere vorlegte. Der Mann schaute mich an: „Habe noch jelernt deutsches Jedicht von Heinrich Heine in Königsberg." In stark ostpreußischer Mundart zitierte er einen mir bekannten Vers. Hinter ihm an der Wand hingen zwei große Portraitfotos in beigebraunen Tönen, sorgsam retuschiert. „Waren zwei Verwandte." Ich bedankte mich höflich für die beiden irgendwann ausgehändigten Päckchen und ging. Heute ohne zusätzliche Gebühren.

Wieder draußen erinnerte ich mich an Siegfrieds hin und wieder eingestreute ostpreußische Ausdrücke. Hier hatte ich sie wieder gehört – mit völlig anderer Wirkung auf mich. Ostpreußisch im afrikanischen Alltag in der Elfenbeinküste und Ostpreußisch in Israel. Zwei ganz verschiedene Länder mit ihren Situationen – es waren zwei Welten.

Zurück nahm ich die direkte Strecke, die mich durch Giloh führte, einen neu erbauten großen Stadtteil von Jerusalem. Mit frisch besprengtem grünem Rasen, blühenden Blumen auf dem Balkon und auf den Rabatten sah es gepflegt und richtig hübsch aus.

Wieder in unserem Büro hörte ich von Claude: „Heidi, die Siedlung wurde auch von deutschen Wiedergutmachungsgeldern erbaut. Dafür wird – jedenfalls zum gewissen Teil – Wasser von unserem Westbank-Gebiet abgegraben. Auch damit die Blumen dort so hübsch blühen." Sie meinte es wirklich nur als Tatsache. Wir gingen unsere zu erledigende Post durch.

Und dann musste ich wiederum zu einer Schule unserer Jungen, wo mich als Frau die moslemischen geistlichen Leiter und Lehrer im hellen Burnus begrüßten. Hatten sie mich heute besonders begutachtet oder war dies nur mein Empfinden?

Unseren Kindergarten besuchten inzwischen bereits elf Kinder von auswärts, sodass wir eine weitere Mitarbeiterin einstellen konnten.

Zum Geburtstag hatten sie mir ein Ständchen gebracht und die Kleinste von ihnen hatte mir im Dorf „abgerupfte" Blümchen unter strahlendem Lachen auf meinen Schreibtisch gelegt oder besser: halb geworfen; denn sie war gerade so groß, dass sie die Tischplatte erreichen konnte. Als Dank erhielt sie von mir einen dicken Kuss, denn auch sie hatte heute Geburtstag. „Zum Geburtstag viel Glück …", sangen wir nun alle gemeinsam auf Arabisch.

Unsere Besucher waren meist Pilger oder besonders am Heiligen Land interessierte Reisende, die als geführte Gruppen in Bussen aus Österreich oder Deutschland kamen, wenige aus anderen Ländern. Hin und wieder schauten auch Einzelreisende in unser Dorf. So besuchten uns auch einige Lehrer der Schule, in der ich wenige Monate zuvor am Weihnachtsbasar teilgenommen hatte. Ihre mitgebrachten Schätze waren in Qualität und in der Menge überwältigend; alle sehr gut durchdacht.

Ebenso interessierten sich deutsche Journalisten für unser Projekt, um darüber zu berichten. Besonders zur Weihnachtszeit bot sich eine ausführliche Reportage mit passenden Fotos aus Bethlehem in deutschen Zeitschriften an. Doch auch im Land wohnende Leute schenkten unserer Arbeit Aufmerksamkeit, vorwiegend Mitarbeiter anderer Sozialeinrichtungen oder Schulen.

Zwei unserer großen Jungen absolvierten ihre Ausbildung in einem bekannten Pilgerhotel in der Altstadt von Jerusalem. Ihre Unterkunft fanden sie – nachdem es vorübergehend wegen Unklarheiten in einer Rechtslage von Rom aus geschlossen worden war – wie zuvor im österreichischen Hospiz.

Auf dem fünfzehnminütigen Weg nach Jerusalem fuhr ich an Rachels Grabstätte vorbei und sah wenig später die auf einer Anhöhe gelegene Zionskirche. Eine biblische Stätte reiht sich an die nächste. Voller Geschichte und Symbolkraft sind sie alle, auch hinzugekommene Neubauten. Ich sollte viele kennenlernen. Doch ich hatte mich ja nicht auf eine Pilgerreise begeben, sondern war gekommen, um auch hier Kindern durch meine Mithilfe ihren Schritt in ein eigenes Leben zu ermöglichen.

Ich fuhr etwas um die Stadtmauer der Altstadt herum, bis ich den mir mittlerweile gewohnten größeren Parkplatz erreicht hatte. Der arabische Wächter nickte mir freundlich zu. Ich hatte eines der wenigen blauen Autoschilder, die Erkennung für die besetzten Gebiete. Die israelischen Autos – einschließlich Taxis – hatten gelbe, die geistlichen Einrichtungen in Jerusalem weiße Schilder.

Durch das Jaffa- oder Davidstor eingetreten, schlenderte ich einige schmale Gassen mit ihren Treppenstufen entlang durch das arabische und christliche Viertel der Altstadt. Das jüdische Viertel mit modernen Läden und den Ausgrabungsstellen lag etwas weiter entfernt. Oder ich trat durch das Zionstor ein und befand mich im armenischen Viertel, wo mir gleich hinter dem Eingang wunderhübsch bemalte Keramiken in allen Größen und Motiven in kräftigen bunten Farben entgegenleuchteten – eine wahre Verführung zum kleinen Einkauf.

Um einen der besonderen, schmalen Trecker mit Anhänger für Müll oder Waren passieren zu lassen, wich ich in ein Geschäft aus. Allein durch die Gassen der vier verschiedenen Altstadtviertel zu schlendern, sah ich keineswegs als Risiko; allerdings galt für mich, Erledigungen oder Besuche rechtzeitig vor Einbruch der Dunkelheit abzuschließen.

Mich erstaunte es immer wieder. Oft befand sich neben den Gassen ein breites und schweres, eisernes Tor. Geöffnet verbargen sich wahre Schätze dahinter: Klöster, Kirchen, Pilgerstätten, Waisenhäuser, aber auch normal bewohnte, altehrwürdige Gebäude, einige von ihnen in großzügigen, sehr gepflegten Anlagen. Die intensive Geschäftigkeit in den kleinen, sich aneinanderreihenden Lädchen in der Enge der Basarwege mit einem Strom von andächtigen Pilgern aus aller Herren Länder mit verstreut, aber wachsam patrouillierenden israelischen Soldaten hatte ich vor den Toren gelassen. Ruhe und Friedfertigkeit, ja fast feierliche Stille umgab mich. Die stets präsente Wachsamkeit konnte ich abstreifen. Es war, als könne man tief durchatmen.

Unsere beiden Jungen hatten heute frei. Gemeinsam mit Hilde, der österreichischen Wirtschafterin des Hauses, unterhielten wir uns beim „deutschen Kaffeetrinken". Den Jungen ging es gut; sie waren froh, ihre Arbeit zu haben. Eigene Erfahrungen flossen mit in das Gespräch ein. Ich drückte ihnen die Daumen.

Zunächst fuhr ich bei einem kleinen israelischen Tischler vorbei. Dann wählte ich ein wenig mutig einen geringeren Umweg durch Mea Shearim, ein sehr traditionelles jüdisches Viertel. Hatte ich in den Straßen von Jerusalem noch junge Frauen als Soldatinnen gesehen, bekleidet mit ärmellosen Tops und geschultertem Gewehr, so trugen die Frauen hier Kopftuch und lange Ärmel, ihre Männer gingen entsprechend traditionell im schwarzen Mantel, mit den gelockten Haaren und darüber den Stremel, die Pelzkappe. Langsam fuhr ich meinen Weg durch dieses leicht geschäftige Alltagstreiben, das mir erschien wie ein Leben in einer angehaltenen Zeit.

Mit meinem blauen Auto hatte ich die Straßen rechtzeitig passiert; denn hinter mir wurde – wie ich noch sehen konnte – am frühen Freitagnachmittag bereits die erste Straßensperre aufgestellt. Der Shabbat begann.

Auch heute musste ich pünktlich wie jeden Abend um 18 Uhr unser ältestes Mädchen von seinem Dienst im Krankenhaus abholen; denn als Muslima durfte es mit seinen achtzehn Jahren keine Schritte in der Dunkelheit alleine gehen. Eigentlich sollte es seinen Cousin heiraten. So hatten es seine restlichen Familienmitglieder im Gazastreifen vorgesehen. Doch es wollte das nicht. Gemeinsam mit der befreundeten Ärztin unterstützten wir es vorsichtig, doch wiederholt in seiner persönlichen Ablehnung, bis diese Entscheidung ohne Folgen akzeptiert wurde.

Daraufhin ermutigt, wollte es nach vielen Überlegungen seine Familie im Gazastreifen besuchen, getrieben von dem Wunsch, seine Mutter kennenzulernen, die noch leben sollte. Völlig erschüttert kehrte es zurück: „Sitti" – meine arabische Anrede – „ich habe siebenmal gesagt, dass ich ihre Tochter bin. Sie saß vor mir wie eine fremde Person – ohne jegliche Reaktion." Weitere Einzelheiten aus der Zeit, als sie als Baby ins Kinderdorf kam, hatte sie nicht erfahren können. Hatte seinerzeit die Mutter ihr kleines Mädchen abgeben müssen, um ihr eigenes oder ihrer beiden Leben zu retten?

Ebenso wie bei einem weiteren unserer älteren Mädchen, mit dem ich mal intensive Gespräche geführt hatte? Die Gedanken der jungen Frau kreisten lange um das Thema ihres Namen und ihrer Herkunft und ob es nicht doch in irgendeiner zuständigen Behörde Akten über ihre wahre Identität gäbe. Angehörige hatte sie nicht beziehungsweise waren nicht bekannt. Eine Spurensuche war aufgrund unserer politischen Situation nicht möglich.

Was hätte eine erfolgreiche Recherche ihr wirklich gebracht? Unsere offenen Gespräche endeten ohne Worte, in stillem Akzeptieren des Schicksals, in stummem Umarmen.

Einige Monate später begann ein weiteres Mädchen seine Ausbildung zur Krankenschwester. Zwei große Jungen hatten eine Arbeit gefunden, das Dorf verlassen und sich eine eigene Bleibe in Bethlehem eingerichtet. Für unsere großzügige Unterstützung als Starthilfe zeigten sie sich sehr dankbar.

Neue Kinder hatten wir aufgenommen, darunter zwei kleine Jungen. Der ältere von ihnen erzählte in den ersten Tagen während seiner unermüdlichen Spaziergänge durchs Dorf, dass er den Kopf seiner toten Mutter hatte herumrollen sehen. Sie war in seinem Beisein vom Vater umgebracht worden. Langsam legten sich diese überaus angstvollen Erinnerungen durch Gespräche mit einem libanesischen Psychologen, den ich nicht nur für diesen kleinen Jungen gesucht und gefunden hatte. Ich selbst führte mit ihm mich ebenfalls bereichernde Gespräche.

Zu meiner Überraschung bekamen wir eines Tages Besuch von deutschen Paten mit ihren israelischen Freunden. Nach meiner Erklärung, dass es hier in Bethlehem eine europäische Leitung gäbe und in dem israelischen Kinderdorf in Arad selbstverständlich wie weltweit üblich ein Israeli, nämlich ein Elie, als Direktor tätig sei, zeigten sie sich überrascht und begeistert. Sie hatten mich als „Beweis" nach seinem Namen gefragt. „Und wie ist der zweite Name?" „Die kennen wir beide nicht, denn wir reden uns ganz kollegial nur mit Vornamen an."

Ich hatte ihn während eines dortigen Besuches kennengelernt. Etwas verwundert nahm ich bei der Dorfbesichtigung wahr, dass in jedem Haus ein Zimmer als Bunker diente. In gelockerter, ja fast heiterer Atmosphäre, hatte mir Elie seine Aktentasche geöffnet – mit obligatorischer Pistole drin. „Du darfst uns auch gerne mal in Bethlehem besuchen, aber bitte ohne dieses Ding da drinnen." In vollem Bewusstsein unserer Situation lächelten wir uns an, entspannt und gleichzeitig nicht nur ein wenig traurig. Vielleicht hilflos?

Nach dieser Erklärung luden mich unsere Gäste zu einem wenige Tage später stattfindenden Pessach-Fest nach Haifa ein, womit mir zweifellos eine große Ehre entgegengebracht wurde. Die deutschen Paten würden ebenfalls anwesend sein. Dankbar und ein wenig überrascht nahm ich diese einmalige Gelegenheit nach kaum nennenswerter Überlegung an. Aishe und Claude würden im Dorf sein und beide dort auch übernachten.

Auf der Fahrt in diese Großstadt begegneten mir, nachdem ich Jerusalem passiert hatte, nur noch zwei „blaue" Autos. Vor dem Haus angekommen wurden als Erstes an alle Autoscheiben große Zettel geklebt, mit dem in Hebräisch geschriebenen Hinweis, dass ich ein Freund des Hauses sei und hier parken dürfe.

Die Feier selbst gestaltete sich mit den religiösen Gesängen zu diesem ganz speziellen Essen für mich als ein Erlebnis sehr besonderer Art. Sie zog sich einige Stunden hin. Alle konnten Deutsch, doch mit den beiden erwachsenen Söhnen unterhielten wir uns in Englisch. Einer von ihnen absolvierte zu der Zeit seinen Wehrdienst im Gazastreifen. Wie üblich, wurde auch der Vater zu regelmäßigen Übungen eingezogen.

Ganz ignorieren konnten und vielleicht wollten wir die Situation nicht, zumal in vielen Zeitungen gerade Artikel über das Verhalten des österreichischen Präsidenten Waldheim während des Zweiten Weltkrieges erschienen waren. In dieser einmaligen, nicht zu wiederholenden Situation wagte ich meine Gedanken vorsichtig zu äußern: „Stellen Sie sich bitte vor, wenn heute in einem Scharmützel oder Gefecht in Ihrer Einheit ein Palästinenser im Gazastreifen unbeabsichtigt schwer verletzt oder gar getötet werden würde – eine Wehrdienstverweigerung gab es nicht – und man Sie dann vierzig Jahre später in Friedenszeiten zur Rechenschaft ziehen würde …"

Eine Antwort wollte ich nicht und konnte ich auch nicht bekommen. Doch diese und weitere Diskussionen und einfache Unterhaltungen über neutrale Themen verliefen sehr respektvoll, manche auch heiter und losgelöst vom Tagesgeschehen; so, als sei das Leben oft interessant und manchmal einfach ein wenig verquer. Nur die Oma beobachtete mich etwas, ohne am Gespräch teilzunehmen. Die Familie war sehr offen und herzlich.

Am nächsten Tag nach dem Frühstück fuhr ich, freundlich winkend verabschiedet, zurück.

Ich war wieder in Bethlehem. Und ich hatte wie wir alle das Empfinden, dass wieder alles in Ordnung sei. Bei mir selbst und auch im Dorf. Ich hatte soeben eine Grenze zwischen zwei Welten mit nur wenigen Kilometern Distanz passiert.

Das Kinderdorf bestand seit nunmehr fünfundzwanzig Jahren. Stets mit Leben erfüllt, waren Renovierungsarbeiten fällig, die ich durchführen wollte und auch sollte. Als gute Tischlerei hatte ich vor kurzer Zeit nahe bei Jericho eine hervorragende Ausbildungsstätte ausfindig machen können, die unter deutscher Leitung stand. Alle unsere Möbel könnten hier gearbeitet werden. Und gleichzeitig könnte sicher der ein oder andere unserer großen Jungen dort eine Ausbildungs- oder Arbeitsstelle finden.

Nach meinem gelungenen und freudig begrüßten Beginn, im ersten Haus Möbel zu erneuern, fand mein Kollege in Amman durch Kontakte einen jungen fähigen Architekten in Jerusalem, dem die Leitung einer Komplettrestaurierung aller Familienhäuser einschließlich Erneuerung der Möbel übertragen wurde.

Hani und Quadour hatte ich zum Einkauf nach Jerusalem mitgenommen. Wir brauchten Aktenordner und weiteres Büromaterial. Sie könnten es tragen. Als wir in dem israelischen Geschäft unsere erworbenen „Schätze" in die Kartons packten, fragte die Verkäuferin völlig erstaunt: „Do you have a factory?" Wir drei prusteten lauthals los, was sie noch mehr verwirrte. Bei meiner Erklärung empfahl ich ihr als Abschluss, sich das Kinderdorf in Arad anzusehen. Den Jungen erzählte ich auf der Rückfahrt dann die vergleichbaren Episoden von Kenia …

Den moslemischen Fastenmonat Ramadan begingen auch wir entsprechend den Vorschriften. Die meisten Jugendlichen hielten ein Fasten über Tag auf eigenen Wunsch hin durch, die Kleinen teilweise.

Seltsamerweise benötigten wir im Fastenmonat mehr Haushaltsgeld; denn nach dem Sonnenuntergang schienen alle besonders hungrig zu sein und das Ende dieser auferlegten Zeit musste mit einem Festmenü gebührend begangen werden …

Irgendwann im Lauf des Jahres besuchte mich wiederum Kristina. Von ihrem Aufenthalt in der Elfenbeinküste war sie überaus begeistert zurückgekehrt, von den Eindrücken im Land selbst und noch mehr von diesem Leben für aufgenommene Kinder in einem anderen Kulturkreis. Ich konnte zu dieser Zeit zwar keine Tage Urlaub nehmen, doch in meinem üblichen Umfeld gab es bereits unglaublich viel zu sehen und zu erkunden.

Gern hätte auch Edelgard mit ihrem Mann eine Israel-Reise gebucht, doch Termine über Ostern waren nicht mehr frei; ein späterer Urlaub im kommenden Jahr erschien ihnen dann zu riskant oder eingeschränkt zu sein.

Ebenso hatte Familie Herrnegger aus Nairobi auf ihrem Heimatflug nach Österreich einen dreitägigen Zwischenstopp bei uns eingelegt. Empfindungen bei einem langsamen Gang zwischen Polizisten und Nachdenklichkeit durch die Via Dolorosa mit Besuch von biblischen Stätten blieben jedem persönlich vorbehalten. In der tiefer gelegenen Grotte der Geburtskirche in Bethlehem erklärte Agnes ihrem kleinen Sohn, dass unter diesem Stern mit den zwölf Strahlen – als Symbol für die zwölf Stämme Israels – Jesus geboren worden sei. In der Feierlichkeit der murmelnden Gebete und andächtigen Gesänge, umwölkt von Weihrauch, fragte der Kleine in seiner Lautstärke ganz erstaunt: „Und wie ist er da rausgekrochen?"

Eine wunderschöne Rundfahrt unternahmen wir mit unserem Bus durch die Hügellandschaft Judäas bis nach Hebron. Doch zunächst mussten wir noch ein etwas außerhalb Bethlehems gelegenes großes Palästinenserlager, das sogenannte Taheshe-Camp, passieren. Gesichert wurde es durch einen fünf Meter hohen Maschendrahtzaun, bewacht von einigen israelischen Soldaten in kurzer Entfernung auf einem Hügel hinter Sandsäcken. Die einzige Verkehrsampel in Bethlehem war ausgeschaltet – damit die Militärfahrzeuge mit wehender israelischer Flagge nicht anzuhalten brauchten?

Doch in unserem Bus konnten wir wunderbarer Musik lauschen, die die Weite und Erhabenheit der Landschaft untermalte und uns half, für kurze Momente diese widersprüchliche, ja fast schizophrene Lage zu vergessen. Kein Gedanke an hinter uns Gelassenes sollte sich mehr auf dieser Fahrt dazwischendrängen. Wir schauten nach vorne und fuhren einfach in die Stille hinaus. In Hebron besuchten wir die Grabstätte Abrahams und eine Glasbläserei, in der soeben handgefertigte, kunstvolle oder alltäglich zu gebrauchende Artikel sowie handbemalte Keramiken zum Kauf einluden. Kenia und Israel – auch dieses waren wieder zwei verschiedene Länder auf unserer Erde.

Meine Arbeitsgenehmigung musste ich alle paar Monate bei den israelischen Behörden verlängern lassen. In diesem Gedränge stand auch ich neben einem mit Militärfahrzeugen abgestellten Areal hinter einem Maschendrahtzaun, bis endlich die Pforte von Wächtern oder Militär geöffnet wurde und ich nach einigen Stunden des wie fast schicksalsergebenen Wartens diesen kostbaren Stempel erhielt. Mit mir hatten viele Palästinenser gewartet, ohne dass es zu einem Gespräch zwischen uns kam. Planten sie eventuell eine Ausreise?

Mit den Monaten fühlte ich mich urlaubsreif. In jedem Fall würden mir einige Tage Abwechslung und Abstand guttun. Die konnte ich dann im Herbst in Deutschland verbringen, nachdem zwei Mitarbeiter gefunden worden waren, um mich zu vertreten. Nach vierzehn Tagen kehrte ich zurück.

Als sehr schwierig stellte sich die Suche nach und vor allem das Finden von guten Müttern heraus. Dabei war ein Vergleich der Bevölkerungszahl zu der in bisherigen Ländern nicht relevant, zumal durch die schwierige Situation viele Leute versuchten, auszuwandern. Außerdem fand ich hier ein völlig anderes Verständnis für ausgesetzte und bedürftige Kinder vor, als ich es von Afrika her kannte. Dort hatte es sogar sein können, dass man eben Kinder bekam …

Für meinen privaten Arabischunterricht traf ich mich möglichst regelmäßig in einem kleinen Raum im Krankenhaus mit einer Lehrerin der deutschen, christlich orientierten Schneller-Schule „Thalita Kumi" – Mädchen, steh auf. Sie sprach recht gut deutsch. Ihr humorvoller Kommentar zu ihrer üppigen Figur: „Heidi, I have so little mountains." (Ich habe so kleine Hügelchen.) „Aber dafür äußerst du nur eine Bemerkung und triffst den Nagel auf den Kopf." Die Stunde tat mir gut – nicht nur meinem Arabisch.
    Meine detaillierte Mütteranzeige aus Afrika übersetzte sie uns und mit minimalen Anpassungen erschien sie in einer arabischen Zeitung, denn englischsprachige Zeitungen gab es für infrage kommende Bewerberinnen nicht. Es meldeten sich nicht viele, doch immerhin vereinzelt Kandidatinnen.

So bewarb sich bei uns eine junge Frau mit einem teils vernarbten Gesicht, das sie laut eigener Schilderung von heißem Fett beim Kochen erhalten hatte. Sie erinnerte mich irgendwie an Mama Haifa im Libanon und somit hätte ich sie gerne eingestellt. Claude und die Kindergärtnerin klärten mich jedoch auf: Da sie aus einem Dorf mit sehr konservativer Lebenseinstellung komme – der Name wird ewig im Gedächtnis bleiben –, seien diese Brandwunden höchstwahrscheinlich nicht durch ein Unglück passiert, sondern ihr bewusst von einem Familienmitglied zugefügt worden. Vielleicht war sie einmal bei hereinbrechender Dunkelheit mit einer fremden männlichen Person gesehen worden oder anderes, und man hatte sie mit diesen Brandwunden wegen ihres unsittlichen Lebenswandels für ewig entstellen und bestrafen wollen.

Ich bedauerte sehr, sie nicht einstellen zu können. Und dass Mütter und Kinder im Dorf nicht wie ich dachten: Mit einem kleinen Makel bei einer anderen Person darf auch ich einen eigenen haben. „Niemand ist perfekt." Abgesehen davon, dass die Bewerberin mit dieser Chance, ihrem Leben einen Sinn zu geben, vielleicht tatsächlich eine gute Kinderdorfmutter geworden wäre. Doch unseren Kindern gegenüber hätte ich mit dieser Arbeitschance ihren „negativen" Lebenswandel gutgeheißen. Und alleine konnte ich nicht riskieren, einheimische Urteile zu übergehen. Ich konnte es einfach nur bedauern.

Ein anderes Mal kam eine junge Frau zu uns ins Büro mit der Bitte, dass sie bei uns arbeiten wolle. Auf unsere Fragen, ihr durch Claude auch in Arabisch gestellt, schien sie sich vorbereitet zu haben. Dennoch machte sie auf uns den Eindruck, als träfe sie eine spontane Entscheidung. Sie wirkte wie „dahergelaufen". Wir nahmen sie nicht auf.

Einige Tage später hielt ein im Eiltempo vorfahrendes Auto vorm Büro. Zwei Männer stürmten herein und präsentierten uns ein Foto mit einer bildhübschen und gepflegten jungen Frau mit der Anfrage, ob sich diese bei uns beworben habe. Claude und ich antworteten ohne zu zögern: „Nein." Ich bemerkte, dass Claude ganz blass wurde, eine Gänsehaut bekam. Als wir unser

Nein mehrmals wiederholt hatten, stürmten sie genauso schnell wieder raus und in ihrem hellblauen VW-Käfer davon. Unsere erste Reaktion danach: „Genau die war es!" Die von Claude hastig notierte Autonummer hoben wir noch einige Monate auf. Eine Kinderdorfmutter sagte uns später wörtlich: „Ich kenne einen solchen Fall. Die Frau wurde wie ein Schaf zerhackt, sodass kein Arzt sie identifizieren konnte."

Eine neue Kandidatin wollte nach einigen Wochen guter Arbeit bei uns gerne für ein paar Tage ihre Eltern besuchen. Sehr verständlich, denn sie war zum ersten Mal in ihrem Leben von zu Hause fort. Der Tag schien ruhig, ich brachte sie nach Jerusalem an den Busbahnhof. Am frühen Nachmittag kam sie aufgeregt und gleichzeitig zermürbt zurück. Während ihrer Wartezeit auf ihren Bus sei sie als Alleinreisende von Männern angepöbelt und sogar geschlagen worden. Nach wenigen Tagen brachte ich sie dann persönlich die fast neunzig Kilometer lange Strecke auf Nebenwegen in ihr Dorf zu ihren Eltern. Mein Versprechen an sie und ihre Eltern: „Du kannst zurückkommen, wenn die Situation es erlaubt." Meine gewisse Großzügigkeit und damit ebenso gezeigte Verantwortung stärkten zweifellos ihr Vertrauen. Dankbar nahmen sie es an. Denn damals hatten bereits die ersten Tage des Palästinenseraufstandes, der sogenannten *Intifada*, begonnen.

Freudig und erleichtert begrüßte ich sie nach einigen Tagen bei ihrer Rückkehr!

Mit Müttern und Kindern spielten wir Ball auf unserem Fußballplatz neben den Familienhäusern und erzählten uns Geschichten, als eine jüngere Mütterkandidatin umknickte und nicht mehr auftreten konnte. Mit ihrer etwas fülligen Figur saß sie nun da auf dem Boden. Ich wollte Quadour rufen, der recht kräftig war und mit anderen Jungen vor ihrem Haus stand. Doch die Mutter wehrte ab: „Das geht nicht, der darf mich als Mann nicht anfassen." „Ich hole einen Stuhl, dann setzt du dich drauf und zwei Jungen fassen den Stuhl nur an, um dich reinzutragen." Doch auch das wurde abgelehnt. So saß sie als kleines Häufchen Elend weiter da.

Irgendwie wurde die Situation für uns alle ein wenig spannend und auch erheiternd, zumal die Dämmerung hereinzubrechen begann. Bis ich meinte: „Lasst uns eine Bank holen, dann ist rechts und links von deinem Sitz noch genügend Platz frei." „Ja, das ist eine gute Idee. Aber vorher holt mir Mama Nahla noch meine lange Hose und eine Decke, damit ich mir hinter der Decke als Vorhang die lange Hose unter meinen Rock anziehen kann, denn sonst sieht man ja ein Stück meiner Beine und meiner Knie." Gesagt, getan. Ich sehe noch die beiden Mütter vor mir, wie sie die Wolldecke für diese Ankleideszene gut gespannt und hoch genug hielten. Dann trugen Quadour und Hani die Mutter vorsichtig an den beiden Lehnen der Bank die paar Stufen vom Fußballplatz durchs Dorf und weiter die breiten Stufen hoch zu ihrem Haus – alle Kinder hinterher. Rechtzeitig vor der Dunkelheit. Hatte ich soeben eine filmreife Szene erlebt? Nein, mein Empfinden, in einem Film von Hitchcock gewesen zu sein, trog mich. Ich lebte einfach unsere so unterschiedliche Wirklichkeit.

In jedem Fall war uns ein schöner Nachmittag beschieden und durch die neue Kandidatin ein letztendlich auf so heitere Weise gekrönter Abschluss.

Zu dem trug auch unser kleines „Wuselpaket" bei, die mal wieder die Stufen hochkraxelte. Sie hatte eine so heiter-kindliche Ausstrahlung trotz ihrer „putz-grimmigen" Miene, die mich einfach nur denken ließ: Wie können das Leben und die Welt schön sein! So bunt und vielgestaltig, zuweilen absolut grausam und auch einfach wunderschön. Möge ihr für ihr Leben diese Lebendigkeit mit ihrem ihr geschenkten heiteren Urvertrauen bewahrt bleiben!

Eingegliedert in den medizinischen Trakt der Hebräischen Universität in Jerusalem war eine Synagoge mit den zwölf von Marc Chagall gearbeiteten Glasfenstern. Die dominierende Farbe war Blau in allen Schattierungen. Es waren nur wenig Besucher anwesend, sodass ich langsam auf niedrigen Bänken reihum Platz nehmen konnte. Jedes dieser Fenster in Wandgröße stellte einen der zwölf Stämme Israels dar. Ich beobachtete fasziniert, wie durch das stets wechselnde Tageslicht je nach Sonneneinfall oder vorbeiziehenden Wolken zwischen gleißender Helle und dezenten Schatten zur bereits vorhandenen Ausdruckskraft ständig neue Empfindungen und Interpretationen in mir hervorgerufen wurden. Eigene Gedanken schwangen in diesem Lichtspiel der Bilder zu den dargestellten Geschichten mit.

Inzwischen stand wieder das Weihnachtsfest vor der Tür. Obwohl alle unsere Kinder Moslems waren, genossen auch sie es. In den wenigen dunklen Tagen des Jahres spendeten Kerzen an einem geschmückten Tannenbaum gemütliche Wärme und ein Geschenk war immer willkommen. Es war eine festliche Abwechslung. Selbst unser moderner moslemischer Architekt hatte diese Zeit aus seiner Kindheit in bester Erinnerung, wie er uns erzählte. Einige unserer Jungen würden am Nachmittag des Heiligabend als Boy-Scouts mit in der Musikgruppe spielen.

Zu Beginn der Adventszeit sollte in der Erlöserkirche ein sehr schönes, auf die weihnachtliche Zeit einstimmendes Konzert gegeben werden, zu dem ein großer Chor aus Deutschland anreisen würde. Etwas mutig fragte ich die Mütter, ob jemand von ihnen sich die Musik anhören und mich begleiten wollte – ganz freiwillig. Drei wollten gerne mitkommen – und haben es absolut nicht bereut! Eine von ihnen stickte mir später als Geschenk eine Tischdecke, als Motiv hatte sie Tannenzweige und Kerzen gewählt.

Zu Beginn des neuen Jahres begannen unsere Kinder wieder in die Schulen zu gehen, wie alle anderen Kinder auch. Leider wurden die Schulen nach zwei bis drei Wochen geschlossen. Ganz offiziell. Denn die *Intifada* hatte bereits mit „kleineren Scharmützeln" vor Weihnachten ihren Anfang genommen. Nun begannen sie sich von Tag zu Tag auszubreiten und zu verstärken. Drei größere Kinder konnten zunächst noch die Universitäten von Ramallah und Bethlehem besuchen.

Allmählich begannen die Auswirkungen auch unseren Alltag zu berühren, hauptsächlich durch den Wegfall von Schulzeiten. Wobei wir die erste Zeit verständlicherweise noch alle auf eine vorübergehende Situation hofften. Der Gemüsemarkt für unsere wöchentlichen Einkäufe hatte in Bethlehem immer öfter geschlossen oder wir konnten nicht mehr auf dem gewohnten Platz parken. Also fuhren wir auf den nächsten Markt, der auch von Händlern aus dem Gazastreifen beliefert wurde. Eine Mutter wollte aus privaten Gründen in keinem Fall dort ihrem Bruder begegnen; den Einkauf erledigte eine andere Mutter für sie. Ich fuhr mit ihr im Auto weiter.

Ich selbst bin nie im Gazastreifen gewesen. Im Libanon nahm mich seinerzeit ein Pastor aus Sicherheitsgründen nicht mit. Hier hatte ich die ersten Monate keinen Bedarf und keine Zeit für diese Tour. Nun war es ohnehin nicht mehr möglich.

Unserem ältesten Jungen wollte ich seinen heimlichen Wunsch erfüllen und ihn seinen Führerschein machen lassen. Er wollte sich etwas Geld verdienen, den Rest würden wir übernehmen. Die Prüfung hatte er bestanden und die erforderlichen Papiere waren bereits zum dritten Mal bei den israelischen Behörden bezahlt worden. Und dennoch wurde der Führerschein nicht ausgestellt, zumindest nicht ausgehändigt.

Mit der Zeit hatten die Israelis die täglichen Einkaufszeiten auf drei Stunden begrenzt. Legten die Palästinenser unter ihrem damaligen Präsidenten Arafat die Öffnungszeiten laut Anordnungs-Nummer sowieso in fortlaufender Reihenfolge auf beispielsweise 9 bis 12 Uhr fest, ordneten die Israelis welche von 6 bis 9 Uhr an. Passten sich arabische Geschäftsleute den Israelis an, erfolgten ernst zu nehmende Drohanrufe der eigenen Leute. Handelten sie laut palästinensischer Anordnung, so hatte auch ich gesehen, dass das wenig später durch israelische Militärs heruntergelassene Rollgitter von ihm zugelötet wurde. Die Geschäftszeiten wechselten in unregelmäßigen Abständen, wodurch jegliche Kontinuität oder Gewohnheit unterbunden wurde.

Eines Mittags wollte ich das angekündigte Telegramm abholen. Die Post befand sich im Untergeschoss des Rathauses. Nur wenige Meter vor dem Eingang wurde die Autotür einer dunklen Limousine aufgerissen. Der Chauffeur des Bürgermeisters zu mir: „Frau Totz, steigen Sie sofort ein, die Moschee öffnet in diesen Sekunden. Sie gehen keinen Schritt mehr." So saß ich in seinem Auto, bis er mich sozusagen entließ. Ich denke, dass Einheimische generell auf Differenzen im eigenen Volk viel sensibler und auch „wissender" reagieren, als wir Europäer es tun und tun können.

Während einer Unterredung mit dem Bürgermeister in seinem Büro trat plötzlich herrschaftsgebietend ein israelischer Offizier ein. Mit ihm drang wie ein ihn begleitender eisiger Windhauch durch den Raum, der auch mich intensiv streifte. Als kleines Etwas saß ich unbeachtet auf meinem Platz am Rande des Geschehens. Eine nie erlebte Atmosphäre, Situation. Das wie befehlende Gespräch währte nur kurz, verstanden hatte ich ohnehin nichts. Mit seinem Fortgang verschwand auch die Eiseskälte, als trüge er sie wie gebündelt wieder mit hinaus.

Der Bürgermeister und ich setzten unser Gespräch fort, als sei es nicht unterbrochen gewesen.

Doch unser Leben ging seinen Gang. Natürlich wurden auf der Straße nach Jerusalem und weiteren Ausfahrten die ersten Straßensperren errichtet, doch als Europäerin hatte ich die Kontrollen mit meinem beschrifteten Fahrzeug bis dahin ohne nennenswerte Verzögerungen passieren können. Durch die Schließung von Schulen wurden auch die Lehrer arbeitslos. So war es mir möglich, einen von ihnen als Erzieher für unsere großen Jungen einzustellen, der bisherige hatte ohnehin aufhören wollen. Ich fand noch weitere Kräfte, die sich stundenweise mit den Kindern beschäftigten. Jedes Kind sollte wenigstens zweimal in der Woche an einem Programm teilnehmen können.

Ein jüngerer Sportlehrer hatte bei uns im Büro angeboten, gerne unsere Jungen mit sportlichen Aktivitäten zu beschäftigen. Unsere erforderlichen Erkundigungen über ihn hatten leider ergeben, dass er aktiver Hamas-Anhänger und somit eine Einstellung nicht möglich war. „Zu schade", dachte ich.

Weiter versuchten wir, unsere großen Mädchen entsprechend meiner Erfahrungen zu beschäftigen. Zum ersten Mal wurden sie mit dem Gedanken vertraut gemacht, außerhalb des Kinderdorfes zu arbeiten. Stundenweise, aber auch im Einzelfall mit Übernachtungen. „Aber Sitti, wenn die Leute uns fragen, wer unser Vater ist, und wir keinen haben, bekommen wir doch gar keine Arbeit!" Es folgten lange Gespräche. Einige Mädchen konnten wir tatsächlich in einem anerkannten Mädchenheim in Jerusalem, in guten Familien mit Kindern oder im Krankenhaus zu einer vorübergehenden Beschäftigung unterbringen. Und das Schönste war: Den meisten gefiel es!

Wenig später erhielten wir vom örtlichen Sozialamt aufgrund eines „Sozialtages für Hilfsbedürftige" die Adresse einer Familie in Bethlehem, die besucht werden konnte. Die Mädchen wählten ihre drei Auserkorenen selbst, als Geschenk backten sie einen Kuchen. Sehr betroffen reagierten sie, als bei unserer Begrüßung am späten Vormittag heillose Unordnung herrschte und der Vater noch im Bett lag. Nur schwer konnte ich unsere Mädchen davon überzeugen, nicht gleich die drei kleineren Kinder mitzunehmen. „Aber bei uns geht es ihnen doch viel besser. Auch ohne Vater!"

Die Mädchen erlebten gerade an einem Paradebeispiel, dass es manchmal gar nicht viel hilft, einen Vater zu haben ...

Hin und wieder besuchten uns einfache, meist ältere Leute aus dem Gaza-Streifen oder einem Ort in der Westbank. „Wir sind Onkel und Tante von dem und dem Kind." Sie zeigten mir ihre Erlaubnis; denn alle Besuche bedurften der Genehmigung des Sozialamtes. Mehr oder minder schwer schleppten sie in einer Tasche oder einem Rucksack an ihren mitgebrachten Schätzen. Während sie es auspackten, bedankte sich das gerufene Kind höflich und verlegen; denn das Geschenk war – frisches Gemüse. Ich hoffte, niemand sah meine ganz langsam kullernde Träne. Später wurde es auch mal Obst, selten ein Schokoriegel. Doch eine wirkliche Beziehung war nie aufgebaut worden.

Für die vor uns liegende Zeit planten wir, wie in den vergangenen Jahren bereits erfolgreich durchgeführt, eine Ferienzeit in Tabga am See Genezareth. Deutsche Benediktiner unterhielten dort ein Kloster, das sie zwischenzeitlich mit hervorragenden Möglichkeiten für Freizeiten ausgebaut hatten. Hier in der Nähe von Kapernaum würden die Jungen und Mädchen jeweils drei Wochen eine entspannte Auszeit verbringen können.

Als Betreuerinnen für die Mädchen hatte ich zwei verantwortungsvolle und beliebte Krankenschwestern des Baby-Hospitals, eine davon eine Deutsche, gewinnen können. Vom Komitee wurden sie für diese Zeit vom Dienst freigestellt. Für die Jungen ging ein früheres Kinderdorfkind mit. Er stand schon im Beruf und zeigte sich verantwortungsbewusst als großer Bruder für alle.

Ohne behördliche Genehmigung durfte kein Bürger der Westbank außerhalb dieses Gebietes, also in Israel, übernachten. Doch dieses Papier erhielten wir ohne nennenswerte Erwähnungen.

Nun schloss sich als Abwechslung eine sehr schöne, friedvolle Freizeit in völlig anderer Umgebung an, ohne Unruhe ringsum. Eine Zeit zum Erholen. Und die Kinder taten dies in vollen Zügen.

Nur die Kleinsten blieben im Dorf, die wir auf wenige Familien verteilten. So konnten auch endlich einige Mütter während dieser Zeit ihren wohlverdienten Urlaub genießen. Vorher allerdings unternahmen wir gemeinsam einen Tagesausflug nach Tabga und besuchten unsere Kinder. Schon wenige Stunden dieses Erlebens in völligem Losgelöstsein entspannten die Mütter. Es tat einfach gut. Die vorherrschende Hitze von Mitte dreißig Grad konnte unserem Wohlgefühl nichts anhaben.

Mein Kollege aus Amman bemühte sich, mir einen Assistenten zur Seite zu stellen, doch es klappte leider nicht. Auch ich versuchte, einen palästinensischen Dorfleiter zu finden, was sich als recht schwieriges Unterfangen herausstellte. Einen Interessenten stellte ich zur Probe ein, doch wir trennten uns wieder. Bei dem Thema des Dorfleiters meinte Claude zu mir: „Solltest du tatsächlich einen fähigen moslemischen Dorfleiter finden, so wie wir uns ihn vorstellen, müsste ich wohl leider aufhören, denn das würde für mich als Christin bedeuten, danach keine gute Stelle mehr finden zu können."

Unter den Bewerbern als Dorfleiter stellte sich zu meiner größten Verwunderung jemand vor, der angab, der Bruder meines früheren Kollegen zu sein, der vor Jahren mit mir im Libanon begonnen und dann aufgehört hatte. Er hatte in Alexandria studiert und seinerzeit geplant, ein eigenes Sozialprojekt im arabischen Raum „auf die Beine zu stellen". Von seinen Erzählungen wusste ich, dass seine Familie in Bethlehem ansässig war, was für mich damals wie für alle Christen eine Stätte aus der Bibel war. Während meiner Zeit in Innsbruck hatte er mich noch kontaktiert, ob ich mit ihm arbeiten wollte. Ich hatte es abgelehnt. Seinen Bruder glaubte ich nie gesehen zu haben, er sah auch völlig anders aus.

Obwohl ich gerne jemanden eingestellt hätte, war ich insgeheim froh, dass er für die gesuchte Position von seinen Fähigkeiten her nicht infrage kam. Vielleicht hatte er lediglich einen Kontakt herstellen wollen oder sollen? Für Sekunden meinte ich, vergangen Geglaubtes fände seine Fortsetzung in der Gegenwart.

Von unserem Hausarzt bekam ich ein dickes Manuskript in meine Hände, das er als alteingesessener Bethlehemit über die Zusammensetzung der Einwohner der Stadt zur Zeit Jesu mit ihrer Herkunft, ihrem Leben und ihren damaligen Berufen verfasst hatte. Ein äußerst interessantes Werk! Demzufolge war die Familie eben dieses Kollegen noch vor der Zeit Jesu aus der Ostürkei eingewandert.

Später bedauerte ich, dieses Werk nicht für mich privat kopiert zu haben, obwohl meine Koffer mit Sachen und mein Kopf noch mit vielen anderen Gedanken gefüllt waren.

Eines Nachmittags suchte eine völlig verzweifelte, recht gepflegte deutsche Frau bei mir im Büro Zuflucht. „Unseren jüngeren Sohn als Aufpasser konnte ich abschütteln. Mein Flugzeug nach Deutschland geht erst übermorgen. Können Sie mich solange bei Ihnen verstecken?" Ich war völlig betroffen …

„Eine Übernachtung ist leider nicht möglich. Ich kann Ihnen nur anbieten, morgen wiederzukommen."

Nach drei Stunden ihrer Aussprache und der Tränen ging sie fort. Sie kam natürlich nicht wieder. Ihr Mann war Arzt in der Westbank.

Äußerst erstaunt war ich, als mir eines Morgens in Bethlehem die Tochter meiner Cousine Lisa entgegenkam. Und auch sie wunderte sich, da ich gerade dem Fahrer eines Busses, der langsam angefahren kam, auf Arabisch mitteilte, er solle lieber anhalten, da weiter vorne wieder Schüsse gefallen seien. Auf ihrer Rundreise konnte sie zu unser beider Freude ein paar Stunden mit mir im Kinderdorf verbringen – eine gelungene Abwechslung!

Bisher waren unsere Bauarbeiten gut vorangekommen, die ersten renovierten Häuser hübsch anzusehen und eingerichtet. Sogar unser Büro erhielt eine Vergrößerung und einen neuen Anstrich.

Wir alle waren stolz und glücklich über das Erreichte, zeigte es doch, dass trotz unserer Situation Neues möglich war.

Das israelische Kinderdorf in Arad, im Süden gelegen, existierte erst seit wenigen Jahren und wurde im Sommer im Beisein von Helmut Kutin offiziell eröffnet. Auch wir hatten anlässlich dieser Feier einige wenige Gäste eingeladen und es gab nötige Gespräche.

Als besondere Ehrung erhielten wir eine Einladung von Teddy Kollek, dem langjährigen Bürgermeister Jerusalems, dem als Österreicher von allen Seiten höchste Anerkennung entgegengebracht wurde. Ein von ihm geschenktes und signiertes Buch erinnert mich an diesen Besuch.

Im vergangenen Jahr war mir während einer Autofahrt in Jerusalem auf dem offenen Platz vor dem Davidsturm eine sehr „zusammengewürfelte" Menschenmenge aufgefallen: Das israelische Laubhüttenfest in Anwesenheit von Teddy Kollek wurde gefeiert. Neben orthodoxen Juden standen moslemische Geistliche, christliche Würdenträger und verschiedenste „Leute aus dem Volk", unter die auch ich mich für kurze Zeit gemischt hatte.

„Die Fahrlizenz für mein Auto ist leider abgelaufen", teilte mir unser Hausarzt bei seinem Besuch mit. Zu Fuß zu uns zu kommen, sei zu weit, und eine neue Lizenz bei den israelischen Behörden zu beantragen, sei nicht möglich. Durch die Bezahlung dieser Genehmigung würde er diese finanziell unterstützen, was wiederum die Palästinenser zum Widerstand aufgerufen hätte. Es wäre sicher nicht das erste Auto gewesen, das aus diesem Grund in die Luft geflogen wäre.

So stand es hinfort in seiner Garage und wir fuhren in Notfällen zu ihm.

So auch eines Morgens, als ich auf dem Weg zu seiner Wohnung im Bus das Radio einschaltete und eine fast heitere Melodie zu dem in Deutsch gesungenen Lied ertönte: „Guten Morgen, liebe Sorgen, seid ihr auch schon alle da ..." An welche Sorgen der Texter wohl gedacht haben mag?

Während eines Besuches meines Kollegen gingen wir abends in ein Restaurant in Bethlehem. Es war gemütlich und unsere Pizza schmeckte hervorragend. Neben unseren Arbeitsthemen meinte ich dann: „Wie wäre es wohl, wenn wir bei Ihrem nächsten Besuch mit einigen der großen Jungen und Mädchen hierher gehen würden – gemeinsam?" Wir schauten uns nur an.

Wenige Tage später, als ich hier vorbeikam, hatte auch dieses Restaurant wie die meisten anderen geschlossen – eine Entscheidung war uns damit abgenommen worden. Und zu Beginn meiner Arbeit hatte ich sogar noch die Vorstellung gehabt, mit einigen Kindern das israelische Kinderdorf zu besuchen – oder umgekehrt. Wünsche sind nicht immer realisierbar. In unserem Falle waren sie es jedenfalls nicht.

Weitere Renovierungen besprachen wir mit dem Architekten. Unerwartet oder wie befürchtet entsprachen die Arbeiten im Fortschritt nicht mehr unserem kalkulierten Plan. Vor allem konnte auch die Tischlerei ihre Aufträge, ob für uns oder andere Einrichtungen, nicht mehr wie erwartet durchführen. Später hatte sie ganz schließen müssen.

Zur Unterstützung hatte ich für einige Zeit vorübergehend eine deutsche Kollegin, die ich in Ghana kennengelernt hatte.

Schwieriger wurden Autofahrten und tägliche Einkäufe; die Tankstellen in der Westbank hatten geschlossen. Allerdings befand sich für uns die nächste Tankstelle nur wenige Kilometer entfernt in Israel. Falls Telefon-Verbindungen unterbrochen waren, konnte ich Gespräche nach München im Bedarfsfall vom Hauptpostamt in Jerusalem aus führen.

Als in einem Nachbarort jemand verstorben war, galt in diesem Dorf für die Beerdigung: Sie hatte nachts um 2 Uhr stattzufinden, mit höchstens sieben Teilnehmern. Israelische Soldaten würden als Begleitung zugegen sein.

Allein der Anblick bewaffneter Soldaten, die unterhalb des Dorfes auf der Straße vorbeifuhren, sowie die Geschichten vom Geschehen außerhalb unserer behüteten kleinen Welt, erzeugten eine Spannung, die auch vor unseren Kindern keinen Halt machte. So pendelten sie schon mal zwischen Angeödet- und Angestecktsein in dieser durchweg überreizten Atmosphäre. So traurig und bedauernswert sich die ganze Situation zeigte, wir konnten sie nicht einfach wie einen dicken Vorhang fortschieben.

Wir im Kinderdorf befanden uns zwar in absoluter Sicherheit und es herrschte bisher auch keine Not oder Armut, auch wenn wir nicht gerade alles erhielten oder zumindest nicht zu den gewünschten Zeiten; Kontakte zu einem Bäcker und Lieferanten hatten wir aufgenommen; zudem hatten wir im Dorf als Vorsichtsmaßnahme einige haltbare Lebensmittelvorräte angelegt, um uns mit diesen zwei oder drei Monate versorgen zu können.

Ebenso mit Benzin für unsere Autos; das konnten wir schnell wieder verbrauchen, die Tankstellen blieben erreichbar.

Und für die Freizeit gab es natürlich unseren großen Fußballplatz. In Bethlehem sollten mittlerweile sechzig bis siebzig Restaurants und Geschäfte geschlossen haben, bei einer Einwohnerzahl von etwa zwanzigtausend.

Ich musste unbedingt unseren Architekten sprechen. Ohne Telefonmöglichkeit gedachte ich hinzufahren, da für mich die Sperren einfacher zu passieren waren als für ihn. Drei Mädchen wollten mich unbedingt auf meiner „Spazierfahrt", wie sie es nannten, begleiten. Trotz meiner bemühten Unterhaltung wurden meine Mädchen bereits unterwegs immer unsicherer und ängstlicher. Ihr Unbehagen ließ sich nicht verbergen. Vor seinem Haus stand überall Militär. Ich parkte fast dazwischen, es wurde akzeptiert. Es erschien mir am sichersten. Das geplante ausführliche Gespräch währte aber nicht lange, denn die Mädchen wollten keinen Schritt gehen, sondern lieber im Auto bleiben, und ich wollte sie nicht länger als absolut notwendig warten lassen.

So einen „heiteren" Ausflug wollten sie vorläufig nicht wiederholen, auch nicht innerhalb der Westbank.

Auf meiner Fahrt oder bei Erfordernissen nahm ich die Kindergärtnerinnen und auch Mary, unsere gute Fee im Dorf, im Auto mit und fuhr alle direkt nach Hause oder zu einer notwendigen Besorgung. In Notfällen hätten sie natürlich im Dorf übernachten können, dies war zum Glück nicht nötig gewesen.

Nach mehr als sieben Monaten begannen die Schulen zu unserer Erleichterung ihre Pforten für den Unterricht wieder zu öffnen. Allmählich. Das bedeutete, dass nicht alle auf einmal mit dem Unterricht begannen; denn es sollten sich nach den vielen Monaten der Unfreiheit nur langsam immer mehr Kinder auf der Straße aufhalten, bis sie dann nach nahezu vier Wochen alle geöffnet hatten.

Überall patrouillierte israelisches Militär, hauptsächlich vor Schulein- und -ausgängen. So fuhren Anastaz und ich beide in unseren Autos, um morgens einige Kinder hinzubringen, vor allem aber, um gegen Mittag schon aus den Schulen entlassene Kinder sogleich in unsere Autos einsteigen zu lassen. Oder ich parkte schon mal zwischen den Militärfahrzeugen direkt vor der Schule. „Was machen Sie denn hier?" „Ich möchte hier parken, um unsere Kinder abzuholen. Wir gehören zur gleichen Organisation wie das Kinderdorf in Arad." „Okay."

Sehr betroffen war ich, von unseren heranwachsenden Kindern zu hören, dass einige Lehrkräfte versucht hätten, sie in negative

Äußerungen über Israelis zu verwickeln. „Sitti, wir haben aber nichts gesagt." „Das habt ihr aber ganz toll gemacht." Umgekehrte Hinterhältigkeiten, nämlich vonseiten der Israelis, kamen jedoch genauso vor.

Manchmal schien sich die Situation halbwegs normalisieren zu wollen, so erweckte es zumindest den Anschein. Oder sollte es nur eine Wunschvorstellung bleiben?

Ich jedoch würde aufhören. Das war entschieden. Vorübergehend würde meine Kollegin die Leitung übernehmen, ich kannte sie und konnte ihr nur alles erdenklich Gute wünschen.

Für diese Arbeit, zumal als Frau, war ich nicht stark genug.

RÜCKKEHR NACH DEUTSCHLAND

Von verschiedenen Gedanken begleitet, ja fast zerrissen, bemühte ich mich dennoch, sie möglichst auszublenden, um im vollen Bewusstsein der Situation meine Koffer zu packen und mich von allen einzeln verabschieden zu können. Das Angebot, im Norden von Togo eine neue Aufgabe zu übernehmen, hatte ich gedanklich für mich bereits verworfen; ich würde es auch persönlich bei meiner Aussprache in München tun.

Mein Kollege und die künftige Interimsleiterin brachten mich zum Flughafen nahe Tel Aviv.
   Meine Gepäckkontrolle dauerte in einer Einzelabfertigung mit drei verschiedenen Personen mehr als eineinhalb Stunden, auch in deutscher Sprache, wobei ich einmal ganz leise hörte: „Welche Frage kommt den nun dran? Ach ja, Nummer vierundzwanzig." „Ja, unsere langjährige Beschäftigte Mary hatte Zugang zu meinem Gepäck ... Natürlich habe ich Verständnis für Ihre intensive Kontrolle." Zehn Minuten vor Abflug wurde ich von einer jüngeren Sicherheitsbeamtin die Gangway hoch begleitet, bis mich an der Tür des Flugzeuges eine Stewardess in Obhut nahm und zu meinem Platz brachte. Als wir Reisenden dann alle bereit zum Abflug angeschnallt auf unseren Plätzen saßen, ertönte die Ansage: „Alle Passagiere müssen noch einmal zur Gepäckidentifikation aussteigen." Ein einzelner Koffer war vor dem Flugzeug stehen geblieben. Doch dann konnten wir tatsächlich starten.
   Im Flugzeug kreisten die Gedanken in meinem Kopf herum: „Welche Zukunft haben die Menschen, die Kinder hier im Heiligen Land eigentlich? Zählt nur die aktuelle Gegenwart mit dem heutigen Tag oder gibt es tatsächlich noch mit einem neuen Sonnenaufgang einen lebenswerten Morgen?" Ich trug mein Ab-

schiedsgeschenk: eine kleine Goldkette mit einem tropfenförmigen Anhänger, der die eingearbeiteten Initialen meines Namen trug. Sie würde mich stets an liebe Mitbewohner erinnern.

In Stuttgart wurde ich strahlend mit meinem Gepäck nach längerer Wartezeit von Edelgard und Heinz begrüßt: „Du kommst hier wie so selbstverständlich rausspaziert. Welche bekannte Persönlichkeit saß denn mit in deinem Flugzeug?"

Dass Scheinwerferlicht und Blitzlichtgeflacker unseren Ausgang zusätzlich hell erleuchteten und Fotografen fotogierig herumeilten, war unbeachtet an mir vorübergegangen. Denn seit heute früh war die Situation um mich herum Ausnahme genug.

Ich wohnte zunächst wieder bei meiner Schwester, um in München Vergangenes abzuschließen und Entscheidungen für die Zukunft zu klären. Aus Lama-Kara in Togo waren Sr. Müller und eine weitere Mitarbeiterin nach vielen Jahren in das Elsass zurückgekehrt, sodass dringend eine neue Mitarbeiterin in dem Projekt gebraucht würde. Aber mein Entschluss, aufzuhören, stand fest und war unumkehrbar. Wenn auch sehr schweren Herzens.

Meine Zeit im Ausland hatte ich nie als vorübergehende „Auszeit" oder gar als Abenteuer angesehen, sondern es war die Realisierung meines Lebenstraumes gewesen. Immerhin hatte ich ihn zwölf Jahre gelebt, leben dürfen.

Auf der Rückfahrt von München verbrachte ich einige Tage am Bodensee, wollte abtauchen, um dann erneut an die Oberfläche zu kommen, neue Perspektiven am Horizont entdecken.

Wenn ich zuvor nach ein oder zwei Jahren im Ausland nach Deutschland gekommen war, hatte ich jedes Mal das Empfinden gehabt, ein erneut verändertes Land vorzufinden. Die individuelle Entwicklung rückte stetig weiter in den Vordergrund, der Ball der zeitgeschichtlichen Ereignisse schien kontinuierlich schneller zu rollen, unterstützt durch sich manifestierende und weiter verbreitende Medien.

Früher hatte ich mal gewünscht: Die Familie sollte die Basis menschlicher Gemeinschaft sein. Irgendwie schienen neuerdings durch Trennungen oft einzelne Elternteile für die Erziehung oder das Leben mit den Kindern verantwortlich zu sein. Nahm die Verantwortlichkeit beider Elternteile weiter ab? Wer springt denn ein? Eine irre Idee wäre, wie manchmal in einem afrikanischen Dorf – die Gemeinschaft? Oder der Staat?

Wir hatten Spätherbst. Bis zum Jahresende konsumierte ich meinen restlichen Urlaub. Dann musste ich arbeiten.
Ich war nahezu siebenundvierzig Jahre alt, ohne Arbeit und Wohnung. Meine Ein-Zimmer-Wohnung war vermietet. Nun wollte ich es nicht nur, sondern vor allen Dingen musste ich mich auch um mich selbst kümmern. Mit einer gewissen Kraft spendenden Perspektive eines Neubeginns und der Rückendeckung eines gewissen finanziellen Polsters. Ich konnte nicht permanent meinen Unterhalt in Deutschland anderen aufbürden.
Nach diesen intensiv und abwechslungsreich gelebten Jahren gedachte ich, mit einem gemütlich zu schaffenden Zuhause als Basis einer normalen Arbeit nachzugehen. Tat ich jetzt genau das, was ich vor zwölf Jahren verworfen hatte?
Die Zeit allerdings schritt voran.
Meine Mutter war durch Edelgards Zuspruch inzwischen in das Alten- und Pflegeheim am gleichen Ort gezogen, mit zunächst noch einer eigenen kleinen Wohnung in einem separaten Gebäude des Komplexes. Edelgards Vorschlag, doch in die Wohnung neben der ihren zu ziehen, wollte sie nicht annehmen, sondern ihr entsprechend bei ihren Freunden und Bekannten bleiben. Diesen Umzug wie auch vor vielen Jahren mit vielen Bemühungen den von Tante Hilde in ein Pflegeheim hatten Edelgard und Jutta, Manfreds Frau, ermöglicht. Tante Hilde war an Demenz erkrankt, schleichend, aber gewiss – und traurig.
Bei Besuchen von uns, gemeinsam mit unserer Mutter, der es bis zum neunundachtzigsten Lebensjahr recht gut ging, konnte es durchaus passieren, dass sie in ihrem Behindertsein sekundenlange wache Momente zeigte. So, als wir mit ihr draußen saßen und alle Behinderten „vorbeidefilierten", uns ein jeder mit seinem Lachen die Hand gab. Als ich dann bei einer Person selbst etwas lachte,

traf mich ein vernichtender Blick von Tante Hilde: „Wie kannst du nur?" Ich muss gestehen, dass mir die Situation momentweise tatsächlich in meiner normalerweise heiteren und humorvollen Art ja fast … heiter erschien.

Mein erstes Angebot für eine Probearbeit fand ich noch während meines Urlaubs: in München in einer guten Frühstückspension. Mit der Besitzerin gab es ein vertrauensvolles und harmonisches Miteinander; ich wäre ihre rechte und linke Hand zugleich gewesen. Wir hatten gute Gäste. Ein Vorschlag bei der Zimmergestaltung wurde gern zur Kenntnis genommen. Eine aufgerundete Summe wäre mein Gehalt gewesen. Doch ich hätte, wenn auch großzügig, im Haus wohnen sollen. Diese mehr oder minder permanente Anwesenheit wollte ich nicht mehr, nicht für Vorgesetzte.

Eine weitere Arbeit fand ich in einem Hotel bei Hamburg. Die Besitzerin war – vom Wort und Inhalt her – eine Workaholicerin. „Die Schlüssel für mein Auto, das im Hof steht, liegen in der obersten Schublade, Frau Totz. Holen Sie bitte aus dem und dem Geschäft im Nachbarort, nur wenige Kilometer entfernt, Erdbeeren als Sonderangebot. Die stehen als Dessert auf der Speisekarte. Es ist nämlich schon zehn Minuten vor zwölf."

Eine andere Autofahrt ist noch in meinem Gedächtnis gespeichert. Abgereiste Gäste hatten ihren Schmuck vergessen, den ich in kürzester Zeit ins Alsterhaus im Stadtzentrum Hamburgs bringen sollte, wo ihr Bus parkte. Den mir angewiesenen „Schleichweg" ignorierte ich, sondern fuhr eine mir bekannte Strecke, parkte direkt hinter dem Hotel „Vier Jahreszeiten" und rannte, mit der Schmuckkassette in der Hand wedelnd, über den Jungfernstieg, wo mir der Bus bereits auf der Gegenseite entgegenkam. Zum Glück hatten mich die Gäste gesehen, winkend und rufend das Busfenster geöffnet, und so konnte die Kassette von Hand zu Hand bis zum Eigentümer weitergereicht werden. Immer noch winkend erreichte ich wieder mein Auto. Ohne Strafzettel.

Ihre Mitarbeiter waren so viel wert, wie sie für ihren Betrieb erbrachten, irgendwann einmal wurden sie auch zu individuellen

Menschen. Und ich lernte eine andere Vorgehensweise kennen: Anstelle des mir bisher bekannten und gepflegten „Wir" als gemeinschaftliches Zusammenarbeiten trat nun ein „Ich und Sie oder auch du". Nach drei Monaten konnte ich noch keine Rechnung kassieren; alleine ihre Preise über Sonderangebote in Verbindung mit Tagungen füllten drei oder vier dicke Aktenordner. Sie selbst arbeitete täglich von 6 Uhr bis spätabends nach Restaurantschluss. Als einmal Bauarbeiten neben dem weitergehenden Betrieb die Arbeit erschwerten, meinte der junge Architekt zu mir: „Man hat eigentlich zwei Gesichter: eines im Dienst und eines, wie man wirklich ist."

Galt das für alle Beschäftigten in Deutschland?

Ich zog vorübergehend nach Bietigheim in eine möblierte Wohnung, um während dieser Monate eine passende Arbeit zu finden.

Auf dem Arbeitsamt zeigte man sich bereit, mir eine Zusatzausbildung mit Abschluss im erzieherischen Bereich zu ermöglichen, doch nun hatte ich keine Lust nach den vielen Jahren der praktischen Erfahrungen die Schulbank zu drücken. Ohnehin hielt ich für einen Neubeginn eine jüngere Kraft für angemessener als eine Erzieherin in „reifen" Jahren.

Meine Eindrücke von Vorstellungsgesprächen reichten, besonders in Hotels, von faszinierend bis ernüchternd, sachlich korrekt bis überaus erheiternd.

Würde ich nach den Jahren des Abstandes in Übersee als über- oder unterqualifiziert, vielleicht beides gleichzeitig oder als „nicht gesuchte Person" bewertet? Das gebotene Gehalt reichte von existenzsichernd bis üppig mit Geschäftswagen.

Ich entschied mich für eine Arbeit am Hotelempfang in der nahen Kreisstadt Ludwigsburg. Meine Arbeitsstelle war in Ordnung, ohne erwähnenswerte Anforderungen an mich zu stellen, das Gehalt angemessen, Chef und Chefin korrekt und primär auf Lehrlingsausbildung ausgerichtet. Zu Weihnachten gab es eine Feier, einmal sogar für uns alle den Besuch einer wunderbaren Aufführung des „Nussknacker". Meine Kollegin war eine bescheidene, liebe Person in meinem Alter, ohne Falsch. „Frau Totz, wenn Sie einmal aufhören, höre ich auch auf!" Sie tat es tatsächlich und zog nach meinem späteren Aufhören zu ihrer Mutter.

Eines Tages meinte ich zur Chefin: „Wir brauchen Bleistifte." Als ich mir aus der gereichten Schachtel zwei entnahm, hörte ich: „Frau Totz, Sie brauchen doch nicht gleich zwei auf einmal." Sie meinte es tatsächlich so. Nicht nur dieses eine Mal zeigte sich, dass ich dreißig Prozent meiner Energie benötigte, um mich anzupassen oder ruhig zu bleiben.

Inzwischen hatte ich eine sehr schöne Drei-Zimmer-Maisonette-Wohnung gefunden, bei deren Endgestaltung ich mitentscheiden konnte und dies gerne tat. Ich fühlte mich öfter in vergangene Zeiten zurückversetzt, in denen ich kreativ und fast unablässig an einer Neugestaltung zu weiteren Projekten gearbeitet hatte. Hier und nun tat ich es für mich selbst. Unbestritten hatte ich damit meinen zu lebenden Alltag vorgegeben, die Weichen waren gestellt. Entsprechend meinen ganz persönlichen Wünschen.

So benötigte ich Teppiche, Gardinen, eine Küche, ein Fahrrad, eine Waschmaschine – es war alles neu und für mich wunderschön. Neu und gut – aber absolut nichts Überflüssiges dabei, wenngleich ich hübsche und geschmackvolle Sachen schon immer geliebt habe. Gardinen nähte ich natürlich selbst, ein angemalter chinesischer Strohhut fungierte als Lampenschirm, ein anderer wurde dann teurer …

Einige mitgebrachte Dekorationen zierten als sichtbare Erinnerungen meine Wände, dominierten jedoch nicht die ganze Wohnung. Als letzte Besonderheit ließ ich die Decke in meinem Schlafzimmer in einem dunklen Blauton streichen, die ich dann später mit strahlend goldenen Sternen bemalte oder beklebte. Ich höre noch den Architekten sagen: „Sie haben vielleicht Ideen. Aber ich muss hier ja nicht wohnen."

Vor vielen Jahren hatte meine Mutter mit mir als Kleinkind auf einer Reise bei entfernten Verwandten in Kukahn auf einem Bauernhof Station gemacht. Wo es ganz viel zu essen gab, auf großen Platten hübsch verteilt. Und es hatte einen Raum gegeben, in dem die Zimmerdecke blau gestrichen war. „Und hier darfst du heute schlafen, Heidi", hatte mir die Frau gesagt. Bis zum Einschlafen in süßen Träumen schauten funkelnde Sterne auf mich herab und bewachten mich. Nun hatte ich mir meinen kindlichen Traum erfüllt – und fand es wunderschön!

Diese Planungen und Einkäufe beschäftigten mich und benötigten viel Zeit. Meine aktuelle Arbeit ließ mir gedanklich genügend Freiraum. Ich erfüllte sie fast ein bisschen nebenbei.

Die Möbel aus dem Kinderdorf hatte Manfred bereits irgendwann einmal abgeholt. Er half mir stets, wenn es nötig war oder ich ihn darum bat, drängte sich jedoch niemals von sich aus auf, dass ich dieses oder jenes tun sollte. Mit meinen anderen Sachen hatten sie bisher dank netter Nachbarschaft im Gemeinschaftskeller des Hauses meiner Mutter stehen können. Rechtzeitig mit meinem Einzug brachten zwei Söhne von Edelgard die Möbel aus Lensahn. Aus terminlichen Gründen holte ich den Transporter von der Vermietung ab – und stellte fest, dass dieses Ungetüm sich so ganz anders fuhr als bisher gewohnte VW-Busse. Meine Mutter schenkte mir als Ergänzung meine gewählten Rattanmöbel.

Als ich ein altes Handrührgerät benutzte, das ich aus einem der Kartons auspackte, meinte eine Bekannte: „Machst du jetzt einen auf alternativ?" Ich muss sie sehr verständnislos angeguckt haben. Denn ihre Bemerkung: „Na ja, ich dachte, nach deinen Jahren in Afrika …" Ich wusste weder, was „alternativ" bedeutete, noch kannte ich neueste Modelle von Küchengeräten. Doch meine Waschmaschine hatte ich sehr schnell zu bedienen gelernt. Insgeheim klopfte ich mir dafür auf die Schulter.

In einer gewissen Euphorie des Neubeginns lebte ich nun ebenfalls in den vier Jahreszeiten, mit der Vielfalt und steten Abwechslung der saisonal wachsenden Pflanzen und Blumen, vor allem jedoch der Früchte. Es war fantastisch! Alles genoss ich zu seiner Zeit. Beginnend bei Erdbeeren, Johannisbeeren und Kirschen, den Obstsorten bis zum Herbst- und Wintergemüse.

Wenngleich ich es wieder interessant fand, den Winter zu erleben; sommerliche Grade waren mir deutlich angenehmer.

Hoffnungsvoll erwartete ich den Frühling mit seinen wärmenden Temperaturen. Das offene, heitere und auch farbige Leben und Treiben fand ich einfach sympathischer. In Afrika hatten auch wunderhübsche Blumen geblüht, doch unsere Bougainvillea blühten in tropischer Hitze das ganze Jahr über und die Fülle des Obstes und des Gemüses gedieh bis auf minimale Abweichungen fortwährend und lag zum Kauf bereit.

Viele Monate brauchte ich hingegen, um mich einigermaßen daran zu gewöhnen, dass ich Lebensmittel und andere Artikel jeden Tag kaufen konnte und sie nicht mitnehmen musste, weil sie gerade heute vorrätig waren. „Morgen gibt es Leberwurst und verschiedene Sorten Brot, genau wie heute. Also geh bitte weiter." Andere Wünsche konnte man sich zu den entsprechenden Jahreszeiten erfüllen.

Neben meinen Gedanken wanderten zweifellos auch die von Kristina hin und wieder nach Afrika; denn sie bedauerte noch lange Zeit, dass ich den Arbeitsplatz in Togo nicht angenommen hatte. Als inzwischen ausgebildete Krankenschwester hätte sie mich zu gerne in das dortige Projekt, dem ja eine Mutter-Kind-Krankenstation angegliedert war, begleitet. Mein Vorschlag, durch ein Kurzpraktikum in einem Tropeninstitut ihre Kenntnisse zu ergänzen, wäre kein Problem für sie gewesen. Um ihre Anstellung hätten wir uns redlich bemüht. So fachsimpelten wir beide an der Realität vorbei. Alleine wollte sie nicht dorthin gehen.

Am Mittagstisch vermissten wir schon mal unseren guten Lazare. Wir riefen ihn – aber er kam einfach nicht! „Dann müssen wir heute selbst abräumen."

Als wir im Beisein mit Edelgard bei einem Spaziergang im Ort unseren Gedanken von Afrika nachhingen, kamen uns tatsächlich auf der anderen Straßenseite einige Elefanten entgegen – mit wackelnden Ohren und riesigen Stoßzähnen! „Jetzt spinnen wir aber wirklich", war unsere einhellige Meinung. „Das sind tatsächlich lebende Elefanten, eine ganze Herde! Und zwei Wärter sind dabei!" Wir begannen laut zu lachen, als einer von uns sagte: „Wisst ihr, hier gastiert doch ein Zirkus!" Die Bilder in unseren Köpfen und die in der Wirklichkeit passten einfach zu gut übereinander!

Dass ich in meinem normalen Alltag oft Vergleiche zog, wird niemanden verwundern. Wie Simon wohl reagieren würde, wenn ich mit ihm in einer U-Bahn führe und diese plötzlich im schwarzen Bauch der Erde verschwände? Oder wie würden Mütter und Kinder reagieren, die im fallenden und raschelnden Laub spazieren gingen, vor sich die bunt leuchtenden Blätter eines goldenen Herbstes? Oder sie gar Schneekristallen beim langsamen oder lustig wirbelnden Fallen vom Himmel nachschauten und versuchten, sie mit der Zunge aufzuschlecken? Und wenn sie Kinder sähen, die einen Schneemann mit einer Karotte dekorierten, statt sie zu essen? Es gäbe unzählig viele aufregende neue Bilder und Erfahrungen!

Aber auch unsere Korrektheit mit einhergehender Bürokratie war für mich als „Heimkehrerkind" hin und wieder mit Kopfschütteln verbunden und somit gewöhnungsbedürftig.

Bewerbungen, die längere Autofahrten einschlossen, nutzten wir für Besichtigungen. Bei Einkäufen erhielt ich von Edelgard viele hilfreiche Tipps. Mein gleich gekauftes Auto durfte ich auf ihren Namen versichern lassen, was für mich billiger war; denn meine vielen gefahrenen Jahre in Übersee zählten für die deutsche Statistik nicht. Ich war ja bestimmt, so dachten wir, eine gute Autofahrerin. Doch wieso gab es so viele Blitzampeln in Deutschland? Ich hatte niemanden behindert oder gar bedrängt. Manchmal hatte ich überhaupt kein Auto gesehen, weder vor mir noch hinter mir – und sollte dennoch eine Strafe zahlen. Nur, weil ich etwas schneller gefahren war? Ich versuchte weiterhin, mich anzupassen …

Eine andere Frage tauchte auf: Hatten wir in Afrika eigentlich nie Müll gehabt? Obstschalen und ähnliches wurde kompostiert, weniges andere vielleicht verbrannt – weiteren Müll gab es offenbar nicht. An eine selten freie Feuerstelle kann ich mich nur in Kenia erinnern.

Hier nun galt es zu den vorgenannten Gebühren auch solche für Radio und Fernsehen, Heizung, Strom, Wasser und Telefon zu entrichten sowie weitere Um- und Rücklagen. Wie es so in Deutschland üblich ist. Mir fiel eine Haushaltsabrechnung aus der Zeit der Frauenfachschule ein: Bis zu einem Viertel des Gehalts – ob brutto oder netto kann ich nicht mehr sagen – müsse man für Mietkosten einplanen. Diese Kalkulation hatte sich bis zum heutigen Tag offensichtlich verschoben.

Ich konnte zwar einen Großteil des Preises für meine Wohnung abbezahlen, aufgrund eines Irrtums meinerseits hatte ich allerdings freibleibende Zinsen gewählt. Und die stiegen in einer sogenannten Hochzinsphase gerade sehr bedenklich an. Der Verkauf meiner kleinen Wohnung ließ sich nicht so schnell wie gedacht realisieren. So nahm ich einen Nebenjob in der Finanzberatung an, für den wir fortlaufend eine fundierte fachliche als auch psychologische Schulung mit von uns zu definierenden Begriffen wie Rhetorik, Kenntnissen eines Fragenablaufs, Aufbau eines Gespräches und anderes erhielten. War ich bisher völlig blind auf Leute zugegangen? Manchmal hatte ich das Empfinden, irgendwie „andersherum" zu denken. Doch was geschieht, wenn sich zwei rhetorisch geschulte Kräfte gegenüberstehen? Diskutieren sie dann in erlernten Begriffen, wichtigtuerisch mit dem neuen Handy in der Hand?

Kleidung mag es vordergründig zu verstecken oder vorzutäuschen, wie auch für manche Leute ein Interesse schnell schwindet, wenn die erste Hülle abgefallen ist, während man bei anderen den Eindruck gewinnt, dass bei jeder weiteren sich auftuenden Schicht stets mehr Verborgenes und Interessantes zum Vorschein kommt.

Zahnarztbesuche hatte ich bisher zwischendurch im Urlaub wahrgenommen, wozu ich einmal sogar eine Woche in der Klinik lag. Doch nun, meinte ich, sei es an der Zeit, mich richtig durchchecken zu lassen. Auf die Frage des Arztes: „Wann waren Sie das letzte Mal beim Arzt?", zählte ich an den Fingern meine Länder durch. „Ich glaube, vor sieben Jahren." Daraufhin erhielt ich jedes Jahr eine Vorladung.

Mittlerweile glaubte ich, eine Basis für mein Dasein gefunden zu haben. Verwundert oder doch nicht hörte ich nach meinen gerne belauschten Erzählungen in Gesprächen eine Beschwichtigung als wohlgemeinten Abschluss: „Aber nun sind Sie ja wieder in Deutschland, wo alles ruhig und geordnet und damit schön ist."

Konnte ich diesen Leuten verübeln, dass sie nichts verstanden hatten?

Dass ein Beginn in Afrika mir ungleich leichter gefallen war als eine Wiedereingliederung in Deutschland, mag an der mich erfüllenden und der mich befriedigenden Freiheit in der Arbeit selbst gelegen haben. Ja, ich möchte sogar sagen, dass ich nun sehr schwer wieder in Deutschland zurechtgekommen wäre, hätte ich mich die Jahre zuvor nicht so oft umstellen müssen.

Es war dies dann doch nur zu verstehen von Personen, denen es vergleichbar erging. Eine bekannte Person hatte diese Umstellung einmal „Entzugserscheinung" genannt, an denen sie einige Jahre „zu knabbern" hatte. Bei mir wurden sie durch Ablenkungen ein wenig abgemildert.

Dümpelte ich nun in täglich zu erfüllenden Arbeiten und Freizeitgestaltungen so vor mich hin? Durch die Hilfe meiner Schwester war ich mit in ihre Familie eingebunden, aber auch als einzelne Person war ich eine eigene Familieneinheit. Im Urlaub hatte ich die Wochen „in Familie" natürlich auch genossen, sie taten mir gut. Wo hätte ich sonst sein sollen? Ich fügte mich ein.

Einmal allerdings wäre ich im Urlaub gerne nach Indien gereist, meinem Traumziel. Hatte ich mich mit zu vielen Besuchen und Terminen während der immerhin nur wenigen Wochen ablenken lassen? Die Zeit verflog schnell. Andererseits verlief sie wie „neben mir". Mein wirkliches Leben hatte ich in Übersee gelebt.

Ich schrieb ein dünnes Taschenbuch über meine Zeit in Burundi – und mir selbst damit etwas von der Seele.

Eines Sonntags im ruhigen Spätdienst entdeckte ich im vom Zimmermädchen abgestellten Papierkorb eine dicke Zeitung. Ausnahmsweise blätterte ich darin. Unübersehbar für mich schaute ich auf die Todesanzeige von Walter Anke. In Koselau hatte ich mit ihm und seiner Schwester Karen spielen und an besonderen

Tagen mit zum Strand fahren dürfen. Statt Kränzen wurde um eine Spende zugunsten der SOS-Kinderdörfer gebeten.

Ziemlich umgehend schickte ich ein Exemplar meines Taschenbuchs über Burundi nach Koselau an Hermann von Zitzewitz – von Heidi aus Koselau.

Drei Wochen später erhielt ich einen reizenden Brief von ihm, dass er seinen Lebensfaden ganz zurückspulen musste, um die kleine Heidi zu finden, die einstmals auf dem Hof neben dem großen Misthaufen gespielt hatte …

Im Laufe der Zeit ergab sich eine Arbeit an einem anderen Hotelempfang, mit mehr Verantwortung, zu der ich die Bedienung des Computers erlernen musste. Bisher hatten wir sowohl Reservierungen als auch Abrechnungen noch von Hand geschrieben. Stundenlang verbrachte ich lernbegeistert, aber nicht technikbegeistert im Übungsprogramm.

Was ich vermutete, trat ein. Ob es die alleinige Ursache für eine Schließung des Hotels war, möchte ich nicht beurteilen. In jedem Fall zeigte sich in meinen Augen die Geschäftsführung in vielen kleinen, alltäglichen Dingen zu großzügig, gar manchmal verschwenderisch. Nach nur drei Monaten erschien nach angekündigter Schließung eines Nachmittags pünktlich um 15 Uhr ein Verantwortlicher des direkt neben uns gelegenen Hilton-Hotels. Beide Häuser waren durch einen Gang im Untergeschoss sogar miteinander verbunden. Ab jetzt waren wir, bis auf wenige Mitarbeiter, die aufhörten, Angestellte des neuen Arbeitgebers. So schnell erfolgte eine Übernahme. Zunächst ungewohnt hämmerte ein Handwerker auf die Schnelle einhundert Nägel für die Schlüssel in ein dickes Brett; denn diese Zimmernummern gab es ab sofort genau zweimal. Als Mitarbeiterin am Empfang kannte ich die meisten meiner „alten" Gäste, um ihnen den korrekten Schlüssel auszuhändigen, ohne jedes Mal nachfragen zu müssen, in welchem Hotel sie wohnten.

Nach einer gewährten kurzen Probephase wollte man mich behalten, allerdings sah ich das angebotene Gehalt als nicht angemessen an. Ich lehnte eine weitere Mitarbeit ab.

Auf dem umgehend aufgesuchten Arbeitsamt konnte man mir nur eine einzige freie Stelle anbieten, mit dem gut gemeinten Rat, möglichst die Gelegenheit zu einer persönlichen Aussprache zu erhalten. Die erhielt ich am nächsten Tag, den folgenden Montag begann ich meine dortige Arbeit.

Das Hotel war eigentlich ein Gästehaus einer großen deutsch-französischen Firma mit vielen asiatischen Reisegruppen, die zu Schulungen hier wohnten, mit teils eigener Küche, zugehörig zu den Zimmern. Der Geschäftsführer war dynamisch-umsichtig, mit der Fähigkeit, seine Leute mit gegebener Verantwortung einzusetzen, ohne dass man sich eingeengt fühlte. Überstunden gab es nicht, „dafür" ein Weihnachtsgeld und angelieferte freie Anwesenheitskost von der Zentrale. Meine drei Kolleginnen am Empfang hätten meine Töchter sein können. Jede von uns hatte ihre Stärken; bei unseren Dienstplänen arrangierten wir uns.

Den Weg zur Arbeit nutzte ich zur Einstimmung auf meine aktuelle Tätigkeit. Nun arbeitete ich innerhalb von vier Monaten im vierten Hotel. Ich war ja flexibel, doch so viel Flexibilität erforderte meine wache Präsenz, wobei ich mich einmal am Telefon statt mit dem Namen des Hotels mit dem des neuen Computersystems „Fidelio" meldete. Die geistesgegenwärtige Reaktion des Anrufers: „Sie sind aber eine nette Person", hätte in einem Kinofilm unter Umständen zu einer beginnenden Romanze geführt. Spontan löste sie bei mir in dem Moment wenigstens eine höfliche und korrekte Entschuldigung aus, denn diesen Arbeitsplatz wollte ich nicht auch noch verlieren.

Ein anderes Mal reiste eine Gruppe von den Philippinen an. Ein kleines Mädchen piekste mit seinem Finger auf mich und sagte vor mir zu seiner Mutter: „Schau mal, Mama, die sieht aus wie meine Oma!" Das beschwichtigende Flüstern der Mutter, so etwas nicht zu sagen, quittierte ich mit einem amüsierten Schmunzeln.

Verschmitzt erzählte ich meinem Chef am nächsten Morgen, dass gestern Abend beim Einchecken der Reisegruppe der letzten Gäste eine Maus zwischen ihnen herumwuselte. Dieses kleine Ungetüm durfte in keinem Fall morgens im Frühstücksraum erscheinen. Nach zwanzig Minuten gelang es mir tatsächlich, sie mithilfe von zwei Wassereimern einzufangen. Ihre Freiheit gab ich ihr sogleich auf dem direkt neben uns gelegenen abgeernteten Kornfeld. Nur einer Asiatin, die es bemerkte, bedeutete ich mit einer kleinen Geste der Hand, nicht zu reagieren.

Auch hier war ich im Schichtdienst tätig, was ich stets als etwas anstrengend empfunden habe, allerdings mit dem Vorteil, dass ich dadurch bei dem dichten Verkehr im Großraum Stuttgart nie zu Hauptverkehrszeiten auf der Straße sein musste, wenngleich ich morgens um 5:30 Uhr auf der Autobahn oft die dritte Fahrspur benutzen musste.

Ich war bereits so viele Jahre in Deutschland und dennoch konnte ich mich den als normal geltenden Unterhaltungen über alltägliche Kleinigkeiten oder Vorkommnisse meiner Kolleginnen immer noch schlecht anschließen. Oder tat ich es mit einer gespielten Leichtigkeit und einem gewissen Humor? Was war für mich wichtig im Leben?

Natürlich war es schön, wenn ich die Strümpfe billiger kaufen konnte, mir der Kuchen irgendwo besonders gut schmeckte, doch den diesen Dingen beigemessenen Wert empfand ich als überproportional. Vor allem fehlte mir das mit Inhalt gefüllte Gegengewicht einer sinnvollen Aufgabe, die ich einstmals hatte. Als sei mir das Fundament entzogen worden, lebte ich an der Oberfläche weiter. Anscheinend jedoch war es stark genug gewesen, um mich zu halten oder zu tragen. Nach einer erfüllenden und sinngebenden Tätigkeit, während der man zudem eine gewisse Wichtigkeit besaß, arbeitete ich nun für den eigenen Unterhalt. Und ich stellte fest, dass ich daraus resultierend darauf achten musste, auf keinen Fall abwertend oder gar herablassend über alltägliche Vorkommnisse zu reden oder diese gar als „Pipifax" zu bewerten.

Wir feierten in diesem Jahr Geburtstage, Weihnachten und genossen Besichtigungen und Besuche, ein paar Tage in der Toskana und stießen Silvester unter Raketenböllern mit Panoramablick bis Stuttgart auf meinem Balkon auf ein zuversichtliches neues Jahr an.

Lebte ich unausgesprochen in einer großen Glasglocke, gefüllt mit Luft und den sich ergebenen Vorkommnissen des täglichen Daseins? Nicht schlecht – aber war das mein Leben?
Ich musste meinen eigenen Weg gehen.

Mit Friederike stand ich seit unserem Kennenlernen in Innsbruck in regelmäßigem Kontakt, ebenso mit anderen Gefährtinnen meines Lebensweges.

Nach einem Besuch in Norddeutschland reifte in mir langsam die Idee, mich an der Ostsee mit kleinerer Ferienvermietung selbstständig zu machen – kein einfach zu realisierendes Unterfangen.

Während drei, höchstens vier freien Tagen unternahm ich lange Fahrten zu Besichtigungsterminen. Noch war ein Wechsel nicht offiziell. Sollte es klappen, würde ein Urlaub zweifellos in weite Ferne rücken. Demzufolge gönnte ich mir diesen noch für vierzehn Tage und fuhr mit Friederike in die Toskana. In meinem Auto holte ich sie in Salzburg ab. Unsere Route führte uns über Luzern und die Alpenpässe gen Süden. Wir besichtigten Siena und Florenz, wo sich Friederike gerne die Uffizien angesehen hätte, doch die Schlange der Wartenden schreckte sie ab. Abends fanden wir aus der Stadt nur schwer heraus, da hinweisende Schilder dort nicht besonders informativ zu sein schienen.

Ausgiebige Ruhe fanden wir in Cinque Terre, diesem pittoresken Fleckchen Erde mit seinen an und wie in die Felsen gebauten bunten Häusern. In San Giminiano schluckten wir den passenden Rotwein und ich erstand beim Herumschlendern in engen Gassen meinen wunderhübschen farbigen Keramikübertopf. Unsere Übernachtungen wählten wir auf unserer Route, wobei es in der Toskana zwar Hinweisschilder gab, jedoch ohne Angaben einer Entfernung oder Beschreibung der Unterkunft. Endlich angekommen, sahen wir auf dem erleuchteten Parkplatz einzig Autos der Marke Rolls Royce. Am nächsten Ziel standen in der Halle unzählige akkurat geordnete Schuhpaare und an der Wand hing unübersehbar ein großes Foto von Ho Chi Minh.

„Wir sind leider ausgebucht."

Doch spätabends fanden wir eine Unterkunft, einsam gelegen, aber ordentlich. Wir waren ja zu zweit und fühlten uns sicher. Unsere Mahlzeiten genossen wir unterwegs, aber auch auf einem Baumstumpf vor unserem Haus in Form von mitgebrachtem Rotwein, Brot und Käse.

Die Erlebnisse unserer inhaltsreichen Tage sogen wir in uns auf. Glücklich erreichten wir unser beider Zuhause, nach insgesamt sechstausend gefahrenen Kilometern.

Bekommen wir heute wieder Vollmond oder warum sollte ich sonst nicht gut geschlafen haben? – Dieses unregelmäßig wiederkehrende Phänomen hatte ich aus Bethlehem mitgebracht, seit ich eines Nachts den Vollmond bestaunt hatte, wie er das neben uns liegende Hirtenfeld mit seiner Strahlkraft in sein mystisches Licht tauchte – im Hintergrund erhob sich in diesem unvergessenen Zauber die Geburtskirche.

Hatte ich für diese und andere unvergesslichen Eindrücke meine Tränen dagelassen? Denn irgendwann stellte ich nach meiner Rückkehr fest: Sie flossen nicht mehr, waren wohl versiegt.

UMZUG AN DIE OSTSEE

Nach vielen Bemühungen, Terminen und letztendlich dem Verkauf meiner Wohnung befand ich mich auf dem Weg zu einem Notartermin, um ein Haus an der Ostsee mit wenigen Ferienwohnungen und einer eigenen zu kaufen. Den Termin, meinen zweiten bereits, zu dem ich frühmorgens losfahren wollte, hatten wir um 16 Uhr anberaumt. Der Kalender zeigte Ende Februar.

Als es am Abend, eigentlich wunderhübsch und friedvoll, in kleinen Flocken anhaltend zu schneien begann, wurde ich ein wenig unruhig und fuhr um 23:30 Uhr mit dem Auto los. Schlimmstenfalls würde ich mit dem Zug weiterfahren. Auf der kaum befahrenen Autobahn konnte ich gut in meiner Spur bleiben – langsam, aber beständig. Als jedoch bereits eine Weile lang drei Laster etwas langsamer als ich vor mir herfuhren, wagte ich irgendwann, sie zu überholen. Und war dankbar, als ich es gut geschafft hatte.

Mittags kurz vor 14 Uhr erreichte ich die Wohnung meiner Mutter in Lensahn. Den anvisierten Termin konnte ich bestätigen – und mich noch etwas ausruhen.

Waren diese oder bereits vorhergehende Abschnitte in meinem Leben Ausdruck des uns Menschen geschenkten freien Willens in unserem Dasein? Oder ist es vielmehr so, dass wir nur glauben, selbst zu entscheiden – in Wirklichkeit aber für uns längst alles vorbestimmt ist? Bewegte mich mein Leben selbst weiter fort? Ging ich an meinem gespannten Lebensfaden, nein, dicken Lebensseil, das mich hielt, meine Lebensabschnitte von Knoten zu Knoten weiter?

In ihrer Deutlichkeit sind mir diese Gedanken erst irgendwann später einmal bewusst geworden. Vor allem war es nicht immer einfach, Lebenslagen zu ihrem aktuellen Zeitpunkt zu erkennen und durchzuführen und nicht erst im Nachhinein, wenn man sowieso alles besser wusste, weil man die Linienführung seines Lebens klarer erkannte.

Mir fiel eine Geschichte aus meiner frühen Schulzeit ein. Ein alter Mann lebte in seiner Holzhütte am Waldrand ganz alleine. In seinem bescheidenen Dasein konnte er sich jedoch täglich satt essen. Er war zufrieden, sodass sein Zuhause „Villa Sorgenfrei" genannt wurde. Bis eines Tages seine Hütte abbrannte. Doch das vermeintlich schreckliche Unglück, wie alle glaubten, verwandelte sich in großes Glück; denn beim Aufräumen fand man im Erdreich unter der Hütte einen Goldschatz, der all die Jahre dort gelegen hatte und ihm nun erlaubte, sich seine Hütte wieder aufzubauen, sogar als neue und viel schönere.

Beim Umzug halfen tatkräftig ganz liebe Freunde, die ich im Finanzkurs kennengelernt hatte, ebenso mein Schwager. Meine schöne Wohnung fand zu einem für mich guten Preis passende Käufer.

Am neuen Zuhause angekommen, wurde ich von der Vorbesitzerin als auch den Nachbarn freundlich winkend mit „Herzlich willkommen!" begrüßt. Ein weiterer Schritt war getan.

Gekommen war ich mit meinem Schwager in meinem Auto; meine Schwester fuhr in ihrem. Der Umzugswagen war vor uns abgefahren; er kam nicht viel später nach uns vor meinem Haus an, von uns freudig begrüßt. Für alle hatte ich Übernachtungsmöglichkeiten im Haus.

Ich stolperte sozusagen in eine Saison hinein; denn der Sommer stand nun, Mitte April, vor der Tür.

Arbeitsmäßig gestaltete sich mein Alltag fortan vielschichtig; Putzen, Gartenarbeit und Renovieren, Frühstück für 6 Uhr und gemütliches Kaffeetrinken für alle Gäste, die zufällig zur gleichen Zeit zum wiederholten Male bei mir wohnten. Als Höhepunkt der Saison nannten wir es „Bergfest". Ich beherbergte ja keine Geschäftsleute wie in vielen Hotels, sondern Urlaubsgäste. Die erste Zeit fühlte ich mich erleichtert, wenn ich nach meinen Erledigungen oder Einkäufen wieder zurückkehrte und alles in Ordnung zu sein schien.

Es war ein abwechslungsreiches Leben mit wohl mehr oder weniger ständiger Präsenz, zumal ich keinen neuen Computer und kein Handy für Reservierungen besaß, wohl aber ein Faxgerät. Viele Gäste buchten öfter oder regelmäßig, sogar bis zu dreimal im Jahr, manche nur wenige Tage, andere drei Wochen.

Verstandesmäßig wusste ich zwar, dass ich nun in Norddeutschland war, einer Gegend, in der ich einst aufwuchs, doch empfindungsmäßig fühlte ich mich im ersten Sommer zurückversetzt in frühere Zeiten, die irgendwie stehen geblieben zu sein schienen. Gar wie in einem Kinofilm? Meine vielen Jahre in Übersee mit verschiedensten Erfahrungen ließen mich unbewusst glauben, auch hier müssten nun andere Bilder auftauchen, und, als simples Beispiel, nicht so viele Leute wie vor etlichen Jahren, die im Faltenrock oder auf dem Fahrrad ihre Einkäufe erledigten. Wenngleich mir mein Verstand natürlich sagte, dass niemand einen Sari oder ein afrikanisches Kleid trug oder es auch keine Rundhütten gab.

Und ich selbst? Reihte ich mich wie selbstverständlich mit in den vorgefundenen Ablauf des Tages ein? Die Arbeit der Selbstständigkeit tat unbemerkt ihr Übriges.

Nach wenigen Monaten rutschte ich trotz meiner Vorsicht Ende November im ersten Schnee aus und brach mir mein rechtes Handgelenk. Es stand ganz schief. Wiebke, die in der Nähe wohnte und noch wohnt, war so hilfsbereit, mich trotz schneebedeckter Straßen in das nächste Krankenhaus zu fahren. Nach einem kurzen Gipsversuch wurde ich zwei Tage später operiert; denn die erste Röntgenaufnahme hatte den diensthabenden Arzt bereits zu der Bemerkung veranlasst: „Was ist denn das für ein Bröselkram!" Meine letzten Gäste meinten: „Wir reisen doch schon morgen ab. Dann hätten wir noch einen Tag verlängern können." Und eine Dame wenig später: „Das ist mir mal ebenso ergangen – vor fünf Jahren! Heute ist meine Beweglichkeit wie zuvor." Sollte es mich trösten?

Nach vier Monaten Krankenstand vermochte ich zur Saison fast wieder normal zu arbeiten, an der Beweglichkeit meines Handgelenkes war keine Behandlung mehr zu erkennen.

Mit Wiebke stand ich all die Jahre in mehr oder weniger engem, in jedem Fall regelmäßigem Kontakt. Eigentlich hatte ich immer gehofft, dass auch sie mich einmal in Afrika besuchen würde, um ihr mein so völlig anderes und ihr fremdes Dasein zeigen zu können. Doch sie war fest eingebunden in ihr Leben als verheiratete Frau eines Landwirtes mit drei Kindern. Ihren Beruf als Wirtschafterin lebte sie in erweiterter Form in ihrem Alltag, gut durchkalkuliert und umsichtig, stets mit Zeit oder Rat für sich auftuende Bedürfnisse anderer.

Wenn auch unsere Gedanken und Interessen verständlicherweise mitunter differierten, so bildete das jahrelange Fundament seit Jugendtagen einen unzerreißbaren Halt in unserer Freundschaft. Wir sehen oder sprechen uns regelmäßig, können uns alles erzählen.

Doch heute entstiegen einem schwarzen Mercedes älteren Baujahrs schon zum zweiten Mal große, schlanke Herren, gekleidet in korrekte, schwarze Anzüge als Besucher meiner Gäste. Ich konnte sie kaum übersehen, denn das Fax an eben diese Gäste war in kyrillischer Schrift verfasst. Nach Abreise der Familie hätte ich fast für die Reinigung der Wohnung am liebsten zunächst einen Schlauch mit Wasser genommen. Wie in Mombasa vor Jahren zum Spülen, hier zum Einweichen. Zum Glück hatte ich bis zur Anreise meiner neuen Gäste zwei Tage Zeit zum Putzen, die brauchte ich auch.

Zwischen diesen und den meisten völlig anderen Gästen gab es hingegen viele feine Abstufungen ...

Ein anderes Mal unterhielt ich mich mit einer älteren, gepflegten Dame: „Meine kleine Enkelin und ich gehen jetzt eine Stunde spazieren. Schauen Sie, hier in der Tüte habe ich eine Hose zum Wechseln mit, falls sie hinfallen sollte und schmutzig wird. Und einen Kamm und etwas zu essen und zu trinken habe ich natürlich auch eingepackt." Ein kleines Mädchen stand anmutig lächelnd mit natürlichem Liebreiz neben uns, sorgsam gekleidet; die glatt gekämmten, dunklen Haare mit bunten Spängchen akkurat zurückgesteckt.

Neben uns stand ein anderer Gast in Urlaubskleidung. Im gleichen Moment kam ein weiteres kleines Mädchen ihm lachend entgegengerannt und die wenigen außen befindlichen Treppenstufen halb herunter gestolpert. Mit seiner kleinen Hand versuchte es noch, in fliegender Geste blonde Haarsträhnen aus seinem runden und geröteten Gesicht wegzustreichen. „Schau mal, Papi, was für ein hübscher Stein!" „Was hast du denn gemacht?" „Da bin ich hingefallen … Aber mein Kleidchen ist bloß ein bisschen schmutzig geworden." Dass aus einer Schramme am Knie etwas Blut tröpfelte, hatte es selbst gar nicht bemerkt. Zwei Kinder – zwei Familien.

Beim Anblick dieser kleinen Mädchen drängte sich plötzlich eine kurze Szene aus meiner Zeit im Libanon in meine Erinnerung: Eine Bekannte erzählte mir, dass ihre so nette, aber alte Nachbarin leider verstorben sei. Es sei wirklich schade. Nicht beachtet hatten wir ein kleines Mädchen, das neben uns stand, zugehört hatte und nun ganz erschrocken fragte: „Und wer hat die Oma erschossen?"

Und ich dachte: Wie diese beiden kleinen Mädchen im gemeinsamen Umgang voneinander profitieren könnten, so könnte es doch auch bei den Völkern auf unserer Erde sein – ohne den anderen dominieren zu wollen oder ihm gar seine Identität zu rauben, und das auch noch des eigenen Vorteils wegen.

Gegen Abend hatte eine Familie aus dem südlichsten Zipfel Bayerns endlich meinen Parkplatz als ihr Tagesziel erreicht. Für die etwas ältere Tochter muss es zweifellos eine ewig lange Fahrt in den hohen Norden gewesen sein, denn beim Aussteigen fragte sie: „Mama, und wo sind nun die Elche?" Meinen Versuch, ihr die nochmalige lange Strecke zu den Elchen zu erklären, ließ ich heute lieber.

Ich unterhielt mich mit einem Gast vorm Haus, eine weitere Dame trat hinzu. „Morgen früh brauchen Sie uns keine Brötchen mitzubringen, denn mein Mann ist schon zum Angeln gefahren. Dann kann ich die Körnerbrötchen essen, die ich sonst immer ihm überlasse." Ich erzählte ihr die Geschichte von der Brötchenhälfte, die jeder Partner dem anderen überließ, in dem Gedanken, ihm etwas Gutes tun zu wollen. Bis sie nach dreißig Jahren feststellten, dass jeder Partner genau die „verkehrte" Hälfte gegessen hatte – in bestem Glauben, dem jeweils anderen eine Freude zu bereiten. Wir haben schrecklich gelacht! Sie kannte die Geschichte noch nicht. Eine Nachbarin meinte später zu mir: „Wenn Sie so herrlich lachen, habe ich einen schönen Tag." Ist doch auch etwas wert.

„Kommen Sie auch mit ins Haus, Frau Totz?" „Nein, ich warte auf meinen Neffen." „Und von wo kommt er?" „Von Stuttgart." „Das ist ja auch eine weite Strecke." „Da haben Sie recht, aber er kommt mit dem Fahrrad." „Wie bitte?" „Nein, nicht an einem Tag. Heute kommt er nur von Ratzeburg, aber dafür hat er einen kleinen Umweg genommen, um in der Rheinebene Freunde zu besuchen."

Nicht viel später sah ich ihn tatsächlich strampelnd ankommen, er wurde freudestrahlend von mir umarmt. Es war der Neffe, mit dem ich vor vielen Jahren schöne Tage in Südtirol verbracht hatte. Zwischendurch hatte er eine Unterkunft gewählt, doch meistens nächtigte er im mitgeführten Zelt mit Schlafsack in der Nähe eines Baches, ging abends früh „zu Bett" und hatte morgens mit dem Anbruch des Tages oder der aufgehenden Sonne ein neues Etappenziel anvisiert.

War ich während seiner nächsten erholsamen Tage zu beschäftigt, hieß es einfach: „Ich fahre dann mal nach Fehmarn und bringe uns von dort ein Stück Fisch zum Abendessen mit."

Einen weiteren, nicht erwarteten Gast konnte ich begrüßen. Beim Abschied in meinem letzten Hotel hatte mein Chef wie beiläufig bemerkt: „Ich besuche Sie mal", was ich lediglich als höfliche Bemerkung zum Abschied angesehen hatte. Es hätte ihm entsprochen. Wenige Monate später traf er dann, sogar mit Familie, bei mir ein. Zehn Tage hatten sie gebucht. Mit vielen Tipps von mir genossen sie die ihnen bisher völlig unbekannte Ostseegegend; zunächst etwas gewöhnungsbedürftig, aber interessant.

Meine drei ehemaligen Kolleginnen erhielten danach ausnahmsweise gemeinsam ein verlängertes Wochenende frei, damit sie mich zusammen besuchen und mein neu gewähltes Umfeld kennenlernen konnten.

Trog mein Empfinden doch nicht? Oft dachte ich: Manche Leute schienen mich erst richtig wahrzunehmen, wenn ich wieder fort war. Dann fehlte wohl jemand, eine Lücke hatte sich auftgetan.

Ebenso freute ich mich über den Besuch von Friederike, die mit ihren Eltern aus Salzburg einen Sommerurlaub bei mir hier „hoch im Norden" verbrachte.

Regelmäßig Anfang November pausierten Mario und Silvia einige Tage bei mir, die mir damals so lieb bei meinem Umzug geholfen hatten. Viel frische Ostseeluft mit Fischbrötchen und abendlichem Plaudern vorm knisternden Kamin können selbst zu dieser Jahreszeit erholsam und gemütlich sein!

Eine Angelgruppe von acht Männern feierte nach ihrer Rückkehr vom Schiff bei mir Geburtstag mit von Wiebke gebackenen Torten. Abends wurde das mitgebrachte Schifferklavier mit Noten ausgepackt und von meiner großen Terrasse im Garten erklangen volltönende Gesänge aus ihrer südlicheren Heimat, aber auch norddeutsche Shantylieder. Es wurden zwei Stunden purer Genuss für uns selbst und die umliegende Nachbarschaft!

Oder es konnte passieren, dass ich hörte: „Heute haben Sie leider Pech, Frau Totz, denn ich habe keinen Fisch gefangen, den ich Ihnen schenken wollte." Oder bei der Begrüßung fragten mich Gäste: „Wissen Sie, was wir ab Hamburg geraten haben?" „Nein." „Was Sie wohl wieder für hübsche Blumen in Ihrer großen Vase im Flur zu stehen haben …"

Zum beginnenden Frühjahr oder wie es die Witterung zuließ, war ich fast täglich mit meinen Putz- und anderen Arbeiten im Garten beschäftigt. Eigentlich wollte ich doch nur die Büsche beschneiden – doch es wurden wieder mehr als drei Stunden. Anschließend fuhr ich den Abfall zur Kompostanlage. Nur im ersten Jahr half mir jemand stundenweise. Knackige Süßkirschen und schmackhafte Äpfel genoss ich aus dem eigenen Garten.

Bei weitergehenden Renovierungen halfen liebe und gute Bekannte wie auch mein Schwager, der im Sommer gerne zu meiner Erleichterung und zu seiner eigenen Freude mit anpackte. Seine Bohrmaschine hielt er stets griffbereit.

An langen Wintertagen mit kaum Gästen beschäftigte ich mich mit Renovierungen der Innenräume, Verschönerungen und diversen Basteleien, die ich in einer Glasvitrine zum Kauf anbot.

Aber noch hatten wir Ende Oktober mit stürmischem und ungemütlichem Herbstwetter. Ausgerechnet heute reisten Gäste in engen schwarzen Röcken und in eleganten Pumps an. Zu der gebuchten Wohnung meinte der Gast: „Hier können wir leider nicht bleiben." Meine kurze, die Situation erfassende Antwort: „Ist in Ordnung, dann alles Gute." Der Gast war perplex; denn seine, wie ich spürte, insgeheim zurechtgelegten Argumente zu einer Absage waren hinfällig geworden. Meine Wohnungen waren nicht luxuriös, jedoch ordentlich, gemütlich und mit allem Nötigen ausgestattet. Ich hatte soeben Geld verloren, aber ich war mir sicher, mir ungleich viel mehr an Ärger erspart zu haben.

Ein lange Zeit bestehender brieflicher Kontakt wurde nach Jahren der Unterbrechung wieder aufgenommen. Er war nicht intensiv oder gar regelmäßig, aber dennoch etwas ganz Besonderes gewesen. Der erneute Kontakt lässt sich in seiner Wirkung vielleicht so ausdrücken: Ich fahre mit meinem Fahrrad einen kleinen Berg hoch, den ich stets nur mit den letzten Atemzügen schaffe oder wobei ich absteigen muss. Nun denke ich an ihn – und das Fahrrad scheint wie von alleine den Hügel raufzufahren…

Etwas poetisch ausgedrückt: Frei und gleichzeitig beschützt ist man nur in der Liebe. Sie umgibt uns mit einem weichen Schutzschild und macht uns unangreifbar.

Doch irgendwie hat es nicht sein sollen.

Nicht nur einmal passierte es mir seit Kurzem, dass ich deutlich spürte: „Heute geschieht etwas nicht so Gutes." Doch ich wusste nicht, was es sein würde. Ein zuweilen angstvolles Empfinden.

Erleichtert und entspannt war ich genau in dem Moment, als etwas sozusagen „schiefgegangen" war – auch wenn sich nichts gravierend Schlimmes ereignet hatte.

Meiner Mutter ging es eigentlich noch recht gut. Sie hatte, als ich aus Bethlehem zurückkehrte, gerade den Umzug hinter sich gebracht und akzeptiert. Einkäufe konnte sie noch alleine erledigen; zusätzliche Hilfe bot ein wöchentlich vorbeifahrender Bäcker. Zu ihren Nachbarn pflegte sie eine gute, freundschaftliche Beziehung mit fast täglichen Besuchen oder ausgiebigen Spaziergängen.

Zum Zeitvertreib und als Hobby schenkten wir Kinder ihr eine Hammondorgel mit vielen Notenheften. Ihre Kenntnisse aus ihrer Jugend vermochte sie nach wenigen Übungen aufzufrischen, sodass ich von ihr hörte: „Diesen Akkord kann ich auf meinem Instrument nicht spielen, dazu ist es zu klein. Doch sonst ist es sehr schön."

Mit siebenundachtzig Jahren wurde sie unverschuldet von einem Auto angefahren, dessen Fahrer den Vorwärtsgang statt des Rückwärtsgangs eingelegt hatte. Zum ersten Mal in ihrem Leben musste sie in ein Krankenhaus. Als ich einige Monate später wegen meines gebrochenen Handgelenks in der gleichen Klinik lag, sagte mir die Schwester: „Wir hatten vor nicht langer Zeit eine zierliche Oma, die morgens im Bett ihre Übungen absolvierte." Entsprechend ihrer Vorführung war es meine Mutter gewesen.

Ihre Beinverletzung heilte gut ab, unsere gewohnten Spaziergänge verkürzten wir. Ihr Körper wurde zusehends schwächer, ihre Gedanken hingegen blieben lebendig. Bis sie eines Tages vor einem Geschäft hinfiel. Eine Nachbarin mit Auto fuhr sie sofort zum Arzt, umgehend erfolgte aufgrund dieses leichten Schlaganfalls die Einweisung in die Klinik. Wieder im Heim, wurde ihr eine Logopädin zur Seite gestellt. Als ich mit ihr bei kleinen Spielen sprechen übte und sie zwei ähnlich klingende Wörter verwechselte, musste sie selbst fast lachen. Sie wiederholte es richtig.

Mit der Zeit träumte oder fantasierte sie von Räubern, womit zweifelsohne die angstvollen Erinnerungen der durchlebten Flucht hochkamen. Der Abschied nach Besuchen war fast jedes Mal herzzerreißend, wobei ich versuchte, es so einzurichten, dass sie anschließend zum Essen abgeholt wurde oder ich sie hinbrachte. Alle finanziellen Regelungen hatte Manfred die Jahre hindurch getroffen, wie zuvor bereits bei Tante Hilde. Ihre eigene Rente hatte zum Unterhalt des Heimes gereicht.

Doch heute fielen vor der Fensterscheibe langsam kleine Schneeflöckchen – man hätte sie fast zählen können. Eine nach der anderen fiel vom Himmel auf die Erde runter. Zusammen schauten wir in diese kleinen, wirbelnden Flocken – und doch jeder in seinen Gedanken. In diesem Frieden saßen wir in einer zeitlosen Glückseligkeit.

Seit Wochen standen wir Kinder fast täglich in Kontakt, bis Edelgard am 28. Dezember zu unserer Mutter fuhr, bei anhaltend fallendem Schnee. Unsere Mutter hatte offensichtlich darauf gewartet; denn während der Verabschiedung sei sie eingeschlafen, im Alter von fast zweiundneunzig Jahren.

Die Beerdigung fand im neuen Jahr statt, unter Anteilnahme vieler Bekannter und Verwandter. Tante Hilde war bereits vor einigen Jahren verstorben.

Für die Zukunft wären in meinem Haus umfangreiche Renovierungen nötig geworden, sodass ich mich entschied, das Haus zu verkaufen. Diesen Schritt hatte ich für den Fall einer Erkrankung stets in Betracht gezogen, auch mit gewissen finanziellen Abschlägen. Hatte ich beim Verkauf meiner Wohnung in Süddeutschland Glück gehabt, so verzögerte sich hier der Verkauf und die Immobilienpreise fielen weiter. Im Herbst unternahm ich manch fordernde Radtour bei Sturm und Regen, powerte mich aus. Oder reagierte ich mich ab?
 Träume sind vielleicht nicht immer Schäume. In einem häufig wiederkehrenden Traum hatte ich mich vor Jahren mit vielen Menschen in riesigen Räumen befunden. Ich besaß eine besondere Fähigkeit: Sollten mir die Leute zuviel werden, ging ich

einfach die Wände schräg hoch und betrachtete das Geschehen aus dem Abstand einer immensen Deckenhöhe, wobei ich mich dort oben frei bewegen konnte.

Nun hatte ich öfter von drei sehr verschiedenen und längeren, äußerst unguten Abschnitten auf meinem Weg geträumt – meterhoher, verhärteter Schlamm, Feldweg am tiefen Abgrund, überflutetes Teilstück. Diese Wege gehörten dahin, wo sie sich befanden, ebenso einige Leute. Doch jedes Mal war ich gut und unversehrt am Ziel meines Weges angekommen. Beide Träume wiederholten sich in gewissen Abständen.

Ein weiterer Winter zog sich schwerfällig kriechend dahin; endlos erschien mir jeder langsam verstreichende Tag. Im winterlichen Ende des Monats Januar entdeckte ich in meinem Garten einige Schneeglöckchen, die sich mit wenigen grünen Blättern und kleinen, weißen Spitzen durch den mit Schnee bedeckten Boden vorsichtig herausgearbeitet hatten. Das Leben geht weiter. Es ist ein ständiges Werden und Vergehen; ein ewiger Kreislauf der Natur, in der Tierwelt und auch bei uns Menschen. Wenn auch mit neuen Mustern und Perspektiven. Langsam ging ich ins Haus.

Wenige Wochen später war mein Haus verkauft, mit allem, was an Inventar dazugehörte, aber auch mit einer umfangreichen und ordnungsgemäßen Abwicklung. Es erfolgte ein Umzug in eine Mietwohnung. Zum ersten Mal wechselte ich die Adresse am gleichen Ort. Was mich zunächst leicht verwunderte: Die bekannten Straßen und Geschäfte befanden sich immer noch an der gleichen Stelle; denn meine bisherigen Umzüge hatten als Folge stets viele Umstellungen für mich mit sich gebracht.

Losgelöst und entbunden von bisherigen Verpflichtungen genoss ich am Strand mit einer „Brigitte" als leichter Leselektüre die wärmende Sonne mit einem weiten, immer wieder faszinierenden Ausblick auf die Unendlichkeit des Meeres und des Himmels mit den im feinen Sand auslaufenden Wellen. Neben mir lag eine kleine angeschwemmte Strandmuschel. Lange schaute ich in das Blau der Farben. Ist diese Faszination gar eine Ur-Erinnerung, da auch wir in unserer Entwicklungsgeschichte vielleicht in längst vergangenen Zeiten einmal in diesem Element Wasser unser Zuhause fanden?

Stimmen einer Unterhaltung brachten mich in die Wirklichkeit zurück. Wenige Meter neben mir ging eine Familie hintereinander im Gleichschritt einer Karawane; Eltern und zwei Kinder. Jeder zog ein größeres Gepäckstück mühsam hinter sich im Sand her. Die Eltern trugen noch jeder eine größere Tasche über den Schultern, die Kinder kleine Umhängebeutel. „Was haben die denn vor?" Und ich dachte: „Welch eine Belastung! Die haben für ein paar Stunden Freizeit am Strand so viel Gepäck dabei wie ich für zwei Jahre nach Afrika mitgenommen habe."

Und ich freute mich, dass ich stets mit sehr wenig auskommen konnte, spürte diese mir geschenkte Gabe.

Die kommende Zeit war nicht einfach, doch mit viel Engagement meinerseits fand ich einige Jahre bis auf kurze Unterbrechungen Arbeit, stets im Umgang mit Menschen, teils auch stundenweise; saisonbedingt mit längerer Winterpause. Mit dem Arbeitsamt stand ich in gutem Kontakt.

Während einer Tätigkeit im Hotel mit internationalem Gästekreis kamen mir – oder den Gästen – meine Sprachkenntnisse sehr zugute. Beim Frühstück konnte ich an einem Tisch englisch, am nächsten französisch, dann wieder deutsch reden.

Doch warum mussten manche Gäste ihre Teller mit den Angeboten so überhäufen – und dann die Hälfte stehen lassen? Bei uns in Mitteleuropa war doch niemand ausgehungert, ein jeder konnte sich vom Büfett ein zweites oder gar drittes Mal bedienen. Betroffen blickte ich auf diese Verschwendung und kippte den Rest schnell in den Abfall; denn ich hatte sehr viel zu tun.

Eines Morgens erwartete ich eine im Haus wohnende größere Jugendgruppe (wir hatten bis zu Sechs-Bett-Appartements), für die wir separat eingedeckt hatten. Ich war gespannt. Der erste Junge von nicht mehr als acht Jahren kam, ordentlich angezogen, aber noch ein wenig verschlafen und sich die Augen reibend an und trabte langsam zum gewiesenen Tisch. Weitere Kinder mit ähnlicher Ausstrahlung folgten, eines nach dem anderen, bis zu den älteren Jugendlichen. Auf mich machten alle den Eindruck, als hätten sie eine sehr gute, jedoch nicht vordergründig spürbare Erziehung bei dennoch gewährter Freiheit genossen. Erwachsene setzten sich mit an die Tische.

„Darf ich Sie fragen, was für eine Gruppe Sie sind?" In Englisch: „Wir kommen aus verschiedenen SOS-Kinderdörfern in Finnland und fahren weiter nach Caldonazzo ins Ferienlager." Hatte ich doch gespürt, dass es eine ganz besondere Gruppe war!

Bei meinen anschließenden Reaktionen war ich froh, dass Chef und Chefin, wie so oft, nicht im Hause waren … Beim Einsteigen in ihren Bus gab ich Grüße nach Caldonazzo und beste Wünsche mit. Ich winkte und sah, dass viele Gäste hinter den Fensterscheiben des Frühstückraumes mitwinkten. Das mir geschenkte T-Shirt mit Aufdruck „SOS-Finnland" gab ich unserem jüngerem Koch als ehemaligem Adoptivkind, der es in seiner Familie nicht so gut getroffen hatte, wie er mir mal mit halbem Flüstern erzählte. Vor einigen Monaten hatte ich ihn erfolgreich motiviert, seinen Führerschein zu machen, um einmal seinen Arbeitsplatz nach eigenen Wünschen freier wählen zu können.

Ein interessantes Gespräch führte ich an einem ruhigen Sonntag beim Frühstück mit einem Amerikaner mit deutschen Wurzeln, dem ich die Situation unseres geteilten Landes mit Flucht und Wiedervereinigung erklären konnte. Er sei in Europa, um für ein Schulprojekt in der Südsee fünf kleine Flugzeuge zu kaufen. Seine erstaunte Frage nach meinem guten Englisch erklärte ich ihm mit meiner Kinderdorf-Tätigkeit.

„Sie wären genau die richtige Person! Haben Sie Lust, für mich zu arbeiten, die einzelnen Projekte zu koordinieren? Meine Frau und ich haben gemeinsam geplant. Genug Geld haben wir, nun möchten wir etwas für andere tun." Er wirkte lebensnah und absolut nicht „abgehoben". Bei der Nennung meines Alters stutzte er dann etwas überrascht. Dennoch: „Hier ist meine Visitenkarte. Wenn Sie mal in Las Vegas vorbeikommen, melden Sie sich bitte." Er besaß eine Fluggesellschaft.

Zufällig bin ich bisher nicht in Las Vegas vorbeigekommen. Hätte mir das Angebot einige Jahre früher gefährlich werden können?

Allzu lange behielt ich diese Anstellung nicht; denn eine arbeitsintensive Saison mit zweihundertvierzig Arbeitsstunden im Monat gedachte ich kein zweites Jahr durchzuhalten. Ich kündigte und hatte vierzehn Tage später eine neue Tätigkeit gefunden. Intuitiv hatte ich den richtigen Zeitpunkt gewählt.

Diese Saisontätigkeit mit längerer Winterpause nutzte ich zu einem weiteren abwechslungsreichen und gleichzeitig beschaulichen Urlaub nach zwölf Jahren auf der wunderschönen Blumeninsel Madeira. Ich verbrachte ihn gemeinsam mit Ursula, mit der ich in Westafrika unterwegs gewesen war. Von Ägypten aus war sie nach Brasilien versetzt worden, wo sie für die Familien vieler Dörfer bis zu ihrer Pensionierung verantwortlich war. Sie arbeitete nicht mehr in Deutschland. Zwischendurch hatten wir uns einmal gesehen.

Wir hatten ein Mittelklassehotel an der Küste mit Frühstück für drei Wochen gebucht. Beide nicht kompliziert oder anspruchsvoll, genossen wir täglich zunächst unser Frühstück vom Büfett (mit Teller leer essen) und fuhren dann meist, ich zum ersten Mal mit Rucksack, mit dem Bus in die Hauptstadt Funchal, um von dort zu Fuß, mit Bussen oder per Seilbahn unsere Ziele mit Muße und Wachsamkeit für stets Neues zu erreichen: verschiedenste botanische Gärten, stundenlange Levada-Spaziergänge, vorbei an Abhängen mit Mini-Anbauflächen für nötigstes Gemüse zum Unterhalt, Museumsbesuche mit Shoppingtouren, Korbschlittenfahrten, Vorträge und abendliche Fado-Musik, bei der man dahinzuschmelzen glaubte.

Unsere Ankunft am ersten Tag nutzten wir zum abendlichen Faschingsbeginn mit blumengeschmücktem, prächtigem Umzug. Für die Rückfahrt fuhr der letzte Bus um 24 Uhr – mit mindestens zwanzig Stehplätzen. Zum Glück sah ich in der Dunkelheit nicht die schroffen Abhänge dieser kurvenreichen Nebenstrecke. Ein Taxi hatten wir absolut nicht erwischen können. Die folgenden

Busfahrten führten dann die zwölf Kilometer lange Strecke nach Funchal über eine neue Straße mit elf Tunneln.

Eigentlich hatte ich geplant, für ein paar Tage ein Auto zu mieten, doch die Streckenführung schreckte mich ab. So unternahmen wir zwei wunderbare Inseltouren in einem VW-Bus. Gegessen haben wir je nach Appetit unterwegs; hervorragende Möglichkeiten boten sich überall.

Geprägt durch die Ausgeglichenheit des Klimas aufgrund der Insellage, die sich in einem natürlichen und herzlichen Verhalten der Menschen fortsetzte, genossen wir unseren abwechslungsreichen und gleichzeitig unbeschwerten und erholsamen Urlaub. Wir waren ja gut zu Fuß!

Ursula, die ich von Burundi her kannte, hatte sich nach achtundzwanzig Jahren zu einem Besuch in dieses Land aufgemacht. Pater Knoll war verstorben, sie wohnte bei einem in Gitega tätigen Deutschen, den sie aus ihrem heimatlichen Nachbarort kannte.

Wieder zurückgekehrt, hörte ich von ihr am Telefon: „Am Eingang des Kinderdorfs bat ich den Mann von etwa Mitte dreißig, Fotos für Madame Totz machen zu dürfen. Er schien nichts mit dem Namen anfangen zu können. Dann sagte ich: ‚Für Madame Adelheid.' Wieder nur ein verständnisloses Kopfschütteln. Endlich schaltete ich: ‚Aber die sind doch für Heidi!' Die Reaktion, die dann kam, hatte ich bis dahin noch nie erlebt! Der junge Mann strahlte plötzlich, seine Augen glänzten, sein Reden war ein einziger Sturzbach – ich habe nichts mehr verstanden. Sein Name? Ich stand so betreten da, dass ich vor lauter Überraschung zu fragen vergaß." Hätte es je eine schönere Anerkennung für meine Arbeit geben können?

Es war sicher einer meiner kleinen „Helden" im damaligen Alter zwischen drei und fünf Jahren gewesen … Dem Direktor hatte ich das von mir geschriebene Buch über den Beginn „seines" jetzt seit achtzehn Jahren bestehenden Dorfes mitgegeben. Seinem sehr netten Brief waren hübsche Fotos beigefügt. Das Projekt war weiter gewachsen. Und aus dem Buch werde ich ihm vielleicht eines Tages einige Passagen übersetzen.

Nun planten Ursel und ich einen gemeinsamen vierwöchigen Urlaub in Burundi; denn wir wollten nach genau dreißig Jahren in Gitega feiern. Gorette lebte nur fünf, Maria mit eigener Familie fünfunddreißig Kilometer vom Kinderdorf entfernt. Als hätte ich ein Nichtgelingen geahnt, verzögerte ich meine Impfung und mein Visum. Denn die Möglichkeit unserer geplanten Unterkunft war geplatzt, da der Deutsche kurzfristig zurückkehrte. Andere Möglichkeiten für länger als nur wenige Tage ergaben sich für Gitega nicht, zudem herrschte im Land aufkommende politische Unsicherheit.

Unendlich traurig und bestürzt zugleich mussten wir feststellen, dass wir unsere seit Monaten gut durchdachten vielen Mitbringsel nun nicht persönlich würden überreichen können. Es sollte nicht sein.

Als junges Mädchen hatte ich wie so viele andere davon geträumt, einmal einen ganz tollen Mann zu heiraten. Meiner sollte auch noch Geld haben; denn ich wollte einmal fünf Kinder adoptieren, aus jedem Erdteil eines, und damit eine „international family" gründen. Vielleicht auch noch ein oder zwei eigene Kinder dazu. Dieser Traum hatte sich nicht erfüllt. Oder doch ein bisschen?

Zu einem Mann habe ich es nicht geschafft. Auch gab es keine Adoption. Ich habe die Kinder nicht zu mir geholt, doch ich bin zu ihnen hingefahren. Nicht in fünf Kontinente, aber immerhin in fünf Länder, in denen ich mich dann auch ein wenig um Kinder kümmern durfte.

Von zwei Mitschülerinnen bei einem Kaffeekränzchen für fähig befunden, wurde ich dazu ausersehen, unser fünfzigjähriges Klassentreffen der Mittelschule zu organisieren.

Eine Adressenliste des letzten Treffens vor siebenundzwanzig Jahren hatte ich seinerzeit nach Mombasa erhalten. Inzwischen gab es einige aktuelle Adressen in der Umgebung, weitere machte ich auf Umwegen ausfindig. Bei herrlichstem Maiwetter wurde es ein gelungenes Treffen mit dem manchmal heimlichen Flüstern: „Weißt du, wer da vorne auf dem Stuhl sitzt?"

Alle hatten sich darauf gefreut und genossen dieses Wiedersehen. Alle waren in Deutschland geblieben. Dass einige wenige aus verschiedenen Gründen fehlten, konnten wir als Lauf des Schicksals nicht verhindern. Doch wir alle sahen uns als homogene Gruppe mit nur vom Leben geprägten, unwesentlichen Unterschieden, wobei in allen Gesprächen kaum zögernd, dann lebendig an unsere gemeinsame Schulzeit angeknüpft werden konnte, ohne dass die folgenden fünfzig Jahre nun plötzlich wichtiger gewesen wären. Jeder hatte aus seinem Leben „etwas" gemacht.

Die Schulzeit mit entsprechender Entwicklungsphase ist äußerst mitbestimmend.

Unser Fazit: Die Schule war doch schön. „Vor allem können wir bis zum nächsten Treffen nicht noch einmal so lange warten. In zwei Jahren wieder?" Zustimmendes Nicken.

Mit einer Freundin bin ich beim Einkauf: Vor mir hüpft ein kleines Mädchen lustig im Sonnenschein, springt einem vorbeifliegenden Insekt hinterher und ruft: „Mami, Mami, guck mal, wie der Käfer brummt!" Ob ich das vor vielen Jahren einmal auch hätte sein können?

Nein; wir haben „Mutti" gesagt.

ANHANG

Erlebnisse unserer Flucht in den Jahren 1945 und 1946

Aufgeschrieben von unserer Mutter. Lensahn, im Januar 1971

Von Edelgard in altdeutscher Handschrift ins Hochdeutsche übertragen, damit auch die Enkelkinder es einmal alleine werden lesen können.
Auch die Anmerkungen stammen von ihr.

Fünfundzwanzig Jahre nach der Flucht will ich versuchen, sie so zu schildern, wie ich sie noch heute in Erinnerung habe.

Schon Ende 1944 glaubten wir an keinen guten und heilvollen Ausgang des Krieges mehr. Die Front rückte näher und die ersten Bewohner Ostpreußens kamen bei uns in Treptow/Rega als Flüchtlinge an. Doch wir sahen das Kriegsgeschehen einstweilen noch als entfernte Lawine rollen und hofften, dass wir nie direkt etwas davon zu spüren bekommen würden.

Doch schon am 21.01.1945, wir waren anlässlich Tante Hildes neunundzwanzigsten Geburtstages vergnüglich bei uns am Bugenhagenplatz 2 zusammen, merkten wir die ersten direkten Berührungspunkte mit dem Krieg. Erich, Vati also, bekam den Stellungsbefehl. Die Gemütlichkeit des Geburtstages war dahin, der weitere Tagesablauf überschattet. Ein paar Tage des glücklichen Beisammenseins, aber auch der Niedergeschlagenheit wurden der Familie noch geschenkt.

Am 25.01.1945 musste Vati in die Treptower Kaserne einrücken und durfte diese dann auch nicht mehr verlassen, uns also auch nicht mehr besuchen; denn alle dort eingezogenen Männer warteten auf den täglichen Ausmarsch, einer davon auch unser Pastor Gerhard Günther. Alle Reservisten wurden eingekleidet.

Am 07.02.1945 zog ein langer Zug solcher Männer stumm in ihren Uniformen die lange Straße entlang, circa zwanzig Meter von unserem Haus entfernt. Sie alle wurden „der Volkssturm" genannt. Vati war einer von vielen. Im Vorbeimarschieren schaute er uns sehr traurig an. Er winkte, winkte, winkte. Es war ein schmerzlicher Abschied. So sah ich ihn zum letzten Mal! Der Weg führte den „Volkssturm" nach Stettin/Altdamm als „Brückenkommandantur".

Bange Tage und Wochen folgten. Die ersten Flüchtlinge kamen massenweise in Treckwagen an. War das ein Elend! Verhärmt, verängstigt und schmutzig sahen sie aus. Zum Abend landeten mehrere Wagen voller Flüchtlinge – meist aus Ostpreußen – auf dem Hof. Sie logierten in der Scheune, da die meisten Stuben belegt waren, und bettelten um Brot oder andere Esswaren, vorwiegend aber um Korn für die Pferde. Die Front rückte spürbar näher.

Anfang März kam meine Mutter noch für ein paar Tage zu Besuch. Einmal traf ich sie weinend am Wohnzimmerfenster, von wo aus man die Straße sehen konnte. Sie sagte nur „Jeder Treckwagen" – und es folgte einer dem anderen, von morgens früh bis abends spät – „trägt sein eigenes Grab." Und sie meinte die zeltartigen Aufbauten auf den Wagen. Sollte so Deutschlands Untergang sein?

Tante Hilde arbeitete damals bei der Post auf dem Flugplatz in Kamp im Kreis Greifenberg nahe der Ostsee. Aus einem Paket war auf dem dortigen Postamt Gas entströmt, dadurch war sie erkrankt und lag bei uns im Bett.

Dann, an einem Sonntag, am Vormittag des 05.03.1945, gab es einen gewaltigen Knall. Die Russen waren in Treptow einmarschiert und zum Zeichen ihrer Ankunft schossen sie auf dem Bahnhof eine Lokomotive in die Luft. Die Panik war riesengroß. Meine Kinder weinten vor Angst und bettelten: „Wir wollen nach Hohendrosedow zu Großvater und Großmutter fahren, weil dort kein Krieg ist."

Erst dann konnten wir uns, leider viel zu spät, zum Aufbruch in die Ungewissheit entschließen.

Der Wagen war bereits mit Planen bespannt, mit Bettzeug beladen und die letzten Habseligkeiten waren eingepackt. Der

Wagen stand abfahrbereit in der Scheune. Eine Milchkanne voll Schmalz, etliche Pfund Butter, eine Milchkanne mit Zucker und Keksen waren als eiserne Ration gedacht. Auch meine Trauungsbibel nahm ich mit und entriss den Fotoalben noch schnell die bedeutungsvollsten Aufnahmen. Auch Wäsche und Bestecke wurden in Säcke gestopft und aufgeladen. Oma Totz, damals siebenundsiebzigjährig, und die drei Kinder saßen oben auf dem Wagen, der zum Schutz gegen Regen und Kälte mit einem Teppichdach bespannt war. Meine Polin Longina Jaworska sah ich letztmalig vor dem Kleiderschrank sitzen. Sie packte sich mit meiner Genehmigung meine Wäsche ein. Scheslaw Schimanski (ein Pole, der bei uns als Fremdarbeiter arbeitete) lenkte dann anfangs unser Gefährt.

Unser französischer Fremdarbeiter Bernard machte sich gleich auf den Weg nach Westen, um den Russen nicht in die Hände zu fallen. Die Hühner, Schweine und Kühe wurden auf dem Hof frei gelassen. Tante Hilde und ich – Erstere dachte durch die Aufregung gar nicht mehr an ihre Krankheit – gingen zu Fuß.

Edelgard (damals neun Jahre alt), die oben auf dem Wagen saß, sagte dann, als wir langsam durch den Schneematsch fuhren, nun könnten wir doch mal singen: „Nun ade, du mein lieb Heimatland, wir gehen jetzt fort zum fremden Strand …" Sie bekam von mir für diesen makabren Scherz eine Ohrfeige.

Anm.: Ich habe diese Ohrfeige nicht vergessen, denn ich fand dieses Lied, das wir gerade in der Schule gelernt hatten, ziemlich passend für diese Situation, deren Tragweite ich natürlich nicht erkannte.

So kamen wir nach Hohendrosedow.

Doch als wir den Treptower Hof verließen und ich Tränen in den Augen hatte, rief der Pole uns nach: „Und jetzt bin ich Besitzer!"

Schon am nächsten Tag kam der erste Russe. Wir waren sehr verängstigt. Er verlangte nur „Uri. Uri." (Uhren) und verschwand dann eiligst wieder. Die ersten Russen hegten die Befürchtung, es könnten sich noch deutsche Soldaten versteckt haben, und bangten auch um ihr Leben und verschwanden darum schnell wieder.

Onkel Alfred und Tante Gertrud mit den Kindern verließen noch am gleichen Tag mit dem Treckwagen ihren eigenen Hof und fuhren unter heftigem Beschuss der Russen auf der Küstenstraße entlang gen Westen. Nun waren die Eltern auf dem Hof allein.

Anm.: In diesem Chaos und unter Beschuss der Russen machten sich nun Trecks aus Ostpreußen und pommersche Flüchtlingswagen auf den Weg nach Westen, ohne auf die noch geltenden Befehle der Gauleiter zu achten, die dies bis jetzt verboten hatten.

Eure Großeltern (achtundsiebzig und siebenundsechzig Jahre alt) scheuten die Strapazen der Winterreise. Sie wollten auf dem Hof bleiben, um ihn der nächsten Generation zu erhalten. Die deutsche Armee war in Auflösung begriffen. Sie musste sich auch westwärts absetzen. Soldaten versuchten noch, möglichst viele Verwundete vor dem Feind zu retten. So wurde auch mein Elternhaus teilweise als Lazarett eingerichtet und wir mussten ausziehen. Es dauerte aber nur ein paar Tage. Die Front rückte näher und die Soldaten zogen ab. Wir zogen wieder ein. Aber auch deutsche Soldaten auf dem Rückzug ruinierten die Häuser und Wohnungen, betranken sich und ein Soldat warf voller Wonne ein Glas eingemachter Blaubeeren an die Tapete.

Schweren Herzens und auf Anraten der Großeltern, Oma und Schwägerin entschlossen wir jüngeren Frauen mit Frau Tramitz und ihren Kindern Uli und Heidi – evakuiert aus Berlin – uns zum Aufbruch. Weitere Verwandte und Bekannte mit Kindern schlossen sich an. Wir gingen bis Fischerkaten, einem kleinen Ort an der Küste, sechs Kilometer entfernt. Von dort versuchten wir auf dem Schiffsweg der bevorstehenden Hölle zu entkommen. Vergebens. Es fuhr kein Schiff mehr. Unterschlupf fanden wir bei einem früheren Tagelöhner.

Anm.: Auf dem Weg nach Fischerkaten spannten uns deutsche Soldaten einfach die Pferde aus und ritten damit nach Westen. Vor lauter Wut warf meine Mutter von den voll bepackten Wagen Kleidung, Bettzeug, Lebensmittel, Silberbesteck et cetera einfach in den Straßengraben.

Die Straßen waren alle von Treckwagen und Menschen verstopft und hier erlebten wir den wirklichen Einmarsch der Russen. Viel, viel Fußvolk marschierte ein, auch zu Pferde kamen sie. Stundenlang kamen Berittene, immer acht Reiter nebeneinander.

Die Front hatte uns erreicht.

Und wir waren den Russen wehrlos ausgeliefert.

Es ist ein einfacher Satz und beinhaltet doch so viel Schweres. Wie groß war doch unsere Not. Aber sie lehrte uns beten. Die ersten Schändungen kamen vor, dort in Fischerkaten, man wusste nicht, ob man den nächsten Tag noch erlebte, ließ Frau Tramitz ihre sechs- und siebenjährigen Kinder von Onkel Willi taufen.

Aussichtslos war unser Fortkommen und so entschlossen wir uns, wieder zu den Eltern heimzugehen.

In Hohendrosedow wurden wir von den Russen mit Gesang und Handharmonika empfangen. Die Front hatte sich aufgelöst und die Russen freuten sich, dass Frauen kamen. Sie feierten sinnlos betrunken ihren Sieg und wussten ihren Übermut nicht zu bändigen. Sie schlachteten Schweine, schossen Hühner und fanden genügend Vorräte in den Kellern. Seien es Gläser, Konserven oder Weinvorräte. Sie kannten kein Ende ihrer Zerstörungswut. Mit Wonne schlitzten sie die Federbetten auf, sodass Federn durch das ganze Haus wirbelten. Nur Tante Olga auf dem Hof gegenüber durfte im Haus bleiben.

Tante Hilde und ich gingen zu unserem elterlichen Hof zurück. Die Eltern freuten sich einerseits sehr über unsere Rückkehr. Freudentränen bewiesen es. Wir beschlossen endgültig, bei den Eltern zu bleiben, alles mit ihnen zu teilen, sei es das Leben oder den Tod.

Anm.: Die Russen hatten von unserem Dachboden einen großen Reisekorb mit Deckel geholt und stellten ihn auf den Hof. Sie schossen Tauben vom Dachfirst und wir Kinder mussten die toten, halb toten, zappelnden, blutenden Tiere in den Korb einsammeln. Und jedes Mal, wenn ein Russe den Deckel öffnete, damit wir wieder Tiere hineintaten, wurden wir mit Blut überspritzt von diesen gurrenden, sterbenden Tieren. Für uns Kinder war es ein schreckliches Erlebnis.

Schreckliche Überraschungen warteten auf uns. In den paar Tagen unserer Abwesenheit wurde auch Oma Totz (siebenundsiebzigjährig) geschändet. Sie erzählte uns, dass ein etwa zwanzig- bis zweiundzwanzigjähriger Russe sie aufgefordert hätte, mit ihm auf den Heuboden zu kommen. Nichts Böses ahnend, fragte sie nur: „Und jetzt?" … bis sie begriff.

Doch meinem Vater erging es fast noch schlechter. Er musste sich (mit auch siebenundsiebzig Jahren) im Vorderzimmer ans Fensterkreuz stellen und die Russen schossen, schossen und zielten haargenau am Kopf und am Körper vorbei. Angst und Schrecken standen danach auf seinem Gesicht geschrieben und sein Gehör hatte durch das Knallen sehr gelitten. Er wurde schwerhörig.

Doch das Schießen hatte eine Vorgeschichte. Es hatte sich ein fremder deutscher Soldat in der Nacht zuvor bei uns eingefunden. Er hieß Georg und hatte Magengeschwüre. Beim Russeneinmarsch war er in Köslin im Lazarett liegen geblieben. Er war todkrank und nicht transportfähig, hatte sich aber bei Nacht durch die russischen Kessel durchgeschlagen. Die Häuser mit deutschen Bewohnern mussten damals als Erkennungszeichen eine weiße Flagge hissen. Ein Stück Bettlaken erfüllte den gleichen Zweck. So kam er ganz verzweifelt bei uns an.

Am nächsten Morgen kamen die Russen wieder, durchwühlten alles, fanden so die Uniform in den Spiralen auf dem Sofa, wo Vater sie versteckt hatte. Daher die Rache an unserem Vater, denn sie glaubten, er sei sein Sohn.

Die Russen schossen überhaupt gerne herum. Eine Tragik war, dass man sich nicht verständigen konnte. Allerdings lernten die Russen bald zwei deutsche Worte: „Frau, komm!"

Des Öfteren wechselte die Besatzung. Die Polen waren genauso widerlich, im Ganzen nicht so brutal, dafür aber falsch. Wenn sie beispielsweise zum Plündern kamen, warfen sie alle Lebensmittel aus der Speisekammer durchs Fenster, gingen an uns mit leeren Händen vorbei und sammelten draußen alles wieder ein. Ein anderes Mal hatten sie die Bestecke mitgenommen und wir mussten dann wieder im Dorf auf die Suche nach Messer, Gabeln und Löffeln gehen.

Dann begann die Jagd auf der Dorfstraße nach „mittelalterlichen" Männern, zu denen neben anderen Bekannten auch Onkel Gerhard Timm gehörte, der Mann von Tante Adelheid. Bei der Auflösung des Lagers in Posen, in das sie abtransportiert worden waren, konnte er flüchten und so berichten.

Zu Anfang unseres Aufenthaltes kam ein Russe und verlangte mich als Frau. Ich war bei meiner Mutter in ihrer Altenteilsküche und hielt mich vor Angst buchstäblich an ihrem Schürzenzipfel fest und wollte nicht mitgehen. Mutter sagte wörtlich: „Erika, geh nur mit. Ich bleibe hier und bete für dich, ein Russenkind wirst du nicht bekommen." Welch tiefer Glaube. „Außerdem will ich dir raten, lass dich deshalb nicht erschießen, denn du kannst ja nicht wissen, ob du nicht später für die Kinder sorgen musst." Etwa neun Wochen später erfuhren wir dann von Vatis Tod.

Eines Tages hatte ein Russe Bettzeug in der Speisekammer aufeinander geschichtet, nahm mich mit, schloss die Türe ab und konnte hier seiner Lust frönen. So trieben es die Russen mit uns Frauen.

Anm.: Die letzten sechzehn Personen des Dorfes wohnten bei uns im Haus. Die anderen circa einhundertvierzig Dorfbewohner waren entweder geflüchtet, erschossen oder als Soldaten im Krieg.

Oft gingen die ankommenden Russen erst durch die Hühnerställe, sammelten die Eier ein und ließen sie sich anschließend braten. Einmal hat sich doch tatsächlich ein Russe sechzehn Eier mit einem halben Liter Sahne braten lassen und auf einmal verspeist. Mutter musste das Essen zubereiten.

Zu der Unruhe in diesen Tagen bekam Heidi (zwei Jahre alt) auch noch den Keuchhusten. Es war im März. Man hatte keine richtige warme Kleidung anzuziehen und die Medizin fehlte. Mutter sagte nur: „Erika, wenn sie heimgeholt werden sollte, weine nicht." Aber mich belastete es sehr. Gottlob überstand sie alles.

Selbstverständlich wollten wir Frauen ungepflegt und alt erscheinen, wuschen uns oft nicht, kämmten uns noch weniger die Haare und kleideten uns entsprechend, doch ein Russe brachte einmal eine große Schüssel mit Wasser. Den Gesten war zu entnehmen: vor Gebrauch waschen!

Tante Hilde war neunundzwanzig Jahre alt. Sie hatte im Ganzen gesehen noch mehr als ich unter den Schändungen zu leiden.

Wir jüngeren Frauen konnten noch für das tägliche Sattwerden sorgen.

Geldscheine und Stücke lagen überall herum. Es war wertlos und niemand wusste, ob die Währung überhaupt noch Gültigkeit hatte. Noch war Krieg und wir waren im Frontgebiet. Es gab keinen Strom, keine Zeitungen, keine Läden, keine Post, kein fließendes Wasser.

Viele Kühe (zweihundert bis dreihundert Stück) hatten die Russen zu großen Herden zusammengetrieben. Sie kamen gen Osten.

Anm.: Wir konnten von Hohendrosedow aus die ganze Umgebung überblicken, denn unser Dorf lag fünfunddreißig Meter hoch.

Deutsche Frauen sollten ihr eigenes Vieh nach Russland treiben. Dazu waren auch Hedwig Rüchel und ich ausersehen. Wir gingen zur Straße. Hedwig nahm ihre vier kleinen Kinder fest an die Hand und ich meine drei ebenfalls. Wir beiden Muttis weinten und die Kinder schrien mächtig. Die Russen waren ärgerlich, wir hielten die Kinder krampfhaft fest und ließen nicht locker. Wir zwei Erwachsenen ernteten Hiebe mit dem Gewehr – durften aber anschließend mit unseren Kindern zurückgehen und waren sehr glücklich.

Die Lebensmittel wurden knapper, aber man war ja bescheiden. Einzelne entlaufene Kühe konnten wir einfangen. Mehrmals gingen Hilde und ich um vier oder fünf Uhr früh nach Zedlin (fünf Kilometer) und gaben von unseren Lebensmitteln Omas Halbgeschwistern etwas ab.

Im Garten hatten wir die Trauringe der Eltern, auch meine Ringe und goldene Zwanzigmarkstücke, in einer Schachtel vergraben. Deutlich in Erinnerung ist mir die Stelle, ich hatte eine Schnittlauchstaude darauf gepflanzt.

An einem Abend sahen wir in sieben Nachbardörfern Feuer. Wir hatten große Angst.

Am 23. März 1945 wurden alle noch anwesenden Einwohner aus dem Dorf vertrieben. Doch noch vor dem Aufbruch knieten wir uns vor Aufregung vor Mutter nieder und flehten Gott um Beistand an. Und Mutter machte uns klar, dass keine Not größer als der Helfer sein könne und wir daran denken sollten, nicht freiwillig aus dem Leben zu gehen. Denn jetzt kämen häufig Selbstmorde aus Verzweiflung.

Wir wurden aus unserm Haus vertrieben.

Weiter ging der Fußmarsch bis Deutsch-Pribbernow, noch im Kreis Greifenberg. Dort lagen wir mit sechzehn Personen in einer Pferdebox, ein grässlicher Durchfall quälte uns.

Am nächsten Tag, dem 26.03.1945, erkrankte Mutter dort, in der kommenden Nacht verstarb sie, im festen Glauben an ihren Heiland und Erlöser. Tante Hilde und ich waren bei ihr in ihren letzten Stunden. Wir sagten ihr ihre so lieb gewordenen Liederverse vor und sprachen den Segen. Sie sagte fast wörtlich: „Grüßt alle anderen Kinder recht schön von mir. Ihr tut mir sehr leid, aber bleiben möchte ich nicht mehr auf dieser Welt. Lasst mich nur gehen, damit ich alles sehen kann, was ich bisher glaubte."

Von der Scheune aus wurde Mutter dann gleich am nächsten Tag auf dem dortigen Waldfriedhof beigesetzt. Mit einer Wolldecke zugedeckt, wurde der Leichnam auf einem Leiterwagen von einem ganz alten Gaul bedächtig zum Friedhof gezogen. Ein Pastor als Flüchtling war dort und beerdigte sie.

Doch plötzlich war eine Horde Polen auf dem Friedhof, sie rissen herzlos die Wolldecke zurück, weil sie wohl bei der Leiche noch Schmuck vermuteten. Das tat sehr weh.

Ein paar Schneeglöckchen lagen auf dem Grabhügel. Du, liebe Heidi, wolltest deine nicht hinlegen, warst ja auch erst zwei Jahre alt.

Auf dem Nachhauseweg vom Friedhof zog mir ein Russe den Ehering vom Finger, das heißt, nein, ich tat es, denn sonst hätte er mir den Finger mit abgerissen. Noch schlimmer als ich hatte Tante Hilde zu leiden. Mein Schutz waren oft die drei kleinen Kinder. An einem Abend kamen sechs Russen. Sie hatten es auf Tante Hilde abgesehen und nahmen sie mit auf den Heuboden. Sie alle vergewaltigten sie nacheinander. Einer freute sich am Spiel des anderen. Eine Stall-Laterne diente der Beleuchtung.

Den Gesichtsausdruck von Tante Hilde bei ihrer Rückkehr vergesse ich nie … wir riefen ihren Namen, keine Antwort. Sie war geistesabwesend. Einen Strumpf hatte sie noch an, der Strumpfhaltergürtel baumelte hinterher. So kam sie geradewegs über den Hof über den Misthaufen zu uns. Am nächsten Tag versteckte sie sich nicht, sondern blieb den ganzen Tag auf ihrem Strohbett liegen und gab sich als „krank" aus. Seelisch war sie es auch, zweifellos. Da kam doch ein Russe und sagte, er sei Arzt, und untersuchte sie. Nach unserer Meinung sollte sie für Tage oder Wochen für seine Einheit mit ins Lager.

Auf Krücken, die neben ihr lagen, stützte sie sich und humpelte so zum bereitstehenden Leiterwagen. Doch mit viel List versagten ihr die Knie und Beine, sodass sie unter den Wagen fiel, also für deren Zweck ungeeignet war. So durfte sie als körperliches und seelisches Wrack bei uns bleiben.

Anfang April gingen wir wieder nach Hohendrosedow zurück.

Einmal hatten wir auch eine Freude. Ein Russe brachte uns Brot und Honig. Er sprach deutsch und erzählte uns, er sei Deutsch-Russe. Sein Vater hatte schon im Ersten Weltkrieg „Frau, komm!" gesagt und seine Mutter wäre dann auch mit ihm nach Russland gegangen. Seine Füße kämen nun von dort, aber sein Herz und sein Denken seien deutsch.

Meine Cousine Hedwig war sehr oft verzweifelt. Sie war bei uns evakuiert aus Stettin, ihr Mann war im Krieg. Einmal stellte sie sich und ihre vier kleinen Kinder in die Küche in die Reihe und bat die Russen unter Tränen, sie doch alle zu erschießen. Das taten sie aber nicht.

Einmal kamen zwei Russen. Schnell steckten Hedwig und ich unsere Finger in den Hals und mussten uns anscheinend übergeben. Fast hätte ich es tatsächlich geschafft. Jedenfalls hatten wir sie überlistet und konnten unbeschadet davonkommen.

In Treptow praktizierte noch ein Arzt, Dr. Eyler. Zu diesem Arzt ging ich und ließ mich untersuchen. Befund: geschlechtskrank. Von den einhundertvier Patienten, die am gleichen Tag vor mir untersucht worden waren, hatten einhundertzwei dasselbe. Der Arzt ließ ein Schreiben in Deutsch und Russisch ausstellen, dass ich krank sei, damit ich ungehindert meinen zwölf Kilometer langen Rückweg gehen möge. Doch weit gefehlt. Schon unterwegs traf mich ein Russe, las den Zettel und sagte: „Ich auch krank."

Das war mein letztes Erlebnis dieser schrecklichen Art und geschah auf freiem Feld.

Postzustellungen gab es schon seit drei bis vier Monaten nicht mehr.

Im Mai erzählte uns ein Russe, der Krieg sei zu Ende und jetzt Waffenstillstand. Sollten wir es glauben?

Die ersten geflüchteten Volkssturmleute kehrten heim.

Am 21. Mai 1945 – ich war in einem anderen Raum – hörte ich folgendes Gespräch: Volkssturmleute nannten viele Namen von gefallenen Soldaten. Auch Vati sei gefallen. Keiner wollte, keiner konnte mir diese Schreckensbotschaft sagen. Ich stand fassungslos und wie versteinert da. Ich wollte mit mir alleine sein und versteckte mich hinter den Backhaus-Sträuchern. Dort fand Vater mich am Abend und weinend standen wir beieinander.

Anm.: Am 21.05. hatten Tante Hilde und Tante Marie Wilke einen alten Gaul vor einen Zweispänner gespannt. Unten in den Wiesen lagen ganze Haufen Möbel, Wäsche und Geschirr und wir wollten Stühle und einen Tisch holen. Ich durfte mit. Als wir in den Sachen herumstöberten, sagte Tante Marie: „Hilde, wer soll es Erika sagen, dass Erich nicht mehr kommt?" Ich dachte nur: „Ach, das ist ja mein Vater und heute ist mein Geburtstag."

Ein dünnes Sommerkleid färbte ich noch schwarz. Damit ging ich später auf die Flucht. Ich wurde innerlich sehr einsam und die Sorge um die Kinder kam noch hinzu.

Am 14.06.1945 – meinem Geburtstag – kam Besuch, mein Vetter Martin aus Berlin, er war gebürtig auch aus Hohendrosedow. Zerlumpt, sein Jackett hatten ihm die Russen abgenommen, müde und matt erreichte er sein Ziel. Es sind immerhin zweihundertzwanzig bis zweihundertfünfzig Kilometer, eine Tour, die er zu Fuß zurückgelegt hatte. Von innerer Angst getrieben, wollte er doch nach Lebenden in der Heimat Ausschau halten. Für uns alle bedeutete sein Kommen eine große Freude.

Am 03.07.1945 war ich zu Oma nach Treptow gegangen. Auf dem Hof sah es wüst aus, Fensterglas fehlte, Gardinen zerrissen, Fensterkreuze fehlten, die Räume voller Unrat und Papier. So sah ich unseren Hof zum letzten Mal. Gegen 15 Uhr war ich wieder in Hohendrosedow. Oma blieb in Treptow.

Da hörte ich die unglaubliche Parole: Endgültige Vertreibung. Alle noch anwesenden Personen im Dorf mussten sich auf der Straße versammeln. Die Russen kamen mit Gewehren und aufgesetzten Bajonetten ins Haus und trieben uns hinaus. Ein langer Zug von Menschen aus mehreren Dörfern setzte sich in Bewegung. Auf einem Wagen wurden nur kranke und alte Menschen gefahren.

Anm.: Darunter waren auch Großvater und Heidi. Sie saßen auf Säcken, Taschen und Rucksäcken. An einer Weggabelung wurde der Treck getrennt. Die Wagen fuhren in die eine Richtung nach links, das Volk musste in die andere Richtung gehen. Da gab es plötzlich ein großes Durcheinander. Die Menschen stürmten die Wagen und zogen die Angehörigen herunter. Das Gepäck blieb natürlich liegen – und weg war es –, wir Kinder schrien immer wieder: „Heidi, Heidi!" Und sie fing auch an zu schreien. So fanden wir sie wieder und reihten uns beim Fußvolk ein. Wir Kinder hatten auch unser Gepäck zu tragen. Ich hatte nun meinen Schulranzen, er kam mir sehr schwer vor, und Manfred zog einen kleinen Kinderleiterwagen. Da sagte Mutti unterwegs zu ihm: „Weißt du eigentlich, was für ein Tag heute ist?" Er sagte: „Ja, eigentlich habe ich heute Geburtstag." Sein achter Geburtstag. Wir hatten zu Hause immer Kindergeburtstag gefeiert.

Vor und hinter dem Zug gingen russische Posten. Verlangsamte sich der Treck durch alte Menschen, Vater war achtundsiebzig, wurde ein Warnschuss in die Luft geschossen. Tante Hilde führte noch treu eine Kuh am Strick mit, zwei oder drei andere Kühe waren noch im Treck dabei. Man wollte doch Milch für die Kinder haben. Im übernächsten Dorf nahmen uns die Russen die Kühe weg.

Anm.: Tante Hilde hatte sich einen Nachttopf an den Rucksack gebunden, denn er war sehr wichtig für Heidi mit ihren zwei Jahren. Ich habe mich fürchterlich dafür geschämt, dass sie damit einfach so im Sommer auf der Straße ging.

Mehrere Tage waren wir zu Fuß unterwegs ... es gab kaum etwas zu essen. Wir circa einhundertfünfzig Personen fanden eine Bleibe in Neuendorf auf der Insel Wollin. Jede Familie hatte ein Zimmer. Wir schliefen auf Strohlagern mit entsetzlich vielen Läusen. Täglich gingen wir bei Deutschen und Russen betteln, mal bekamen wir einen Liter Milch, mal ein Stück trockenes Brot, mal ein Ei. Doch es war Sommer und der Wald schenkte uns Pilze und Preiselbeeren, sogar ausreichend. Leitungen und Wasserpumpen waren kaputt, Wasser mussten wir aus der Ostsee holen – zwanzig Minuten zu Fuß. Von Wasser, Pilzen und Preiselbeeren lebten wir volle sechzehn Wochen, ohne ein Krümchen Brot. Kartoffeln fanden wir zeitweise, aßen sie natürlich nur mit Schale und oft schon zum Frühstück.

Ein sehr sozial eingestellter Melker hatte noch Steckrüben. Er gab an alle Flüchtlinge davon. Teils aßen wir sie gleich roh.

Häufig ging ich mit Heidi auf dem Arm zu den Russen. Doch selten gaben sie uns etwas vom Fisch. So lernte ich von Fischköpfen und Gräten eine schmackhafte Suppe zu kochen. Gelegentlich fand man ein paar Blätter Suppengrün in einem Garten. Wir alle kochten draußen auf offenen Feuerstellen.

Der schwarze, schwere Kochtopf mit einem Ring in der Mitte zum Ins-Feuer-Hängen begleitete uns schon auf der ganzen Flucht. Holz ging man im Wald suchen. Jedes Stückchen war bei so vielen Menschen eine Rarität.

Anm.: Die Russen hatten beim Einmarsch das ganze Geschirr des Kurhauses auf die Straße geworfen. Wir Kinder waren glücklich, Tassen, Löffel, kleine metallene Tabletts, kleine Milchtöpfe und so weiter zum Spielen zu finden. Und herrlich bunte Scherben dienten uns als Spielklötzchen zum Hinkekästchenspielen.

Tante Hilde und ich suchten auf den abgeernteten Kohlfeldern nach brauchbaren Kohlblättern; doch die meisten waren längst verfault. Nach sechzehn Wochen gab es eine Brotzuteilung. Wir bekamen erstmalig für uns fünf Personen ein halbes Brot. Hat die trockene Stulle uns aber geschmeckt!

Wir Flüchtlinge standen danach an, ich als Letzte. Vorn stand ein junger Mann, noch in Soldatenjacke, er gab mir zum Schluss, ohne dass es jemand sehen konnte, sein Stück Brot. Ich habe Freudentränen geweint. Schnell entfernte er sich, so konnte ich mich nicht mehr bei ihm bedanken. Noch heute würde ich es tun.

Ungeziefer gab es unendlich viel. Selbst Mäuse krochen in unserem Zimmer. Einmal stand Heidi mit dem Stock in der

Hand in der Tür. „Worauf wartest du denn?" Antwort: „Auf eine Maus. Ich will sie totschlagen."

Aber wesentlich mehr hatten wir unter den Läusen zu leiden. Kopf-, Filz- und Kleiderläuse. Sie fressen sogar Löcher in den Körper. Hinten am Hals fangen sie an. So erlebten wir es leider, leider bei unserem Vater. Es ist bitter und tut noch heute weh, wenn ich daran denke. Die Strohlager lebten und die Kleidung zum Wechseln fehlte.

Tante Hilde, Edelgard und Manfred kriegten Typhus, Heidi und ich blieben verschont. Sechs Wochen lang konnten sie ihr Lager nicht verlassen. Fieber plagte sie und sie waren sehr schwach. Ich ging täglich betteln.

Die drei Kranken wurden wieder gesund. Manfred war besonders schwach. Er lernte erneut gehen. Tagelang mussten wir ihn an beiden Händen halten. Noch nicht genug Unglück. Elektrisches Licht gab es schon lange nicht mehr. Im Dunkeln verbrühte sich Edelgard das rechte Bein mit drei riesigen Brandblasen, kein Arzt und keine Medikamente.

Langsam bewegte ich mich auf der Straße zum Betteln. Sagte doch ein entgegenkommender Mann zu mir: „Sie gehören nicht mehr auf die Straße, bleiben Sie doch einfach nur hier liegen." In der Tat wog ich damals mit meinen fünfunddreißig Jahren vierunddreißig Kilogramm.

Unser Vater bat uns, den Ort nicht früher zu verlassen, bevor er die Augen nicht geschlossen habe.

Tante Hilde war sehr couragiert, sie wusch Vater stehend von oben bis unten. Ich wollte ihn festhalten, aber er war so ein jammervoller Anblick, dass ich ohnmächtig wurde und umfiel.

Endlich, in den Morgenstunden des 21.11.1945, wurde er heimgeholt. Für uns war es ein Trost. Zuversichtlich schloss er die Augen. Er war verhungert. Die Beerdigung machte ein Pastor aus Misdroy. Bauer Thömcke machte noch ein Holzkreuz für ihn.

Acht bis vierzehn Tage später war auch Tante Adelheid mit ihren drei Kindern und einer Tante bei uns. Wir gingen noch kurz zu Vaters Grabstelle. Am nächsten Tag gingen sie mit uns unbekanntem Ziel weiter Richtung Westen.

Auch wir machten nun Pläne für die Winterreise.

Es gab bereits russische Kommandanturen. Bei den zuständigen Behörden sprachen wir wegen Genehmigungen zur Weiterreise vor.

Das Radgestell eines Pfluges wurde gefunden und eine Holzkiste darauf befestigt. Diese Kiste enthielt unseren ganzen Besitz. Heidi saß oft auch noch oben drauf. Nach 20 Uhr durfte sich niemand mehr auf der Straße sehen lassen. Besonders leid hat mir Manfred getan. Passendes oder heiles Schuhwerk hatten wir alle nicht mehr. Manfreds Schuhe waren zu klein und seine Füße waren voller Blasen und bluteten. Zeitweise trugen Tante Hilde und ich ihn abwechselnd, soweit unsere Kräfte reichten.

Kurz vor Swinemünde, wo wir irgendwie übernachten konnten, trafen wir noch Tante Liesbeth, Eberhard und Ingrid.

Wir wussten nicht, wo das russische Hoheitsgebiet aufhörte. Wo war die Grenze? Es gab weder Zeitungen noch Radio und niemand konnte uns sagen, wo die englische besetzte Zone anfing. Es war bitterlich kalt. Wir hatten keine Bleibe.

Unzählige Flüchtlinge wurden gegen letzten Schmuck, ein Glas Honig oder eine Jacke auf einem Schiff mitgenommen. Wir hatten nur leere Hände und unsere drei Kinder. Inbrünstige Gebete stiegen zum Himmel empor und Gott erhörte unser Flehen.

Russen nahmen uns mit. Doch der Kohlenschlepper lag nicht vorn am Kai. Nein, wir mussten über ein Boot klettern, das kieloben lag und voller Glatteis war. Wir konnten allein mithilfe der Russen hinüberklettern. Nur Heidi musste ich einem Russen, der auf dem Boot voller Glatteis stand, herüberwerfen, der sie auf dem Boot weitergab. Natürlich bangte ich sehr um sie. Doch es klappte alles. Vereint saßen wir in der Kajüte des Kohlenschleppers. Alles war primitiv, aber die Russen gaben uns Kartoffeln und gekochten Fisch zu essen. Wir aßen von ihren nicht abgewaschenen Tellern. Stundenlang fuhren wir durch das Stettiner Haff, bis wir in Wolgast landeten. Sie gaben uns sogar noch ein ganzes Brot mit.

Wir erreichten das Auffanglager in Wolgast. Als Abendessen gab es das geschenkte Brot, natürlich trocken.

Von Wolgast aus besuchten wir meine Schwägerinnen Elli und Michen (Schwestern meines Mannes) in Tribsees. Dort hielten wir uns zwei bis drei Tage lang auf. Es war ein freudiges Wiedersehen. Sie waren gerade beim Essen. Es gab als Weihnachtszuteilung für jeden einen Hering, den sie gerade mit Kartoffeln verspeisten. Auch wir wurden satt.

Doch wir wollten weiter westwärts, wo wir nie mehr einem Russen begegnen wollten.

Tante Hilde und ich machten uns zu Fuß auf nach Greifswald, um Erkundigungen für eine Weiterreise mit dem Zug zu holen. Tante Michen fuhr inzwischen mit euch Kindern nach Wolgast, wo wir uns verabredet hatten. Und uns wiedertrafen. Dort fuhr auch tatsächlich ein Zug nach Westen, welche Freude! Wir kamen mit. Zwar waren in demselben keine Türen und die Fensterscheiben fehlten zum Teil, aber was machte das schon. Bald waren wir in Barth, wo wir noch zwei Tage in einer entsetzlich verschmutzten Schule übernachten mussten. Jeder legte seine Bedürfnisse ab – wann und wohin er wollte.

Endlich nahm uns ein Zug weiter nach Lübeck mit. Während der Fahrt gab es die erste Zuckerzuteilung in einem Leinenbeutel. Der Zucker war braun, aber er war ein Genuss. Jeder durfte mit dem Finger in den Beutel tippen und essen.

Lübeck!
Wir hatten die englisch besetzte Zone erreicht.
Zuerst kam die Entlausung.

Anm.: Zwei Frauen standen sich auf Stühlen gegenüber mit einer „Spritze" in der Hand. Eine hielt die Kleidung vorne am Körper fern, die andere spritzte das Läusepulver hinein, dann wurde die Kleidung hinten vom Körper entfernt und es wurde auch hier reingespritzt.

Das war im Lager Pöppendorf. Regelmäßige Essensausgaben erfreuten uns. Wir wurden satt. Jeden Tag gab es Grützsuppe und Brot.

Nach ein paar Tagen wurden wir nach Husum ausgewiesen. Es fuhr ein Zug und wir wurden im Lokal Schützenhof einquartiert. Hunderte von Flüchtlingen lagen dort durcheinander. Wir schliefen auf dem Boden, um beieinander zu sein. Ein Platz unter dem Tisch war viel wert. Wir mussten nur die Füße einziehen, um nicht getreten zu werden.

Es war jemand dabei, der Ziehharmonika spielen konnte, und es wurde getanzt. Ja, die Menschen wurden fröhlicher, sie hatten den Krieg überlebt. Wir gingen wieder zur Entlausung.

Heidi, damals kaum drei Jahre alt, freute sich mächtig, wenn sie mal wieder eine Laus fand, die sie zwischen ihren Daumennägeln knacken konnte. Uns war das sehr peinlich.

Da machte sich Tante Hilde auf und fuhr nach Koselau. Die Postkarte mit dem Namen des Ortes „Koselau" hatte sie bei sich. Rückblickend möchte ich unsere Flucht mit den Worten beschließen:

In wie viel Stürmen
In wie viel Not
Hat uns beschirmt
Der gnädige Gott.

Quellen

- „Meine Heimatstadt Treptow an der Rega" von Manfred Totz
- „Das Gut Koselau von 1890 bis heute" von Edelgard Totz (Abschlussarbeiten für die Mittlere Reife)
- „Erlebnisse unserer Flucht in den Jahren 1945 und 1946" von Erika Totz

NACHTRAG

Gerade dir, liebe Heidi, übergebe ich diesen kurzen, lückenhaften Bericht, weil du keine Erinnerungen an Vati, die Heimat oder die Flucht hast. Dieser Leidensweg formte meine Charaktereigenschaften mit. Vielleicht kannst du, vielleicht könnt ihr drei Kinder mich durch diesen Bericht besser verstehen.

Eure Mutti

P.S.: Gelesen habe ich diesen Bericht unserer Mutter, den ich vorstehend nur in Auszügen wiedergegeben habe, erst lange nach meiner Rückkehr aus Bethlehem in Deutschland.

„Es hat alles seine Zeit
und alles Tun unter dem Himmel
hat seine Stunde ..."
Prediger, 3. Kap.

Die Autorin

Adelheid Totz wurde 1943 in Pommern geboren, musste im Zuge der Vertreibungen von dort fliehen und wuchs auf einem Gut in Ostholstein auf. Nach der Ausbildung und der Arbeit in verschiedenen Luxushotels suchte sie weiter nach einer erfüllenden Aufgabe und schließlich führte ihr Lebensweg sie nach Afrika und in den Nahen Osten, wo sie in mehreren SOS-Kinderdörfern tätig wurde und am Aufbau neuer Projekte aktiv beteiligt war.
Heute lebt Adelheid Totz wieder in der Gegend ihrer Kindheit.
Das Buch „In dieses Leben gekommen" ist die persönliche Geschichte einer humorvollen, sensiblen und aufgeschlossenen Frau, die privat gerne bastelt und Rad fährt.

novum VERLAG FÜR NEUAUTOREN

Der Verlag

*Wer aufhört
besser zu werden,
hat aufgehört
gut zu sein!*

Basierend auf diesem Motto ist es dem novum Verlag ein Anliegen neue Manuskripte aufzuspüren, zu veröffentlichen und deren Autoren langfristig zu fördern. Mittlerweile gilt der 1997 gegründete und mehrfach prämierte Verlag als Spezialist für Neuautoren in Deutschland, Österreich und der Schweiz.

Für jedes neue Manuskript wird innerhalb weniger Wochen eine kostenfreie, unverbindliche Lektorats-Prüfung erstellt.

Weitere Informationen zum Verlag und seinen Büchern finden Sie im Internet unter:

w w w . n o v u m v e r l a g . c o m

novum VERLAG FÜR NEUAUTOREN

Bewerten Sie dieses Buch auf unserer Homepage!

www.novumverlag.com